初心如磐　奋楫笃行
牢记使命　育人育己

丛书编委会

主　　编：吴开俊
副主编：黄志凯
编　　委：吴锋刚　刘小燕　廖　勇　刘　军
　　　　　李　黎　宾　晶　邹静莹　苏弘毅
　　　　　付　艳　钟日来　梅淑宁　胡艳芝
　　　　　冯荣光　张　立　许多恬　方建平
　　　　　陈　媛　李炎焜　万朝春　周　云
　　　　　罗　兵　杨春荣　黄顺婷　杨　艺
　　　　　白鹤云飞　刘晓亮　周　臻　谢　玲
　　　　　吕延明　周世慧　逄淑军　李　慧
　　　　　曾伟朝

本书编委会

主　　编：黄志凯
副主编：刘小燕　吴锋刚　廖　勇　刘　军
编　　委：苏弘毅　李　黎　邹静莹　宾　晶
　　　　　黎庶乐

广州大学学生工作丛书

主编·吴开俊
副主编·黄志凯

初心如磐
奋楫笃行

广州大学学生工作案例集

主编·黄志凯

广东高等教育出版社
Guangdong Higher Education Press

·广州·

图书在版编目（CIP）数据

初心如磐　奋楫笃行：广州大学学生工作案例集/黄志凯主编. —广州：广东高等教育出版社，2023.6

（广州大学学生工作丛书/吴开俊主编）

ISBN 978-7-5361-7448-1

Ⅰ. ①初… Ⅱ. ①黄 Ⅲ. ①广州大学-学生-工作-案例 Ⅳ. ①G645.1

中国版本图书馆CIP数据核字（2023）第029062号

初心如磐　奋楫笃行：广州大学学生工作案例集
CHUXIN RUPAN　FENJI DUXING：GUANGZHOU DAXUE XUESHENG GONGZUO ANLIJI

出版发行	广东高等教育出版社
	社址：广州市天河区林和西横路
	邮编：510500　营销电话：(020) 87554152　87551163
	http://www.gdgjs.com.cn
印　刷	广东信源文化科技有限公司
开　本	787毫米×1 092毫米　1/16
印　张	26.75
字　数	635千
版　次	2023年6月第1版
印　次	2023年6月第1次印刷
定　价	63.00元

（版权所有，翻印必究）

序

教育是党之大计、国之大计，高等教育肩负着培养德智体美劳全面发展的社会主义事业建设者和接班人的重大任务，事关国家发展水平和发展潜力。习近平总书记强调，高校思想政治工作关系培养什么样的人、如何培养人以及为谁培养人这个根本问题，要坚持把立德树人作为中心环节，将思想政治工作贯穿教育教学全过程，实现全程育人、全方位育人，努力开创我国高等教育事业发展新局面。

辅导员是高校思想政治教育工作的骨干力量，是大学生成长成才的良师益友，肩负着培养新时代青年的重大使命。在习近平新时代中国特色社会主义思想的引领下，广州大学坚持守正创新，推动学校思想政治工作稳步前进，高度重视学校辅导员队伍建设，持续深化开展辅导员岗前培训、辅导员沙龙，提升辅导员教师的理论水平和专项能力，定期开展校内辅导员素质能力大赛，选拔优秀的辅导员参加广东省辅导员素质能力大赛，多次在广东高校辅导员素质能力大赛中取得优异成绩，实现以赛促学、以赛促践；不断深化职称评审制度，畅通辅导员职称评聘渠道，鼓励符合条件的辅导员攻读思想政治教育博士，不断提高其理论水平和职业素养；持续开展年度优秀辅导员评选工作，充分发挥榜样示范作用。近年来，广州大学辅导员队伍的整体素质和综合能力稳步提升，多次获得广东省"高校学生事务管理精品项目"、高校思想政治工作实践优秀案例等诸多奖项，受到教育部门及兄弟院校的肯定。学校学生工作在取得较大成绩的同时，也面临着新的挑战，这迫切需要我们不断总结有益的工作经验、革新现有的工作方法论，以应对新时代高校思政工作的新要求。

《初心如磐 奋楫笃行——广州大学学生工作案例集》一书是关于广州大学学生工作队伍在思政工作探索与实践的成果总结，凝结了"广大"学工人在学生工作上的丰富经验和深刻体会，具有较强的实效性、针对性、可读性，我们相信本书能够在实际工作中为辅导员提供有益的帮助，对于提高辅导员的理论水平、促进辅导员工作的实效性起到积极的作用。同时，本书也是广州大学学生工作丛书之一，体现了广州大学学生工作的发展与创新历程。希望广大辅导员打开本书，能够有所收获，做青年朋友的知心人、青年工作的热心人、青年群众的引路人，共同为做好大学生思想政治教育工作添砖加瓦！

吴开俊

2023 年 5 月

目 录

◎ 第一篇　思想政治教育与价值引领

厚植爱国情怀，砥砺强国之志，铸牢中华民族共同体意识
————广州大学港澳台学生国情教育案例………… 廖　勇　葛泽胜　夏　鹏 / 3

以"三三三制"模式加强党史学习教育
————以广州大学经济与统计学院党支部为例 ……………………… 石红梅 / 11

拓展学生公寓功能，打造思政新平台
————广州大学新闻与传播学院开展"与您相约"师生沙龙活动的实践探索
………………………………………………… 李　雁　方建平　梁荣清 / 16

党建社区服务育人，特色文化美丽先行 ………… 祝梦婷　李燕兴　龚　睿 / 20

学史述史践初心　红专并进新征程
————广州大学马克思主义学院学生讲党史的探索与实践
………………………………………………… 梅淑宁　马　娟　宋学来 / 30

新媒体视域下高校"吸猫"青年的精神诉求与价值引导
————以广州大学大学生喂养校园流浪猫现象为例 ……………… 林曼曼 / 36

"问渠那得清如许，为有源头活水来"
————以当代大学生易陷入网络赌博为例的思政教育的思考 ……… 徐竹欣 / 46

舍区党员先锋"翼"计划
——以广州大学梅苑9栋舍区党建育人工作室为例
....李佩雯　刘　瑾　陈颖怡 / 51

传承红色基因，践行初心使命
——广州大学新闻与传播学院"云端"社会实践教育途径创新
....李　雁　方建平　王子健 / 56

红色书香进公寓，创新思政重引领
——以管理学院五室一站舍区特色项目之"繁星—瀚海"红色阅读汇为例
....孙碧菡 / 61

秉承"党史+"理念打造思想政治教育第二课堂 ....周世慧　徐　瑾 / 67

红色基因培根铸魂　知行合一建设堡垒
——红色文化融入基层党组织建设的探索与实践
....黄元丰　逄淑军　杨孟闰 / 72

以劳动实践与思政教育协同促进全面育人 ....薛　敏　叶　忱　黄顺婷 / 80

学生党支部党员责任意识和担当能力的提升
——以打造学生党支部工作团队开展实践活动为例 ....周世慧 / 85

"小园桃李东风后，却看杨花自在飞"
——用心用情助力一位"想退学"新生的自我成长 ....李　琨　孙大伟 / 91

三红育人，两线铸魂
——广州大学人文学院"三红两线入心"工程促岭南青年红色文化育人的案例分析
....陈楚敏 / 95

走出盲目自卑与攀比的怪圈 ....黄兆锋 / 108

◎ 第二篇　网络思想政治教育与舆情应对处理

高校军训期间网络舆情预警与应对探析
——以某新生在朋友圈发布不当言论为例 ....李　倩 / 115

忽如一夜春风来，千树万树梨花开
——突发性网络舆情危机事件的思政教育短与长
....陈　媛　陈颖怡　刘　瑾 / 120

网络抗疫，善变思辨
　　——善用辩证思维解决网络思想政治教育问题 ……………… 赵梅岳 / 126
主动融入学生网络生活，教育引领学生成才成长 ………………… 柳　叶 / 131
"互联网＋"背景下二级学院团委微信平台建设
　　——以广州大学外国语学院团委微信公众号为例 ……………黄顺婷 / 136

◎ 第三篇　校园突发安全事件应对

当爱情遇到同性
　　——关于具有自杀倾向的同性恋学生的案例分析 ………… 邹静莹　莫　杰 / 147
我们还是不是好朋友
　　——宿舍矛盾？or 投放洁厕精引发的校园危机事件？ …………… 张静静 / 152
学生突发事件
　　——校外交通事故处理应对措施 …………………………………… 张新新 / 156
点一盏心灯，照亮前行之路
　　——一例由情感挫折引发自杀危机的干预报告 ………… 段佩佩　张　月 / 160
一场微信代购引发的纠纷 ……………………………………………… 张　淼 / 164

◎ 第四篇　心理健康工作案例

春风化雨　用心沟通
　　——非暴力沟通模式在心理重点关注学生中的实践运用
　　………………………………………………………… 束莉楠　高晓婷 / 171
走出阴影　迎接光明 …………………………………………………… 林舒莹 / 177
爱情虽美，你最珍贵
　　——一例由网恋引发的危机事件 ………………………………… 徐　慧 / 182
用心辅导，用爱温暖
　　——一例 SAT 疗法在大学生心理辅导中的运用 ………………… 李千蔚 / 187
唤醒"睡美人"，点亮人世间 …………………………………………… 欧阳曦 / 193
生命至上，转危为安
　　——一例由创伤后应激障碍引发自杀危机的干预报告 …… 谢　玲　欧阳曦 / 197

尊重还是纠缠：父母婚姻不幸福的情况下孩子何去何从
　　——一例重度抑郁学生的心理帮扶案例分析⋯⋯⋯⋯⋯邹　婷　陈　媛／201
陪伴是最长情的告白
　　——一例抑郁症危机学生的干预报告⋯⋯⋯⋯⋯⋯⋯⋯⋯⋯杨　敏／210
心理健康工作之大学生人格障碍案例分析⋯⋯⋯⋯⋯⋯⋯⋯⋯陈亚楠／214
压力状态下的旧病复发
　　——心理危机事件处理案例⋯⋯⋯⋯⋯⋯⋯⋯⋯⋯⋯⋯⋯张俊业／219
让兴趣在焦虑症学生心里绽放花朵⋯⋯⋯⋯⋯⋯⋯⋯⋯⋯⋯⋯张　虓／224
扫除学生内心的"阴霾"
　　——高校学生自杀干预案例⋯⋯⋯⋯⋯⋯⋯⋯⋯⋯⋯⋯⋯王沁芳／230
抑郁的背后，是渴望理解与尊重⋯⋯⋯⋯⋯⋯许同晖　王雅丽　龚　睿／235
直面创伤　摆脱困境
　　——救助心理创伤学生个案分析⋯⋯⋯⋯⋯⋯⋯⋯卢佳静　唐思雅／243
冬日暖阳
　　——自卑心理学生转机的一道光⋯⋯⋯⋯⋯⋯⋯⋯⋯⋯⋯何燕惠／247
同世界和解，同自己和解
　　——一位抑郁症女生的心路历程⋯⋯⋯⋯⋯⋯⋯⋯唐梓轩　梁　莹／251

◎ 第五篇　学风及班风建设

大学班主任在本科生教育管理中的实践探索
　　——以广州大学某理科班级为例⋯⋯⋯⋯⋯王剑桥　李　慧　吴海威／257
迷途知返，扬帆起航⋯⋯⋯⋯⋯⋯⋯⋯⋯⋯⋯⋯⋯⋯杨旭东　罗　兵／261
传承经典文化，共建书香校园
　　——特色品牌创建活动案例⋯⋯⋯⋯⋯⋯⋯张　立　韩宝玉　陈楚敏／265
凝聚班级力量　助力学生成长⋯⋯⋯⋯⋯⋯⋯⋯⋯⋯⋯⋯⋯林舒莹／274
做最好的自己
　　——转专业学生的成长之路⋯⋯⋯⋯⋯⋯⋯⋯⋯⋯⋯⋯⋯林舒莹／279
灵动品读　展我风采
　　——大学生阅读展板设计大赛案例分析⋯⋯⋯⋯⋯⋯陈楚敏　张　立／284

◎ 第六篇　学生日常事务管理类

切记莫贪小便宜
　　——学生被诈骗案例 ································· 任佳妮 / 305
多措并举助学展翅翱翔 ································· 胡啟岚 / 309
小聪明不是大智慧
　　——基于高校学生参与网络诈骗的反思和启示
　　······································· 叶　忱　薛　敏　黄顺婷 / 314
从"投毒"事件中，看大学生人际交往能力提升的重要性 ······ 周　云 / 318
学生期末考试作弊了，辅导员怎么办 ···················· 冯荣光 / 323
多方合力破解大学生民事纠纷难题 ······················ 丁淑萍 / 327
叛逆引发的学业适应问题心理辅导案例 ······· 韩同振　陈思荣　薛　敏 / 331
揭露以"学习"为名的培训机构伪面目 ············ 李　倩　张方超 / 338
握不住的她，放下也罢
　　——研究生情感教育案例分析 ······················· 孙梦恬 / 343
大学生寝室人际矛盾个案分析及应对策略 ······ 何荧居　白鹤云飞　刘裕杰 / 347
走出原生家庭的樊篱
　　——学生心理健康教育的记录与反思 ·················· 马　娟 / 351
自我同一性解决"空心病＋学困生"的问题 ················ 郭翠敏 / 355
大学生宿舍人际关系工作案例 ··························· 韩　宁 / 359
期末考后的"连环CALL" ······························· 韩宝玉 / 363

◎ 第七篇　职业生涯规划与就业指导

用"三全育人"理念助力学生就业 ······················ 温慧娴 / 371
聚焦乡村振兴，淬炼新闻人才
　　——广州大学新闻与传播学院"部校共建"社会实践育人工程
　　······································· 李　雁　方建平　邹演枚 / 376
追寻心中梦想，成为那抹藏蓝
　　——高校辅导员工作案例分析 ············ 莫　杰　师赛赛　邹静莹 / 383

就业育人贯穿毕业生思政教育和心理辅导全过程 ················· 兰　洁 / 389

◎ 第八篇　助学助困类

助力高校家庭经济困难学生融入社会
　　——以广州大学某毕业生为例 ················· 王文锐 / 397

资助工作案例分析与启示 ························· 郑晓诗 / 402

花若芬芳，蜂蝶自来
　　——学生心理成长工作案例 ····················· 谢灿杰 / 406

推动精准帮扶，强化资助育人
　　——高校资助育人工作案例探析 ················· 饶珈瑞 / 411

第一篇
思想政治教育与价值引领

厚植爱国情怀，砥砺强国之志，铸牢中华民族共同体意识
——广州大学港澳台学生国情教育案例

廖 勇　葛泽胜　夏 鹏

一、案例概述分析

港澳台学生因其成长环境的特殊性，在生活习惯、思想意识等很多方面与内地（大陆）学生具有很大差异。近年来，越来越多的港澳台学生选择赴内地（大陆）高等院校求学深造，目前，广州大学在校港澳台学生数已达 70 余人。

习近平总书记在庆祝中华人民共和国成立 70 周年大会上发表的重要讲话中谈到港澳台工作时指出："前进征程上，我们要坚持'和平统一、一国两制'的方针，保持香港、澳门长期繁荣稳定，推动海峡两岸关系和平发展，团结全体中华儿女，继续为实现祖国完全统一而奋斗。"因此，作为内地（大陆）高校大学生的特殊群体，港澳台学生也成为高校思想政治教育工作不可或缺的特殊对象，如何有效开展港澳台学生思想教育工作将成为各高校面临的重要课题。国情教育是做好港澳台学生思政工作的重要一环，本案例在深入理解国情教育的重要意义的基础上，梳理了高校开展国情教育面临的困难，总结了本校开展港澳台学生国情教育实践经验，提出了进一步深化港澳台学生国情教育的思考。

（一）做好港澳台学生国情教育实践的重要意义

习近平总书记在党的十九大上坚定地指出："我们坚信，只要包括港澳台同胞在内的全体中华儿女顺应历史大势、共担民族大义，把民族命运牢牢掌握在自己手中，就

一定能够共创中华民族伟大复兴的美好未来!",港澳台青年学生的成长和发展是一个直接关系到这些地区未来走向的关键性问题,也是一个关系到国家发展建设和实现中华民族伟大复兴中国梦的全局性问题。由于历史等特殊原因,港澳台青年缺乏对内地(大陆)的全面认识和了解,当前对港澳台学生开展国情教育的重要性日益凸显,因此让港澳台学生接受专业知识教育的同时,也应当关注其思想状况,做好思想政治教育,有针对性地开展国情教育。习近平总书记指出:"爱国主义是我们民族精神的核心,是中华民族团结奋斗、自强不息的精神纽带。"面对世界百年未有之大变局,站在我国发展新的历史方位上,铸牢中华民族共同体意识,必须把弘扬爱国主义精神、加强爱国主义教育作为国情教育的重要内容。

(二)港澳台学生国情教育实践面临的困难

目前,选择在人生宝贵的黄金时期来内地(大陆)高校就读的港澳台青年,绝大多数具有良好的国情教育的观念基础,这些青年学生都是当下和未来的青年英才,有着极其重要的群体性代表价值。但是,由于多数港澳台学生初到内地(大陆)求学,面临社会、生活环境的转变以及教育管理上的差异,加之不同的文化、价值观等方面的冲击都直接影响其在内地(大陆)高校的学习生活。社会环境方面,由于生长环境和文化差异,使一些港澳台学生对祖国缺少全面的认知。生活环境方面,港澳台学生的普通话、简体字书写掌握的水平不一,为其学习生活带来了困难,也给其与内地(大陆)同学交流交往带来了影响。在对此类学生进行"国情教育"时要重视理论教育与实践活动相结合,调动学生的积极性,加强与祖国情感纽带联系。因此,学校如何选好教育时间和教育重点,研究如何在教育过程中更多着眼于平时的教育和细节,以"润物细无声"的方式感染学生,从而开展有效的国情教育工作是内地(大陆)高校面临的重要课题。

二、案例处理方法、解决方案

国情教育实践是做好港澳台学生培养工作的重中之重。在对港澳台学生的国情教育过程中,广州大学对照"德才兼备、家国情怀、视野开阔,爱体育、懂艺术,能力发展性强"的人才培养目标,把对学生国家认同的培养和综合能力的提升结合起来,在提升学生综合素质的过程中通过实践活动加强国情教育。

(一)国史研习,在求知中厚植爱国情

习近平总书记说,"历史是最好的教科书""中国革命历史是最好的营养剂"。广州大学着力加强港澳台学生对中国历史特别是中华人民共和国历史、中国共产党历史的了解,引导港澳台学生树立"历史是最好的教科书"意识,努力营造"学史、知史、懂史、讲史"的良好氛围。

学校以《党史视角下的广大奋斗精神——以私立广州大学为例》为题为港澳台学生开展了"四史"专题讲座,将国史国情教育与校史校情教育有机结合,教育引导港澳台学生热爱学校,热爱祖国,坚定共产主义信念,发扬广大奋斗精神,回顾历史,展望未来。学校购买了《中华人民共和国简史》《红星照耀中国》《习近平扶贫故事》等相关书籍赠予港澳台学生阅读,开展"回首百年奋斗路、迈向复兴新征程"港澳台学生主题征文活动,引导港澳台学生深入思考、积极参与到对祖国现状的思考和宣传中,加深港澳台学生对中国经济、文化、社会的认识,增强港澳台学生的国家认同;学校组织学生注册国家教育行政学院港澳台学生国情教育平台开展2021年港澳台学生国情教育网络培训及港澳台学生"特色课堂"活动,为港澳台学生了解国史、国情知识提供有力的课程支持。

学校还组织港澳台学生前往影院观看《1921》《长津湖》等红色历史题材电影(见图1),把国史研习贯穿于国情教育的始终,观影结束后,新闻与传播学院的某香港学生说道:"我们能够生活在这么幸福的环境下,要感谢中国共产党一直以来带领中华儿女战胜各种困难,奔向美好生活。""现在的生活都是无数革命先辈用鲜血换来的,我们应该更加拥护中国共产党的领导,更加珍惜现在的生活。"

图1 港澳台学生国情教育活动之观影《长津湖》

(二)国情实践,在笃行中砥砺强国志、力践报国行

"纸上得来终觉浅,绝知此事要躬行"。广州大学积极开展港澳台学生国情教育实践活动,让他们走出校园,深入社会,学习感受中华传统文化,深刻体会新中国革命

历史,亲身体验改革开放和社会主义现代化建设带来的伟大成就。

1. 学习感受中华传统文化

学校组织港澳台学生前往广州岭南印象园参观实践(见图2),同学们见识了充满岭南特色的街巷、宗祠、民居和店铺,领略了原生的岭南文化和乡土景观——悠长的青云巷、古朴的趟栊门、壮观的蚝壳墙、精致的满洲窗,小溪蜿蜒,池塘清澈,处处散发着岭南水乡的韵味。不少同学还被岭南印象园中的舞狮、粤剧等岭南特色民俗表演所吸引,默默感受岭南文化的魅力。计算机科学与网络工程学院的某香港学生表示:"在这里能感受到我们祖国的文化,感觉非常有意义!"

图 2 岭南印象园参观实践

2. 深刻体会新中国革命历史

学校先后组织开展了"走好新时代的长征路主题教育系列活动""国情教育实践活动之重走东纵抗战路"等活动,推进实施国情考察实践活动,组织港澳台学生赴广州越秀、广州从化、东莞、惠州等地开展实践活动,增进港澳台学生对中华民族、中国共产党以及新中国革命历史的了解,增强港澳台学生在精神层面上对祖国的认同感、归属感。

为庆祝中国共产党成立100周年,学校举办了港澳台学生"学习'四史'、走好新时代的长征路主题教育系列活动",组织港澳台学生及学生朋辈骨干近70人到广州从化、越秀等区以及东莞市等地学习、交流、考察,走访参观了莲麻小镇、虎门海战博物馆、林则徐纪念馆等爱国主义教育基地以及广州越秀公园等大湾区红色景点,感受革命先辈爱国情怀,透过一件件珍贵的文物、一张张珍贵的照片,港澳台学生对中国革命的使命、革命的发展、英雄烈士的事迹有了更加深入的理解和认识。活动期间,港澳台学生还自编自导自演"快闪",通过歌舞和朗诵表演,为建党一百周年献上祝福。

在共贺新中国成立七十二华诞之际,为进一步加强国情教育和革命传统教育,引导港澳台学生增进对祖国、对中华民族共同体的认同,学校组织部分港澳台学生前往广州市增城区大埔围村、惠州市东湖旅店、东江纵队纪念馆等爱国主义教育基地,开展国情教育实践活动(见图3)。习近平总书记曾说,"历史是最好的教科书,也是最好的清醒剂"。东江纵队纪念馆陈列的一幅幅珍贵的历史照片、一件件沧桑的历史文物和一个个感人的战争故事,让港澳台学生们深刻地了解到先辈们探寻革命道路时筚路蓝缕、艰辛奋斗的情景,以及东江纵队不怕牺牲、勇往直前、团结一致的革命精神。学生们纷纷表示,要继承和发扬"东纵精神",沿着先烈们的足迹阔步向前,以革命先烈为榜样,汲取精神力量,坚定理想信念,以勇于创新的精神状态和干事创业的热情投入到今后的学习工作中。

图3 参观东江纵队纪念馆

3. 亲身体验改革开放和社会主义现代化建设带来的伟大成就

为重温改革开放史,增强港澳台学生"四史"学习教育的实效,学习敢闯敢试、敢为人先、埋头苦干的改革开放精神,学校组织了港澳台学生及相关教师共30人组成的国情教育实践团前往深圳开展了"领略改革开放伟大成就、铸牢中华民族共同体意识"的国情教育实践活动,先后前往深圳前海石公园、前海展厅、前海国际会议中心、腾讯科技(深圳)有限公司、华大基因深圳国家基因库、深圳莲花山公园邓小平铜像、深圳改革开放展览馆,实地领略深圳特区改革开放发展伟大成就(见图4、图5),体验到了深圳"开放、变革、包容、全球化"的发展理念,增强了港澳台学生的中华民族自豪与爱国热情。教育学院某香港学生表示："通过国情教育实践，让我对国家政策的认识不再只停留在书本的文字上，而是亲身感受到'改革开放'的伟大所在。40年春风化雨，40年春华秋实。深圳用自己的加速度腾飞和高质量发展，向世界证明了经济特区的强劲动力。我也相信祖国未来发展也将不断创新，不断进步！"新闻与传播学院某台湾学生表示："用脚丈量深圳的土地，用眼感受深圳改革后带来的新面貌，令人感到振奋，这些实践所带来的体验远是书本上所不可比拟的。这两日的见闻让我对国情有了更深的了解，对祖国也更有认同感与责任感。希望将改革开放的精神融入今后的学习之中，踏实学习、积极创新，一起续写更多春天的故事。"

图 4　参观深圳前海石公园

图 5　领略改革开放伟大成就

三、工作效果与反思

(一) 相关工作效果

长期以来,广州大学将港澳台学生工作自觉融入全面贯彻党的教育方针和落实立德树人根本任务的工作中,坚持以"德才兼备、家国情怀、视野开阔,爱体育、懂艺术,能力发展性强"为人才培养目标,扎实开展港澳台学生教育管理工作,形成了具有广大特色的人才培养模式,取得良好效果,形成丰富经验。

国情教育应当着重加强港澳台学生对祖国现状的认知。例如可以通过组织港澳台学生开展社会实践活动,如通过参访高科技企业等形式帮助港澳台学生了解祖国在改革开放以来发生的巨大变化以及在各领域取得的巨大成就,通过正面教育激发学生的国家认同感和民族自豪感。还可以进一步通过征文的方式,引导港澳台学生深入思考、积极参与到对祖国现状的思考和宣传中,让他们成为向港澳台地区的年轻人宣传祖国现状的使者。

(二) 相关启示与反思

1. 明确国情教育的基础性地位

作为内地(大陆)高校大学生的特殊群体,港澳台学生也成为高校思想政治教育工作不可或缺的特殊对象,我们也不可能像对内地(大陆)学生一样,对他们进行马克思主义理论的理想灌输,但从民族复兴、国家统一的角度来看,我们应该重视港澳台学生的国情教育,并在这方面加强研究探索。

2. 国情教育应贴近学生的生活

(1) 国情教育内容生活化。传统的思想政治教育多使用政治术语,内容刻板,语气强硬,脱离学生生活,很难让学生感同身受。新形势下,我们在教育内容上可以从我们的共同点——中华文化入手,贴近实际,贴近学生,贴近生活,努力淡化差异点,力求得到港澳台学生的认同和接受。

(2) 国情教育形式生活化。内地(大陆)习惯于用思政课程或书本教材进行灌输式教育,而实践证明,这种方式并不适用于港澳台学生。教育实践、学生活动等方式更容易被他们接受。

3. 国情教育应融入情感

对港澳台学生进行国情教育的目的是使港澳台学生从心理上对祖国理解和认同,增强归属感和责任感。国情教育应该是一种情感教育,其最终目的是要得到情感的认同和升华。在国情教育中,教育者对受教育者及教育内容都应充满深厚的情感和认同。国情是一个复杂的系统,从纵向来看,它是一个国家在历史的长河中不断积淀总结的;从横向来看,它包含政治、经济、文化的各个方面。因此,教育者本身应有宽广的国际视野、渊博的学识，能用发展的眼光看待中国国情。

今后广州大学将进一步扩大港澳台学生国情教育覆盖面，通过一系列形式多样、富有特色的教育活动，铸牢中华民族共同体意识，引导港澳台学生树立正确的历史观、民族观、国家观、文化观，厚植其文化根基，增强其家国情怀，坚定其文化自信，努力培养更多坚定的爱国者和中华优秀文化传播者，让港澳台学生成为堪当民族复兴重任的时代新人。

参考文献

［1］吕冰，魏春梅. 高校开展国情教育的现状与思考［J］. 求知导刊，2019（16）：29－31.

［2］胡璐. 中国梦：新时代港澳大学生国情教育的着力点［J］. 高校辅导员学刊，2019，11（5）：26－30.

［3］邓轶聪. 新形势下高校港澳台学生国情教育实践与探索［J］. 教育教学论坛，2021.

以"三三三制"模式加强党史学习教育
——以广州大学经济与统计学院党支部为例

石红梅

一、案例概述分析

习近平总书记强调,基层党组织是贯彻落实党中央决策的"最后一公里",要把各领域基层党组织建设成为实现党的领导的坚强战斗堡垒。支部在学院党委的正确领导和指导下,结合党员的专业特征,积极创新工作方式,结合党史学习教育要求,提出"三三三制",即"三融合三渗透三提升"的党支部品牌建设模式。在党史学习中融合红色金融史、经济发展史、改革开放史,将党史学习与专业学习相结合,通过日常党史学习渗透课堂、渗透比赛、渗透实践的方式,实现学生党员在专业认同和专业素质的"两个提高";从而全面提升学生党员的思想引领、信仰坚定、知行合一的能力。在"三三三制"工作模式下,支部党员培养质量进一步提高,斩获国家、省、市各项荣誉奖项,在服务社会上也成绩显著。

二、做法与经过

支部通过"三融合三渗透三提升"方式,坚定党员对中国特色社会主义经济发展的道路自信,实现党员对专业的认同;坚定党员对中国特色社会主义经济制度和经济理论的自信,提升党员的专业素养;坚定党员对中国特色社会主义优秀传统文化的自信,筑牢党员"三力"。

（一）通过"三融合"方式，坚定党员对中国特色社会主义经济发展的道路自信，实现专业认同

1. 成立"专业+"专项调研工作小组，创新组织生活形式，激发党员学习动力

结合"专业+红色金融史、经济发展史和改革开放史"，成立3个专项调研工作小组。专项调研工作小组成员根据所学专业，选取其中的代表性企业：中国银行、美的集团和TCL集团等进行线上调研，撰写调研报告，探究企业发展过程中体现的时代背景、经济制度、国家政策以及红色文化与精神，其中既有不怕艰难险阻、艰苦奋斗、自力更生、勇于开拓、勇攀科学高峰的红色精神，又有企业只有与时代同行、与国家发展同频共振才能行稳致远的启示。这也进一步坚定了党员同志对中国道路的自信，提升了对所学专业的认同。

2. 开展领航讲堂，聚焦经管时政，引导党员关心关注时事热点，培养大格局大视野

支部邀请专家、学者等优秀党员教师为学生党员讲党课、讲历练、讲人生，拓展党课广度、深度，同时充分彰显优秀党员的模范作用，引领当代大学生志存高远、脚踏实地。目前支部共开展了5期领航讲堂，既厚植学生爱国情怀，又加强了学生的专业素养。

（二）通过"三渗透"方式，坚定党员对中国特色社会主义经济制度和经济理论的自信，提升专业素养

1. 党员日常渗透课堂，三"课"并举，实现"大课堂"和"小指导"的有机结合

一是创建学习云课堂。建立新媒体平台，打通党员和普通同学的联系渠道，党员一方面解答同学们提出的问题，另一方面就学习难点、时事热点等发起在线话题，开展在线讨论。既能体现学生党员的先锋模范作用，又能加强学生党员与普通学生的联系，从同学中来，到同学中去。二是开展线下第二课堂。高年级学生党员"一对多"联系低年级同专业学生，切实发挥党建引领和保障作用。支部2021届毕业生党员在成功考取北京理工大学研究生之后，受学生处之邀面向全校学生开设考研分享会。支部2022届2名毕业生党员分别保研至复旦大学、广东外语外贸大学，面向2021级新生分享大学生涯规划和专业学习方法。三是进行党性教育第一课。支部党员每年为新生开展入党启蒙教育，坚定学生的理想信念。

2. 党员日常渗透比赛，全赛事共育，产生"大手"拉"小手"的联动效应

一是组队参加学术科技类赛事，在互动研讨中提升专业素养。支部党员在专业学科或创业类项目竞赛上积极发挥专业特长，邀请专业教师做指导，并带动低年级党员、"青马工程"学员、入党积极分子、其他学生组队参加各类赛事，积极组队交流，互

动研讨,这既锻炼了学生党员的"传帮带"能力,又丰富了自己和其他同学的学科专业知识,以达到共学习、共发展、共进步的目的。二是参加专业学科竞赛,在竞赛中巩固专业知识。比如支部党员每年参加全国大学生统计建模竞赛、全国大学生数学建模大赛、"大湾杯"建模竞赛、"正大杯"市场调研大赛、全国高校企业价值创造实战竞赛、中国国际互联网+大赛、创新创业大赛等并均获得不同奖项。

3. 党员日常渗透实践,创新活动形式,利用专业知识服务社会

着眼于服务学生、服务学院、服务学校,根据支部党员专业的契合点,发挥支部学生专业特长。一是开展金融知识进社区活动。支部每学期开展一次金融知识进社区活动,服务社区居民,提高居民识别和防范金融风险的能力。二是举办"企业文化我来说"活动,将企业文化与思想政治教育结合起来。讲述企业,特别是民族企业如何创业、如何在国际市场上打拼并赢得尊重的故事,坚定四个自信。同时通过参观企业、企业文化进支部等相关实践活动,把企业文化融入学生的教育中,既提前让学生了解企业、认识企业文化,又培养了学生的爱国精神、竞争精神和对民族品牌的自豪感。

(三)通过"三提升"方式,坚定党员对中国特色社会主义优秀传统文化的自信,筑牢"三力"

1. 加强思想引领,筑牢理想信念力

一是实施"书桌计划"。列出必读经管类、党史类经典书目清单,开展党员读经典专题活动,让经典的力量熏陶学生的理想信仰,并对党员的读后感编辑成册分享给所有学生学习,每两周收集一次全体党员的读书心得,目前已收到读书心得300余篇。二是开展"数说党史"活动。充分发挥统计学、大数据专业学生的特长,从一系列非凡数字中读懂中国,读懂中国共产党,读懂中国特色社会主义制度的优势。三是开展"学习在路上,《习近平谈治国理政》关键词导读"活动。支部创新党组织生活制度,党员选取"共享经济""高质量发展"等关键词做专题研讨,既与专业有关,又与时事热点有关,做到理论学习与专业学习两不误。

2. 提升专融相通,筑牢专业素养力

一是通过"一学一做",加强专业自信,提升思想水平。支部创新载体学,党员身体力行做,充分利用微信群、学习强国APP等网络载体,进行每日学习打卡,提升学习的广度。二是支部共建,提升专业学习和理论学习的深度。通过访谈、调研的形式,以及访退伍老党员,与街道党政办交流,寒暑假调研家乡红色基地等方式,提升学习的深度。支部始终通过随时学、随地学、随身学来促进党员的线上和线下学习,提升学习的效度。

3. 提升实践服务,筑牢知行合一力

支部积极调动党员同志参与学科竞赛、社会调研和志愿服务活动。2021年支部党员志愿服务时长共计1 075小时,人均达到41.3小时。支部党员获2021年中国青年志愿者优秀个人荣誉称号,其创建的以伴教育团队伴学服务覆盖全国28个省份,关怀近

十万名学子,设立关爱困难学生、关爱防疫一线人员子女、关爱外派干部子女、关爱消防人员子女等多个专项,得到中国青年志愿者协会的高度肯定。

三、成效与反响

经济与统计学院党支部在推进党史学习教育的同时,不断提高支部党员的专业素质和能力,进一步发挥党支部的战斗堡垒作用和党员的先锋模范作用。2021年,支部学生党员获校级荣誉32项,市级荣誉3项,省级荣誉13项,国家级荣誉6项。支部学生党员参与学科竞赛率达100%,获奖率达40.8%,其中国家级奖项获奖率为11.1%,省级奖项获奖率为24.1%,市级奖项获奖率为5.6%。学生党员参与科研立项率达100%,其中国家级获奖率达7.7%,省级获奖率达23.1%。在学科竞赛、创新创业项目上支部党员积极发挥专业特长。统计系党员积极参加全国大学生统计建模竞赛,获国家级二等奖;参加全国大学生数学建模大赛,获省级三等奖;参加"大湾杯"建模竞赛获三等奖;参加"正大杯"市场调研大赛获省级二等奖两项。国贸系党员参加第四届全国高校企业价值创造实战竞赛,获校内赛一、二等奖。经济系党员参加第七届中国国际互联网+大赛国赛、省赛,参加"青创杯"第八届广州青年创新创业大赛,参加"2021益苗计划"广东志愿服务组织成长扶持行动暨志愿服务项目大赛公益创业赛,参加第十二届"挑战杯"广东大学生创业大赛公益创业赛等并获多个金奖、银奖等荣誉。

四、经验与启示

基于上述做法,支部总结出如下工作经验:在学习教育上要深度融合,坚定理想信念的同时,体现专业性和政治性。在实践教育上要日常渗透,提高站位,体现可行性和操作性。在宣传教育上要提升格局,广泛传播,具有传播性和广泛性。支部"三融合三渗透三提升"的创新性工作模式可为基层党建工作提供可借鉴可操作的工作经验。

(一)融+定:学习教育要融合,坚定信念,体现专业性和政治性

学生党支部党员都有特定的专业背景,应充分发挥学生党员的专业特长,将党建与专业深度融合,让党员在学中做,在做中学,既坚定理想信念、锤炼党性修养,又提升专业自信、专业认同和专业素质。

(二)渗+提:实践教育要日常渗透,提高站位,具有操作性和可行性

可以通过师生党支部共建的形式组队积极参加暑期社会实践活动、学科竞赛活动,如青年红色"筑梦之旅""三下乡"等各类社会调研,"大挑""小挑""互联网+"

等学科竞赛活动，将党建工作与专业建设和人才培养结合起来。支部工作能够更加鲜活，组织活力能够进一步迸发，支部建设便也更具操作性，立德树人的工作也会更有实效。

（三）升+传：宣传教育要提升格局，广泛传播，具有广泛性和传播性

党建工作既要借助"两微一端"等新媒体，又要借助报刊、电视等传统媒体，推动党建宣传工作的良性传播。支部借助学院公众号、"经统学子"公众号，将党史知识送到师生"指尖"，推动党史学习教育在师生中落地生根。比如有"读党史、温党情、强党性"党史阅读分享系列、党史故事会系列等。截至2022年，经济与统计学院党支部共有9篇优秀心得体会被"经统学子"公众号采纳并发表。

拓展学生公寓功能,打造思政新平台
——广州大学新闻与传播学院开展"与您相约"师生沙龙活动的实践探索

李　雁　方建平　梁荣清

一、沙龙活动背景和起因

习近平总书记在全国高校思想政治工作会议上指出:"要坚持把立德树人作为中心环节,把思想政治工作贯穿教育教学全过程,实现全程育人、全方位育人。"如何实现第一课堂与第二课堂的有效衔接,让思政教育从第一课堂延伸到第二课堂,从传统课堂延伸到学生日常生活中,是新闻学院党委关注的重点。为更好地贯彻"三全育人"理念,新闻学院党委决定将第二课堂的主阵地搬到学生宿舍,并将之打造成对学生进行课外思想政治教育的重要阵地。学院利用专任教师每晚值班时间,在学生宿舍竹苑4栋"五室一站"党团活动室和心情驿站功能室开设了新闻与传播学院师生沟通交流平台——"与您相约"师生沙龙,拉近师生之间的距离,通过各种形式的教师沙龙主题,全面助力学生成长成才。沙龙从2020年10月中旬开始,截至目前已开展27期,累计参与教师88人次,累计参与学生达3 000人次。

二、沙龙活动的主要做法

(一)提高政治站位,明确活动主题

学院党委以习近平新时代中国特色社会主义思想为指导,明确"师生沙龙"要坚

持"立德树人"的根本任务,确定师生沙龙的内容和目标要求。为此,学院党委制定下发了《关于组织专任教师值班期间开展"与您相约"师生沙龙系列教育活动的通知》,从开设师生沙龙指导思想、活动形式、活动内容、主讲人、参与学生等方面进行引导。师生沙龙内容围绕思想价值引领、专业素质提升、职业生涯规划、心理健康疏导等主题,在沙龙的组织形式上力求轻松、活泼,使学生喜闻乐见,愿意主动参与,如开设讲座、组织分享会、座谈会、讨论会,进行访谈、对话等多种形式开展师生互动交流,拉近师生距离。为了增强师生沙龙的影响力,吸引更多的学生参与,我们明确由学工办为牵头部门,招募"师生沙龙"学生志愿者服务团队,做好教师联系、资料收集、学生组织、沙龙海报推送、宣传报道等工作,学生们提前收集一周内专任教师的沙龙主题,并将沙龙主题、内容、个人简介、照片等信息,制作成H5形式的电子海报提前宣传推送,在推送海报中设计了学生报名二维码,对于参与沙龙的学生可自愿报名。

(二)教师全员参与,学生全覆盖,做好思政教育引路人

学院党委推出"与您相约"师生沙龙活动后,得到学院全体教师的支持与配合,学院领导率先示范,带动学院54位专任教师先后走进沙龙,做到教师全员覆盖,实现全员育人(见图1)。围绕学院的沙龙活动指引,每一位参与沙龙的教师们都精心设计自己的沙龙主题,力图涉及广泛、紧贴学生需求。已开设的沙龙主题涉及面广,有专业拓展、经典文学作品导读、影视作品分享、考研升学规划、读书会、田野故事会、大学生心理健康引导、优秀校友访谈、艺术里的红色中国、红色电影解析等诸多类型。教师们在沙龙中讲思想、讲专业、讲历史、讲情怀、讲思考、讲人生,新颖的主题,

图1　学院党委书记李雁分享"信仰的力量"

轻松的氛围，活泼的形式，吸引了学生们纷纷主动报名参与，有些沙龙海报刚推出不久，学生报名很快爆满，一年内累计有 3 000 人次的学生参与了沙龙活动。通过师生沙龙，使思政育人的主体与外延进一步扩大，学生积极主动参与其中，做到了师生有效互动，并在互动中再学习、再思考，提升了活动的实效，进一步扩大了学生参与活动的覆盖面。

（三）倾听师生意见，增强活动实效

为了不断提升活动品质，学院主动倾听意见，通过发放电子问卷的形式进行调研，了解活动开展存在的问题、实效及改进意见。在学院领导的指导下，沙龙活动工作小组设计了关于沙龙活动开展情况的调查问卷，分为学生版和教师版（见图2）。共回收有效问卷教师版 30 份，学生版 843 份。调查显示，超 8 成的学生对于沙龙活动的评价是满意的，认为对自我的个人专业提升及成长很有帮助，有不少学生认为教师们的沙龙在思想价值引领、专业素养提升、职业生涯规划、人生成长及社交能力提升等方面收获很大，达到了预期效果。根据调查中反馈的问题，工作小组将不断完善活动方案，以期实现更好的活动成效。

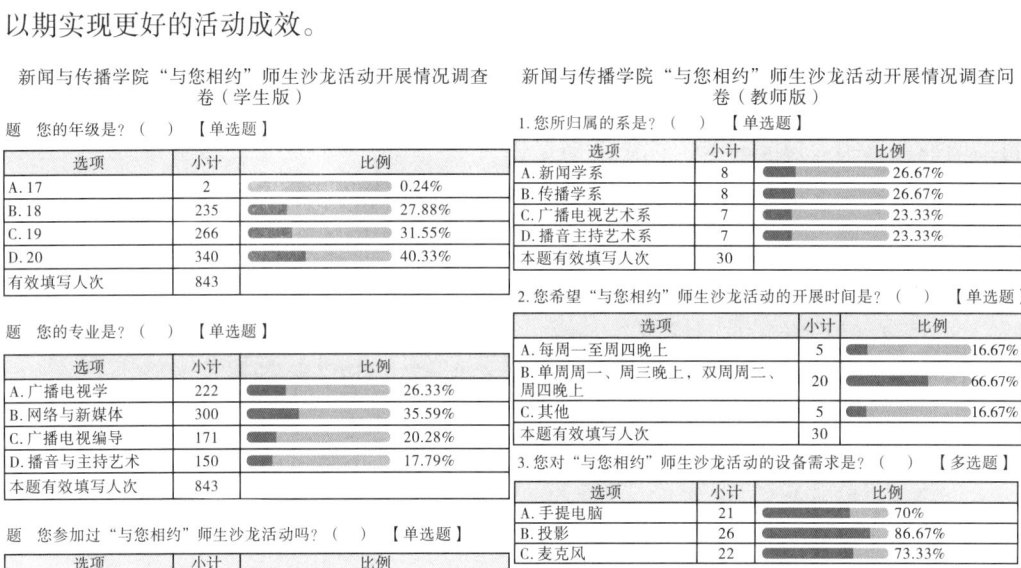

图2 "与您相约"师生沙龙活动开展情况调查问卷截图

三、沙龙活动取得的效果

春风化雨，润物无声。通过 27 期 88 次师生沙龙，教师们将自己的人生奋斗经验、人生感悟与思考、职业生涯与规划等与学生们分享，通过正面教育的引导、感化和激励，来塑造学生、改变学生，践行立德树人的根本任务；学生们通过沙龙活动，进一步感受到培育和践行社会主义核心价值观的重要意义，感受到在读书学习中进一步拓宽知识视野、更新知识结构，是实现学生成长成才的必由之路，师生通过沙龙共获欢喜与情谊。"与您相约"沙龙活动的形式多样，氛围轻松，内容丰富，内涵深刻，具有春风化雨、润物无声的作用，实现了让思政育人在师生互动中"活"起来，是贯彻落实"三全育人"的有效实践探索。

每一场师生沙龙，学生们都会留下自己的感言。播音182卢嘉宝表示：通过李雁书记的分享，我认识到，"信仰"一词不再是水中望月，它是一种精神追求，值得我们一生的寄托，在新时代的背景下，也许"抛头颅洒热血"已成为过往，但是一直支撑我们的那份信仰的力量从未离开。广电193邱雪莹在留言中写道：师生间不只是你教我学，你给分我走人的关系。学生的热情与好奇，与教师的知无不言、言无不尽，"盘活"了师生的欢喜和情谊。媒体201郑钇熹同学表示：通过徐来老师主讲的"五四与鲁迅"主题沙龙，我深深地明白，无论身处哪一个时代，青年人都应该满怀希望，为人民、为国家献出一分力量。播音201祝小丫表示：通过校友邓硕师兄的沙龙分享，我意识到作为新闻工作者，澄清事实、消除误解、弘扬正义，是我们义不容辞的责任。广编202孙琦同学表示：李近老师的分享让我有意外的惊喜。我们有必要通过文学去提升自身的素质和内涵，不要让谈吐变得像吐痰，生活仍旧需要诗意。

教师郭秦表示：师生沙龙的活动形式非常好，真正拉近了老师跟学生的距离，自己在准备沙龙的时候，从个人形象和主讲内容都是精心准备的，与同学们的交流格外轻松自然。教师李彦表示：师生沙龙的形式轻松有效，能让年轻教师通过此方式全面了解自己的学生，更好地开展教育教学工作。教师陈浩表示：师生沙龙搭建了一条老师和学生之间真诚沟通的桥梁，增进了师生之间的相互了解和理解，对于学生在学校的求学和生活发挥了生动的指引作用，这种活动形式应当保持开展，并不断在形式上推陈出新，增加学生主动参与的积极性。

师生沙龙活动的开展对于教师和学生来说都是收获满满的。教师可以更轻松地在第二课堂与学生进行精神交流，学生也可以在不断的探讨中获取成长的关键元素。可以说，师生沙龙的成效不仅体现在教师与学生在一次又一次的分享、讨论、访谈中的思想碰撞与情感互动，更体现在沙龙活动结束之后给师生们带来的无限思索与实践参考。

党建社区服务育人，特色文化美丽先行

祝梦婷　李燕兴　龚　睿

一、案例背景

为深入践行习近平总书记在全国高等学校党的建设工作会议上"高校肩负着学习研究宣传马克思主义、培养中国特色社会主义事业建设者和接班人的重大任务"重要讲话精神，广州大学以党建工作为引领，把立德树人融入思想政治教育、文化知识教育、社会实践教育各环节。广州大学开展党建创新书记项目"五室一站"党建进公寓实践育人工程，获得第二届"广州党建十大品牌"，是党建社区丰富校园文化建设的创新代表，开创性地利用党建社区培养"德才兼备、家国情怀、视野开阔、爱体育、懂艺术，能力发展性强"的综合型创新人才。

化学化工学院 B19"五室一站"是广州大学党建进公寓实践育人工程的具体实践，也是校园党建社区建设的优秀案例。以"思想实践并重、科学文艺融合、院系专业协作"为工作理念，以"一个中心、两个基础"为工作思路，发挥理工科创新实践专业优势，学习借鉴文化艺术学科丰富精神内涵，通过"党建工作办公室"（党建办）、"舍区服务办公室"（舍区办）基础工作和"一楼一特色"项目中心平台，实现党建办"先锋化"、舍区办"居委化"和特色文化"全面化"建设，积极发挥学生党员"自我教育、自我管理、自我服务"作用，实现了党建育人、服务育人、文化育人、制度育人、行为培养和品格培育的功能。

二、问题导向

广州大学化学化工学院 B19"五室一站"工作团队，积极探索如何利用好学校

"五室一站"公寓党建平台（B19"五室一站"包括休闲康体室、党团活动室、综合阅览室、互助学习室、学习辅导室、心情驿站），在院系、专业"大杂居、小聚居"的大学生舍区，发挥自身专业特长，凝聚各类人才力量，实现全员育人、全过程育人、全方位育人、特色化育人。

三、服务育人方案实施

（一）预期目标

（1）"党建办""舍区办"基础工作扎实有效，发挥党建思想引领作用，实现舍区综合服务管理，维护安全稳定。

（2）中心工作特色项目全面丰富，凝聚人才、发挥特长，打造融合式舍区文化。

（3）实现发展式服务育人模式，工作团队与舍区成员共建共享舍区党建服务育人成果。

（二）方法设计

（1）凝才聚力，发展式进行制度化管理和团队建设。组成B19"五室一站"工作团队，细分为"项目实施工作组"（由勤工人员组成，负责活动开展和设施维护）和"文明创建工作组"（由楼长、楼层长、宿舍长、党员、入党积极分子等组成，引领舍区卫生、文明建设），责任到人，加强培训，在工作中锻炼提升能力。

（2）院舍联动，扎实推进"党建办""舍区办"基础工作。学院领导全员参与指导，成立党小组，思想引领坚强有力。

（3）院际协同，师生共建，研本联动，全方位发展特色美丽教育。利用不同学院专业特长、结合"专业教师值班制度"、加强研究生与本科生交流，"教育合力"丰富特色项目。

（三）活动过程

1. 加强统筹引领：以"党小组"工作模式进行"党建办"的"先锋化"建设

（1）领导高度重视，指挥指导有力。

学院领导全员参与指导建设。"党建办"作为"五室一站"指挥中心，统领"五室一站"整体工作。学院院长、党委书记带头，参与"五室一站"建设指导。学院党委书记主抓"党建办"工作，多次参与党员读书会、深入宿舍考察；院长重视构建学生宿舍区管理工作，维护安全稳定、加强文化教育，把学院特色的科研活动引入舍区；副院长从各自分工领域配合开展工作，如主管教学副院长抓好专任教师值班制度，落实"五室一站"学习辅导室；主管科研工作副院长大力支持开展"科研讲坛"。

学院副书记担任"党建办"主任、专职辅导员担任副主任，以"支部化"模式，组成管理小组,紧抓具体建设思想,围绕"打好'党建办'和'舍区办'工作基础,切实发挥党建育人作用,维护稳定,服务到位,发挥特色"的指导思想;专、兼职辅导员指导具体工作。通过院领导全员参与"五室一站"指导,构建健全的人员架构,完成本楼栋党员及入党积极分子的教育考察工作,实现学生党员"自我教育、自我管理、自我服务",引领与服务成效显著。

(2)院舍联动,发挥党员先锋模范作用。

①关键时刻的党员先锋行动。在诺如病毒及登革热疫情暴发期间,舍区成为疫情防控的主要阵地。"党建办"主任亲自布置工作,带领舍区及学院党员、入党积极分子积极加入宿舍卫生打扫、消毒、清理工作中,发现疫情积极上报,有效应对疫情;在学校推进垃圾分类工作初期,党员们走进宿舍宣传"垃圾分类",开展"垃圾减量分类,党员示范引领"的垃圾分类启动仪式及专项工作会议,成为广州大学垃圾分类工作代表(见图1),并登上了广州电视台新闻频道城市话题栏目,这是对党员先锋模范作用的充分肯定。

图1 开展"垃圾减量分类,党员示范引领"活动

②院舍联动,党员共奋进。2018年,由舍区和学院党员共同组成的11个"党小组"在B19"五室一站"成立,依托学院党建工作的完整体系,充分利用党团活动室资源,实现资源和经验共享,构建互助互促的院舍联动模式。"党建办"主办的各项活动,如"读原著,学经典,作表率"党员读书活动,"近生情、平生语、感悟平语

近人"等分享活动，成为"党小组"成员思想教育的良好平台，不仅开阔视野，提高思想觉悟，同时促进院舍联动。院党支部书记依托"五室一站"党建育人工作平台，开展诸多创新性党建活动，撰写的《小行动，大促进》案例获得广东省高校基层党组织书记工作案例评选二等奖，这是对"五室一站"党建育人工作的肯定。

（3）加强沟通机制，落实"党建办"值班制度。

①实行"党建办"值班制度。在团活动室设立"党建办"值班办公室，设定"党建办"和"舍区办"开放工作日。"党建办"主任、副主任（学院党委副书记、专职辅导员）以及委员、学生党员每周值班，进行发展党员工作答疑、开展《共产党宣言》读书会、观看《辉煌中国》分享感想等，与本学院以及B19楼栋学生进行了互动交流，同学们纷纷表示收获良多，找到了学习方法和方向。

②建立与学生的沟通机制，接受舍区学生的咨询和建议。例如在开展党课期间，开展"有事您开口，党员来帮手"入党咨询月活动，帮助学生解决入党和生活上的问题。值班党员认真记录来访入党积极分子的具体情况，同时，每天认真做好工作交接、跟踪服务，确保咨询者获得明确答案。建立与宿管、舍区学生所在学院的交流机制。将学生党员和入党积极分子的表现及考察情况、存在问题、宿舍情况及时反馈，提高党员学生和入党积极分子的积极性。

（4）完善舍区党员、入党积极分子信息，搭建党建服务平台。

舍区党员信息库，线上工作全覆盖。收集舍区所有党员和入党积极分子信息，建立党建信息库，为"党小组"开展工作奠定基础。鉴于党员分属不同学院党支部，线上通知、交流较为便捷，建立"B19党员之家"微信群，并将其打造成"党建办"线上工作主阵地。"党建办"信息栏积极宣传时政热点、优秀党员等信息，定期公布B19楼栋相关的志愿活动、党员和入党积极分子考察情况等，促进信息交流，2021年度累计发送各类信息通知160余次，服务学生党员、入党积极分子200余人。真正践行习总书记所倡导的"党员在哪里，我们的党组织就应该覆盖到哪里"的指导精神。

（5）舍区党员考核管理和入党积极分子考察教育实行指标量化、程序系统化、过程透明化。

①量化考核指标，明确考核办法。通过量化舍区党员考核和入党积极分子考察指标，从思想、学习、工作、生活方面，侧重于舍区内表现相关内容，以舍友、楼层长、"党建办"委员参与评价为主。该考察指标以清晰的数字和既定的程序，克服党员和入党积极分子所属学院较多、管理困难的现实，有效地对党员学生进行监督考察，但计算不够简便，需要进一步完善。

②实现考核考察程序规范化、过程透明化。通过建立完整的考核考察办法，由"党建办"委员负责统筹、组织评价、计算分数，"舍区办"成员提供部分意见，楼层长协助发放和收集考核考察评价意见，对该楼栋的学生党员、入党积极分子进行全面考察和跟进，向学生所在学院反馈，作为入党积极分子考察对象的考察内容和评优评先的依据，公平、公开、公正，有参考价值。

2. 夯实服务基础：进行舍区办"居委化"建设，以居民社区居委会工作模式进行全面的生活管理与服务，实现制度化、自主化、系统化

（1）健全"舍区办"人员架构，做好工作指引。

设置B19"五室一站""项目实施工作组"和"文明创建工作组"的工作团队，前者还细分为学习指导、心理辅导、生活服务、文体辅导等工作小组，设立小组长，责任到人，明确分工，加强对楼栋学生的服务引领。

（2）了解舍区简历，建立舍区服务系统。

建立舍区信息服务系统。B19楼栋主要住宿化学化工学院、数学与信息科学学院、地理科学学院等21个学院的2016级和2017级本科生以及2016级和2017级研究生，共1 394人。其中本科生941人，研究生453人；共274间宿舍，每层楼46间宿舍，其中四楼和七楼为研究生宿舍；学生党员人数53人，预备党员6人，入党积极分子154人。为了更好与学生群体进行沟通，我们将274间宿舍的舍长及6位楼层长和3位宿舍管理员共同创建了"B19楼栋舍长"微信群，分块管理，建立"服务小组工作群""楼层长工作群""宿舍长群"等线上通知群，发布通知、消息及宣传和普及知识等，便于大家及时将宿舍热水、空调和保修等问题反馈给宿舍管理人员，更好地解决学生宿舍内部矛盾等问题，共同商议舍区的公共区域问题，比如垃圾分类、舍区安保等问题，便于宿舍管理员开展学生宿舍管理工作。

（3）构建"居委化"生活服务，进行舍区综合治理。

①舍区办"居委化"创建模式。建立与每位楼层长、每位宿舍长的联系机制，及时收集宿舍水电问题、公共卫生问题、设施维护问题等日常生活问题，由"舍区办"牵头开展"宿管座谈会"，直接对接宿舍管理员进行反馈，一年间共解决了45起事件，涉及学生宿舍设施维修、卫生管理、宿舍安全，甚至人际关系等。

②领导带头，强化舍区综合治理工作。当发现涉及宿舍人员安全及财物安全的事件时，可直接对接助理辅导员和舍管，进一步反馈到学院，例如，曾有一名本楼栋大四学生，因为对实习安排不满意，产生极大负面情绪，在天台哭泣，比较激动，得到同学反映后，舍区办成员立刻向学院汇报，学院指示，先与宿管即刻前往现场查看情况，尝试沟通后，发现该女生情绪平复不少，也了解到她的具体信息并进行安抚，最终女生回到宿舍，突发事件得到有效处理；2018年9月21日，化学化工学院党委书记、院长等参与到宿舍卫生检查行动，督促每个宿舍进行灭蚊，并检查宿舍内部卫生情况，有效应对登革热疫情发展，无传染发生。

（4）加强沟通协调，关注心理健康。

舍区心理辅导小组依托心情驿站、学院心理协会，开展相关心理健康教育活动，推广"化院心苑"心理工作公众号，学生可投稿，分享自己的生活体验和心路历程；公众号后台可接收学生留言，保密原则下倾听心声、进行咨询。同时，在公众号上推出了"神秘来信"的新功能，在心情驿站设置了"解忧·心情驿站"信箱，学生可在后台留下宿舍号和时间，由心理协会成员充当"信使"，让同学们之间增进情感，也

在师生间架起一座安全便捷的沟通桥梁，促进师生之间的心灵交流，营造良好的心理环境（见图2）。

（a）接收的信件　　　　（b）辅导员收到学生来信

图2　开展"神秘来信"活动

（5）落实文明创建，强化宿舍综合管理。

①宿舍文明创建工作。文明创建工作组积极组织本楼栋的文明宿舍创建工作，制定宿舍管理制度、带领各宿舍大扫除，在内部先进行评比，有效地推动和监督落实宿舍管理制度、内务卫生、文明行为、良好生活习惯等。积极举办"雅室"大赛，大多数宿舍主动参与，营造良好的宿舍文化。

②关注宿舍楼栋安全管理问题。

安全管理——定期在楼栋宣传栏进行宿舍安全管理宣传，如用电、消防、人身财产等方面，在B19楼栋的党员群、宿舍长群上发布《违规电器处理的规定》、用电安全、消防安全、防盗防骗等的提醒等。

宿舍检查——组织本楼栋的学生党员、学生干部、楼层长和志愿者每月一次开展楼栋用电安全和卫生抽查工作。检查结果在楼栋微信群公示并反馈到相应学院。一年间共检查宿舍18次，每次约274间，合计检查4 932间宿舍。针对个别宿舍不达标、卫生情况欠佳、没有灭蚊等问题，检查人员提出具体的要求，提醒并监督其改造，帮助改善宿舍学习生活环境（见图3）。

③联合管理。建立了与宿管、舍区学生所在学院的对话机制。定期展开"舍管座谈会"（见图4），构建舍管与楼栋同学沟通的"桥梁"，由党员代表将住宿问题或者建议反馈给舍管并将舍管对楼栋的管理要求传达给每位同学。

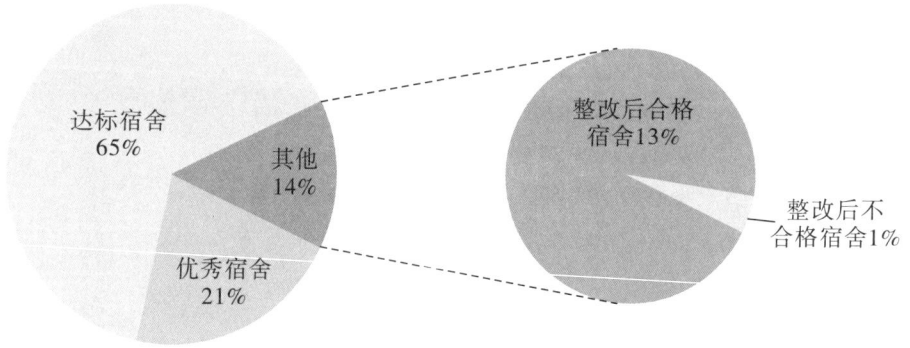

图 3　年度宿舍检查情况

图 4　师生参与开展"宿管座谈会"活动

（6）服务学习指导、丰富文体活动。

学习指导小组依托互助学习室、专业辅导室、综合阅览室，开展舍区学生学习服务工作。如根据楼栋学生需要，进行图书报刊阅读需求的收集；为楼栋的考研学生提供便捷干净的"全天候"自修室；切实了解楼栋学生的需要，开展相应各类讲座交流会，如科研小讲堂、名师面对面座谈会、考研经验传递、华东理工大学访学分享会、出国经验交流分享会等，为楼栋同学考研、学习、出国，提供参考方向与指南。

3. 推进特色项目：展开了"化蝶，从心开始"的一楼一特色项目，促进楼栋学生"德智体美劳"全面发展，成为新时代的新大学生

(1) 项目开展数据。"一楼一特色"项目实施两年来，共举办活动 60 次，月均接待人数近 900 余人次，覆盖来自 140 间宿舍，B19"五室一站"成为楼栋同学参与度高、群众认可度好的舍区服务阵地（见表1）。经过两年的不断努力，一场场用心组织的活动，一幕幕用心搭建的舞台，一项项量身定制的措施，让 B19 楼栋的学生能化茧成蝶，成为真正懂"美"的女生。

表 1 "一楼一特色"项目两年开展情况数据统计表

活动类别	活动内容	活动次数/次	参与人数/人次	楼栋覆盖率/%
德育（内涵美）	经典百书系列活动、红色经典读书会、平语近人系列主题活动	7	226	16.2
智育（学习美）	名师面对面、科研讲坛、考研分享会、访学交流会、出国分享会	17	595	42.7
体育（形象美）	纤体瑜伽课、礼仪化妆知识小讲堂、手工 DIY 活动	9	182	13.1
美育（心灵美）	心理电影赏析、垃圾减量分类、党员示范引领活动、"解忧"心情驿站系列活动、神秘来信活动	18	360	25.8
劳育（劳动美）	党员"亮身份，做表率，树形象"宿舍环境整治活动、防控诺如病毒及登革热、垃圾分类	9	270	19.4
合计	德智体美劳全面育人体系	60	1 633	—

（注：楼栋覆盖率为参与人数占楼栋总人数的比例，楼栋人数为 1 394 人）

(2) 项目开展特色。根据习近平总书记"培养德智体美劳全面发展的教育体系"的讲话精神，结合我校培养德才兼备、家国情怀、视野开阔，爱体育、懂艺术，能力发展性强的人才培养目标，我们制定了以"内涵美、奉献美、形象美、心灵美、劳动美"为教育指标的美丽教育。在德育方面，我们坚持思想政治引领、加强文明修身教育，开展"读原著、学经典、做表率"系列党员读书会，以"功崇惟志，业广惟勤"为主题学习习总书记在纪念马克思诞辰 200 周年大会上的重要讲话精神，进行经典百书征文，打造书香舍区；还借鉴央视节目形式，开展"文字传承经典，朗读打动人心"朗读分享会、"近生情、平生语、感悟平语近人"习语录学习分享活动，创新思政教育方式；在智育方面，引入科研精神培养，普及宣传化学环保知识，学院专业教师辛勤耕耘在"五室一站"科研讲坛，为学生带去化学的乐趣和创新实践精神；在体

育方面，我们邀请专业学生做指导，开设"舍区瑜伽班"和"美丽小讲堂"，美丽学生外在形象，更强健体魄；在美育方面，依托心情驿站，开设"化院心苑"公众号普及心理健康知识，"神秘来信"活动提供学生新颖交流途径，丰富情感美丽心灵；在劳动教育方面，抓住每月的卫生打扫和大扫除，传递和培养学生的劳动意识与责任意识。

四、活动效果

（1）功能房利用效率高，教育服务覆盖面广，为舍区学生提供"发展福利"。在2018年度，共举办活动49次（其中互助学习室主要用于舍区学生自修学习，不举办活动），月均接待人数840人次，占楼栋人数近60%，覆盖来自231间宿舍的学生（见图5）。"五室一站"成为楼栋同学参与度高、群众认可度高的舍区服务阵地。

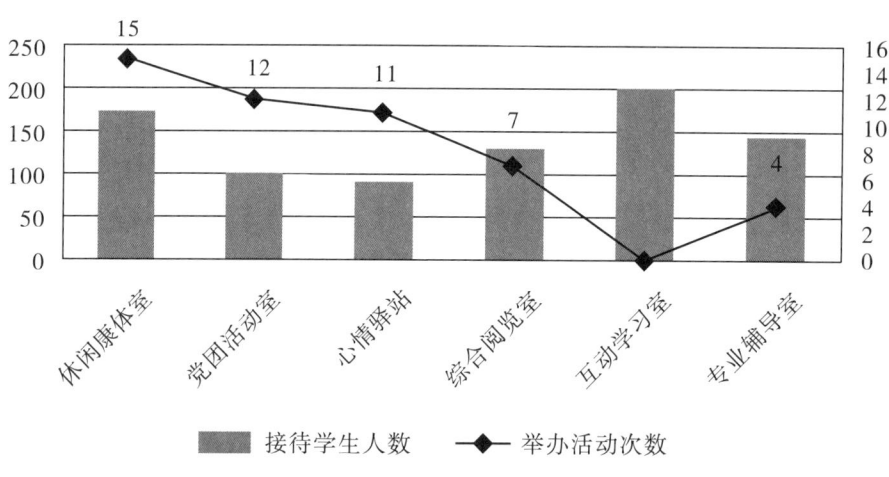

图5　2018年度B19"五室一站"活动数量及接待人数汇总

（2）实现"党建办"的"先锋化"建设，舍区党员先锋模范带头作用显著。

（3）实现"舍区办"的"居委化"建设，全面综合治理，舍区文明、安全、稳定。

（4）"美丽教育"特色项目全面开展，建成舍区成员德智体美劳全面培养的教育体系。

（5）形成思想与实践、科学与文艺、身体健康与心灵健康的共同发展。

五、经验反思

（1）高校思想政治教育要顺应时代发展、结合学生特点，不断创新改革。高校教育工作者要掌握大政方针、了解学生特点，创新思政教育模式，以学生喜欢的更加青春新颖的方式呈现教育思想。

（2）教育者要善于发挥自身特色和优势，整合各类教育资源，形成最广泛、最有效的"教育合力"。理工科学院与人文及艺术类学院联动、更多专业教师参与、研究生与本科生互动、校内校外资源整合，这些都是适应当今高效思政教育发展的多元动力，可形成更强大的教育力量。

（3）学生公寓党建服务育人工作包含广泛的教育内容，极大地丰富和补充了课堂教育的内容，真正实现大学生德智体美劳全面发展。舍区有劳动教育的天然优势，开展"党员先锋行动"，开展宿舍文明、卫生创建工作，积极应对登革热、诺如疫情，示范引领垃圾分类，达到"以劳树德、以劳增智、以劳育美"的效果。

参考文献

［1］赵颖，任羽中，吴旭. 241份巡视整改通报，为高校把了什么脉？［J］. 廉政瞭望，2020（6）.

［2］郝文斌，黄嘉富. 高校思想政治理论课教师考核评价内在矛盾的辩证分析［J］. 思想理论教育，2019（9）.

［3］冯刚，刘文博. 新时代加强大学生劳动教育的时代价值与实践路径［J］. 中国高等教育，2019（12）.

［4］安钰峰. 加强新时代高校思想政治工作体系建设的思考［J］. 中国高等教育，2019（12）.

［5］张慧，娄淑华. 学习领悟习近平总书记对青年六点要求思想内涵和价值意蕴［J］. 中国高等教育，2019（12）.

［6］佟玉东，何正玲. 习近平新时代党的建设总要求解析［J］. 辽宁工业大学学报（社会科学版），2019（3）.

［7］陈荣武. 加强党对高校全面领导的战略路径探析［J］. 思想理论教育，2019（5）.

［8］李庆霞. 坚持在"真"字当头中创新思政课教学［J］. 奋斗，2019（7）.

［9］段虹. 略论大数据分析与高校意识形态安全建设［J］. 思想理论教育导刊，2018（11）.

［10］陈荣武. 改革开放40年高校党建的历史衍变和重要启示［J］. 思想理论教育，2018（10）.

学史述史践初心 红专并进新征程
——广州大学马克思主义学院学生讲党史的探索与实践

梅淑宁 马 娟 宋学来

2021年是中国共产党成立一百周年，也是高校继续加强党史学习教育之年。马克思主义学院学生工作队伍充分利用学科专业优势，以"学生讲党史"为核心，组织青年大学生面向校内外开展了形式多样、覆盖面广的党史宣讲活动，让学生在讲述中感悟初心使命，收获专业成长，也把红色基因撒播到羊城各地。学生讲党史不仅在广东省高校大学生讲党史公开课展示活动中喜获佳绩，还获得省内外多家主流媒体报道。

【案例概述分析】

自党中央决定在全党开展党史学习教育之日，马克思主义学院的学工队伍就陷入了思考。怎么以此为契机、载体和途径，更好地发挥马克思主义学院的学科优势，引领马克思主义学院学子结合专业学习，更深入地学习党史，并服务于党史学习教育大局，成为摆在学工队伍面前的一项课题。

一、学院拥有深厚的专业底蕴

广州大学马克思主义学院是广东省重点建设的马克思主义学院之一。学院拥有国家一流本科专业思想政治教育，广东省优势重点学科马克思主义理论。学院承担了全校的思想政治理论课教学，"中国近现代史纲要"是国家一流课程，教师中也拥有多位党史领域的专家教授。学院在国内主要慕课平台最早上线了"中国共产党历史1921—2021"在线开放课程，为全校党史学习教育制作了《学百年党史 做世纪新人》《中国共产党人的精神谱系》《中国共产党人为什么能》等多个讲稿和课件。学院

16 名骨干教师参加广东省、广州市及广州大学党史学习教育宣讲团，在校内外做党史宣讲 80 余场。学院一教授的论文入选中共中央庆祝建党 100 周年 100 篇优秀论文，并受邀赴京参加建党 100 周年庆祝大会。

二、学生具备扎实的党史基础

马克思主义学院目前拥有在校本科生 320 人，研究生 103 人。"中共党史""毛泽东思想概论""中国特色社会主义理论"等党史相关课程是本科生的专业核心课程；研究生中也有马克思主义中国化研究、党的建设、学科教学（思政）等专业方向。在长期的专业教育下，学生普遍关注党情国情，政治素质和思想觉悟高，党史基础较为扎实。2020 年以来，马克思主义学院师生共同收看了庆祝中国共产党成立 100 周年大会直播、纪念辛亥革命 110 周年大会直播、党的十九届六中全会新闻发布会直播等，并组织了学习研讨，专业知识进一步得到更新与巩固。学生在教师的带领下，为全校党史学习教育找资料、做课件。学院团学公众号还推出了每期一题的"党史知识小测试"，帮助学生在碎片化的时间中学习党史，让党史学习在学生中蔚然成风。在学校党史红色长廊的建设中，学生承担了约 12 万字百年党史史料的审校；在全校学党史知识竞赛中，学生参赛队伍夺得了第一名；在第十七届"挑战杯"竞赛红色专项赛道中，获校赛一等奖 1 项、二等奖 1 项。

【案例解决方案】

在全校师生积极开展党史学习的热潮下，马克思主义学院以专业"讲党史"为核心，以学生党支部、院团委为组织力量，通过举行党史说课比赛选拔骨干、校内外宣讲党史锤炼本领、组建党史讲解队形成长效，打造了一支知史爱党、凝聚力强、长期稳定的学生宣讲团队，促使学生在党史学习教育中收获了全方位的成长。

一、以"百年党史听我说"党史说课比赛为平台，选拔骨干团队

（一）活动整体概述

在学院党委的指导支持下，马克思主义学院学生党支部于 2021 年 3 月筹办主题为"百年党史听我说"的党史说课比赛。比赛分为预赛和决赛两个阶段，首先在各班内部进行预赛选拔，并安排专任教师、学生党支部党员前去观赛，最后综合教师和学生党员的意见，对各班作品进行排序。决赛中邀请教研经验丰富的教师担任评委。最后学院在获胜队伍中推荐 2 支优秀队伍参加 2021 年广东省高校大学生讲党史公开课展示活动，获得本科组二等奖 1 项、三等奖 1 项。

（二）活动开展情况

（1）前期做好宣传动员。学生党支部积极做好比赛的宣传工作，将比赛通知下达至马克思主义学院各班级，动员各学生党员发挥先锋模范作用，主动讲好百年党史。最后，马克思主义学院报名组成了 20 组参赛队伍，涵盖了 2018、2019、2020 级本科生和 2020 级研究生，共 53 人参赛，参赛学生占全院学生 14.5%。

（2）开展过程井然有序。在预赛阶段，学生党支部选派学生党员前去各班观摩选拔情况，并根据各班级参赛队伍的排名情况，遴选了 12 支队伍进入到决赛阶段。5 月 11 日下午，学生党支部组织了党史说课决赛。比赛邀请了中国近现代史纲要教研部资深教师担任评委，全院 130 余名同学到场观摩。在题材内容上，参赛选手以中国共产党百年历史为主线，讲述红色故事、红色人物，分享家国情怀、成长感悟，以小见大、寓理于情、贴近实际，展现了马克思主义学院学子扎实的党史知识和突出的讲授能力。

（三）活动总结提升

比赛结束后，马克思主义学院通过微信公众号、官方网页等进行了活动的宣传报道。同时，参赛同学根据指导教师的专业意见和建议，在关键事实、关键理论上进一步打磨，把所选的党史故事讲透讲准确。经学院评审推荐，两支优秀队伍于 5 月 24 日进行了党史说课作品的视频录制，完成了"广东省高校大学生讲党史公开课展示活动"参赛作品并如期提交。2021 年 10 月，广东省教育厅公布了评审结果，马克思主义学院学生团队喜获佳绩。其中，梁峰等同学的作品获本科组二等奖（见图 1）。

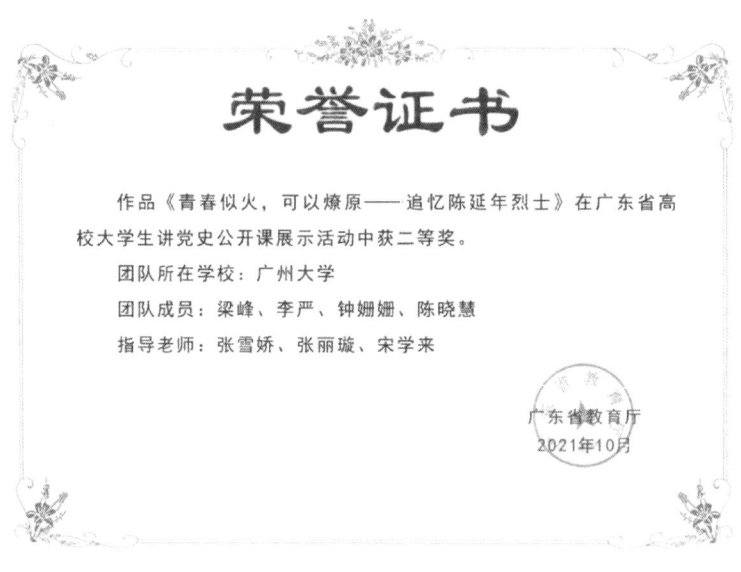

图 1　梁峰等同学获得"广东省高校大学生讲党史公开课展示活动"二等奖

二、以"知史爱党"南沙四镇街宣讲实践为抓手,锤炼宣讲本领

(一)宣讲整体概述

马克思主义学院联合广州市南沙区委宣传部、南沙区新时代文明实践中心,组织遴选6名研究生和10名本科生,成立了"广大马院党史青年宣讲团",于7月19—20日先后来到南沙区大岗镇、榄核镇、南沙街和东涌镇,为广大党员群众讲述习近平总书记"七一"重要讲话精神,讲述中国共产党人的精神谱系,讲述发生在南粤大地的党史故事。马克思主义学院党史青年宣讲团荣获广州大学2021—2022学年"厚植爱国主义情怀"工作先进集体。宣讲团还通过学校选拔推荐,角逐由中国青年报主办的2021年第七届寻找全国大学生百强暑期实践团队评选。

(二)宣讲开展情况

(1)宣讲背景和前期准备。2021年7月1日上午,习近平总书记在庆祝中国共产党成立100周年大会上发表重要讲话。深入学习总书记"七一"重要讲话精神,进一步推动党史学习教育走深走实,成为一项首要政治任务。学院举办"深入学习习近平总书记'七一'重要讲话精神,推进新时代党的理论建设"高端论坛,举办"伟大建党精神与中国共产党人精神谱系"研讨会,引领师生深入学习总书记"七一"重要讲话精神。

同时,随着暑假的到来,同学们的暑期社会实践安排也提上日程。同学们在说课比赛的打磨下,已经有了丰富的授课经验储备。同时又成立了党史青年宣讲团,组织专家集体备课,宣讲的条件已相对成熟。于是,马克思主义学院学工队伍主动联系了广州市南沙区委宣传部,沟通就近安排义务宣讲。南沙区委宣传部对学生宣讲团队表示热烈欢迎,双方达成了一致安排。

(2)宣讲活动顺利开展。本次宣讲历时2天,共计4场,覆盖了南沙区大岗镇、榄核镇、南沙街和东涌镇300余位党员群众。听众们既有各村社的党员代表,也有来自当地机关、企事业单位的预备党员和入党积极分子,还有社区群众、初高中生等。为了让宣讲更加生动鲜活,贴合不同年龄、不同身份的观众的需要,宣讲队伍在专业教师的指导下团结合作,串联宣讲内容,认真推敲语句,创新宣讲形式。在宣讲内容上,队员们选择了陈延年烈士、广州起义、井冈山精神、"两弹一星"精神、习近平总书记"七一"重要讲话精神这5个篇章,搭配成从建党之初到社会主义建设,再到党的百年华诞的党史知识"套餐",每个篇章讲15分钟,从小切口讲述大故事,听起来丝毫不觉得冗长。在宣讲语言上,队员们尽量把"书面语"变为"大白话",部分段落采取粤语讲述,让党史故事更接地气。在宣讲形式上,队员们巧妙穿插了如李大钊《青春》朗诵、情景小剧场、《刑场上的婚礼》电影配音、互动问答等环节,将一

个个鲜活的形象、一幕幕感人的场景、一段段不朽的历史展现在观众面前，让党史故事更有温度。

（三）宣讲社会反响好

马克思主义学院党史青年宣讲团通过"沉浸式"讲述建党百年的光辉历史，不仅展现了马克思主义学院学子"学马信马用马"的良好素质，也赢得了南沙区各镇街父老乡亲的广泛好评。中国青年报、广州日报、南方都市报、羊城晚报、新快报、搜狐、网易等媒体以《广州大学"三下乡"深入乡镇宣讲党史》《2天4场，覆盖300余位群众！广大马院学生进基层宣讲党史》《一支由青年学生组成的宣讲团来到南沙，"沉浸式"讲述党史故事》《从小切口讲述大故事　大学生宣讲团走进南沙镇街》等为题做了专门报道。同时，宣讲团还继续在学校青马班、学生党课团课开展宣讲，影响力和覆盖面日益扩大。

三、以党史红色长廊讲解队为载体，形成长效机制

（一）讲解队整体概述

为进一步贯彻党中央关于党史学习教育活动的要求，以实际行动庆祝建党一百周年，广州大学党委建设了党建红色文化长廊（以下简称红色长廊）。红色长廊是由228根柱子、11万字组成的百年党史展示区，完整展现了党的百年光辉历程，是一本立体的党史教科书。马克思主义学院以党史青年宣讲团成员为基础，把党史讲述队伍扩大到全校青年学生群体，牵头组建了一支知史爱党、又红又专的红色长廊讲解团队。

（二）讲解队组建过程

广州大学党建红色文化长廊长1 000米，宽6米，包括1个主题雕塑、4个主题展览厅、13面主题景观墙和228根柱子，全面展现了党的百年奋斗史，是广州大学坚守为党育人、为国育才初心，打造的红色主题教育新阵地、校园文化新景观、党建文化新品牌、党建育人新标杆。而红色长廊学生讲解队是联系参观者与党建红色文化长廊之间的桥梁和纽带，担负着宣传、教育、组织、协调、引导和疏导等多项义务和职能。讲解的水平和服务的质量，直接影响着参观者的感受和体验，也关乎着红色长廊的专业形象和建设水平。

在学校组织部门的直接指导下，由马克思主义学院牵头，以学院内党史青年宣讲团为核心成员，由各学院党委精心选拔推荐优秀学生，组建了一支23人的红色长廊讲解队伍。马克思主义学院对讲解队伍进行了全方位的培训指导。一是完善组织结构。在讲解队中设置了秘书部、宣传部、培训部。秘书部负责讲解队日常事务及活动组织；宣传部负责活动记录和宣传报道；培训部负责对队员进行党史知识、仪容仪表、语言和发声等方面的培训。二是开展专业培训。为讲解队每人赠送1本《中国共产党简

史》，并从马克思主义学院邀请党史领域专家开展党史专题讲座，从其他学院邀请专业教师进行语言表达、仪容仪表培训，从党史相关展馆中邀请资深讲解员进行讲解必备技能培训。三是组织参观学习。组织讲解队到红色景点进行参观学习，一方面进一步学习党史知识，另一方面也从中提升讲解能力。

（三）讲解队建设成效

通过扎实的前期培训，讲解队伍的思想政治觉悟、党史知识储备、语言表达能力等都有了明显提升，形成了一支从学生中来，到学生中去的专业党史讲解团队。党史讲解深深融入了同学们的日常学习生活，学校的党史学习教育氛围日益浓厚。师生和来宾们行走在党史红色长廊，伴随着青年学生的生动讲解，充分感受到青年大学生的使命与担当。

【经验与启示】

一、以"学史"入心，筑牢思想根基

历史是最好的教科书。马克思主义学院学工队伍以党史学习教育为契机，引领青年学生进一步学深悟透党史、增强政治定力、深化能力淬炼，在"学、研、用"中深刻体会到中国共产党为什么能、中国特色社会主义为什么好、马克思主义为什么行，从而实现了专业知识和思想觉悟的同步提升。

二、以"讲史"见效，坚守初心使命

党史是一颗永恒不变的初心。马克思主义学院学工队伍鼓励学生把所学专业知识活化，通过党史说课、校内外宣讲、组建党史讲解队伍等多种形式和平台，在学生中挖掘出了许多优秀的党史讲述达人，从而学史明理、学史增信、学史崇德、学史力行，进一步增强"四个意识"，坚定"两个自信"，做到"两个维护"，自觉把自己的志向和国家民族复兴紧密联系起来，为实现中华民族伟大复兴的中国梦奉献青春力量。

三、以"践史"化行，传递红色力量

质胜于华，行胜于言。马克思主义学院学工队伍充分利用专业特色，多渠道搭建育人平台，发挥学生骨干的"导向、示范、激励、矫正"思想政治教育功能，并辐射到全校青年学生群体中，让青年带动青年、帮助青年，引导更广大的学生在学习领悟中坚定理想信念，练就专业本领，传承红色基因，把学习的成效转化为实践的动力和成效，于奋发有为中践行初心使命。

新媒体视域下高校"吸猫"青年的精神诉求与价值引导
——以广州大学大学生喂养校园流浪猫现象为例

林曼曼

在中国高校，有这样一个青年群体，他们将自身从网络媒介习得的"吸猫"行为转移到对高校流浪猫的喂养上，但却往往在投喂过程中反被流浪猫所伤，并由此在学校、学生、家长和社会之间引发了一系列事关学生安全健康和高校环境卫生管理的争论。事实上，高校"吸猫"青年基于爱心与同情心的喂养行为，与流浪猫的实际需求相背离，也与高校的管理诉求相冲突。因此，为了让高校"吸猫"青年意识到其对投喂行为的认知偏差，本文以广州大学公共管理学院推出的校园流浪猫专题系列推送作为具体案例，提出以新媒体的思维方式和话语体系去实现对高校"吸猫"青年的价值引导，并做出了加快建立流浪动物管理制度，建立校园流浪猫管理模式，规范校园流浪猫管理的经验反思，以期为提升高校生态环境与人文环境，推进生态文明和精神文明校园建设贡献力量。

一、问题的提出

在互联网和新媒体的双重影响下，"吸猫"成为近年来十分热门的网络文化现象之一，并被网络媒介包装成一种时尚、潮流而富有品质的全新生活方式。所谓"吸猫"，指的是宠物猫的主人对猫咪的喜爱动作，包括对猫咪的亲亲抱抱，甚至忍不住使劲儿闻嗅猫咪身上的味道，等等。而高校流浪猫群体的存在，则促使"吸猫"者的"吸猫"行为逐渐从网上向线下过渡。然而，尽管高校"吸猫"青年不断投喂流浪猫，但这些流浪猫仍然野性未除，依旧具有攻击人类的潜在隐患。

在广州大学，就已发生多起流浪猫抓伤大学生的案例。在广州大学的学工微信群上，很多学院多次报告了流浪猫伤人事件。而流浪猫攻击人类所造成的一种最广为人知的疾病就是狂犬病。在中国，狂犬病的死亡率达到了100%，平均每年就有2 000多个死亡病例。除此之外，流浪猫还可能会传播弓形虫病、猫抓热等人猫共患的疾病。但是尽管如此，很多大学生仍旧无法抗拒"吸猫"本身的吸引力。他们以散播爱心为由，以捍卫动物权利为法，投身到投喂校园流浪猫的行列之中，并未能理性认识到在校园中投喂流浪猫所带来的种种安全隐患，甚至不惜与校方发生矛盾冲突，使高校成为社区以外的另一个流浪动物管理的争议之地。

二、思路与方法：新媒体视域下的条漫叙事

在互联网兴起发展的这几十年间，"猫"逐渐成为互联网上最受人们喜爱的动物之一。在中国，百度贴吧"猫吧"聚集了168万人、共有近3 200万个帖子，知乎中"猫话题"有超过3万个问答与近18万关注者，在微博搜索"猫"则得到12亿条内容。据《2019年中国宠物行业白皮书》（消费报告）显示，从宠物类别的增速上看，宠物猫的消费增速超过犬消费。养宠人群逐渐年轻化，"95后"占比达到35.6%，是未来养宠的消费主力。加之网络和媒介的推波助澜，"吸猫"成了一种时尚和潮流，并逐渐影响着"95后"甚至是"00后"大学生的价值认知。可见，"吸猫文化"正是诞生在全民娱乐的新媒体时代背景之下，因此，借助新媒体的话语风格、话语思维与话语逻辑来开展校园流浪猫管理宣介工作，是适合当代青年的一种行之有效的工作思路。

鉴于广州大学学生工作处提出的要求各学院做好对学生投喂流浪猫行为的引导工作，为此，笔者所在的公共管理学院认真落实，积极组织各年级各班召开主题班会，宣介科学对待校园流浪动物的相关知识。同时，依托于公共管理学院新媒体中心，学院成立了流浪猫专题工作小组，并明确了通过院级微信公众号推送进行宣介的线上工作思路。该工作小组由辅导员统筹负责，小组成员分别由擅长剧本创作、漫画绘制、美工设计、排版运营等具体工作的新媒体中心成员构成。

具体言之，本案例采取的是近年来十分火爆的新媒体表现形式——条漫。所谓条漫，指的是以单格（两格或以上数量并排出现）画格由上自下依次排序，通过连续画面叙述故事，在阅读时通过纵向阅读的多格长条形漫画。据《微博动漫领域白皮书》数据显示，截至2018年11月，微博月活跃用户达到4.46亿，其中泛动漫兴趣用户达到2.48亿，核心动漫用户达到3 126万，与2017年相比，整整高出了30%。由此可见，条漫的产生和发展是新媒体环境下的大势所趋，而"95后"大学生群体往往对于条漫这种富有创意性、剧情性和娱乐性的推文形式的接受程度较高。不仅如此，相较于纯文字型的直白宣教方式，条漫所具备的画面冲击力以及浅显易懂的内容优势，既能生动地描绘出流浪猫群体的形象，又能以剧情的演绎过程展示出流浪猫群体的生存场景，同时也能委婉而深刻地道出投喂校园流浪猫将带来的系列负面影响，十分适合

大学生群体利用课业学习之外的碎片时间进行轻阅读。

因此，本文确定了以条漫作为校园流浪猫专题系列推送的主要表现方式，并根据广州大学公共管理学院的工作要求，进一步明确了校园流浪猫专题系列推送需解决的几个问题：

第一，如何定位高校"吸猫"青年投喂校园流浪猫的行为？

第二，投喂校园流浪猫的后果是什么？

第三，正确对待校园流浪猫的方式方法是什么？为什么？

三、案例过程：流浪猫视角与人文关怀

从心理学角度来看，猫的大额头、圆脑袋、大眼睛、短鼻梁和毛绒触感，具有"婴儿属性"，给人小巧、无害和可爱的第一感，容易让人解除防备和紧张，产生依恋的心理，激发内心深处原始的好感与保护欲。因此，定期投喂流浪猫成了一些高校"吸猫"青年日常生活必须"打卡的日程"。他们带上猫粮，蹲在地上，观赏流浪猫吞咽食物、跳跃翻滚、舔毛、伸懒腰，并时不时抚摸猫咪柔软的绒毛，享受着流浪猫带来的陪伴感和治愈力。

实际上，就高校"吸猫"青年投喂流浪猫的行为本身而言，这是一种需要被肯定的富有善意和同情心的举动，它集中反映了高校"吸猫"青年内心深处最为真实的一种自我情感需求。此二者是校园流浪猫专题系列推送立论的情感基础和创作的根本出发点。因此，在流浪猫主题推送第一期的开头，我们便肯定了投喂校园流浪猫行为本身的善意，迅速拉近与高校"吸猫"青年的距离（见图1）。

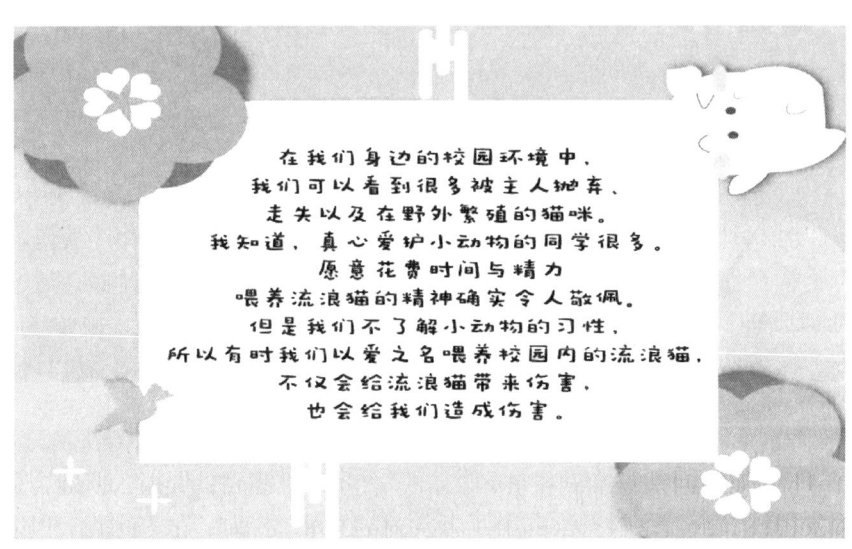

图1　流浪猫主题推送第一期《公管视点｜喂养流浪猫，不是你爱它们的方式》开头内容

接着，学院流浪猫专题工作小组明确了推文以"女孩遇见流浪猫—投喂流浪猫—被流浪猫咬伤—流浪猫被送去动物救助站—女孩去看望流浪猫"为基本剧情，分为两期推文进行创作推送，并设计出了流浪猫与小女孩的可爱形象（见图2）。相较而言，由于流浪猫专题推送第二期创作时间更为充裕，因而加入了彩绘效果，使得流浪猫与小女孩的人物形象更为精致化和立体化（见图3）。

图2　流浪猫主题推送第一期中的流浪猫与小女孩的形象

图3　流浪猫主题推送第二期中的流浪猫与小女孩的形象"升级"

而在剧本的叙述视角选择上，工作小组绕开了以往动物主题新闻报道以人为核心视角的传统做法，而是选择了以流浪猫作为叙事主角的这种富有创意性和人文关怀性的笔触，从而使读者能够从流浪猫的视角出发，更为科学地理解流浪动物的真实境况和感受，而不是以人类的主观臆断来推测流浪动物的客观需求。不仅如此，以流浪猫视角来展开剧情的叙事手法，还有助于让高校"吸猫"青年感受到学校及学院的用心和苦心，明白学校及学院实质上也是以关爱流浪猫作为基本的立场和行为出发点，而并非站在他们的对立面，这有助于高校"吸猫"青年与学校、学院在流浪猫喂养问题上达成共识。

此外，流浪猫专题系列推文采用漫画＋知识普及的文章结构，尽量降低说教性，将"投喂校园流浪猫的后果"这些重要的知识性内容精简化后，穿插到漫画中，或将其用有趣的图片底版加上文字去呈现，从而提高推文的可读性和趣味性（见图4）。

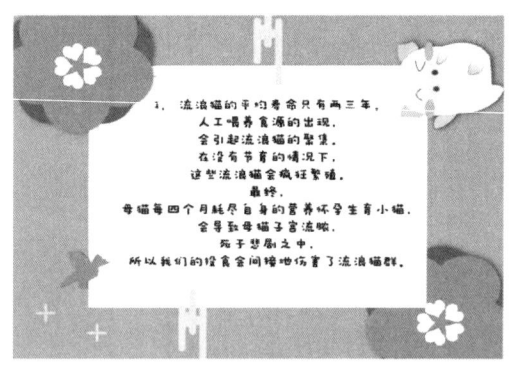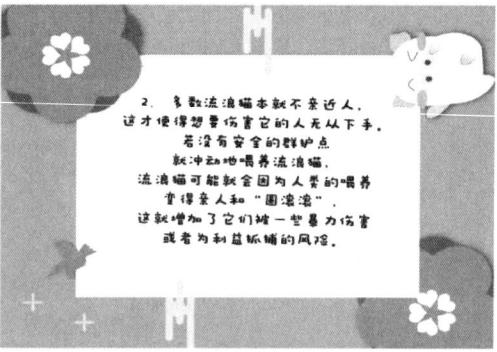

图4　流浪猫主题推送第一期中的"知识普及"部分

总体而言，流浪猫专题推送第一期将创作主题放在喂养校园流浪猫的弊端上，目的在于令学生明白以爱之名投喂校园流浪猫，并不是真正爱它们的方式。具体言之，流浪猫专题系列推文所呈现出的关于投喂问题的观点为：

第一，人工喂养食源的出现，会引起流浪猫的聚集。在没有节育的情况下，母猫会达至每四个月繁殖一次，最终因过度耗尽躯体能量而死亡，因此，投食会间接伤害流浪猫群。

第二，在没有安全群护点的前提下，冲动喂养流浪猫的行为，会使得流浪猫因亲近人而增加它们被一些另有所图之人暴力伤害或抓捕的风险。

第三，投喂流浪猫的过程，可能会使流浪猫身上的细菌和寄生虫传染给自身及身边的同学、朋友和家人等。

而流浪猫专题推送第二期推文则重在探讨流浪猫管理的有效路径，并强调用科学方法对待流浪动物的重要性和必要性。这则条漫仍旧以流浪猫为叙述视角，生动演绎了流浪猫在动物救助站的生活场景，并借流浪猫之"口"说明了为何动物救助站才是流浪动物的归宿这个问题。同时，还回应了流浪猫专题推送第一期推文中女孩被流浪猫抓伤后的后续发展情况，进一步普及了被流浪动物抓伤后必须马上进行疫苗注射等基础医护知识（见图5）。

图 5　流浪猫主题推送第二期《视点｜爱它，请给它更好的爱护》局部内容

四、传播效果：建立共识与主动反馈

从效果层面上看，流浪猫主题推送第一期《公管视点｜喂养流浪猫，不是你爱它们的方式》一经推送，便获得 2 000 + 阅读量。同时，该推文也得到学校学工处的好评。其中，学工处和招生就业处的官方微信公众平台及其他兄弟学院的团学微信公众平台纷纷转载此文，这些均扩大了该文的影响力和传播效果。

而在反馈层面上，据学院辅导员走访发现，在流浪猫主题推送发布之后，学院各个班级班委多次主动地在班会上向同学们普及喂养流浪猫的弊端等知识。而学院学生也逐渐建立了校园流浪动物管理的科学观念，基本与院方达成了在流浪猫喂养问题上的普遍共识。不仅如此，不少学生还在微信推送留言区留下了他们对校园流浪猫问题的看法（见图6）。

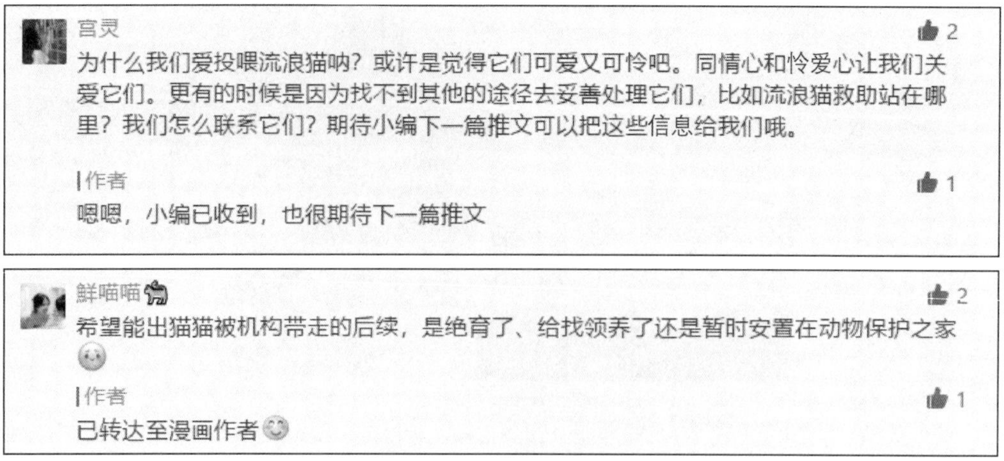

图6　微信公众号留言区留言摘选

可以说，学生们的留言也成了流浪猫主题推送第二期的创作灵感来源，流浪猫专题工作小组根据学生们对流浪猫处置问题的关注与关心，而创作出了第二期推送《视点｜爱它，请给它更好的爱护》，同样取得了不错的阅读量和关注度。

值得注意的是，在推文的留言区，甚至出现了针锋相对的看法（见图7）。

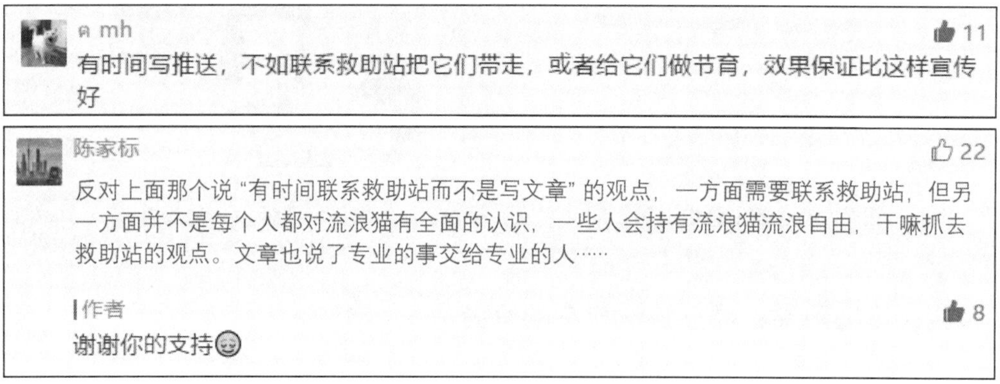

图7　微信公众号留言区留言摘选

可见，流浪猫主题推送所传递出的观点，是受到大部分同学的理解、支持和肯定的。正如@陈家标所指出的："一些人会持有流浪猫流浪自由，干嘛抓去救助站的观点"，因此，普及科学看待校园流浪猫的观念和意识显得尤为重要，这正是高校媒介应该大力推进的工作。

五、启示与反思

虽然学院以新媒体的思维和方式在引导高校大学生科学对待校园流浪猫的问题上

取得了一定的成效，但是单单依靠个别院级单位来开展关于校园流浪动物管理的宣教活动，是远远不够的。而开展校园宣教活动，也仅仅是我们介入校园流浪动物管理这个议题的起点。本次实地调研、资料研究以及流浪猫专题推送的具体创作和推介过程，均有助于推进我们对校园流浪动物管理议题的深入思考。

（一）应将高校大学生"吸猫"行为作为一种文化现象，放到整个社会文化环境中进行考察

近年来在高校中兴起的大学生"吸猫"现象，绝不是事发偶然，而是众多社会因素共同作用的结果，其背后反映了"95 后"一代在网络和媒介裹挟下的价值取向和精神诉求。首先，"吸猫"常常被视作"空巢青年"的标签，其反映的是社会转型和经济加速发展时期中国青年的一种集体情绪，是一种青年亚文化的表征。其次，这种"吸猫"现象还透过网络新媒介开启了自身的文化建设和发展。网络媒介将"猫"的动物特征，与一些充满意象性的表述联系在一起，赋予了"猫"自由、慵懒、孤高、优雅、特立独行的人格化特质，并将其上升为一种全新而潮流的生活方式，进而塑造了一种"养猫＝人生赢家"的理念。而在这个过程中，"猫"已被符号化，无数喜欢猫咪的高校大学生借助于校园流浪猫去体验这种全新的生活方式，彰显自己紧跟时代之潮。最后，不可忽视的是"吸猫"现象实质上还裹挟了商业经济的运行特征，这常常是被当代青年所忽视的。从国内"云吸猫"APP 的开发、"吸猫"游戏的上线、众多"吸猫"博主的走红，以及宠物餐饮业的盛行，甚至是影视行业（如《妖猫传》）的猫咪 IP 化……这些迹象均值得高校思政工作者持续关注，以引导学生避免陷入消费主义的陷阱之中。

（二）应尽快建立校园流浪猫管理模式，规范校园流浪猫管理

目前在国际上，TNR 已成为一种取代安乐死的科学救助和控制流浪猫狗数量的有效而人道的方式。其中，TNR 中的 T 指 Trap（抓捕）、N 指 Neuter（绝育）、R 指 Return（放回），其基本原则是：捕捉流浪动物（T），将流浪动物进行绝育（N），然后进行剪耳（作为分辨犬猫是否绝育的标记），最后再将已经完成绝育手术并康复的猫狗带回原本捕捉到的地点释放（R）。

具体到高校的环境下，高校应尽快明确校园流浪动物管理的归口部门，建立校园流浪动物保护协会，落实校园流浪动物管理的具体方式方法。一方面，利用好"学校—流浪动物保护协会—学生"管理链条，借助校园流浪动物保护协会，发挥校院联动机制和学生的主观能动性，开展科学对待校园流浪动物的宣教活动，并协助流浪动物 TNR 管理的实施工作；另一方面，形成"学校—流浪动物保护协会—社会"的基本治理模式，对外密切联络社会流浪动物救助资源和宠物医院，借社会专业机构之力做好校园流浪动物的疫苗注射和全面绝育等工作。

（三）应加快厘定校园流浪动物管理的法律边界，建立流浪动物管理和收容制度

实际上，很多高校"吸猫"者并没有意识到当校园流浪动物在校园内致人损害时，他们基于爱心和同情心的投喂行为可能会让他们担负法律责任。《中华人民共和国侵权责任法》第82条规定："遗弃、逃逸的动物在遗弃、逃逸期间造成他人损害的，由原动物饲养人或管理人承担侵权者责任。"在具体的实践层面，流浪动物致害情况往往十分复杂，现实中也并不是总能找到被遗弃或逃逸的动物的原饲养人或管理人。在此前提下，基于法理角度上看，不难发现，高校"吸猫"者在固定场所进行的长期的善意喂养行为，可能会在其生活的公共环境中形成一个流浪猫获取食物的固定地点，引起流浪猫的聚集，而流浪猫的野性和攻击性可能会令他人置身于危险境地之下。若法律认定这种危险及对他人的影响与受害人受伤害之间存在因果关系，那么则会判定喂养者应当承担法律责任。而从另一个角度上看，若流浪猫在校园里一个相对封闭的区域里发生伤人事件，且该区域的管理人、负责人负有相关安全保障义务的话，那么，高校及其管辖下的该相对封闭区域的管理部门也应当承担责任。显然，这无论是对于学校还是学生，代价都是无比巨大的。因此，在校园内开展侵权法的普法教育，加快构建校园流浪动物管理制度，并借助高校法律科研机构，推动完善我国流浪动物致人损害侵权责任的相关法律规定，显得尤为必要。

曾有人问被誉为"互联网之父"的蒂姆·伯纳斯·李，网络最出乎他意料的应用是什么，他的回答竟是："小猫咪（kittens）"。人类对猫科动物的驯化史可以追溯到10 000年前，站在漫长的历史星河来看，高校"吸猫"现象的存在，实际上也仅仅是人类与猫相伴数千年中的一个小小剪影罢了。宠物猫在当代的际遇，一笔一触勾勒出的均是这个时代人们对人与动物、人与社会、人与文化关系的思考与探索。因此，我们应透过高校大学生的"吸猫"现象，去直视当代青年们的心理特征、价值取向和精神诉求。同时，通过对高校青年"吸猫"行为的正向价值引领，让"猫"成为高校思政教育工作者与青年们之间的又一个交流通口和沟通载体，继而让我们的高校思政教育工作更富温情，更有人文性。

参考文献

[1] 周如南，陈敏仪. 日常生活批判视野下的视觉表意实践："云养猫"网络文化分析 [J]. 广西民族大学学报（哲学社会科学版），2018（5）：24–31.

[2] 王畅. 乌有之猫："云吸猫"迷群的认同与幻想 [D]. 杭州：浙江大学，2018.

[3] 沈杨，曹峻. 当代青年"猫奴"现象透析及其引导 [J]. 河北青年管理干部学院学报，2018（5）：15–20.

[4] 孙蕊. 需求层次理论视阈下的"云吸猫"文化探究：以北京市大学生群体为例 [J]. 新媒

体研究,2019(15):76-77.

[5] 景瑶. 青年亚文化视角下的"吸猫文化"[J]. 视听,2018(10):147-148.

[6] 刘涛. 高校流浪动物现状及治理方案研究[J]. 高校后勤研究,2018(9):53-55.

[7] 文霞,胡小明,杨必皓,等. 流浪动物致人损害责任主体的法律思考[J]. 法制与社会,2014(16):232-233,241.

[8] 张娟. 流浪动物侵权责任主体的认定:兼议"流浪猫伤人"案[J]. 长春理工大学学报,2013(9):51-53.

[9] 叶锡燕. 基于5W模式下的条漫传播分析[J]. 东南传播,2019(5):115-117.

"问渠那得清如许,为有源头活水来"
——以当代大学生易陷入网络赌博为例的思政教育的思考

徐竹欣

一、案例概述

大二学生 A,平时学习成绩优异,担任班委期间也尽心尽力,深得学生和老师信任。开学伊始,向辅导员借钱,原因是其女友生病住院,急需用钱。鉴于平时表现和情况紧急,辅导员同意借钱给他。但建议该生紧急联系其女友家长,强调如果患者生病住院,告知其直系亲属的重要性。并让学生 A 及时反馈情况,A 一直未回复。第二天,辅导员收到学生 A 的短信,告知借钱的真实原因,寒假期间因为赌球的缘故,参与网络赌博,已经输了 3 万元(这些钱来自朋友,以及网贷等),但是知道父母赚钱很辛苦,不知道自己如何向父母张口要钱,于是想从辅导员处借钱,企图用这些钱去"捞本",待补齐漏洞后就收手。没想到一夜之间又输了 2 万元,现在很自责、悔恨,内心非常煎熬,不知道何去何从。

二、案例分析

(一)问题本质

随着网络的不断发展,互联网技术在给我们的生活和学习带来无尽便利的同时,西方世界的"享乐主义""拜金主义""个人主义"等腐朽思想也影响着大学生的价值观,容易使大学生变得贪图享乐、好逸恶劳、急功近利。而网络赌博这一行为正好迎合了某些大学生快速致富、轻松享乐、急功近利的心态，在这种错误的价值观影响下，最终使其掉进赌博的泥潭而不能自拔。案例中的学生 A 就是因价值观念错误而进行网络赌博引发欠款借债，导致个人心理压力过大而引发学业危机。在当今大学，学生 A 并不是个例。持续参与网络赌博，不仅会带来经济上、心理上的双重压力，更有甚者，为了偿还赌债，参与到更为恶劣的诈骗犯罪活动中去。而当代大学生核心价值观的养成直接影响着我国对社会主义核心价值观的践行。因此研究大学生网络赌博行为并提出有效防治措施迫在眉睫，本案例属于学生的网络思想政治教育以及价值引领问题。

（二）问题原因

如果要从根本上解决此类问题。我们必须理清导致这种现象的内在因素和外在因素。

1. 内在因素

（1）价值观的扭曲。

大学生处于世界观、人生观、价值观形成的重要时期，价值观尚未成熟稳定，容易盲目跟从，被外界不良环境影响。导致部分大学生崇尚"享乐主义"，总想赚"快钱"，但对于金钱没有概念，加之虚荣心作祟，这就给了"网络赌博"可乘之机。

（2）理想信念的迷失。

大学生学习积极性不高，思想空虚，没有远大目标。在学习上保持中庸人生观态度，漫无目的的消极生活为网络赌博行为的渗透留出了余地，从而使网络赌博的发生成为可能。

（3）认知能力的欠缺。

大学生的认知能力正处于建设期，对很多事物缺乏整体认知和正确的判断力。部分大学生参与网络赌博与他们对赌博行为的认知偏差有关。他们往往认为在赌博中获胜具有可控性，对输赢概率和赌博技巧进行研究，对自己赢得赌博的能力深信不疑，不断加大赌注，但结果却往往是血本无归。

2. 外在因素

（1）网赌行为隐蔽。

网络赌博能迅速蔓延，主要基于它本身的四个特点：①隐蔽性强，盈亏都在网络中操作；②设备简单，手机、电脑等，只要能联上网就行；③容易上手。赌局大多以游戏的方式呈现，设计简单且刺激；④赌注起点低，诱惑大，大部分参与者的心态跟指望"天上掉钱"差不多。

（2）法制教育欠缺。

其实大学生参与网络赌博已经触犯法律，但他们大多认识不到问题的严重性。大部分大学生对我国刑法规定："以盈利为目的，聚众赌博。开设赌场或者以赌博为业的处三年以下有期徒刑、拘役、管制并处罚金"的条文及其含义都不了解。

（3）校园监管有限。

首先，校园借贷问题，进一步使网络赌博变成了可能。部分大学生在高息贷款压力之下，慢慢打工存钱是来不及了，从而铤而走险走上赌博之路，恶性循环。其次，学校网络监管有限。由于"网络赌博"大多以短信、微信、网页弹窗等方式进行宣传，非常容易传播，学校监管防不胜防。

（三）解题思路

把握矛盾发展轻重缓急的各个要素，用好快慢思维。首先是用好快思维，着眼解决好眼下紧要问题（处理"网络赌博"引发的经济危机）全面了解情况，做好学生情绪安抚及安全管理，第一时间做好上报，同时协助家长及时报警，借助法律手段妥善处理。其次是着眼未来，用好慢思维，解决好关键问题和发展问题，以此为契机，在学生群体中展开全面排查，同时广泛开展消费观教育及参与网络赌博是违法的知识普及等，增强学生对于网络赌博的甄别与抵制能力。

三、解决办法

（一）详细了解情况，全面综合研判

第一，第一时间向相关负责人汇报该事件。第二，通过约谈学生本人详细了解事情的来龙去脉，掌握网络赌博平台的详细信息和学生的亏损情况，针对学生害怕父母担心的"疙瘩"予以破解，从长远角度让学生正确认识及时反馈的重要性，帮助家长接纳已产生后果，从而家校共进，做好支持。做好学生思想安抚工作，承诺做好保密，确保学生的隐私安全。第三，立即协助家长报警，上报公安部门依法处置，同时要求学生进行账目梳理，与家长共同协商处理办法，及时还清所欠款项，在此之前要资源联动做好学生安全管理。第四，结合公安机关的建议，在充分咨询律师、法律顾问的意见之后，协助家长处理好还款乃至上诉、维权等法律程序问题，运用法律武器，妥善解决好网络赌博引发的危机事件。

（二）抓住问题核心，加强学生教育

通过一对一深入的谈心谈话，切准学生网络贷款的根源，是大额消费的物质诱惑驱使？还是生活困难的实际问题倒逼？要一把钥匙开一把锁。对于实际困难要调动资源予以帮助，做好思想问题和实际问题的结合解决。再结合案例、数据等让学生A辨别网络赌博的真面目：网络赌博，十赌十输，十赌十诈，犯罪团伙往往通过平台的后台可随意控制玩家的输赢，然而大部分学生并未意识到这个真相。初尝小利之后，赌注越下越大。输了之后，更想回本，如此往复，越陷越深。很多参与网络赌博的大学生不但输了生活费，还可能欠下一大笔赌债。

（三）保持持续跟进，树立闭环意识

该生之前一直很优秀，这次面对巨大的挫折，要进一步关注学生的心理问题，帮助学生重塑信心，树立目标，从根源上让学生脱瘾。与学校心理教师沟通，共同对学生进行帮扶，引导学生树立正确的世界观、人生观、价值观，摒弃不劳而获的投机心理，激发他们的责任感和自信心，从根本上解决大学生的人生困惑、价值观迷乱、道德标准错位等问题，进而构建起防赌戒赌的精神屏障。

（四）开展全面摸排，做好分类指导

学生 A 出现这样的问题，说明我们在网络赌博教育、消费观教育等方面有重大的缺失，要通过学生干部、信息员等骨干力量，逐一详细排查学生群里是否存在异常消费行为及网络赌博行为，如果有要逐一跟进，同时联系家长，做好教育引导。

（五）发挥舆论导向，做好法制宣传

在日常教育中要抓好两个关键点：一是"打好预防针"，利用班会、座谈会、自媒体方式对学生进行正确消费观的教育，加大法律、网络安全知识的普及，进行思想引领，降低此类事件发生率，并通过主题班会及个别谈话的方式让同学们浏览真实案例，起到警示的作用，实现以案明理、以案自省、以案促改。积极进行网络赌博的宣传，提高大学生对网络赌博的认知能力和免疫能力，使其在潜意识里就建立起反赌意识，从而在大学生群体中形成抵制赌博的良好风气；二是"注入强心剂"，对已经陷入网络赌博的同学，我们应该帮助学生掌握基本金融常识和法律知识，正确积极应对网络赌博困局。

（六）建设校园文化，丰富课余生活

满足大学生多方位、多层次的兴趣爱好和文化需求，拓宽大学生的知识能力结构和精神生活空间，提高他们的审美情趣和人文素养，从而增强大学生参与校园文化活动的兴趣，积极聚合优质资源，在抖音、快手等学生热衷使用的网络平台上强化正面信息推送，定期推送正面教育资料素材，不断加强网络内容建设，形成正面对冲。还可以利用短视频的形式演绎问题与危害，灌输思想与认识，培育良好的网络舆论生态。还可将"正能量网红"作为青年的榜样，浸入青年大学生可感知、可参与、可践行的领域。

（七）实施网络监督，做好网下防控

一方面，加强校园网络平台自身的建设，提高校园网络的透明性，使大学生的网络行为有迹可循，提升校园网络平台自身的监管和防范能力，进而减少大学生网络赌博行为的发生。另一方面，抓住关键点，做好网下赌博防控工作。高校学生教育管理者要关注家庭条件较为优越、热衷于体育赛事的男生等参与赌博可能性较大的敏感群体，也要

注重开学初、奖助学金发放等学生资金充足和课程少、节假日等学生时间充裕的赌博行为容易发生的关键时点，还要注意与学生家长的联系，了解学生的资金使用状况。

四、经验与启示

（一）思想政治教育要坚持系统性原则

要把思政工作放在一个生态系统中思考，既要着力于内在因素的挖掘，也要考虑外在因素的影响。一方面要引导大学生树立正确的价值观和坚定的理想信念，培养大学生完善的是非判断能力、认知能力和健全的法律意识。另一方面也要注重家庭与学校的联系，家校联动，形成有效合力。充分调动校内校外、课堂内外各个方面的育人合力，在挖掘育人要素的同时，也要注重改善大学生的校园文化环境，大力开展健康有益、丰富多彩的校园文化活动，充实大学生的课余时光。

（二）思想政治教育要坚持及时性原则

力争及时到位、早发现早治理。要加强学生日常管理，加强风险意识和诚信教育。要及时处理不良隐患，及时发现学生群体中的不当行为，将不良事件遏制在摇篮里。建立与学生工作相关的有效风险预警和防范机制，引导学生自觉规避风险，促进大学生的全面发展，为社会培养合格人才。

（三）思想政治教育要坚持主体性原则

思政工作要以学生的自我认知为起点，内因是事物发展的决定因素，要从学生已有思想行为和生活经验出发，贴近学生实际，符合学生真实需求。要搭建平台，创设条件，让学生由被动转为主动，成为教育转化中的主体，鼓励学生自我认知、自我觉悟与自我改变。只有这样，思政工作才能真正取得实效。

参考文献

［1］熊诗丽. 大学生网络赌博的现状分析和防治建议［J］. 现代商贸工业，2020（15）.

［2］张丽，大学生网络赌博行为干预工作探析：以一起大学生网络赌球事件为例［J］. 高校辅导员，2016（3）：4-8.

［3］石永东，蒲小红. 大学生负性情绪与赌博认知偏差和赌博成瘾的关系［J］. 中国心理卫生，2017（7）.

舍区党员先锋"翼"计划
——以广州大学梅苑 9 栋舍区党建育人工作室为例

李佩雯　刘　瑾　陈颖怡

一、案例概述分析

教育部《关于进一步加强高等学校学生舍区管理的若干意见》（教发〔2002〕6号）中指出："学生舍区是学生日常生活与学习的重要场所，是课堂之外对学生进行思想政治工作和素质教育的重要阵地。"因此，在学生的大学生涯中，学生舍区对于塑造大学生的健康人格，培养大学生高尚的道德情操，树立大学生正确的世界观、人生观和价值观具有重要的影响。

在当前高校教育改革不断深化、落实"立德树人"根本任务背景下，学生舍区作为党建活动的重要场所，其育人功能越来越突出。从这一层面看，学生舍区党建工作的开展是高校思想政治工作的着力点，它的有效开展对于促进学风、校风建设，提高高校高水平建设的成效都具有重要意义。

梅苑 9 栋舍区党建育人工作室开展党员先锋"翼"计划项目，主要依托梅苑 9 栋舍区党建育人工作室，发挥党团先锋模范作用，采取活动项目化运作方式，着力塑造党团行动与素质提升项目品牌，提高思想政治教育影响力和成效。以"活动项目化"的方式推进党建活动进舍区，旨在解决以下问题。

（一）舍区党建工作战斗力不强，组织涣散，党建活动难以开展

目前多所高校已有在学生舍区开展党建活动的先例，如建立学生舍区党建队伍，建立学生舍区党建育人辅导员工作室等，并开展了一系列活动。但建立的舍区党建工

作模式与实际舍区需求存在较大的差异。目前高校舍区党建工作主要由学院助理辅导员承担，且学院助理辅导员和党建工作队伍流动性大，使得党建工作流于表面形式，实际效果并不显著，舍区党建活动难于推进，甚至难以坚持开展，很难产生立德树人的实效。

（二）党建工作思路不清晰，党建育人效果不到位

高校大多把党建工作的重点放在院系层面，学生舍区的党建工作大都还处于摸索、探索阶段，舍区党建工作应该在高校党建中担任什么样的角色和设立什么样的路径来发挥立德树人的育人效果，以及它与高校其他党建工作路径应该如何相结合还在尝试阶段。高校教育重视学生"德智体美劳"全方位的发展，但对舍区内学生在思想道德修养和行为习惯的锻炼和养成方面还不够重视，在舍区党建工作中缺乏全面有效的路径来落实立德树人的任务。

（三）学生舍区和学院党组织分离，难于发挥党员先进性

以"活动项目化"方式推动党建活动进舍区，以师生党团骨干团队为核心，发挥党员先锋模范带头作用，延伸了党建工作队伍的范围，为学生党建工作补充了新载体，同时使舍区党建工作与舍区管理工作相结合，活动项目与舍区内全体党员的培养、教育、理论学习等相融合，有利于发挥大学生优秀党员的先进性和带头作用，增强党在舍区的覆盖面和影响力，产生立德树人的效果。

（四）学生舍区党建工作创新性、延续性不高，滞后于学生需求

当前学生舍区党建工作重传承轻创新和重形式轻实效的现象普遍存在，舍区党建工作模式未能完全适应舍区实际，缺乏结合学生实际需求，也缺乏创新。在开展党建工作的过程中，存在活动效果不佳、教学内容缺乏针对性和实效性等问题，缺乏长期的设想规划和预期教育目标，未能真正满足舍区内学生的丰富精神需求。

二、案例解决方案

（一）基本理念

学生舍区不仅是学生成长和成才的重要场所，更是党建工作的重要载体。立德树人是高校学生舍区党建工作的目标。为深入学习贯彻党的十九大精神、习近平总书记系列重要讲话及全国教育大会精神，落实立德树人的根本任务，围绕学校二十四字育人目标，梅苑9栋舍区党建育人工作室结合多年本硕党团活动的良好基础，以学生舍区党建工作为核心，在开展党员先锋"翼"计划一楼一特色项目的同时，加强党建带团建，创新载体与拓展效能，搭建学习交流平台和推动红色楼栋建设，旨在打好"广

大底色"和促进宿舍文化建设，进一步助力学校全面推进高水平大学建设和人才培养工作，让梅苑9栋的学生真正联动起来，主动参与其中，合力建设舍区。这是新时代落实立德树人任务有实效的重要举措。

(二) 预期目标

本方案的初衷是充分发挥师生党员骨干团队的榜样带头作用，党团共同参与舍区党建育人辅导员工作室建设，形成党团共建、积极向上、和谐温暖宿舍文化氛围。同时，立足于党建工作"立德树人"的工作思路，利用学院专业资源，发挥专业特色，结合学生实际需求，理顺舍区党建工作思路，实现"双实现"是党建工作发挥实效的基础。此外，对舍区的不良作风进行监督，关注和关心周围其他同学，将有关信息及时向党组织反映，让党建工作真正地融入学生舍区。

本工作室主要以"活动项目化"方式，推动党组织进舍区的党建工作，将这一新模式进行深入开展，以期达到以下预期目标。

一是延伸党建工作的范围，使原来仅在院系班级内对学生党员的培养考察及作用的发挥延伸到了学生舍区生活区，进一步发挥党员的先进性和先锋模范作用，组建党员骨干工作团队，有针对性地开展活动及落实党团帮扶带动形式，提升学生党团活动参与率，有利于带动学生共同进步以共建文明和谐舍区，提升学生舍区党建工作的实效性。

二是落实"德才兼备、家国情怀、视野开阔，爱体育、懂艺术，能力发展性强"的人才培养目标，实现对育人文化的引领构建。通过党团共建，部门联动，院院互动等形式使梅苑9栋党员先锋"翼"计划得到落实，以点带面，辐射到其他楼栋学生舍区，促进高水平大学学风建设和高素质人才培养工作。

(三) 方法设计

我们以师生党员骨干团队为核心，联结院内外及校内外资源，通过师长指导、优秀党员帮扶、本科学生互助小组等形式，开设线上、线下等渠道，有针对性地开展党建专题活动，充分发挥党员的先锋模范作用，以带动学生共同进步、共建文明和谐舍区，促进学校高水平大学学风建设和人才培养工作，积极投身于学校学生思想政治教育"五个工程"，打好"广大底色"。

对此，我们主要从以下四个方面进行安排。

第一，明确以"党建带舍建"推进舍区的党建工作。以学生党员为带头人，共同对党建活动内容进行创新研究，以彰显三个方面特色：一是与学校"德才兼备、家国情怀、视野开阔，爱体育、懂艺术，能力发展性强"的人才培养目标相结合；二是和时下高校党建工作热点话题相结合；三是与学院专业特色相结合，研究如何在传承上力求创新，以及形式与内容的统一。

第二，发挥理论研究功能，健全"党建带舍建"工作机制。因为开展"党建带舍建"、党建进舍区工作是新形势的需要，对此，在研究党建活动的开展时，如何做到"党建带舍建"的制度化、程序合理化及操作规范化，亟待我们解决。

第三，推进"党建带舍建"建设，打造党建舍区文化。以依托梅苑 9 栋舍区党建育人工作室开辟多种教育活动为载体，组织学生党员开展党建专题进舍区的系列活动，助推党建红色理论的有效传播。通过"党建带舍建"培养模式，有效促进学生党员对党性修养的自我提高，扩大舍区优秀群体的范围，充分发挥学生党员的先锋模范作用，带动其他同学共同进步；充分发挥党员宿舍的示范引领作用，带动其他宿舍共建文明和谐舍区，积极开展贴近学生、贴近生活、贴近实际的系列活动。

第四，以"党建带舍建"方式开展党建活动，发挥党员先锋榜样的作用。组建一支学生党员先锋队，充分发挥梅苑 9 栋舍区党建育人工作室的主阵地作用，在活动室开展一系列理论教育活动。学院定期组织学生党员进行学习教育活动，在学生自我服务、自我管理、自我提升的过程中，加深个人的政治领悟，在舍区更好地发挥模范带头作用。

三、经验与启示

（一）活动启示

为落实立德树人的根本任务，助力广州大学建设高水平大学，广州大学梅苑 9 栋舍区党建育人工作室一直以来积极发挥党团先锋模范作用，高度重视红色楼栋建设工作，为此我们提出了开展党员先锋"翼"计划，通过动员优秀党员、预备党员和入党积极分子带动楼栋学生，助力打好"广大底色"和促进宿舍文化建设。党员先锋"翼"计划以提高学生素质，促进学生全面发展为目标，打造学生"成长舍区"，关注学生所需，开展创新创业帮扶、艺术熏陶、体育锻炼等活动，构建以师生党、团骨干为主导，学生积极主动参与，温馨、便捷的生活学习服务体系，提高学生综合素质，强化创新创业能力，促进学生全面发展。

梅苑 9 栋舍区党建育人工作室主要依托舍区党团活动室为党员教育的载体，开展红色文化、红色书籍、优秀党员代表进舍区的新尝试，并取得了新的成效。以新形式进行党团建设活动，提高了学生的思想素质与政治水平，从思想上、学习上、生活上指引学生，做好学生成长的引路人，也有助于学生在大学阶段树立正确的价值观、人生观、世界观，成为有责任意识的新时代青年。可以说，这是立足于学生舍区的一种积极探索和有益尝试，既充分利用了舍区党建育人工作室这一平台，也能够提升学生的综合素质。

（二）活动经验反思

通过开展党员先锋"翼"计划以推进红色楼栋建设的实践，我们有一定的经验总结,但也对此进行了反思。

我们发现,推动支部党员联动楼栋学生进行党建,能以党建带团建,立足学生特点,找准双方需求的结合点,打破两者间的隔阂,扬长避短,实现"双促进"。这不仅能帮助学生树立服务社会的观念,同时也能帮助学生提高综合素质,发挥党员的先进性。此外,也广泛调动了学生党员的积极性,更好地发挥了各自的主观能动性,为学校、学院发展带来新的起色。

党员先锋"翼"计划是发挥党组织教育促进红色楼栋建设的新方式,但影响力只波及部分党支部成员,辐射范围相对狭小。就目前而言,从大学生党建的实际需求来看,党员先锋"翼"计划还有宽广的提升空间。尤其是在党员先锋"翼"计划将党建活动推进舍区时,我们发现,部分党员在创新创意创业方面的"三创"意识还不够深刻,所以对于党员先锋"翼"计划的深入推进仍有一定的阻力。我们应适当加强对学生党员关于"三创"知识和能力方面的培训,使他们在联动中不仅发挥专业优势和先锋模范作用,还能自觉在党务知识中融入"三创"意识,从而开展相应的活动。

参考文献

[1] 潭亮. 高校学生公寓党建的 SWOT 分析与路径探讨 [J]. 高校后勤研究, 2015 (5): 77-79.

[2] 唐秋晨, 卜路平. 从立德树人视角谈高校学生党建工作路径的创新 [J], 山西经济管理干部学院学报, 2016 (24): 80-82.

[3] 徐芳, 亢莹. 论立德树人任务下民办高校学生党建工作现状及改进路径 [J]. 世纪桥, 2017 (5): 42-43.

[4] 母春生. 立德树人视域下大学生党建工作改进路径探要 [J]. 毛泽东思想研究, 2017 (9): 145-149.

[5] 董世洪, 胡礼祥, 斯荣喜. 构建学生公寓育人新模式 探索学生党建工作新机制 [J]. 中国高教研究, 2008 (8): 86-87.

[6] 范建锋. 高校学生党建应建立公寓与院系互动联结机制 [J]. 黑河学刊, 2011 (2): 64-65.

传承红色基因，践行初心使命
——广州大学新闻与传播学院"云端"社会实践教育途径创新

李 雁　方建平　王子健

2021年，欣逢伟大的中国共产党成立100周年。百年来，中国共产党在内忧外患中诞生、在磨难挫折中成长、在攻坚克难中壮大，带领中国人民一步一步走向胜利。为引领青少年感受党的百年光辉历程、百年伟大成就和宝贵经验，坚定认同共产党好、社会主义好、改革开放好、伟大祖国好、各族人民好的时代主旋律，广州大学新闻与传播学院党委组织学生开展以"传承红色基因，践行初心使命"为主题的红色专项社会实践活动。本次活动主题鲜明、内容丰富，并采取"云组队""云调研""云采访"的方式，突破空间地域限制，使得师生广泛参与。同学们在社会实践中形成了有真情实感的心得体会、调研报告、短视频、图片等实践成果，一批批爱党、爱国的热血青年展现出应有的担当，各实践团体还将实践成果集锦转化为"云上"红色教材，辐射更多青年突破空间限制，感受先辈风采及远程红色体验，接受"云上"红色教育。

一、背景和起因

（一）案例背景

为深入学习贯彻习近平新时代中国特色社会主义思想，迎庆中国共产党百年华诞，落实党史学习教育要求，巩固深化"不忘初心，牢记使命"主题教育成果，学院党委充分发挥党建引领，发挥学生党支部和班级团支部的战斗堡垒作用，广泛组织学生利用寒假寻访红色足迹、接受红色教育、喜看家乡新貌，深刻感悟党的精神伟力，深刻感受红色故事背后的故事，挖掘英雄事迹，做好革命文化的宣传阐发，激发起昂扬的爱国热情和报国之志。

（二）设计思路

本次主题教育实践活动以"传承红色基因，践行初心使命；传承文化记忆，厚植家国情怀"为主题，面向全院本科生、研究生，发动全院教师参与指导，以红色文化为指引，以实践动手为载体，积极推动文化与实践相结合的新闻人才协同育人机制的探索，通过强化基层党组织政治功能，加强校风学风引领，培养学生成为又红又专、德才兼备、全面发展的中国特色社会主义合格建设者和可靠接班人。

本次主题教育活动以弘扬红色文化、喜看家乡新貌、留住春节记忆为主要内容，结合专业特点，以摄影作品、短视频、研究报告、采访日记等形式进行成果展示。对于作品提交，采取竞赛评比方式，通过比赛提升实践活动的影响力，达到以赛育人的目的。

二、做法与经过

（一）学院党委牵头做好顶层设计

学院党委举行研讨会，确定党建活动主题与内容，明确了以教师和学生为主体，依托党支部和团支部，配备指导教师把握方向，负责教师定期跟进，形成社会实践成果。

活动的主要内容包括以下三点。

一是喜看家乡新貌：通过走基层开展社区服务，深入新农村看"乡村振兴"成果，探访乡亲感受浓浓乡情，感受改革开放以来我国城乡快速发展的新面貌，记录默默奉献的基层党员干部的风采。

二是弘扬红色文化：通过参观历史博物馆、英雄纪念馆、烈士陵园等，寻访家乡的红色足迹、追溯红色记忆、访谈红色人物、挖掘红色故事。

三是留住春节记忆：通过参与春节期间的家乡文化活动，记录独具特色的民俗风情；发掘疫情防控背景下春节期间的感人故事；感受中华民族共同体的精神力量。

在组队方式上，考虑到疫情原因，学生回到了各自家乡，我们积极探索利用"云端"开展党建教育探索，采取"云组队""云调研""云采访"的方式，突破空间地域限制，推动活动的开展。

实践成果以摄影作品、短视频、调研报告、采访日记等形式进行展示，通过后期打磨形成高质量的社会实践成果作品，同时，在学院公众号进行推送展播。

（二）学院师生齐心协力做好广泛动员

学院通过线下教职工大会给学院教师们做思想动员，通过腾讯会议在线上为教师和同学们开展党建活动教育讲座。通过积极努力，直接参与党建活动的指导教师达43人，包含学院专业教师、辅导员、行政教辅人员等，超过300名学生参与，其中还吸引了中国人民大学、中山大学、北京工商大学、北京体育大学、沈阳医学院、西南大学、四川电影电视学院等高校的学生参与，最终共组建了63支社会实践队伍。

（三）指导教师悉心指导做好作品打磨

"三分靠创意，七分靠打磨"。在寒假近40天的时间里，各位指导教师不辞辛劳，定期了解实践进度，不断为党建活动提出指导意见，有的教师还亲自深入一线参与访谈和视频制作，言传身教，带领学生体味初心，践行使命。学院教师更是悉心指导学生如何挖掘红色基因，要把"我"融入创作中，才能体现"我们"的传承与践行，在选题时既有对老一辈革命家精神的追忆，更有对新一代传承、弘扬与创新的发现。活动期间，学院分阶段共计发出13份活动指导说明，帮助学生更好地完成作品的创作。

（四）专家评审提升活动实效

开学后，学院组织院内12名专业教师组成专家评审小组，对所有学生作品进行了细致地评审，为各项作品提出详细的修改意见，帮助各项作品得以进一步完善。活动后勤服务小组也为社会实践活动开通了绿色办公通道，极力保障师生作品的顺利完成。

在这一过程中，领导统筹规划，教师率先垂范，学生积极参与，注重文化与实践的结合，既锻炼了学生的专业动手能力，又涌现出一批优秀的活动成果，实效明显。

三、成效与反响

（一）活动成效显著

通过本次实践活动，同学们深入到当地红色爱国主义基地，挖掘英雄先烈的光荣事迹，感受先烈精神；深入到扶贫攻坚一线，感受脱贫攻坚成果；采访抗疫英雄，感受使命与担当。在学生们提交的实践活动成果中，包括对苏区革命精神的调研、红色文化和时代新变的调研、红色基因传承与发展的调研、党员精神传承的调研、探究红色文化新时代的新表达调研等，共收集到了63项社会实践教育作品。经过学校评审，全校75项作品中，学院有47项作品获奖，其中一等奖8名，二等奖19名，三等奖20名，作品《传承红色血脉，弘扬英雄精神——走近"90后"守墓人陈晓惠》在第十七届"挑战杯"全国大学生课外学术科技作品竞赛红色专项活动中荣获二等奖（见图1）。

图 1 获奖证书

(二) 经验启示丰富

1. 紧跟时代主题,培养全面发展性人才,是立德树人的核心要义

通过社会实践活动,引导学生深入学习习近平总书记系列重要讲话精神和治国理政新理念新思想新战略,深入开展中国特色社会主义、中国梦宣传教育和社会主义核心价值观教育,以发掘身边的红色文化为切入点,以丰富的实践形式,以学生喜闻乐见的实践内容,帮助学生不断坚定中国特色社会主义道路自信、理论自信、制度自信、文化自信,牢固树立正确的世界观、人生观、价值观。在提交的作品中,我们感受到,学生们通过走近革命烈士、时代英模、抗疫先进人物、一线扶贫干部,进一步认识到红色革命精神传承的重大意义,树立了担当新时代责任和使命的信心,从而达到了通过开展实践活动把学生培养成为又红又专、德才兼备、家国情怀、全面发展的中国特色社会主义合格建设者和可靠接班人的目的。

2. 走近学生、走进生活,是新时代培养学生的核心原则

学院教师以身作则,言传身教,以丰富经验和实际行动与同学们共同探讨,以聊天交流和团队合作的形式与同学们成为知心朋友,以红色足迹和身边故事让同学们接受教育。通过本次活动,教师与学生的心更近了,学生也表示对文化的感悟更深了,对党的领导的信念更坚定了,对国家的发展更关注了。实践过程使同学们真正获得了成长,他们从校园走向社会,从"小我"走向"大我",他们的足迹镌刻在家乡的土地上,他们以实际行动诠释了什么是"家国情怀"。

3. 发挥榜样作用，是大学生成长成才的重要手段

大学阶段是人生发展的重要时期，是大学生人生观、价值观、世界观形成的关键时期。以人为镜，可以明得失。当好学生的引路人，引导学生扣好人生第一粒扣子，是学院领导、教师义不容辞的责任，更是学生参照的榜样。教师可以用一颗真挚的心，感动每一位学生。选好学生的同行人，引导学生从他律变成自律，进而实现自我成长，是学生党员、干部和项目团队中的师兄师姐的一份担当，也是学生学习的榜样。同辈中的优秀学生可以用实际行动，感染每一位学生。传承红色基因，践行初心使命，发掘身边榜样，厚植家国情怀，是每一位师生共同的历史责任与时代担当。

四、创新意义与价值

一是学院党委精心设计与谋划。实现了学生寒假时间与红色教育的有机结合。在历时40天的寒假时间里，通过广泛发动，层层动员，指定主题，自愿组队的方式，引导学生们积极参与活动。在活动期间，学院教师悉心指导，与学生们"云碰撞"，实践活动的各项工作井然有序，得到了领导、教师、同学们的认可与支持。

二是充分运用信息技术，开展"云组队"。考虑到疫情原因，学生回到了各自家乡，我们积极探索利用"云端"开展实践教育探索，采取"云组队""云调研""云采访""云会议"等方式，突破空间地域限制，推动实践活动的开展。

三是探索了学院文化—实践协同育人机制的新闻人才培养模式。此次实践活动不仅凝聚了全院师生的共识，也检验了教师的活动指导能力和学生的动手实践能力，拓宽了学院"三全育人"新路径。同时，学院党委通过此次实践活动的组织创新，把党的政治建设融入学生学习和生活，进一步强化了学院党组织政治功能，让同学们在党建工作中有了充分的获得感和幸福感，同学们纷纷表示通过此次党建活动，不仅锻炼了各项专业能力，也学会了为人处世的道理，更是体会到了红色文化对新时代青年学子的思想引领和重大教育意义。对于提高学生们的思想水平、政治觉悟、道德品质、文化素养，以及引导学生们正确认识时代责任和历史使命起到了重要的引领作用。

红色书香进公寓,创新思政重引领
——以管理学院五室一站舍区特色项目之"繁星—瀚海"红色阅读汇为例

孙碧菡

一、案例基本理念

(一)推进红色经典阅读项目,以积极贯彻习总书记文化自信,教育强国总要求为根本理念

习近平总书记强调,文化自信,是更基础、更广泛、更深厚的自信;没有高度的文化自信,没有文化的繁荣兴盛,就没有中华民族伟大复兴。提高国家文化软实力,则必须践行文化自信。"青年兴则国家兴,青年强则国家强",国家文化软实力的提升离不开对青年大学生文化自信的培养,我们理应重视青年大学生的文化培养。

(二)开展红色经典阅读活动,以积极响应学校及学院人才培养目标,实现学生视野开阔为核心理念

我们的文化自信源于中华民族深厚的文化根基,而由中国共产党人、先进分子和人民群众共同创造并极具中国特色的红色文化就是其中重要的组成部分。为贯彻"德才兼备、家国情怀、视野开阔、爱体育、懂艺术,能力发展性强"的人才培养目标,充分发挥学生阅读在培养学生"视野拓展"能力的重要作用,推进"繁星—瀚海"红色阅读汇项目的开展,积极创造学生文化阅读氛围,拓展学生文化视野,落实学校及学院人才培养相关指标。

（三）创建红色经典阅读基地，以积极落实学生舍区五育人体系，以党建带团建，促进学生素质发展为基本理念

秉承学生舍区实践育人体系的党建育人、文化育人、制度育人、行为培养和品格培育机制目标，探索以红色阅读推动大学生文化自信，通过建设公寓"繁星—瀚海"红色阅读汇空间平台，构建与学生交流的"红色"空间，打造"红色"阅读文化，围绕学生本身出发，以党建带团建，以先锋党员小组为主要依靠，联动团员学生共同营造"红色"文化氛围。通过"红色"文化指导和培育，推动学生"红色"阅读学习与交流，并进一步开展"红色"观赏与评鉴活动，提升学生"红色"文化的学习认知。将学生"红色"文化学习心得体会声情并茂展现在舞台上，展示学生红色阅读成果，创新红色阅读形式，提升大学生文化内涵，实现学生素质全面发展。

二、案例要解决的问题

（一）提供良好的红色书香阵地，是推进红色经典阅读特色项目需解决的首要问题

随着中国特色社会主义新时代文化自信思想的提出，各高校更重视自身文化教育的现代化转型与发展，广州大学一直倡导传承红色经典诵读，并作为当代大学生不可或缺的素质养成之一。同时，如何让经典文化走出课堂，走进心里，培养学生优雅的书香气质和一种内发于心的德性涵养，已成为工商管理学院思政教育中的重中之重。因此，及校情院情所需，充分发挥学生公寓文化育人的作用，为学生良好修养品质的培育，以及贴近学生生活，给学生提供学习红色文化的活动场所成了推进此特色项目的首要问题，也是为打造健康积极的公寓文化氛围做好铺垫。

（二）践行特色的红色文化思政教育，是推进红色经典阅读特色项目需解决的关键问题

红色文化是具有中国特色的先进文化，具有极其丰富的内涵，涉及现代大学生学习的方方面面，尤其是自身世界观、方法论，以及优秀革命精神和理想的传承与构建。在高校校园文化建设中，加强红色文化教育，是人文精神的再现，也是思政教育的重要内容。如何在将专业课程学习掌握之余，为学生构建广博而深厚的文化底蕴素质？提升人文关怀，开设红色经典文化资源类活动，是推进此品牌项目的关键问题。通过系列特色活动，实现对学生的教育作用，在学生公寓打造有意义的第二课堂和思政教育阵地。

（三）稳固坚定的爱党爱国信仰，是推进红色经典阅读特色项目需解决的最终问题

习近平总书记在十九大报告关于新时代中国特色社会主义的建设进程中，尤其强调现代教育和人才培养中构建大学生的社会主义核心价值观体系的重要性。爱党爱国的信仰是学生三观最核心和最基本的要素，而在当下中国大地，"红色文化"已春潮涌动，深深扎根，成为新时代的主旋律。宣扬中国经典红色文化，让学生缅怀伟人，重温历史，感同身受，受益匪浅，从而了解党史、国史，研究红色文化的深刻内涵，注入时代元素，为自身发展的方方面面提供精神动力和生命力，是此特色项目最终解决的问题。

三、案例的预期目标和方法设计

创建"繁星—瀚海"红色阅读汇，推进红色经典阅读特色项目，在学生公寓打造党团活动主阵地，优化活动室书香环境，组建项目工作团队，并根据舍情，成立党员先锋小组，以党建带团建，党员带动积极分子。注重行动方法，抓好宣传力度，实现以下几个预期目标。

第一，在空间构建上，五室一站"繁星—瀚海"红色阅读汇空间建设基本完成，活动室设施基本完善，能为学生日常红色阅读、五室一站活动开展提供物质基础。

第二，在项目开展上，以学生入党培养目标为出发点，发挥党建带团建的作用，鼓动学生参与红色文化活动，增强党性修养，促进国史学习。一是确切增强所在楼栋学生的入党积极性，使得学生不断向党组织靠拢，入党学生比例明显提高；二是入党积极分子、党员的党性修养得以提高，使对红色文化乃至中华民族文化的学习更加坚定大学生的文化自信。

第三，在自身发展上，明显提高学生参与五室一站活动开展的积极性与自身文化素养，使大学生学习、了解红色文化，坚定文化理想信念，进一步实现五室一站活动室党建育人、文化育人、制度育人、行为培养和品格培育机制目标，同时增强高校思政育人的全方位、全过程发展，真正使学生在接受教育中实现教育作用。

四、案例的具体解决过程

红色文化是校园文化建设的重要组成部分，也是学校及学院人才培养目标的重要体现，针对当代大学生专业文化和人文素养存在衔接不够，学生自身文化自信缺失和自觉性不足等现象，我们尝试在学生公寓——学生的第二课堂，全力打造和完善具有文化气息的红色经典阅读特色项目，深入挖掘红色文化资源，丰富校园公寓文化内涵，在学生生活领域发挥道德教化和文化引领作用。具体解决办法实施过程如下。

（一）创建与运作"红色"阅读空间，打造"红色"活动室

"红色"空间为项目实现的基础，由"上为繁星，下为瀚海"的"线上+线下"空间组成，通过公寓党建办和舍区办所有工作人员负责空间布置，以此进行项目申请与实施。

线下空间主要以学院学生宿舍楼栋的活动室为主阵地，打造由红色阅读学习交流空间、观赏品鉴空间与实践展示空间三部分组成的红色阅读空间场所。

线上空间为开展和运营红色阅读"易班"号、空间 QQ 群和微信公众号，发布红色阅读活动宣传报道、红色书籍阅读指南、红色故事分享、红色经典阅读新闻等相关信息，及时更新红色阅读空间状态。

（二）传播与推崇"红色"阅读知识，营造"红色"氛围

结合"红色"阅读空间构建，通过学院五室一站"易班"话题和微信推送等途径，与楼层学生管理员、学院团委学生会、班集体、党团支部全面合作，将红色书籍阅读指南、红色阅读活动等相关信息宣传至在校大学生。

构建五室一站红色书刊专栏及制定阅读规范，铺设红色阅读宣传板和红色空间背景装饰，并邀请学院教师，普及红色阅读知识，宣传红色阅读空间，营造红色阅读氛围，以在校大学生为本，积极打造红色阅读文化，形成全方位、有特色的"红色"文化传播理念。

（三）指导与培育"红色"阅读学习，增进"红色"交流

借助"易班"平台、微信公众号平台和"红色"学习软件平台，打造红色阅读线上学习和交流平台。开发"易班"阅读打卡功能，对大学生红色阅读活动进行记录，开展易班网络"阅读之星"评选。借助"红色"学习软件平台，宣传红色阅读知识，发布红色阅读任务，鼓励学生参与红色阅读学习和线上交流。同时，借助"易班"等线上平台，形成红色阅读学习大数据，为活动开展提供参考。

以五室一站活动室为主阵地，利用红色书刊专栏，开展五室一站红色阅读角活动，定期开展红色读书会，积极促进学生学习交流，为学生提供阅读笔记本，收集学生学习心得并定期反馈。同时，开展红色经典导读专项活动，邀请学院专家教授，对大学生红色阅读进行指导和培育。

（四）鉴赏与谱写"红色"阅读文化，丰富"红色"底蕴

通过多种观赏与品鉴形式，倾听学生红色阅读心得体会。

利用"红色"阅读空间的投影播放设备，开展红色经典观影活动，合理布置桌椅，形成红色观影"小剧场"。在充分听取在校大学生的建议后，召集学生开展观影活动，并通过访问收集学生观后感。

为加强大学生"红色"文化人文素养，促进"红色"文化在学生基层中的传播，向广大学子征集文章笔墨，并将优秀作品集合成册，制成五室一站红色阅读特色刊物，邀请教师作序或祝语，最终传读于学校，丰富五室一站"红色"文化底蕴。

同时，开展红色经典书信活动，形成红色经典阅读小组，以书信载体征集学生红色阅读感想，小组对书信作品进行深入交流，并采用竞赛形式评选出优秀阅读感想书信。

（五）实践与展示"红色"阅读作品，再现"红色"经典

筹划红色阅读大型特色活动——"红色之声"，通过充分选取符合学生建议的红色经典桥段，鼓励学生对桥段进行"配音"，同时邀请教师对配音进行解说，将配音的精妙之处凸显的同时，充分体现学生对红色经典的学习认识和感想表达，"声临其境"般再现红色经典的文化特色。

开展"红色小巨幕"活动，在学生对红色经典阅读的认识上，以动态形式演绎红色经典，或是拍摄形成微视频作品，或是情景剧演绎搬上舞台，将静态文字实现立体表达，全面抒发学生红色阅读的心理体会。

除此之外，进行红色朗诵、演讲和辩论赛，将学生从红色经典阅读中的所获所得，在五室一站舞台上声情并茂展示出来。

（六）打造与发展"红色"阅读品牌，擦亮"红色"底色

为进一步擦亮"红色"底色，在"红色"学习与交流、观赏与品鉴、实践与展示系列活动中表现优异的学生和团队，学院五室一站工作团队全力策划跨部门、跨学院合作的活动项目，让优秀的红色阅读作品在更大的舞台上进行展示，使红色阅读进一步开展，让红色文化进一步普及，形成独具特色的"红色"品牌。

通过"红色"学习与交流、观赏与品鉴、实践与展示，让红色阅读不再停留于简单的文字获取，红色经典如繁星瀚海一般，予人以无穷的智慧，通过"阅读"获取信息，认识世界，发展思维，并获得审美体验。深化当代大学生对红色经典的了解和红色文化的学习，从而让红色文化在大学生当中进一步扎根固牢，在阅读中开阔视野，增强文化自信。

五、工作效果与反思

"繁星—瀚海"红色阅读汇特色活动项目开展以来，从红色活动举办规模、舍区学生参与积极性、跨学院活动学习交流、红色阅读自身创建等方面都取得了显著的成效。让我们充分认识到：红色党建和人文精神深入人心的价值观植入对于增强学生思想政治素质和文化认同感非常重要，在实施过程中产生了一定的经验和启示。

这一年间学院公寓舍区五室一站共举办"繁星—瀚海"系列大型活动12场，主

要包括征文活动、系列读书活动、书签设计大赛、诵读活动、红色之声配音大赛、微视频制作大赛和主题绘画活动等，总参与人次高达 1 300 余人，最受欢迎的红色绘画主题活动参与人数高达 400 余人，平均每场活动的参与人数为 100 余人。并且活动参与范围逐渐扩大，从最初的少量楼栋学生参加，到目前大量楼栋各个学院学生积极参加，较好地调动了学生的活动参与度与积极性。

红色阅读汇空间建设基本完成，活动室设施基本完善，红色书籍增加，专设红色经典阅读栏，能较好地满足学生日常红色书籍的借阅，为学生红色阅读与交流提供场所。通过红色经典作品的阅读，明显提升学生自身文化素养和参与五室一站活动开展的积极性，使更多大学生学习与了解红色文化，进一步实现五室一站活动室党建育人、文化育人、制度育人、行为培养和品格培育机制目标。

另外，完善学生入党培养目标，激发爱国热情，将爱国主义思想教育融入学生们的日常生活之中。一是确切增强所在楼栋学生的入党积极性，使得学生不断向党组织靠拢，入党学生人数有所增加；二是入党积极分子、党员的党性修养得以提高，对红色文化乃至中华民族文化的学习更加坚定大学生的文化自信，增强对中华传统文化的认同感和自豪感；三是鼓励学生不忘初心，牢记使命，将个人理想与祖国未来相结合。

尽管如此，但还需要在如下方面进行加强与改进：首先是"红色"阅读空间构建需要不断完善，需要打造一支更专业的红色文化、党建精神传播团队；其次是深化"红色"阅读品牌，为进一步擦亮"红色"底色，在开展"红色"学习与交流、观赏与品鉴、实践与展示系列活动的基础上，可再组织策划跨部门、跨学院合作的活动项目，让优秀的红色阅读作品在更大的舞台上进行展示，以形成独具特色的"红色"品牌。

秉承"党史+"理念打造思想政治教育第二课堂

周世慧 徐 瑾

在中国共产党建党 100 周年之际，以党史学习教育为契机，秉承"党史+"理念对党史学习教育内容、方法、模式进行创新，打造出具有建筑专业特色的思想政治教育第二课堂。以此引领青年学子树立、筑牢正确的党史观与历史观，厚植爱党爱国情怀，传承红色基因、革命薪火，勇当"中国梦"的筑梦人。

一、要解决的问题

高校思想政治教育肩负培养中国特色社会主义合格建设者和可靠接班人的历史重任，做好高校思想政治教育工作，要因事而化、因时而进、因势而新。在党史学习教育全面开展之时，扎实推进思想政治教育工作。将党史学习教育融入对思想政治教育第二课堂的新探索中。从贴近学生特点，激发学生学习兴趣，增强学习教育的生动鲜活性角度出发，创造性打造出以"'筑'历史·'园'梦想·'划'未来"为主题的思想政治教育第二课堂。

（一）思想政治教育第二课堂缺乏多元化教学团队

高校开展思想政治教育第二课堂主要是由辅导员、党支部书记承担。教学团队的构成较为单一，互相交流合作不够充分，要实现高校学生全面深入的思想政治教育稍显力量单薄，很难激发团队的创新活力。

（二）思想政治教育第二课堂形式不够多样，教育内容吸引力不足

思想政治教育第二课堂主要通过党课等形式进行，灌输式教育模式仍占主导地位。教学的方式、手段较为单一，未能充分有效的运用新媒体、新平台、新技术。教育内

容还存在枯燥乏味的情况，党史故事的生动性还需进一步提升，学生学习的兴趣点还有待更深入的挖掘。

（三）思想政治教育第二课堂的系统性、可持续性不强

思想政治教育第二课堂作为高校学生思想政治教育的重要渠道，需要构建起有机、完整的教育体系，从教育内容、形式、方法、平台等都需要进行精心设计。现有的载体主要依托党课进行，缺乏辅助支撑，缺乏集中力量的深度打造，也缺乏逻辑关联与内在统一，未能形成有效合力。

二、主要做法

（一）"党史+团队"育人模式，为思政教育第二课堂建队伍、筑底气

要办好"党史微讲堂"思想政治教育第二课堂，关键在于教师团队。学院高度重视党史教育团队建设，由学院党委副书记牵头组织教师党员成立了教师工作团队。同时，还组建了2个辅助团队。一是学生党员组建的备课团队，二是各班团支部书记组建的宣讲团队。该团队的构成充分体现了多元化与多层次，既有思政课专业教师，也有其他专业课教师；既有专家型教师，也有青年博士教师；既有专业教师，也有教辅人员和学生骨干。在教师团队的指导下，2个学生团队积极配合，在开展师生集体备课，共同制作课件、视频录制、教育宣讲等各项工作中构建师生成长共同体的育人新模式，为讲堂的持续性开展奠定了坚实基础。

（二）"党史+专业"教育内容，让思政教育第二课堂"有知有味"

为增强"党史微讲堂"的针对性和吸引力，力求教育内容的"有知有味"。"知"是讲堂所讲授的党史知识，提供思想上的健康食材；"味"是加入专业知识这一调味剂，吸引学生更好吸收养分。

一方面，党史学习教育课堂根据不同专业的学生设计有特色的教育内容，促使其与学生专业培养高度黏合、深度契合，将党史学习教育更有效的滋养学生。紧紧围绕三个专业进行讲堂内容设计。每学期微讲堂开展3个主题授课，分别将党史与风景园林发展史、城乡规划设计理念、革命历史建筑知识进行结合。已开展的4期讲堂是：融合南湖景区园林知识讲述中共一大历史、阐释红船精神；结合毕业设计案例讲述"人类命运共同体"思想在城市规划专业中的体现，阐释其深刻内涵和时代价值；契合广州起义纪念馆的创建历史及设计特点讲述广州起义历史；通过中共三大旧址纪念馆的设计讲述中共三大会议精神及历史意义。

另一方面，党史学习教育活动结合不同专业学生的特点进行开展。在增加学生对党史知识了解的基础上，锻炼学生的专业技能。如：党史与美术专业的结合开展手绘

党史活动，打造了"画说党史、言表党心""细说故乡，情绘党史""传承红色基因，寻找家乡红色足迹"三大手绘活动；党史与中文专业结合开展主题征文比赛；党史与新闻专业结合在公众号推出建院党史故事有声读物栏目等。通过专业技能的展示来宣传文化、讲述历史、表达真情，实现党史教育入脑、入心。

（三）"党史+互联网"教育模式，实现思政教育第二课堂立体式、多样化、全覆盖

习近平总书记曾指出：要运用新媒体新技术使工作活起来，推动思想政治工作传统优势同信息技术高度融合。为突破传统讲堂的局限性，充分借助互联网新媒体、新技术，探索出线下线上立体式联动教育模式。线下讲堂分为两个环节：第一环节为针对性授课，由党员教师面向学生党员、团支部书记等学生骨干授课；第二环节为普及性授课，由学生骨干将所学内容带入全学院各团支部进行授课。线上讲堂通过直播平台、在线会议、公众号视频推送，不仅可以直接线上开讲（见图1），同时也可将线下讲堂进行录像和制作后接入网络平台，实现回放功能。学生可以不受时间和地点的限制进行有效学习，参与讲堂便捷而灵活，进一步扩大了讲堂的覆盖面。

图1　党史微讲堂线上讲堂：广州起义

（四）"党史+虚拟仿真"创新思政教育第二课堂模式，开展沉浸式、体验式的党史学习教育

党史学习教育要有亲和力和趣味性，除了课内与课外、线上与线下的互联互通外，还需要现实与虚拟的互补。如今的学生生长在和平年代，生活富足，很难切身感受中国共产党这一百年来筚路蓝缕奠基立业的艰辛，以及创造辉煌开辟未来的奇崛。这也是高校学生进行党史学习教育的一个难点，因此，增强党史学习教育的体验感尤为重要。

一方面，虚拟场景体验，基于VR（虚拟现实）技术着力党史虚拟仿真课程和项目的开发。借助文字、视频、音频、动画、光效等，构建出生动而逼真的虚拟场景，

真实的还原党的重大历史事件和人物。学生通过人机互动方式进入虚拟教学系统，犹如身临其境，可以大大加深学生对党史学习的理解与感悟。另一方面，现实场景体验，在进行党史虚拟仿真课堂的开发过程中要充分激发学生的主观能动性，组织学生积极参与其中，从党史资料的收集整理、党史发生地的实地调研测量到后期的课程制作等，促成学生在实际场景中对党史学习的体验。虚实体验的结合，可有效提高高校学生学习党史的积极性、互动性、获得感，从而在体验中增强党史学习教育的影响力和实效性。为了能够更好地开发相关的党史虚拟课程，学院成立了专门的学生开发课程团队，正在进行前期调研和资料收集工作，为课程的最终打造奠定基础。

（五）"党史＋项目"创新思政教育第二课堂实践方式

思想政治教育的目的不仅在于思想与精神层面，还在于实践层面。在学生中开展党史学习教育除了丰富多彩的学习形式外，还具备了形式多样的实践方式。通过党史学习和创新创业实践项目、社会实践项目、志愿服务项目、劳动教育项目等结合，如：寻访家乡的红色足迹社会实践项目、"规划打造长征路上的美丽乡村"志愿服务项目、革命老区文创产品设计创业项目等。通过着力打造有特色、有品质的党史学习教育品牌项目，促使学生在学中行、行中学，真正实现知行结合、知行统一。

三、取得成效

（一）更好发挥思政教育第二课堂铸魂育人功能，实现了从学习到实践活动的转化

思政教育第二课堂将专业知识有效融入党史学习教育过程中，为其增添了新配方，增加了吸引力，切实推动了党史知识入脑、入心。同学们不仅被红色文化、革命精神所感染，更学会了如何在自己的专业实践中传承红色基因。在思政教育第二课堂启发下，学生在专业学习过程中充分挖掘红色资源，从而培育出"互联网＋大学生创新创业大赛"青年红色筑梦之旅赛道项目近 20 项，160 余名同学参与其中。同学们积极将项目转化为实践行动，为乡村振兴、红色建筑文化传播助力。

（二）更有力打造思政教育第二课堂"金课"，实现了思想政治教育可持续性

思政教育第二课堂每学期固定开设 3~5 期，从课件反复修改，到全程、多方位摄影，再到高质量课件及视频的制作完成都经过精心设计。目前，共制作出课件 4 个、视频 3 个、深度推文 6 篇，共享给全院师生。为思政教育第二课堂的持续开展和课程思政全覆盖提供了可参考、可操作的模式。团队教师曾获省级课程思政优秀案例、省级课程思政示范课堂、课程思政教学大赛一等奖等。在其示范作用的引领下，越来越多的教师积极探索党史教育与所授专业知识的融合点。

（三）更充分挖掘思政教育第二课堂中同辈群体的力量，实现了思想政治教育全覆盖

思政教育第二课堂的筹备过程中，在教师团队的积极引导下，有47名学生党员和28名学生团支部书记加入备课、宣讲工作。在学生团队的配合下，学院28个班级均定期开展思政教育进行党史知识学习。同辈群体作用发挥让学院的思政教育做到了"三贴近"。

四、活动反思

（一）思政教育第二课堂内容还需进一步加强有机统一与逻辑关联性

目前，思政教育第二课堂内容主要以党史知识为主，上课主题具有随机性，较为零散。要增强教育的有效性，一方面，课堂内容的涉及面应该持续扩大，如：新中国史、改革开放史、社会主义发展史、所学专业的发展史等。另一方面课堂内容应该进行前期设计，搭建规范的课程教育内容体系，通过内容的有机统一和逻辑关联性的增强，实现思想政治教育的连续性增强。

（二）进一步构建高校思想政治教育工作"三全育人"体系

高校的思想政治教育工作是高校教育教学的重要组成部分，同样需要全院全过程全方位的育人。除了辅导员、思政课教师外，专业课教师、党政人员等也需要更广泛地参与到思想政治教育工作中，思政教育第二课堂的任课教师不仅是辅导员和专业课教师，也应该有更多的各岗位上的教师参与进来。同时，思政教育第二课堂应该与思政课程、课程思政充分结合，从不同的维度打造更有实效性、针对性的思政教育。

红色基因培根铸魂 知行合一建设堡垒
——红色文化融入基层党组织建设的探索与实践[①]

黄元丰 逢淑军 杨孟闰

一、背景和起因

(一) 案例背景

红色文化是党的建设的天然素材和优质资源。党的十八大以来,习近平总书记多次强调,"我们要铭记光辉历史、传承红色基因,在新的起点上把革命先辈开创的伟大事业不断推向前进"。党史主题教育开展以来,习近平总书记多次强调在党史学习教育中要用好红色资源,组织广大党员、干部重点学习党史,同时学习新中国史、改革开放史、社会主义发展史,做到学史明理、学史增信、学史崇德、学史力行。可见,将红色基因融入基层党组织建设,是党的建设的永恒主题。

(二) 案例起因

广州大学土木工程学院,是以我国著名抗震、隔震与减震控制领域专家,中国工程院院士周福霖担任名誉院长的国内著名土建类学院。周福霖院士一生坚持"让中国人住上地震中确保安全的房屋"的初心和使命,是传承红色基因的先进典范。土木工程学院本科生第一党支部,是一群以"福霖精神"为标识的师生党员组成的党的基层

[①] 本文获广东高校思想政治工作实践优秀案例一等奖。广州大学土木工程学院本科生第一党支部是第三批新时代高校党建示范创建和质量创优工作"全国党建工作样板支部"培育创建单位。

组织,党支部书记黄元丰长期从事红色文化的研究、传播和实践,2018年10月支部成立担任支部书记以来,开始了红色基因融入基层党组织建设的探索与实践。

(三)案例设计思路

以"红色基因培根铸魂 知行合一建设堡垒"为主题,以"红色党建、公寓党建、师生共建、校企联建"为主要特色,以"根植学生红色基因、筑牢学生理想信念根基,引导学生刻苦学习、实践创新、全面发展"为目标,全面提升支部组织力、凝聚力和战斗力。

二、做法与经过

(一)思想引领:把传承红色基因、争做红色传人作为支部建设的底色

将红色文化作为支部政治学习、党日活动的主题,开展"传诵红色故事 传承红色基因——26名大学生党员不忘初心、讲述杨靤安烈士感人事迹"主题党日活动、中共增龙博中心县委旧址及黄埔军校旧址参观体验活动(见图1、图2)、《建党伟业》等红色电影观看活动、"学先进劳模,做新时代奋斗者"先进事迹学习活动、"传承红色基因 争做红色传人"等主题党课学习活动、"强国有我,请党放心"七一讲话精神学习活动等各种形式的理论学习和参观体验活动,学习红色文化、感悟红色历史,激活红色基因,赓续红色精神,在红色文化学习中学史增信、学史力行。

图1 参观中共增龙博中心县委旧址

图2 参观黄埔军校旧址

(二)阵地强化:把建设"五室一站"、推进党建进公寓作为支部建设的载体

在学生公寓设立党团活动室、综合阅览室、互助学习室、专业辅导室、休闲康体室、心情驿站"五室一站",建立了学生公寓党建育人、文化育人、制度育人、行为

培养和品格培育机制,将其打造成为了对学生进行党建教育、思想政治教育和素质教育的重要阵地,让党员在公寓带头做党的路线方针政策的"宣传员"、学校学院事务的"信息员"、公寓安全管理的"助理员"、学生增进感情的"联络员"、牢记使命践行承诺的"先锋员"。仅 2020—2021 年度就成功开展红色电影观看、党史读书分享会等党建活动 20 余场,累计受益学生人数超过 1 000 人,还通过设立微信公众号、公寓党建宣传栏进一步扩大覆盖面,实现了党建向学生公寓的延伸,扩大了党的理论和政策及红色文化的覆盖面和受益面。

（三）实践育人:把面向工程实践、进行党建联建共建作为支部建设的抓手

结合专业特点,加强与教工党支部、研究生党支部、企业党支部联建共建,开设"未来工程师讲坛",邀请教授博导、专家学者、行业权威、企业领导（见图3）、优秀校友走进校园（见图4）,与青年大学生面对面交流,涉及主题涵盖科学研究、工程实践、学习成长、生涯规划、求职就业、科普环保等各个方面,为大学生思想成长领航,培育大学生爱国情怀,为培养未来优秀工程师筑牢思想基础和政治根基。自 2018 年 10 月以来,已经连续开展 32 期,迄今为止受益学生 4 394 人次,学生满意度达到 90% 以上。通过与研究生党支部、教工党支部、企业党支部联建共建,做到"联学""联创""联享",实现了党建和专业学习、工程实践的深度融合、同向发力、互促共进,推动党建工作往深里走、往心里走、往实里走。

图 3　与中铁十一局开展党建联建活动

图 4　邀请优秀校友、企业总工开设"未来工程师讲坛"

（四）创新驱动:把注重专业运用、推进学生创新创业作为支部建设的依托

强调专业运用、提升学生创新创业能力。支部注重学生创新创业能力培养,组织党员、入党积极分子及其他成员积极参与挑战杯、互联网+等创新创业活动,近两年来,支部成员获得中国国际"互联网+"大学生创新创业大赛银奖、全国大学生结构设计大赛一等奖等国家级创新创业及学科竞赛奖项 19 项。支部联合学校抗震中心组建"民居隔震助农团队",在中国工程院周福霖院士指导下创立了一整套高性能低成本农居隔震技术体系,通过公益推广模式已在云南、四川等四省市 2 560 余栋农居中应用（见图5）,惠及民众超过了 1.5 万人,团队公益创业项目"隔震农居——地震中的

'楼坚强'"荣获了第五届"互联网+"大学生创新创业大赛国赛银奖（见图6）。在创新创业实践中，支部党员进一步增强了对党的创新理论成果的政治认同、思想认同、情感认同，坚定了"四个自信"。

图5 赴云南开展隔震助农活动

图6 支部党员获"互联网+"国赛银奖

（五）组织赋能：把规范化建设和组织力提升作为支部建设的根基

党支部大力加强规范化建设，着力发挥好党支部战斗堡垒作用和党员先锋模范作用，着力提升支部组织力。一是以落实"三会一课"制度为基础，建立健全各项制度性、规范性文件，建好工作台账、工作计划，做到季度有主题，每月有安排，不断提升组织生活质量；二是以丰富党员教育管理内容为手段，在每年集中学习培训时间不少于32学时的同时，组织开展参观学习、红色体验、社会实践、先进事迹报告会、红色经典阅读分享等各种形式的组织生活；三是以发挥党员先锋模范作用和思想引领作用为目标，积极组织开展社会实践和志愿服务活动，如动员党员参加学校抗疫党员先锋服务队、参加无偿献血、指导垃圾分类等，以实际行动引领学生成长成才，奉献社会。

三、成效与反响

（一）支部建设主题鲜明

以"红色基因强党建 示范引领建标杆"为主题，把传承红色基因、争做红色传人作为支部建设的底色，开展"喜迎七一建党 追寻光辉征程""学习党史国史 牢记初心使命""学先进劳模 做新时代奋斗者""传诵红色故事 传承红色基因""传承红色基因 争做新时代青年马克思主义者"的系列党建活动（见图7、图8）。

图7　支部书记讲红色主题党课　　　图8　支部党员在宿舍观看红色电影

（二）支部活动创新有效

疫情期间，创新支部活动组织方式，全体党员通过"云传诵"的方式讲述杨匏安烈士感人事迹，表达对革命先烈的缅怀和敬意，"声"临其境传递红色能量、传承红色基因，通过广大同学纷纷转发、评论，进一步增强活动的效果，受到媒体的关注和报道。

（三）支部建设示范性强

支部书记讲党课理论文章《认识中国共产党人初心和使命的五个维度》在《中共南昌市委党校学报》刊发，支部书记讲党课理论文章《红色基因传承与青年马克思主义培养刍议》在知名思政刊物《知与行》刊发（见图9）。

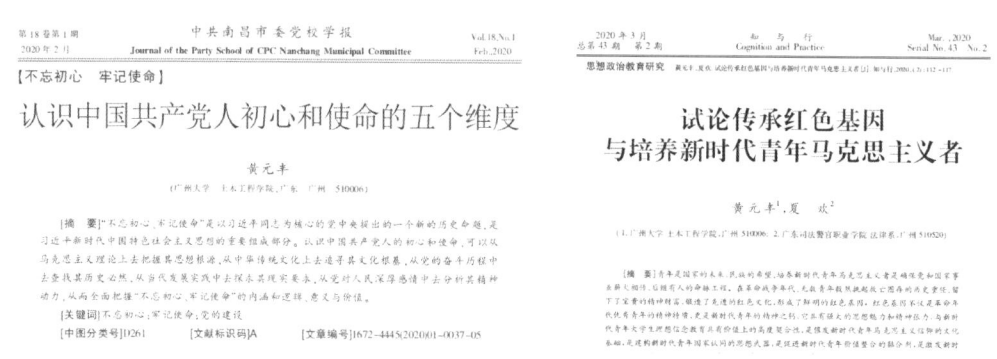

图9　支部书记讲党课理论文章在学术刊物上公开发表

（四）支部党员模范性强

近年来，支部涌现出广州大学优秀党员黄略轩、中国土木工程学会高校优秀毕业生奖获得者陈乙轩、华语辩论世界杯广州赛区冠军夏星宇、全国大学生结构设计信息技术大赛国家级二等奖陈伟勇等一大批优秀党员（见图10、图11），2020年疫情期间，支部预备党员、土木 182 班罗乐莹从 2 月 12 日开始在高速路口疫情防控第一线从事志愿服务，连续工作了 10 天，事迹受到广州日报关注和宣传报道。

图 10　陈乙轩获高校优秀毕业生

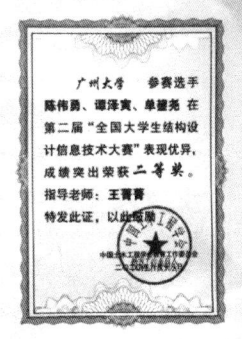
图 11　陈伟勇获全国大学生结构设计信息技术大赛二等奖

（五）支部建设品牌塑造

2020 年 12 月，支部入选广东省第三批新时代高校党建示范创建和质量创优工作"全省党建工作样板支部"培育创建单位，2022 年 2 月，支部入选第三批新时代高校党建示范创建和质量创优工作"全国党建工作样板支部"培育创建单位。

四、经验与启示

（一）突出"红色主题、强化榜样引领"彰显了为党育人新成效

支部通过挖掘红色文化这一党员教育的天然素材和优质资源，突出支部建设红色主题，通过开展系列的、持续性的、经常性的红色文化活动，筑牢学生党员理想信念根基、激活学生党员红色基因，通过红色文化传承与专业学习结合、与社会实践结合、与创新创业结合增强党员的先锋模范意识，形成争做红色传人的良好氛围。

（二）通过"融入重大工程、提升实践能力"探索了思想引领新模式

支部通过开设"未来工程师讲坛"，邀请专家教授、行业精英、企业总工讲解国家重大工程，通过开展校企合作党建联建共建沉浸式体验国家重大工程，激发党员、入党积极分子爱国情、强国志，增强党员、入党积极分子服务"国之大者"的意识，通过鼓励党员和入党积极分子参加学术科技竞赛、创新创业活动、社会实践活动引领青年大学生报国行。

（三）依托"公寓党建、党建联建"创新了提升支部组织力的新方法

支部依托"五室一站"开始了党建进公寓的实践，为党员发挥先锋模范作用找到了新的切入点，通过与研究生党支部、教工党支部、企业党支部联建共建为提升支部组织力找到了新的发力点，有效地发挥了党员的先锋模范作用，有力地提升了支部的组织力、凝聚力、战斗力。

五、延伸思考

以"红色基因固根铸魂、知行合一建设堡垒"为主题，以"完善组织体系开启新征程"为切入点，以"提升党建引领学生理想信念效能"为抓手，以"高质量党建推动学生全面发展"为目标，深入开展制度建设、学习建设、活动建设、阵地建设，全面提升支部组织力、凝聚力、战斗力。

（一）始终坚持一个主线，即发挥党建引领作用，突出红色文化对支部党员和青年大学生开展价值引领

党支部致力于加强思想政治引领，筑牢学生理想信念根基，培养德智体美劳全面发展的社会主义建设者和接班人，通过多种形式对支部党员和青年大学生开展思想政治教育和价值引领。如邀请中国工程院院士周福霖、武汉雷神山医院建设者、港珠澳大桥建设者等校内外优秀人物开展先进事迹报告会；组织党员积极参加三下乡社会实践和志愿服务，用青春服务国家社会；鼓励党员和入党积极分子积极带头参加学术科技竞赛、创新创业活动等，以实际行动引领青年大学生全面提升个人素质。

（二）始终抓住两个主业，即贯彻落实"广州大学加强党的基层组织建设三年行动计划"，抓好党支部规范化建设、组织力提升及提高党员教育管理工作水平

党支部积极推进落实支部党建新三年行动计划，在抓好规范化建设的基础上，着力创新组织体系、凝聚党员群众、促进发展稳定，不断提升支部组织力，如在宿舍区成立党小组，开展支部联系班级等，不断增强党建覆盖的广度和深度，构建"令行禁止、有呼必应"的党建格局；支部狠抓党员教育管理，积极推行"戴党徽、亮身份、做表率"，加强日常理论学习，积极参加防疫志愿活动和社区服务活动，实施党员联系群众制度，丰富党员教育内容和形式，促使党员教育管理工作水平不断提升。

（三）始终用好三大阵地，即以开展经常性教育为目的，发挥好"五室一站"、未来工程师讲坛及"互联网+"三大主阵地的育人功能

支部依托"五室一站"成立党建办，设置党小组，推进党建进公寓，为党员发挥先锋模范作用找到了新的切入点；支部通过组织开展"未来工程师讲坛"，邀请专家教授、行业精英、企业总工讲解国家科技发展情况及重大工程建设情况，意在培养工程人的家国情怀，激发党员的爱国情、强国志；支部广泛动员支部成员结合专业背景，积极参加"互联网+"等创新创业活动，在开阔视野的同时，充分将理论联系于实践，全面提升个人素养，培养堪当民族复兴大任的时代新人。

以劳动实践与思政教育协同促进全面育人

薛 敏 叶 忱 黄顺婷

一、德智体美劳全面发展的重要性

(一) 党在不同时期对人才培养的要求

在新中国成立初期,毛泽东同志着眼于我国社会主义改造完成后国家发展对人才的实际需要,提出:"我们的教育方针,应该使受教育者在德育、智育、体育几方面都得到发展,成为有社会主义觉悟的有文化的劳动者。"

党的十一届三中全会后,我国进入了改革开放的新时期,随着社会主义现代化建设这一根本任务的确定,培养高层次人才成为高等教育的根本任务。1983年4月29日,邓小平同志提出要培养"四有"新人,"要使广大人民有共产主义的理想,有道德,有文化,守纪律。"

1995年颁布的《中华人民共和国教育法》将党的教育方针以法律的形式加以固定,该法第五条规定:"教育必须为社会主义现代化建设服务,必须与生产劳动相结合,培养德、智、体等方面全面发展的社会主义事业的建设者和接班人"。

2015年修订的《教育法》进一步充实和丰富了教育方针,规定:"教育必须为社会主义现代化建设服务、为人民服务,必须与生产劳动和社会实践相结合,培养德、智、体、美等方面全面发展的社会主义建设者和接班人。"

2018年9月10日,习近平总书记把教育目标的"四育"提升到"五育",在全国教育大会上提出:"坚持中国特色社会主义教育发展道路,培养德、智、体、美、劳全面发展的社会主义建设者和接班人。"

2020年3月20日，中共中央、国务院印发《关于全面加强新时代大中小学劳动教育的意见》指出，各地要创建一批劳动教育实践基地，带动劳动教育走深走实。在长期实践中，我们培养形成了爱岗敬业、"德智体美劳全面发展"的重要论述，与我们党的教育思想一脉相承，是马克思主义教育理论的新发展，为教育战线落实立德树人根本任务指明了前进方向、提供了根本遵循。

（二）劳动教育在人才培养中的重要作用

把"劳育"作为五大教育目标之一，构建德智体美劳的大目标，符合马克思指出的"人类的特性恰恰就是自由的自觉的活动"，即实践或劳动是人的生命活动具有的特有方式。而劳动教育，指在知识学习和实际行动两个方面中，通过学校课程、实践活动、生产活动等方式，培养学生在未来生活和工作中必备的劳动意识、技能、精神和习惯的教育，这是国民教育体系的重要内容，是学生实现全面发展的必要途径。高校作为培养高素质创新型人才的摇篮以及国家和民族未来发展的重要基石，在高校推行劳动教育，可以改变高校学生怕苦怕累、衣来伸手饭来张口、坐享其成、不劳而获的缺点，同时帮助同学们树立劳动创造世界、劳动创造美好生活、劳动致富、劳动光荣的精神，培育艰苦奋斗、热爱劳动的习惯。在新时代如何落实习近平总书记的重要讲话精神，加强对大学生的德智体美劳全面培养，是高校的根本任务。这就需要从理论源头上把握好"德智体美劳全面发展"的深刻内涵，并结合中国特色社会主义新时代的实践要求，对大学生进行有针对性的培养。

二、当前劳动教育的现状

（一）当今青年培养过程中存在的问题

第一，高校的确培养出了许多具有高智商和专业知识能力的人才，但是我们的人才培养体系中缺乏对学生精神世界的关注，比如培养学生坚韧不拔的意志，因此造成学生在困难面前总是缺乏驾驭复杂局面的能力，容易放弃。

第二，现在无论在校内，还是校外都有更多元的学习途径，模式化的培训能够更高效地打造高素质人才，但却唯独缺乏劳动培训。同时现在许多青年都是独生子女，家庭条件也越来越好，工业社会的不断进步已经不像以往有众多的劳动机会，因此劳动独有的魅力，比如打造和磨炼意志品质的特性，在逐渐消失。

（二）劳动教育在高校学生工作开展中的现状

劳动教育需要敢于突破，打破常规，在原来的基础上做得更好、更全面。高校推动劳动教育，可以借鉴基层治理，党建引领的理念，由高校辅导员带动学生党员在课余时间进行劳动教育的宣传和实践，通过以点带面的形式，发挥学生党员发挥先锋模范带头作用，在学生群体中养成勤劳的良好习惯，培养劳动光荣的氛围；可以组织志愿活动，让学生以劳动的形式服务校园，并在此过程中磨炼美好的品德，培育大家不怕苦、不怕累的精神，培育更符合时代要求，更全面的人才；可以开展寒暑假社会实践活动，号召全体学生在寒暑假期间主动参与劳动实践，增加劳动知识、技能等。

三、劳动教育活动案例

为了落实习近平总书记的重要讲话精神、加强对大学生的德智体美劳的全面培养，广州大学物理与材料科学学院学工团队组织学生开展"学生党员做表率，争先锋，树形象，宿舍卫生治理行动"为主题的宿舍卫生清洁行动，以期通过劳动实践与思政教育的协同进行全面育人。

（一）活动方案

本次活动为期3天，以学生党员为主要参与主体，学院邀请病毒预防的专业人员进行指导，让学生党员在课余时间进入学生宿舍开展卫生清洁、卫生知识宣传、宿舍内务检查等活动，旨在通过学生党员的先锋模范带头作用，带动同学们在宿舍内养成勤打扫、讲卫生的良好习惯，培养不怕苦、不怕累的高尚品质。

（二）活动过程

活动第一天，学生党员在学院领导和教师的带领下，来到B22宿舍楼的"五室一站"，参与楼栋垃圾分类的培训会，该培训会由"五室一站"和"青协"的工作人员进行垃圾分类知识的宣传。会上，工作人员首先介绍了生活垃圾成为城市治理一大难题的现状，举例广州大学一天的生活垃圾就超过广州大学城给的垃圾处理配额的实际例子。其次，工作人员介绍了广州大学依托于"互联网+"新技术，引进的垃圾智能分类系统。投放垃圾时，同学们要先进行垃圾分类，再通过刷校园卡的方式在对应的垃圾箱里进行投放，每完成一次垃圾分类，就能获得相应的积分，而这些积分可以在校园内的绿岛便利店内使用，兑换相应的商品。这个系统通过"劳动+激励"的制度，让同学们在主动、积极进行垃圾分类的过程中形成垃圾分类的意识和习惯，同时还能影响周边的群体主动进行垃圾分类，契合了习近平总书记在教育大会中提到的德智体美劳全面发展的理念。会后，在工作人员的协助下，学院领导、教师和同学体验了垃圾智能分类系统，了解了该系统的运作方式。

活动第二天，在物理与材料科学学院领导和教师的带领下，学生党员开展了以"学生党员'亮身份、做表率、树形象'宿舍环境整治统一行动"为主题的卫生打扫活动，本次活动的范围集中在宿舍楼，主要在宿舍外部进行卫生打扫，并对同学们进行相关的卫生知识宣传。学院的领导和教师与学生党员一起进行卫生打扫，包括清除绿化丛中一些难以察觉到的垃圾、擦净宿舍门口的栏杆、清理卫生死角和积水、污水。

在活动进行的过程中，还有一些寝室内的同学主动加入到打扫的队伍当中，与教师和同学们进行交流，他们在了解到本次活动的意义后，纷纷表示自己将会在以后的生活中更加注意寝室和整个宿舍楼的卫生情况，做好互相监督的工作，共同创建良好的生活环境。该活动结束后，学生党员同学在用实践行动带动他人、影响他人的基础上，进一步在"五室一站"的活动室内对 B22 宿舍楼居住的同学们进行了流感、诺如病毒和登革热的预防知识宣传。俗话说"隔行如隔山"，物理与材料科学学院的学生党员虽然对于这些方面的知识储备并不丰富，但是为了顺利完成这项工作，他们在前期利用课余时间进行了大量的阅读，并咨询了相关的专家，力图做好本次的宣传工作，在这个过程中得到了信息检索能力和跨学科学习能力提升的锻炼。本次活动的参与者都受益匪浅，B22 宿舍楼的同学更是表示本次活动不仅使自己能了解到相关疾病的预防知识，还能向亲朋好友们宣传。

活动的第三天则是开展以"学习雷锋精神，争创文明宿舍——直击 B22'五室一站'春季学生宿舍卫生大扫除活动"为主题的宿舍内务检查工作。通过前两天的活动，B22 宿舍楼的同学们都已经开始重视宿舍内务的卫生，并主动对寝室的内外进行打扫。在学院领导和教师的带领下，党员同学进入 B22 宿舍楼的学生寝室中，共同进行了宿舍内务的检查，并与部分寝室的同学进行了交流，给出了关于宿舍打扫的建议，其中部分党员同学还主动帮助一些寝室的同学们进行垃圾的清理。参与活动的师生在宣传垃圾分类、病毒预防知识之余，还向同学们介绍了本次活动的核心精神，即想要实现全面自由的发展，首先不仅离不开专业知识的学习，而且还要进行身体的锻炼，让身体和心灵"都在路上"。其次，在进行主观改造的同时，还要做到对客观环境的优化，例如定时清扫宿舍，先做到"自扫门前雪"，然后再以此为出发点，推动整体宿舍环境的提升。部分在 B22 宿舍楼居住的同学在了解到本次活动是以学生党员为主体时，表示为这些学生党员感到骄傲，也激发了他们积极向党组织靠拢的热情。

（三）活动效果

此次学生党支部围绕"爱劳动，讲卫生"的主题，以学生党员服务同学的形式，组织的系列活动取得实效，积极响应了习近平总书记在全国教育大会上提出的培育青年"德智体美劳全面发展"的重要论述，为高质量贯彻落实开展学生管理工作和打造服务型党支部提供了坚强保证。

同时，学生党员在走进宿舍进行劳动的过程中，以实际行动体现了党员的价值追求，树立了党员同学在学生群体中的先进性形象，并能够进一步带动其他同学做到崇尚劳动、尊重劳动，懂得劳动最光荣、劳动最崇高、劳动最伟大、劳动最美丽的道理。

（四）活动经验及其反思

在重要论述中，关于培育青年的要求从"德、智、体"发展到培育"德、智、体、美"全面发展的社会主义建设者和接班人，这反映了社会主义现代化建设实践中，对"人"提出的要求是动态的、发展的。学院希望以本次活动为契机，积累活动中取得的成功经验，补足当前学生教育和管理工作中存在的短板，进而对未来在思想以及行动上的工作提出更高的要求和目标。

回顾本次的活动，总结出以下两点认识。

第一，活动质量高，但影响范围小。本次活动主要由物理与材料科学学院党委主持，带领学生党支部的学生党员进入宿舍进行卫生知识宣传和卫生清理，活动成效良好。但其影响范围仅限于 B22 楼栋，并未在学校内起到示范效果，同时参与本次活动的同学较少，并没有在本学院获得足够的关注。

第二，活动效果好，但形式创新少。本次活动不仅令 B22 楼栋的面貌焕然一新，而且通过同学们的卫生知识宣传，在本楼栋内形成了爱清洁、讲卫生的良好氛围。但本次活动的形式仅限于传统的卫生清洁实践和卫生知识宣传，而这种形式容易引起群众的审美疲劳，并且不具有持续性和稳定性的特点。

针对这两点认识，学院明确了本次活动开展的成功与不足之处，在将来的工作中将取长补短，考虑将入党积极分子和部分优秀团员吸纳到活动队伍中，并且联合其他学院，这样既可以对这些同学进行培养，也可以扩大活动的影响范围，提升活动的品牌力和影响力。同时，考虑在活动形式上进行创新，例如举办知识竞答、宿舍卫生评比、摄影展等丰富多样的活动，整合资源，形成规模效应，实现活动形式的创新。

我党已经将人才全面培养提升到了国家战略发展的高度，这意味着人才培养也进入了关键的转型时期，通过党建引领，大力推动劳动教育，建设服务型党支部将是未来一段时间内物理与材料科学学院面对新时期要求的响应。

学生党支部党员责任意识和担当能力的提升
——以打造学生党支部工作团队开展实践活动为例

周世慧

习近平总书记在学习贯彻党的十九大精神研讨班上提出"五个过硬",其中包含了责任过硬、能力过硬两方面。虽然"五个过硬"主要针对的是"关键少数"。但高校学生党员作为中国共产党具有活力、勇于创新的有生力量,加强其责任担当教育既是实现党的奋斗目标和中国特色社会主义共同理想的需要,是巩固党的执政地位的需要;也是高校思想政治教育工作的重要任务。在高校基层党支部打造新常态下的学生党员工作团队,是对基层党支部建设的高度重视,是践行"五个过硬"要求的具体方式,也是对加强支部建设实践模式的探索。在高校,要培养学生党员的责任感和担当力,理论和实践就需要紧密结合。对于高校学生党员,除加强理论教育学习外,还要高度重视实践的作用,更要将理论学习贯穿于实践活动中。创新学生党员团队的实践活动形式和内容,在实践活动中,充分激发学生党员的责任意识、提高担当能力。

一、要解决的问题

(一)思想意识层面:亟待改善学生党员责任意识较为淡薄的现象

本案例中学生党员存在功利性较强、责任担当意识较为淡薄的现象,但他们同时也是学院基层党支部中充满活力、生机勃勃的有生力量。因此,需进一步培养学生党员对同学,对学院,对学校发展、进步所承担的职责和使命。在思想意识方面对其进行引导,搭建实践活动的平台,促使他们在实践活动中形成勇于承担责任的意识,成为学院学生中的"排头兵",充分发挥先锋模范作用。

（二）实践操作方面：创新实践活动，转变学生党员教育、培养的方式方法

学生党员队伍存在松散的情况。学生党员分散在各年级，或者同年级各班级，要将他们凝聚起来需要下很大工夫。同时，传统模式的组织生活缺乏活力，学生党员参与的热情还不足。因此，本案例中学生党支部通过现有的党日活动、日常学习制度、会议制度、组织生活制度来培养学生党员的责任意识、担当能力，作用是相对有限的。因此，要从实际情况出发，除常规的教育培养模式外，还可通过打造"工作团队"来促进、激发学生党员在实践活动体验中形成责任意识；在持续的工作中不断磨炼，提高能力。

二、预期目标

（一）打造优秀的党支部工作团队

将学院基层学生党支部打造出多个固定的工作团体，加强党支部对党员的日常管理，推进工作队伍的建设，在具体的各项实践工作中服务于学院师生，能够充分发挥学生党员的先进性。

（二）党支部各团队学生党员都能树立高度的责任感、荣誉感

促使每一名学生党员都能树立对自己负责，对支部负责，对学院负责，对学校负责，对社会负责的高度的责任意识。在各工作团队的常态化实践活动中，能不断将责任意识转化为工作的动力。

（三）结合学院实际情况，搭建有效实践平台，培养政治过硬、能力够高的学生党员

在工作团队的实践活动中，创新、搭建工作平台，激发学生党员创新能力，提高其领导能力、管理能力、组织能力，从而使得学院学生党员在有责任意识的同时，具备并不断提高承担责任的能力。

三、工作的过程和方法

（一）方法设计

根据《中国共产党支部工作条例（试行）》以及近年对党支部建设所提出的要求，高校学生党支部必须深刻理解习近平总书记提出的"五个过硬"的内涵。高校学生党支部作为基层党支部既要弘扬"支部建在连上"的光荣传统，又要体现基层创造的新

做法、新经验。因此，针对本案例中学生党员责任意识较为淡薄，担当能力较为缺乏的情况，需要我们开拓新的方式、方法。

（1）严格按照《中国共产党支部工作条例（试行）》中"党支部的基本任务"内容来展开学院打造"新常态下学生党支部工作团队"的工作。

（2）以习近平总书记所提出的"五个过硬"中"责任过硬""能力过硬"的具体内容作为培养高校学生党员工作团队的目标。

（3）在培养学生责任意识、提高担当能力的过程中，开展团队建设，高度重视党支部"团队建设"工作的重要意义。成立党支部工作团队，通过团队成员的互相督促、互相帮助，通过团队成员走入学院实际工作、走入学院全体学生中，来实现团队成员责任意识、担当能力的同步培养。

（4）党支部成立的"党员团队"不是简单意义上的分小组，而是成立"工作团队"，重点、落脚点都在于"实践"二字。要求团队党员齐心协力为共同的目标去进行不断的实践，并在持续的固定的实践活动中实现"责任感"的丰富、饱满，以及"能力素养"的强化、"担当能力"的提升。

（二）工作过程

为了充分发挥党员的先锋模范作用、示范作用，切实提高党员的责任意识和担当能力。我们越发重视党支部"团队建设"的重要性，并高度重视党员团队的实践活动。如何在党支部内更好地建设团队并积极参与到实践工作中，让学生党员通过实践去感知责任和能力的深刻含义，就必须要找到好的契合点。

在实践活动中培养学生党员的责任意识和担当能力，第一步就是要将党支部的"工作团队"成立起来。第二步工作团队成立后就得有明确的工作内容、工作目标、工作考核等。如何让工作团队能够在实践活动中将责任感提升、工作能力提升，就是工作的第三步，这一步的关键是要找到工作团队能落到实处的实践活动。经过反复的琢磨与推敲，学院学生党总支书记带领学生党支部寻找到了方向：将学生党员团队工作与《中国共产党支部工作条例（试行）》中党支部的基本任务以及学院的各项日常工作三者进行有机的结合，大大提高学生党员对学院工作的参与度，从中培养出学生党员对学院师生、对学院发展的责任意识，同时也在实践的锤炼中提高担当能力。具体内容如下。

1. 设计团队名称、制定团队工作内容

找准《中国共产党支部工作条例（试行）》中党支部的基本任务与学院日常实际工作的契合点，将党支部工作团队分为五个，制定团队工作内容，找准工作意义。

（1）"五室一站"党建办公团队——《中国共产党支部工作条例（试行）》规定党支部首要的基本任务是宣传和贯彻落实党的理论和路线方针政策，宣传和执行党中央、上级党组织及本党支部的决议。组织党员学习党的基本知识，学习科学、文化、法律和业务知识。将上述任务和学院"五室一站"工作开展相结合，工作内容为："五室一站"党建办公团队在宿舍楼栋里开展工作，开展日常值班以及组织每周的"五室一站"党建活动，如：党章学习活动、党的理论知识学习活动、党日知识竞赛、视频学习活动、手抄党章活动等。这不仅加强了对党员理论学习教育的力度，提升了全体党员的凝聚力，同时也对团队党员的组织能力进行了锻炼。

（2）党务办公团队——《中国共产党支部工作条例（试行）》中规定党支部对党员进行教育、管理、监督和服务。针对此任务，将其与学院党务办公工作相结合。工作内容为：毕业生相关党籍资料排查工作；党籍材料整理、核查、管理工作；入党咨询工作及党费收缴工作等。这类实践工作大大促进了团队党员开拓创新的能力，也培养了工作团队对党员负责、对党支部负责的意识。

（3）党日活动工作团队——结合《中国共产党支部工作条例（试行）》所规定的工作任务与学院主题党日活动工作相结合。工作内容为：充分地将党员培养目标与专业特色相结合，每学期定期组织特色学术活动，以党员为主体，负责活动的策划、宣传、组织，以提高团队成员策划能力、组织能力以及增强专业知识水平。

（4）学院评估办公团队——党支部基本任务中提到：充分发挥党员先锋模范作用，团结组织群众，努力完成本地区、本部门、本单位所担负的任务。将此任务与学院评估工作有机结合。工作内容为：召集、组织志愿者，根据迎评办公室的各项工作需求分配学生党员及志愿者进办公室，协助各办公室教师开展各项评估准备工作，服务学院。增强了学生党员与学院共荣辱的情怀，培养了学生党员为学院发展尽力量的责任意识。

（5）疫情常态化防控工作团队——结合新情况与工作实际，突出重点工作中学生党员的作用发挥。工作内容为：协助各年级辅导员开展疫情常态化防控相关工作。如：督促同学们每天的健康打卡，协助相关的排查工作及数据统计工作等。

2. 各团队成员组成较为科学合理，形成规范化的团队工作

根据学生党员不同的性别、年级、专业以及学习时间进行团队建立。按照男女相对均衡、高低年级有所搭配、各个专业互相融合、不同学习时间进行互补等原则将全体学生党员分配到五个工作团队中。建立持之以恒的固定化值班服务工作制度，并严格按照工作内容持续开展工作。同时，根据高校学生党支部党员具有流动性这一特点，新发展党员和毕业党员离校这两种情况，团队成员每年会根据党员的实际情况进行一次微调。

3. 严格党支部工作团队学生党员的考核工作

学期末，对学生党员工作情况进行考核，分为自我考核、工作团队内部评议、相关指导教师给予评价。三者结合进行考核等级确定。对于考核优秀的党员给予综合测评的加分，对于考核不合格的党员要配备优秀党员进行"一对一"帮扶。

4. 在工作较为繁重的时候，党支部工作团队充分起到带头、宣传、组织作用

在工作需要和活动需要时，党支部各工作团队充分发挥模范带头作用，召集入党积极分子或者是面向全院学生进行志愿者招募，开展具体工作。

5. 五个工作团队展开具体实践活动

（1）"五室一站"党建办公团队以党建进公寓为抓手，构建宿舍党建工作新模式，充分运用新媒体技术，探索智慧型学生社区建设模式。

"五室一站"党建办公团队围绕党建工作这一核心，秉持"党建文化涵养学生"理念，搭建"五室一站"党建工作特色品牌活动体系。在持续的实践探索中，已经形成了5大党建主题特色活动："党史＋"学习教育活动、学习强国微课堂、"经典百书"系列活动、新时代青年演讲比赛、手绘党史等。为了能打造更智慧的学生社区，团队充分打造新媒体平台，大力建设公众号，利用微信群更便捷地进行学生管理和服务；利用微信小程序进行意见收集、数据采集、活动投票等。

（2）"党务办公团队"严格学院党籍材料管理、党员培训工作，提高管理能力。

首先，严格执行党籍材料查阅登记制度，实行专人专柜有序化管理。其次，建立党员党籍电子信息档案，便于材料查阅与跟踪教育。最后，举行党籍材料管理工作培训，培养"懂材料，会管理"的青年党员。

（3）党日活动工作团队充分结合专业特色开展一系列主题党日活动。

该团队致力于打造具有建筑学院特色的党日活动。充分将"党日活动＋专业"的理念进行深化。近年来，策划了"党群合力，以评促建——理北五楼天台花园设计竞赛"，将设计作品转化为实体，美化理北环境；策划、组织了"行政东西楼微空间改造比赛"，竞赛设计作品被其他学院在进行办公环境改造时用于借鉴；策划我爱我"家"，美化我"家"联动工程，在理北教学楼已经初步形成供同学们学习、讨论的微空间6个，完成了2个微空间的环境美化提升；策划了"手绘党史，足丈故乡"主题活动，共收集作品200余幅，近20幅收纳入学校红色长廊设计之中，80余幅优秀作品参与了线下主题展览，红色精神和文化得到了更为有效的宣传和继承。

（4）学院评估办公团队全面参与学院各专业本科和研究生评估工作。

在每次专业评估、教学工作审核评估工作或学科评估中，学院评估办公团队召集志愿者，成立多个值班小组，每个小组都由党员作为组长。进入到各行政办公室以及各系教师办公室，协助教师开展各项评估准备工作。为学院每次评估的顺利开展献出一分力量。

（5）疫情常态化防控专项工作团队。

自疫情常态化防控开始以来，党支部就迅速成立了专项工作团队，分为6个小组参与到各年级的疫情防控工作管理中。每日健康打卡的督促和提醒、相关台账数据的收集、学生行程的排查等。做到了快速反应、落实到位，极大地支持了辅导员工作，提升了相关工作的及时性与精准性。

四、工作成效及反思

（一）工作成效

（1）党支部打造出五支工作团队，持续开展工作，在工作实践活动中，党支部工作团队不仅提高了自身的管理能力，更在发动学院全体学生参与工作的过程中，提高了组织、领导能力及业务工作能力。

（2）党支部工作团队广泛参与到学院工作实践活动中，学生党员对学院实际工作更加了解，并将他们融入学院不断发展的事业中，促使学生党员对学院发展、学校发展承担的责任更加明确、清晰。

（3）在长期实践工作的开展过程中，充分发挥了党员先锋模范作用，在学生中间起到了正面示范作用。不仅提高了党员自身的责任意识和担当能力，也促使了全体学生树立爱校、荣校的意识。

（4）党支部工作团队积极参与到学院工作同时更从实处贯彻了《中国共产党支部工作条例（试行）》精神。加深了党支部党员对"条例"的深刻理解。

（二）工作反思

（1）本案例中设立的党支部工作团队仅有五支，在涉及面上还不够广泛，工作团队还应该更多样化，增加学生党员更多的实践参与机会。

（2）本案例中党支部工作团队的影响力还应进一步扩大，形成良好的效应。不仅仅限于学院、学校范围内，还应通过校外的社会志愿服务工作增强影响和示范效应。

（3）在学生党支部工作团队的实践活动开展中，需要进一步着力打造特色、创新方法、形成精品。

"小园桃李东风后，却看杨花自在飞"
——用心用情助力一位"想退学"新生的自我成长

李 琨　孙大伟

一、案例概述

学生C，女，2021年9月入学，C同学通过班级导生联系辅导员，向辅导员表明关于退学复读的想法。通过简短的交流，辅导员基本掌握了学生提出退学复读的原因。该生自述家庭经济条件一般，父母离异，与父母关系紧张，高中期间曾确诊为中度抑郁，自我效能感低。初入大学，由于对其所就读专业认可度不高，自身对本专业的人才培养计划、就业前景等都不了解，执着于毕业后从事心仪的新媒体专业，认为自己努力也拿不到奖学金，因此学业上也很迷茫、学习状态差。同时该生缺乏足够的社会支持力量和经济物质支持，常因无法达到自己预期的目标而产生自卑心理，疫情期间多次提出想外出兼职的想法。

二、案例分析与处理过程

（一）问题本质

一是当代大学生的思维方式、心理状态、生活习惯等发生了巨大变化。其面对疫情形势缺少正确抵御、有效疏解思绪的方式方法，缺少应对困难、分辨是非的心理建设和手段。二是各种思想文化观念和价值取向呈现出前所未有的相互交织、相互激荡之势，同时大学生，特别是大一新生的认知水平仍处于发展阶段，对自我以及职业世界无法做出准确的评价，这与疫情冲击经济而造成的物质匮乏感有关，这迫使年轻人更加重视生存保障，也折射出物质主义和后物质主义在年轻人中的糅合与矛盾。

该生对自身认知的不足既是来源于"放养式"家庭的环境，也是由于成长过程经历了新媒体技术快速发展时期，新冠肺炎疫情的影响，同时自身目前正处于个人成长的"拔节孕穗期"，学习方法、生活环境发生了过渡性的变化，职业生涯规划及择业就业观也受到了一定程度的冲击且有待健全。此案例反映了中学时期曾确诊心理问题的大一新生，在经历高考初入大学后，面对新环境而引发的自我认知、学业问题、生涯规划，以及家庭因素和个人经济状况等问题在后疫情时代大环境下的纷繁交织和集中爆发，根源在于学生的自我认知偏差和极端处理问题的心理状态。

（二）关键思路和实施方法

本案例基于马克思主义基本原理解析问题，从内外因的辩证关系看，内因大于外因，学生的主观能动性是解决问题的关键钥匙。基于马克思职业选择观，找准四个关键点开展精准施策和用心用情应对。关键点一：在确保学生安全的前提下，如何让学生也找到认同感和安全感，及时发现学生需求和求助表征，在关键时刻及时给予答疑和回应，避免极端处理问题。关键点二：结合工作方法，全面梳理学生问题，如何改变学生对于大学生活、所学专业的看法，稳定学生情绪状态，与学生自我认知、生涯规划等方面产生共鸣。关键点三：在全员育人、家校联动的基础上，如何与家长沟通，与学生朋辈合作，关注学生心理动态和生活状态，形成全面持续有效的关心关怀信息源和学生成长动力源。关键点四：如何形成新生教育长效机制，用心用情关心应对大一新生在自我认知、环境适应、解决问题方法等方面的同类问题。

1. 聚焦强化"危机意识"，学生安全有保障

第一时间联系学生，安抚学生的情绪，确保学生安全。一是全面研判学生综合情况，根据研判结果制定相应的保护方案，保证学生人身安全，在学生安全稳定的状态下开展工作，并及时将最新情况向领导汇报。二是成立临时安全小组，确保有专人及时跟进学生实时状态并及时汇报给辅导员，避免学生用退学来解决问题的想法演变成为突发安全事件。

2. 聚焦深入"查摆沟通"，思想引领有共鸣

一是通过"一生一台账"系统，了解学生家庭及学习背景等基础情况，分析影响学生行为的客观外部因素，基于马克思主义原理，分清主要矛盾与次要矛盾，分析该大一新生的自我认知、心理状态与该生的家庭环境、经济条件等相互影响造成其想退学的思想动态，全面分析，换位思考，为进一步深入问题创造条件。

二是通过一对一深入沟通，了解学生本人主观想法，结合学生实际，通过谈心谈话，一方面肯定学生的想法，引发共鸣，并初步引导学生深入思考和分析退学复读的利与弊，摆事实讲道理，积极宣传学校关于勤工助学、转专业的相关政策，明确学生当下的主要任务是按要求完成学业，帮助其制定相应的学习计划；另一方面逐渐引导

学生建立正确的人生观、价值观，正确认识自身的优势，及时在谈心谈话中给予学生适当的鼓励，适当排解学生心中的不良情绪，提供一系列积极的心理自调的方式方法，帮助学生拾回对生活的信心。此外，还要反复与学生家长、朋辈、同班同学多方联系沟通，掌握更加全面的信息源。

3. 聚焦加强"多方联动"，全员育人有力量

一是建立联动机制。对于不良情绪不定期爆发的学生，其自身容易被经历过的相关事情而影响，从而联想到自己，由此产生过激的行为。因而建立"辅导员—导生朋辈—班干部—宿舍"与"家长—学校"的联动机制极为重要，充分发挥舍友和学生干部的作用，了解学生日常情况，排查是否存在其他影响因素。同时密切关注了解该生的动向，日常生活中开展有意识地引导、关心和帮助，主动谈话交流、一起参加活动，创造温暖的班集体氛围。其间如发现异常，及时向辅导员汇报，辅导员教师及时将了解的情况反馈给上级分管领导与家长。

二是协同做好保密工作。在安抚好小C的情绪后，将与案例相关的导生朋辈、舍友与班干部召集开会，强调要将相关知情的信息保密，切勿外露。

三是与学校心理中心教师做好沟通和反馈，向心理教师详细说明本次突发事件的原因，以便更好地对该生进行心理上的疏导。

4. 聚焦立足"实际需求"，解决问题有实效

一是缓解学生经济困难，让其安心学习。考虑到学生家庭情况，要拓展经济来源，根据学校相关制度，结合学生实际情况，向学生介绍学校经济困难的认定、临时困难补助、勤工助学岗位等相关政策，协助学生申请办理相关帮扶手续，努力争取相关勤工助学岗位，缓解学生生活压力，维持日常生活。

二是帮扶学生学业困难，开展必要的生涯规划指导。针对小C同学的学业困难问题，以及未来迷茫等情况，联系班内的班委，对其进行专业帮扶，介绍其他行之有效的学习方法，及时和班主任、任课教师联系，共同帮助小C同学确定短期的学业规划，督促其完成学习任务。同时鼓励小C积极关注和参与学院团学、校友会中有关生涯规划和就业指导的活动与讲座。

三是关心学生心理需求。根据"早发现早治疗"的原则，及时提供心理辅导和就诊指引。结合小C作为一名大一新生，当前阶段心理波动大，自我认识不足，容易做出极端决定的现状，提供有效的心理支持和成长助力，从而消除焦虑和极端决定，减少压力和波动情绪，从而获得良好的学习和人际关系状态。

5. 聚焦确保"持续跟进"，长效机制有反馈

新生开学以后，经常在查课、查寝以及日常工作汇报交流时，与学生谈心谈话，话题内容多样化，营造亦师亦友的沟通氛围，对学生的学习和生活进行细致入微的关怀，了解学生的日常所需，帮助学生解决学习生活中遇到的困难，解答心中的困惑和迷茫，为学生提供力所能及的帮助和支持。

三、工作成效

（1）学生焦虑逐渐减少，逐步适应校园生活，能集中精力正常进行学习与实践，与同学、室友基本保持良好的人际关系。

（2）学生能够遵守学校疫情防控、早读及晚自习等相关制度，能够基本合理安排日常学习和娱乐时间，做好短期学习计划，有了转专业目标，并通过自身刻苦努力和全员育人助力，在期末考试获得专业前10%的好成绩的情况下，顺利转至心仪的专业。

（3）经济方面基本能维持正常的生活开支，同时养成了勤俭节约的好习惯。

四、思考与启示

（一）因事而化，及时排查，发现危机。关注特殊群体，精细化开展工作

学院和辅导员要利用好新生入学教育和新生心理普查等重要时机提前排查抢占先机。新生心理普查是一种科学的尽早发现学生心理问题的有效手段，有助于有针对性地开展心理工作，进行帮扶和干预，必要时借助学校心理咨询中心和校外权威精神卫生机构专业力量开展咨询诊疗。

（二）因时而进，由点到面，加强新生专业认同感

坚持个性与普遍性教育相结合，结合学生专业特点，通过专业导论课、朋辈引领分享计划座谈等形式，让学生了解、认可、服务于本专业建设工作。

（三）因势而新，充分促进新媒体与传统思政教育的高度融合

促进学生提升自我认知能力和解决实际问题的能力，利用学生喜闻乐见的方式普及心理、择业、学习等方面的知识，结合学生自身需求、生涯规划和未来发展方向给予支持和鼓励，助力学生找准方向，科学规划，成长成才。

参考文献

［1］刘春晓. 疫情时代大学生心理状态新变化与应对［J］. 河北职业教育，2021（4）：72-74.

［2］周扣娟，罗印升. 马克思择业观对大学生就业价值取向的启示［J］. 高校辅导员学刊，2019（11）：56-60.

三红育人，两线铸魂
——广州大学人文学院"三红两线入心"工程促岭南青年红色文化育人的案例分析[①]

陈楚敏

一、案例简介

"要教育引导全党大力发扬红色传统、传承红色基因，赓续共产党人精神血脉。"在党史学习教育动员大会中，习近平总书记强调了传承红色基因，弘扬红色先进文化的重要性。正逢中国共产党百年华诞，红色文化宣传正当其时。在网络新媒体蓬勃发展的时代下，借力云端平台扩大宣传广度成了红色文化宣传的发展契机。而在当今疫情常态化、线下实践活动受限的背景下，如何另辟蹊径，实现红色文化建设宣传的新突破，是党与时代交给我们的全新考验。

红心向党淬思想，与时俱进拓新径。在新时期、新挑战下，人文学院党建宣传学生工作开创建设了"三红两线"红色宣传新案例。以红色先锋采访队、羊城红色基地、红色宣传公众号三者有机联结，在线上宣传、线下落实两端并举，使红色文化宣传深入人心，为时代的出题提交属于我们的新答卷。

二、需解决的主要问题

（1）后疫情时代，如何在疫情防控工作允许的前提下开展丰富多样的红色文化实

---

① 参与本次案例撰写的成员还有：黄楚莹、许小榕、叶诺琦、何丽红、洪大宋。

践活动,把党的思想深入到群众中去,入脑入心。

(2)如何充分借力"互联网+党建"思维,利用好"两微一端"等新媒体技术,实现红色文化宣传深度、广度的新突破。

三、案例介绍与实施过程

文化是民族生存和发展的重要力量,是一个国家和民族的灵魂,更是凝聚民族精神的纽带。习近平总书记强调:"一个国家、一个民族不能没有灵魂。"红色优秀文化担负着培根铸魂的重要作用。现今,我们比历史上任何时期都更接近中华民族伟大复兴的目标,更需挖掘且善于发挥文化的深厚力量。由此,人文学院秉承着时代使命努力开创"三红两线入心"新模式(见图1)——红色先锋采访队、羊城红色基地、红色宣传公众号三结合,线上线下齐联动,红色文化浸人心。"线上+线下"齐发力的灵活方式,是开展红色教育的重要表现形式,从面对面到屏对屏,从实体实践延伸到虚拟对话,学院矢志创新,将红色文化资源展现在"眼前"、配送到"指尖"、传播到"耳边"。

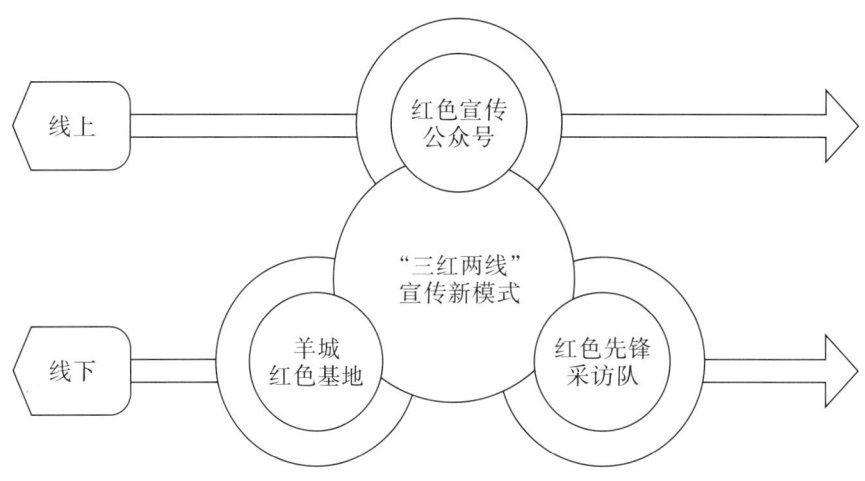

图1 "三红两线"宣传模式图

(一)红锋分队:齐带头,红色热在线上下

精心打造红风雅苑,红色育人提质增效。学院以红风雅苑为红色学习教育微阵地,培育"红色讲堂——红心向党,文德育人"。打造面对面交流沙龙,让学生与优秀学生、党员进行对话交流与经验分享,形成"1对N"的创新学习模式(见图2),使广大师生在看、听、说、思、议、悟、行中受到熏陶和浸润。

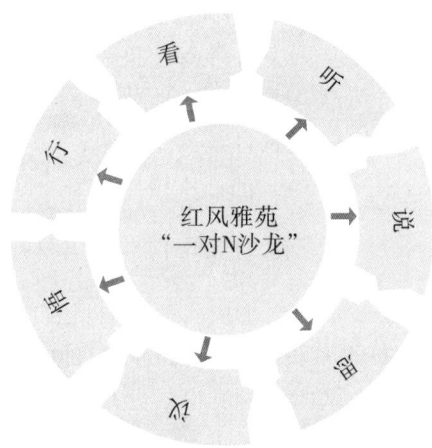

图 2　红风雅苑"一对 N 沙龙"模式图

在朋辈力量的助力下（见图 3），台下的同学们深受触动，交流结束后有同学继续询问，深入学习。这种方式不仅能让红色动人故事为更多人所知晓，而且能够带动更多人加入到红色讲堂队伍中来。通过开展行之有效的分享交流，新旧党员的认识水平得到了有效提高。同时，有经验的党员与新生党员结成对子，一同将红色文化学进脑，化入心。如此一来既有红色文化的熏陶，也注重为新生党员搭建成长平台，从而为整个学院红色队伍注入源头活水。

图 3　红风雅苑沙龙分享现场图

用心搭建红锋"云"台，红色教育提味增鲜。在互联网时代浪潮的冲击下，线上宣传方式正逐步成为红色文化宣传的主流方向。这既是机遇，亦是挑战。传统的线下宣传方式在如今已经难以满足红色教育与宣传的需要，如传统课堂、参观活动皆受困于线下宣传范围的限制性与传播的封闭性；同时目前正处于疫情防控关键期，线下活动的开展有所限制。为此，学院搭建了红锋"云"台，力求做到"红色文化云传承"与"优秀榜样云学习"并行。以线上会议、直播等为载体，构建"理论导学、网络助学、人物促学"三位一体模块化红色文化教育课程体系（见图 4），搭建"人文之星、两优一先"两大栏目,开展线上采访交流学习模式(见图5)。

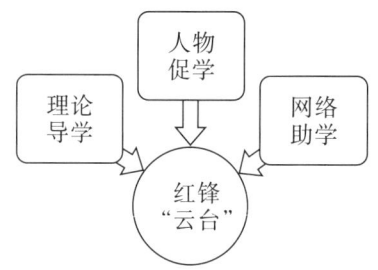

图4 三位一体模块化红色文化教育课程体系示例图

(a) 人文之星栏目

(b) 两优一先栏目

图5 党建编辑组——红锋队线上采访推文成果展示

(二)"红羊基地":双线共振扬红色基因

习近平总书记在《用好红色资源、赓续红色血脉,努力创造无愧于历史和人民的新业绩》文章中强调:"红色资源是我们党艰辛而辉煌奋斗历程的见证,是最宝贵的精神财富。"因此,为了更好地挖掘利用身边的红色文化资源,学院党委结合每月的节日特色,选取了相应的广州红色基地,利用线上"云"介绍和线下实感悟的形式,在线上带领同学们走近红色基地,线下让同学们通过红色活动实践感悟其中的红色精神。线上线下同频共振,让红色文化可知可感、可亲可近,以"红羊基地"为中心,守护文化根脉,激活红色文化,弘扬红色基因,培育红色少年。

因疫情防控要求,线下活动的开展有所限制。所以学院党委利用线上宣传的端口,从2021年9月份开始,结合每月的节日,选取了与其相匹配的广州红色基地,用图文的形式带领大家"云"游"红羊基地"(见图6)。截至目前,学院党委已经线上推送了两期推文。九月份我们对接中华传统文化节日——中秋节,为大家"云"介绍了广州艺术博物馆;十月份对接国庆节,带领大家走进广州博物馆和广州市地方志馆,了解我们所在的城市,了解中国近现代革命策源地——古城广州的发展历程,培养学生对广州的热爱之情。十一月份我们对接国际学生节，与大家一起"云"游詹天佑纪念馆、团一大广场，培养视野开阔的青年大学生，明确青年的责任和使命；十二月份我们对接广府地区民众最重要的节气之一——冬至，一起走近广东民间工艺博物馆。通过每月"云"游的模式，让学生在节日氛围中追寻"红羊基地"，守护文化根脉，弘扬红色文化。

(a)

(b)

图 6　羊城红色基地推文

在遵守学校疫情防控要求的情况下，在线上"云"走近的基础上，学院党委组织学生、支部党员实地走进"红羊基地"，在基地中开展红色学习、参与红色活动，使其成为红色学习教育的生动教材和有形阵地。为加强党史学习教育、"四史"宣传教育，学院党委组织学生走进广州市国家档案馆，探寻广州"四史"（见图7），从中汲取精神力量；还走进了广东省方志馆（见图8），让师生们在参观中感受到广东强劲的经济实力、独特的文化韵味和勇立潮头走在前列的城市活力，培育爱国情怀。学院辅导员教师讲述"我眼中的中国精神（六十二）：鲁迅精神"的视频发布在校外公众号（见图9），传播"鲁迅精神"中的精神文化力量；我院学生在2021岭南学术论坛"青少年红色文化教育实践与创新"专题论坛现场朗诵原创诗歌《岭南青年颂党恩》（见图10），师生联动，共同传播红色文化。

图 7　《"档"四史在广州》视频截图

图 8　学院师生参观广东方志馆

图 9　"我眼中的中国精神（六十二）：鲁迅精神"视频截图

图 10　学院学生朗诵原创诗歌《岭南青年颂党恩》

线上"云"游走近,线下"实"感走进,"线上+线下"共振追寻"红羊基地"、扬红色基因、培育红色少年(见图11)。

图 11 双线共振扬红色基因模式图

(三)"红传"宣传号:双线共传浸润校园

创新宣教载体,活化工作内容。红色文化宣教不应局限于纸书流通和口头相传,更需运用新媒体讲好红色故事,赓续共产党人精神血脉。学院党委构建了线上宣传平台——人文学院公众号,以及线下红色精神宣传的载体——红风雅苑、党团活动室。线上线下同频共传红色精神,让红色基因浸润校园。

人文学院公众号设立了四大特色模块:"知党讯,务党建""赏经典、铭历史""晓寰宇、学先锋"及"知时节,涵情怀"(见图12),并在四大模块之下进一步细分栏目,将推文类型精细化。同时将丰富多样的党建、党史知识和红色文化融入四大模块之中,如在"赏经典,铭历史"板块内,各类党史知识、红色文化与音频、图片和视频等新媒体手段相结合,快捷立体地真实再现丰富的党史资料,成为红色文化宣传教育、学生学习的重要端口。

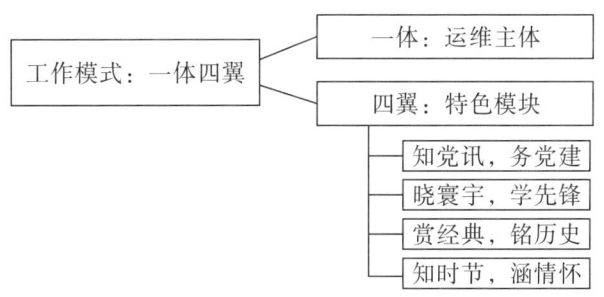

图 12 人文学院公众号工作模式图

在线下,学院党委搭建了红色精神宣传的载体——红风雅苑、党团活动室。"红风雅苑"包含了"风雅是文化代称,红色经典为主题"的内涵。学院党委在此组织开展了"红色讲堂、红色经典阅读沙龙、红色宣讲、书记茶座、党史论坛"等活动,举办红色党建活动、开展党建工作座谈会,发挥教师引领、党员带领、朋辈互促的作用,使得"红风雅苑"成为学院线下红色文化精神宣传的重要载体(见图13)。

(a) (b)

图 13 "红风雅苑"部分活动图

线上先锋红传，线下红风引领，"线上+线下"双线共同宣传弘扬红色文化，传承红色基因，坚持铸魂育人，促进红色精神浸润校园，培养担当民族复兴大任的时代新人，让红色基因入脑入心，让红色文化传承不息。

四、工作成效

（一）稳扎稳打，蓄势待发

学院党委围绕"红心向党，文德育人，培养高质量博雅英才"的工作主线，结合本学院的专业特色，为红锋队制定了周密的工作计划和明确的工作方向。红锋队经过长达半年的筹备、完善及实践，采访了多位优秀党务工作者和优秀学生党员，制作了"两优一先"及"人文之星"两大板块的推文。该系列推文将会通过人文学院公众号定时定量推出，充分发挥先进党员的先锋模范作用，激励全院师生践行初心、担当使命，展开追梦之翅（见图14）。

(a) (b)

图 14 党建红锋队部分采访推文

（二）搭建"互联网+智慧党建",助力党员教育增"智"提速

1. 党员活力进一步激发

通过人文学院公众号,学院党组织活动由线下向线上延伸,活动载体更灵活、活动内容更丰富。公众号建立以来,党支部开展了"抄写经典诗篇,铭记红色精神"（见图15）、"百年初心铸党史,红色精神育人文"、学生党员暑假社会实践活动等73项形式多样的党建活动（见图16、图17）,得到了党员、入党积极分子的积极响应。

图15 "抄写经典诗篇,铭记红色精神"——30天经典诗词抄写活动推文

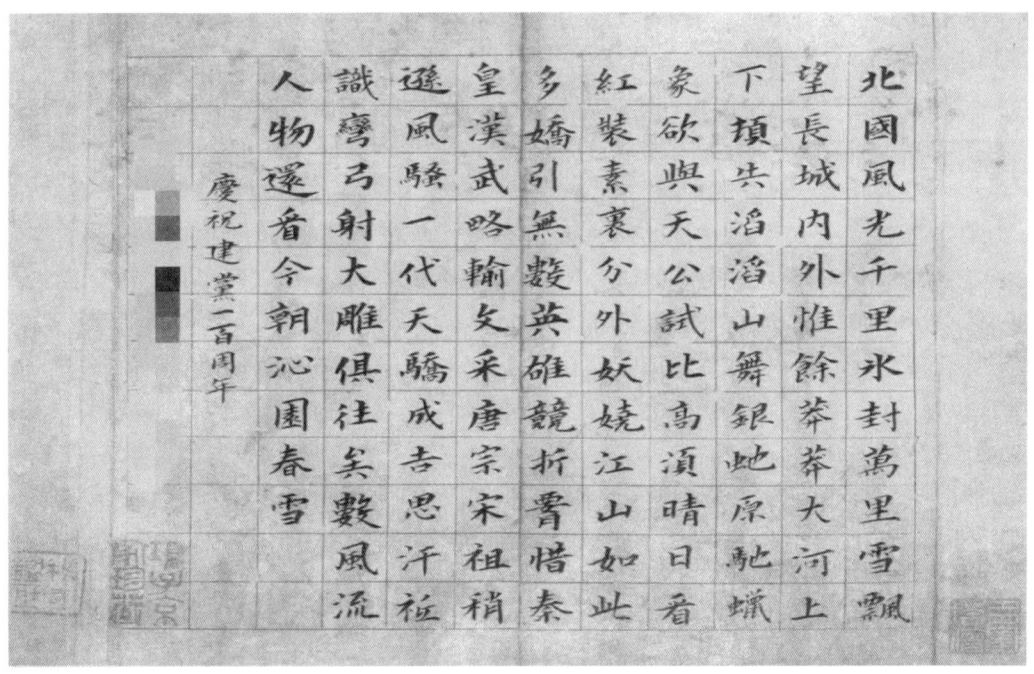

图16 书写红色记忆——红色文艺创作活动优秀作品节选

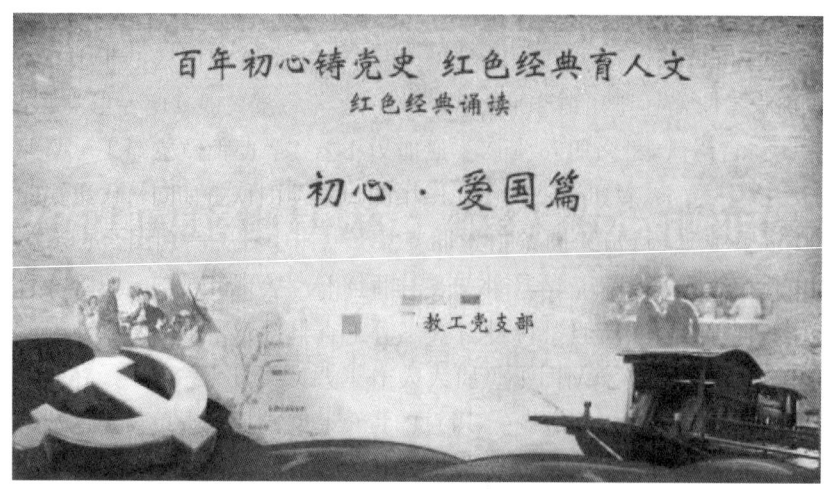

图 17 "红色经典诵读"活动优秀作品

2. 党组织向心力进一步增强

学院党委通过人文学院公众号搭建了面向全体师生全时开放的网络生活阵地，使党建工作更具有吸引力和生命力。公众号自 2017 年建成以来，共发表推文 823 篇，点击量高达 25.472 9 万次，关注人数达 2 110 人，为学院师生源源不断地推送优质的党建工作推文。

3. 党内民主进一步扩大

学院党委将入党申请人名单、发展对象、预备党员等公示内容制作成推文发送至人文学院公众号平台，共发布 131 篇公示推文（见图 18）。同时，在学院公告栏同步张贴纸质版公示材料，线上线下同步公示，使得学院师生民主监督意识得到进一步增强。

图 18 学院部分公示推文

(三) 以点带面，党建引领，红色精神浸润校园

学院党委不断强化政治引领，全面提升学院党建工作质量和水平，牢牢把握意识形态的工作主动权，加强党史学习教育、"四史"宣传教育和开展思政课。学院党委不断创新方式方法，讲好讲活校园思政课，提高思政课育人效果，发挥党员先锋模范作用，并在学院师生中引起了较大的反响。其中，学院师生合作撰写的论文《演讲力兴，红动乡镇——以中小学生红色文化说融入岭南村镇振兴路径探索》及《岭南红色文化资源的开发与青少年教育结合的路径初探》入选2021岭南学术论坛"青少年红色文化教育实践与创新"专题论坛论文集并被评为优秀论文。同时，学院师生积极参与课外竞赛并取得大量佳绩（见表1）。

表1 学院师生积极参与课外竞赛并取得佳绩

序号	作品名称	活动名称	获奖情况
1	"苏区精神，薪火相传"——苏区革命精神对紫金县苏区镇发展的影响调研	第十七届"挑战杯"全国大学生课外学术科技作品竞赛红色专项活动	国赛三等奖
2	"档"四史在广州	广东高校"讲述'四史'，薪火相传"微视频大赛	一等奖
3	韦拔群——拔哥的故事	广州高校"讲述'四史'，薪火相传"微视频大赛	三等奖
4	追寻红色足迹，感悟青年担当——揭阳红色文化和时代新变的调研	第十七届"挑战杯"全国大学生课外学术科技作品竞赛	校赛一等奖
5	脱贫筑梦三河坝，柚种蜜结致富路——梅州大埔脱贫精神对红色文化的传承与发展	第十七届"挑战杯"全国大学生课外学术科技作品竞赛	校赛一等奖
6	秦皇山新貌——革命老区秦皇山调研报告	第十七届"挑战杯"全国大学生课外学术科技作品竞赛	校赛二等奖
7	党建引领振兴路，红旗飘满状元村——探佛山黎涌"状元村"的奋进发展	第十七届"挑战杯"全国大学生课外学术科技作品竞赛	校赛三等奖
8	用爱呼唤	第五届广东高校网络媒体展示节主题原创作品征集	三等奖

（四）红色研学求新知，榜样力量促成长

学院党委大力支持和积极动员全院师生参与活动，贯彻落实家国情怀的人才培养目标，将党史学习教育融入日常，用红色文化凝心铸魂，为学院学生提供追寻红色印记、传承红色基因、厚植爱国主义的锻炼实践平台。学院优秀党员教师身体力行发挥先锋模范作用，带领同学们将专业知识融入红色文化传承活动。学院师生创作的红色微视频《眷》《红色印忆的重温与追寻》分别获广东省教育厅"新时代，新作为——立志·修身·博学·报国"主题教育系列活动二等奖和三等奖；在广东省"传承红色基因，争做时代新人"作品征集大赛中，学院师生拍摄的作品《就义前的童话》和《守望黎明》均荣获一等奖。

五、案例启示与反思

中国共产党的百年奋斗历程，是党和人民共同为中华民族谋复兴的一百年，是中国站起来强起来富起来的一百年。在这漫长又非凡的历史中，中国共产党带领中华儿女共同孕育了祖国的红色文化。激活红色文化，传承红色基因，这是铸魂育人的精神动力，也是新时代新青年肩负的重任。习近平总书记指出："共和国是红色的，不能淡化这个颜色。"学院积极响应党中央的号召，从实际出发，紧跟党的思想政策，开创并推行了"三红两线入心"工程，致力于以新形式新途径新手段的全新面貌促进岭南青年红色文化建设。我们利用"三红"联结效应，让红锋分队、红传宣传号、"红羊基地"三者同频共振，实现"两线"共赢，线上线下齐发力，达到"入心"目标，让红色文化入脑入心。我们全面深入学生群体，捕捉学生文化需求，有力运用网络新媒体平台拉近学生与榜样的距离，实现"红色文化云传承""优秀榜样云学习"，在响应国家疫情防控号召下，扩大覆盖面，加大宣传力度。

（一）紧跟党的思想政策方针，激活红色文化传承密钥

在新形势下，我们紧跟党的思想政策方针，坚定自身理想信念，贯彻执行"永远跟党走"的信仰，做到认真学习领会中央精神，意识到红色文化传承与建设的重要性，真正掌握激活红色基因的密钥。领悟思想，坚定信念，对党忠诚，不折不扣地将党的理论和路线方针政策落实到"三红两线入心"工程之中，让党组织深入渗透到岭南青年红色文化建设中去。

（二）把坚持实事求是落到实处，谱写红色文化铸魂育人新篇章

充分运用科学技术手段，利用网络新媒体平台打造"红色文化云建设，红色基因云传承"的资源库，在国家"安全线"内开展线下实践学习，做到"弹簧式"应变，拒绝死板和不变通。

（三）注入"红色动能"，多方位多途径拓宽宣传覆盖面和辐射面

红色文化建设是大型思想工程，是点燃青年爱国心的红色引擎。光辉的历史值得铭记，红色文化的火种需要传承，把红色传统发扬好是全社会的重任。红色文化不是静态的文化教材，我们要致力于活态传承，让红色文化活起来，为"三红两线入心"工程注入"红色动能"。要促进岭南青年红色文化建设，就要从根本上扩大宣传的覆盖面和辐射面，加大宣传力度，横向纵向齐发力，多方位多途径地推动红色文化"嵌"入青年内心。

走出盲目自卑与攀比的怪圈

黄兆锋

一、案例背景

小 A 同学刚来大学的第一学期与舍友相处尚为和睦,但从第二学期开始,便在该宿舍偷窃舍友的化妆品、衣服等东西,在后期甚至发展到偷窃舍友钱包里的现金,致使该宿舍人心惶惶。这种情况在持续了一年后,某舍友发现该女生竟身穿自己曾丢失过的衣服,于是便质问她是否曾偷窃过自己的衣服,但被该女生一口否定。于是舍友便向所在学院教师反映了相关情况并提供了相关证据,后经过学院询问和调查后,该女生承认其盗窃行为属实。据该女生坦白,她多次偷窃舍友的衣服、化妆品等生活用品及现金的原因,就是因为内心的自卑感和虚荣心在作祟。

二、案例分析

(一)缺乏亲情支持

原生家庭对孩子的影响是巨大的,甚至是伴随终身的。家庭不和睦会对孩子的身心健康带来负面的影响。此件案例中的小 A 同学,其父母在她较小的时候就已经离异,之后母亲带着她改嫁,而继父对该生态度较为恶劣,由此导致她开始变得自卑,继而封闭内心,不太愿意与人交流,慢慢导致心理上的扭曲。小 A 同学从小便在压抑的家庭环境与教育环境中长大,跟父母缺乏正面有效的沟通。从该生在自觉承认其偷窃行为时所表现出来的极度敏感、强烈羞耻感与自责心态来看,她在成长过程中缺少足够的亲情支持。一般来说，学生在年少时如果较少得到父母的正面引导，其价值取向就容易出现偏差，加上她性格内向、自尊心强，在面临与其他同学在物质条件上存在较大差别的情况下，更倾向于采取极端方式来满足自己的内心需求。

（二）爱慕虚荣、攀比心理

在大学校园里，部分学生的爱慕虚荣、盲目攀比心理成为大学生群体心理问题之一，不仅增加了家庭经济负担，也容易导致大学生形成畸形的价值观，严重阻碍其成长成才。攀比心理严重的学生缺乏对自己和周围环境的理性分析，一味地沉溺于攀比中无法自拔。这种消极负面的攀比心理容易导致家庭经济困难的学生发生盗窃行为。在对于盗窃行为的大学生的调查中发现，他们的盗窃动机之一就是因为物质消费品有所差异而造成的攀比心理。此件案例中的同学，因为舍友家庭情况都较为良好，而且舍友经常讨论的名牌衣服以及化妆品自己从未用过，因而诱发了她的自卑与嫉妒心，于是她开始不断地偷窃舍友的东西，以满足自己的虚荣心与攀比欲望。

（三）法律意识淡薄

大学生正值精力旺盛的青年时期，具有"冒险精神"，崇尚自我，而有部分学生甚至持有藐视法律的错误态度，"明知山有虎，偏向虎山行"，自以为可以做到瞒天过海，天衣无缝。小A一开始在偷窃舍友东西的时候并未被察觉，于是侥幸心理作祟，加上守法守规意识淡薄，也就越偷胆子越大。

三、干预措施及其效果

（一）逐个谈话，理清案情疑点

在初步分析了事情的来龙去脉之后，排除了宿舍之外人员偷窃的可能性。辅导员与失窃宿舍学生一一谈话了解情况。首先找小A的舍友了解情况，弄清如丢失的物品有哪些，这些物品的具体特征是什么，这些物品什么时候、在哪里购买等一系列问题。舍友针对以上问题进行一一的回答，并提供相关的证据，如购买凭证、物品照片等。接着辅导员又找了盗窃嫌疑人小A了解情况。辅导员把舍友对她产生怀疑的来龙去脉讲清楚，希望小A能给予相应的解释，一开始该生情绪还很激动，一口咬定没有盗窃舍友的物品，是舍友污蔑。面对此情此景，辅导员先平复该生的情绪，并告知现在一切也都处于了解阶段，老师会公平公正地处理这件事情，希望该生能积极配合。

（二）于情于理，引导主动认错

面对小A不承认的回应，辅导员抛出了询问其舍友时的一系列问题，该生在回答问题时表现出支支吾吾或者沉默。在这个时候，辅导员再从情理出发，引导其主动认错。一是于情出发，跟小 A 强调，被盗舍友的家庭情况也并非富裕，东西被偷后，该舍友的心情一直很低落；三番五次的物品丢失事件也把整个宿舍弄得人心惶惶，不得安宁，如果真相仍未大白，这件事情将会继续影响舍友的学习生活。二是于理出发，从法律、校规的角度告诫小 A 偷盗后果的严重性，引导其认识到偷窃行为对个人所带来的负面影响，如果能主动承认错误，主动归还或者赔偿偷窃所得物品，那么还可以给予改过自新的机会。面对铁证及教导，小 A 终于承认了错误，并向受害人赔礼道歉，归还物品，同时做出深刻的检讨和书面保证。

（三）如实上报，给予纪律处分

辅导员在事情发生后第一时间赶到现场了解情况，并及时将事情处理的阶段性结果逐级向有关领导和部门汇报。经学院学生违纪处理委员会谈论研究，根据学生手册相关规定给予小 A 相应处分。

（四）家校联合，持续帮扶

在此次事件中，除了给予小 A 必要的纪律处分，更关键的是要通过积极地引导和帮扶，让小 A 从思想上认识到自己的错误，从内心和行为上积极主动改正错误，促进其塑造积极健康的观念。一是联系家长，协助教育。在处理该事件过程中，辅导员与学生家长保持着联系，将详细情况告知家长，让家长参与到纠正该学生错误行为的过程中来，希望家长能引导教育该生，同时给予该生更多的家庭关怀和温暖。二是联合班主任、班干部等力量，形成合力，在小 A 的人际交往、学习、生活等方面给予帮助，帮助其重拾信心，在其法律意识、思想道德、心理健康等方面给予积极地引导和关注，帮助其塑造积极向上的思想和心态。

四、案例启示

（一）加强思想政治教育，帮助学生树立正确的世界观、人生观、价值观

高校内窃案件的特点之一是作案人与受害人都是在校生，所以加强大学生的思想政治教育，帮助学生树立正确的世界观、人生观、价值观，才能从根本上制止该类事件的发生。习近平总书记强调："青年的价值取向决定未来整个社会的价值取向。"大学生作为民族的希望，肩负着中华民族伟大复兴的重任。因此高校辅导员在开展工作过程中应加强对学生世界观、人生观、价值观的引导，用社会主义核心价值观引导学生解决政治信仰迷茫、价值取向扭曲、心理素质欠佳等问题，肩负起为党育人，为国育才的历史使命。

（二）加大安全教育力度，提高防范意识

要扩展安全教育的广度和深度，从典型案例教育着手，在事故多发原因、防范重点、警示提醒等方面加强宣传、教育和引导，从根本上提高学生自主防范意识，提高自我保护的能力。

（三）加大法制宣传教育，增强法律意识

高校内窃案件的发生暴露出部分学生在法制教育方面存在诸多盲点。在开展思想政治引领工作时，应将法制宣传教育覆盖到每一位学生，使学生敬畏法律法规，遵纪守法。

第二篇
网络思想政治教育与舆情应对处理

高校军训期间网络舆情预警与应对探析
——以某新生在朋友圈发布不当言论为例

李 倩

在人人传播、多向传播、海量传播的背景下,高校特殊性和大学生军训的敏感性容易成为舆论关注点,甚至被置于网络舆论的风口浪尖。微信作为自媒体平台的新兴载体,因其低门槛、易操作,备受青年大学生的追捧,在朋友圈表达观点、分享信息、传递情绪已成为日常生活必不可少的环节。在自媒体时代,网络舆情很难被批量清除、有效控制或直接干预,对高校学生军训网络舆情工作构成严峻挑战。如何加强军训期间的网络舆情的预警和应对成为开展高校学生军训工作的一个重要内容。查阅相关文献,高校网络舆情预警与应对的研究较多,且多以理论研究为主,而未对高校新生军训这一特殊敏感时期所发生的网络舆情预警与应对进行进一步深入探讨和研究。结合学生军训工作实例,并在此基础上进行分析研判,从而依此制定出切实可行有效的舆情应对策略,以期对高校军训期间网络舆情预警与应对工作有所启发。

一、案例简介

新生小吴所在的军训团体为三营四连,A 某作为负责训练的教官,管理严格。小吴所在高校军训期间禁止携带手机进入训练场。A 教官为训练学生的集体荣誉感,培养团队意识,一旦发现队伍中有同学乱动,会要求全队同学受罚。该天下午由于有几个同学不听从指挥,全队同学被罚"前后跳"以及"鸭子步"至校园大道上,最后要求学生趴下进行"匍匐前进"。教官下命令"趴下"时,有少数几个同学站在队伍中未按教官指令完成对应作用,在教官的严格要求下最终还是继续完成了接下来的相应动作。当天下午下训后,以小吴为代表的学生情绪十分激动,与其母亲进行通话中,用"下跪""像狗一样爬"等字眼描述下午的训练,并留下一句"你和爸爸好好过吧"

的话语后便将电话挂断。随后在朋友圈内发布"四连、死连"等不恰当言论，下方的留言区对训练事件的负面评论激增，不明事情缘由的高年级同学截图转发。

二、案例分析

经过与该生、该生家长、该生同班同学和一些学生干部沟通交流，通过具体了解和分析，此次舆情出现主要有以下原因。

（一）个人因素

该生为家中独子，就读于某民办本科院校。作为外地生源考生，家庭条件优越。家长开放民主，做决定会询问该生意见，长时间的放任，养成了该生任性自我的性格，思想较为偏激。对比军训期间的训练氛围，心理落差较大，自尊心感觉受到了打击。此外，小吴作为新生正处于大学环境适应期和心理敏感期，对军训存在抵触情绪，组织纪律观念淡薄，无视军训纪律、不服从教官安排。在遭受军训过程中的挫折产生负面情绪后，无法有效排解，用夸张的字眼向家人宣泄情绪后，随后又通过朋友圈发布不当言论的形式发泄不满。

（二）家庭因素

该生父母在接到电话后，关心则乱，未经思考，完全接收孩子的负面情绪，家长情绪被煽动和误导。在与辅导员的通话中言语激烈，质问军训训练的正规性以及学校相关军训安排。据了解，该生的父亲年轻时曾入伍，在部队接受过正规专业训练。但在当时情境下，也未多做思考，未能及时察觉学生言语中的不合理之处，未能做出合理判断，及时进行教育引导，反而产生了误解。

（三）校园因素

高校大学生在从众心理和猎奇心理的作用下，对共同经历和参与过的话题尤其关注，以至于对军训话题充满了好奇心与探讨欲，但缺乏丰富的社会经验和判断标准，难以对网络信息进行理性分析和有效鉴别。小吴通过微信朋友圈发表关于军训的不当言论后，校园网民抱着"吃瓜"的心理，看似不经意的随手转发、评论导致很多不实信息被扩散，从而使舆论迅速发酵，无形间成为军训舆情事件的推动者。

（四）社会因素

在高校的特殊性和大学生军训敏感性的双重加持下，高校军训期间的网络舆情受到公众的高度关注，容易被置于网络舆论的风口浪尖，成为社会舆论关注的焦点。在手机等便携设备的信息软件逐渐普及的背景下，网络舆情很难被批量清除、有效控制或直接干预，给高校学生军训工作带来了极大困扰。

三、干预措施

（一）及时沟通，正面回应问题

辅导员教师接听到学生家长电话后，第一时间安抚其情绪。向家长介绍学校军训教官是由某区武装部队承训，并承诺在了解事情缘由后给予回复。随后，辅导员教师紧急赶往军训操场，打听了解到小吴同学在集合队伍里，便及时告诉学生家长该生安全的状况。然后，经过多方了解下午的训练情况，得知小吴在朋友圈发布的不当言论。将了解到的小吴以及四连参训学生对下午军训场的想法，与教官进行沟通。结合助理辅导员和值班志愿者第三方看到的军训情况，向副书记进行汇报。同时，向学生家长反馈所了解的信息。

（二）迅速反应，安抚学生情绪

该事件发生引起了校方领导和承训军训团的高度重视，通过多方沟通，紧急商议：当晚下半场训练由性格活泼的 B 教官进行训练。相对于白天的高强度训练，晚上训练本就轻松许多，所以在 B 教官组织引导下，四连与其他连通过拉歌的形式进行联谊，气氛融洽，军训场上欢声笑语不断。

（三）跟踪回访，逐一走访宿舍

当天晚操结束后，助理辅导员陪同辅导员对该连所有男女生宿舍进行走访，了解下午军训训练的感受和大家的情绪状态。同时，询问大家对晚上新教官任教的适应情况。此后，还进行了两次对该连新教官的回访评价。

四、工作效果及反思

经过干预处理，小吴同学删除在朋友圈发表的负面言论，重新回到四连队伍中训练。学生家长也表示对学校军训工作的理解与支持。不少四连参训同学担心 A 教官受该事件影响会受处罚，甚至涉及下午训练中表现不认真的同学也勇敢站出来向连队同学和 A 教官表达歉意。最终该连军事训练顺利完成，且该连所在的营荣获"军训工作先进营"的集体荣誉。通过此次案例，对校园危机事件和舆情管理可以从以下几方面着手，防患于未然。

（一）制定危机预警方案，形成舆情应对合力

舆情应对是一项复杂的系统工程，必须各方联动，相互配合，形成合力。在事件发生之前就提前做好预案，把工作往前移，进行舆情超前防控，准确研判。分析梳理有可能成为舆情的热点、敏感话题，针对各种类型的危机事件，制定比较详尽的判断标准和预警方案，制定处置网络舆情突发事件的应急预案，建立起一套完备的舆情调查、分析、研判、预警、应急、反思管理系统，一旦危机出现便有章可循、对症下药。在高校军训过程中容易发生网络舆情主要分为：学生发生意外事件、教官与学生冲突事件以及不当举措等三种类型。召开由校区、宣传部、团委、学工部、网信办等相关部门参加大学生军训期间舆情信息联席会议，确定网络舆情应对方案。舆情工作本质上来说是做人的工作，为此需要组建一支高精尖的专业化舆情工作团队，从政治素质的磨炼、相关政策的学习、舆情信息的研判、网络技能的提升、舆情引导能力的培养等方面进行培训，并将基层思政工作者，如辅导员、班主任、导师、心理健康教育工作者等纳入团队管理，增强网络舆情预警和应对的能力。

（二）预防疏导在前，及早发现网络舆情苗头

网络舆情预警的意义在于及早发现危机的苗头，及早对可能产生的现实危机的走向、规模进行判断，及早通知各有关职能部门共同做好应对危机的准备。"人人皆媒体"的传播环境下，网络舆情由"星星之火"到"燎原之势"的案例屡见不鲜。为此，一要加强军训期间学生思想教育疏导。大学生军训作为我国教育主管部门规定的必修课，在培养大学生国防意识、集体意识和军事素养等方面具有重要价值。学校及学院要积极做好参训学生的思想动员教育，了解军训开展的重要性以及必要性，明确军训过程中可能遇到的问题与挫折。二要制定落实相关纪律。新生军训期间禁止携带手机，禁止学生使用手机拍照。尤其是禁止对承训部队教官进行拍照，引导学生树立保密意识，严禁学生将军训教官的照片以及相关图片发到微信朋友圈、微博等网络平台上，更不能对军人进行诋毁侮辱，引起网络舆情事件。三是健全军训期间的信息反馈渠道。针对军训期间的注意事项和易突发情况等有针对性地培训学生干部和军训相关工作人员，并向干部及学生强调如遇不适情况及时向值班志愿者、教官和辅导员反映，寻求帮助。

（三）转变工作思路，搭建沟通交流平台

当前舆情传播态势表明，网络新媒体具有得天独厚的优势，为此应对军训网络舆情困境也要跳出传统媒体时代形成的陈旧思维模式，与时俱进地利用论坛、博客、微博、微信公众号、QQ群等众多引起年轻人关注的新媒体平台及时收集军训话题和各方面的意见和建议，及时加以回复和引导，进行良性互动与交流。学校对于军训的安排，由学生处牵头，借助互联网平台、企业微信号或微信工作群，组建一个自上而下的信息联络网，互助合作、资源共享。辅导员在舆情引导中扮演着"信息接收者""信息加工者"和"信息传播者"的角色，在网络舆情引导中高校辅导员具有重要角色和地位。为此，辅导员要尽可能多的参与到军训当中，留意学生朋友圈动态，及时掌握军训情况，反馈相关情况。与此同时，加强与学生家长的沟通联系。可以通过电子版

"致大学生新生家长的一封信"、推送军训相关推文等形式,坚持"以学生为本"的理念,突出服务性,赢得学生和家长的认可。从学生成长成才的角度出发,与校方、家长、承训部队达成一致共识,动员配合完成国防教育内容中的相关训练。

(四) 抢占舆论阵地,提升舆情控制力

网络舆情的应对与处置的关键是要把握好时效度,做到"信息灵、反应快、处置得当"。在新媒体造就的信息"快速""争先"局面下,要抢占舆论话语权,占领舆论制高点。一是,利用新媒体平台主动发声,营造积极正面舆论环境。主动公开信息、保障信息透明不仅是满足公众知情权的需求,也是最大限度利用媒体传播的"首因效应",使得公众在一开始接触到的就是真实的信息,从而压缩流言和谣言的传播空间,解除人们可能会有的疑虑心理。二是,依托官方主流媒体,既要照顾到公共利益,又要体现出人文关怀,及时澄清不实内容。提高舆情应对能力对赢得社会媒体和公众认同理解至关重要。在网络舆情事件发生后,相关高校所做出的反应不尽相同,得到的公众评价也不尽相同。此时应发挥官方主流媒体的权威优势,通过官方主流平台及时回应,牢牢掌握主动权,以诚相待,从权威的角度、专业人员的视点来答疑解惑,引领舆论走向,不回避问题,不搪塞疑惑,减少负面影响。三是,加强新生军训相关信息发布的审核制度,规范信息审核流程,对军训期间的舆情动态进行全面监控,掌握舆情动态,追踪舆情发展,保障信息的准确性和宣传的有效性。

参考文献

[1] 黄鑫. 高校网络舆情监控管理及预警机制建立 [J]. 新媒体研究, 2018, 4 (7): 79-80.
[2] 赵云泽. 从舆情监测升级为舆情预警的思路研究 [J]. 人民论坛, 2019 (32): 123-125.
[3] 李英奇. 新媒体环境下高校网络舆情危机管理机制研究 [J]. 智库时代, 2020 (12): 124-125.

忽如一夜春风来，千树万树梨花开
——突发性网络舆情危机事件的思政教育短与长

陈 嫒　陈颖怡　刘 瑾

一、案例概述分析

一日，学院接到学生反馈，某视频网站平台有一段学生 A 发布的关于学校的负面视频，其中包括篡改学校校名、侮辱学校管理人员、编造不实情节、煽动同学以不理性方式参与校园管理等内容。该视频点击播放量逾 7 万，传播范围广，对学校的社会评价和公众形象造成较大不良影响。经了解，该生制作并发布此视频的目的为希望借助外力促进学校解决相关问题，且能从中收获被关注与被认同的快感，同时坚持认为这是自己的言论自由的体现，不觉此举会造成过大影响。该生随后虽删除了上述视频，却继续发布了带有戏谑口吻的检讨视频，以图引发进一步舆论发酵。

该生的系列行为和错误认识既有新一代青年学生深受网络时代西方政治文化和错误价值思潮影响的烙印，也体现了学生个人道德修养不足、法制意识薄弱和学校思政教育、网络舆情监控滞后的问题。面对这一突发性网络舆情危机事件，学院联动学校学生处、宣传部、法务部、保卫处和学生家长迅速反应，从"情、理、法"三个角度开展工作，紧扣学生思想政治教育本质，"攻心"与"纠偏"两手齐抓。一方面，通过网络道德教育、爱国爱校教育等手段教育学生"自律"，使网络道德内化为学生的"知、情、信、意"；另一方面，通过法律、校规、管理等手段引导学生规范言行，学会理性表达意见，进行"他律"。最终，经由春风化雨式的行为引导与价值引领，化危机为生机，引导学生在为同学、为学校、为社会踏踏实实做实事的实践中，不断提升自己的思想政治素养，培养坚定的理想信念，培育高尚的品格，练就过硬的本领，矢志艰苦奋斗，在砥砺前行中谱写新时代的青春之歌。

二、案例解决方案

（一）问题本质

"00后"青年学生是网络时代的主力军之一，其网络行为呈现了"平等参与""自我价值感满足""急功近利"等典型的青年学生网络行为参与心理需求。同时，青年学生思想活跃、思维敏捷、主体意识和参与意识强，却也存在规范意识缺乏、认识水平不足、道德信念缺失的问题，致其身处网络之中容易迷失自我，陷入道德相对主义与个人主义的泥淖。在我国网络技术发展后发地位和国际政治力量博弈的影响下，欧美发达国家在网络世界信息传播中具有巨大的影响力，大量西方文化思潮和价值观念对青年学生造成冲击，网络世界充斥着浓厚的西方政治文化色彩，极端自由主义、个人主义、享乐主义盛行，学生价值取向扭曲、理想信念薄弱、艰苦奋斗精神淡薄。学生 A 正是这一现象的典型，其对学校发展有一定的参与意识，热衷于在视频网络平台发声，以博人眼球的言论和图片，求得被他人关注与认同的快感，认为这是自己人生价值的体现；推崇所谓的"言论自由"，鼓吹用"热搜治校"，否定"前人栽树、后人乘凉"的牺牲精神，追求个人的享乐与权利最大化。

因此，本案例不仅仅是一起网络舆情突发事件，其深处要解决的问题在于学生的网络思想政治教育问题，需提炼其中的思想政治工作元素，进行有效引导转化。

（二）解决思路

要妥善处理本案例，必须厘清以下几个关系：

一是处理人与处理事的关系。浅表上，要从快从准从法，迅速准确掌握事件牵涉人员和影响范围，并快速联动学校宣传部、学生处、保卫处等职能机构，要求撤下相关负面材料，快速把影响降到最低，后续根据情节严重程度，依照相关法规和校规，对相关学生进行批评教育和惩戒。深层上，要关注到这是学生认识水平不高、思想政治素养不足、价值取向扭曲等不成熟的表现，要从常从长从实地对学生做行为引导和价值引领。

二是处理此时此地与他时他地的关系。对于此时此地而言，要着重把握事件处理的第一时间和重要时间节点，除了快速撤下相关视频避免造成更大影响之外，还要注意关注视频撤下后、相关学生谈心谈话后、处分下达后等重要时间节点，以及学生本人和班级同学、网络舆情等方面的反应，做好解释和正面舆情引导的准备工作。对于他时他地而言，要做好"一对一""多对一"和"一对多"的常态化网络思想政治教育，建立长效的网络舆情监控机制。

三是把握好力度与渡人的关系。对学生进行批评惩戒的"度"的把握有几个考量因素，如学生失范行为本身的严重程度、其行为对于学校声誉的负面影响程度、其不良示范在全体学生中的影响程度等，做到批评有依据、惩戒有尺度、处罚合规范。同时，也要注意学校不是行政处罚机构，"立德树人"是高校的根本任务，对于违纪违规、品行不良的学生，仍然需要"有教无类"，把教育与引导转化放在首要位置，用发展性的眼光去帮助学生成长成才。

总体而言，解决本案例的关键在于强调三个意识（底线意识、法律意识、大局意识）、把握三个关键（行为引导、素养提升、整体塑造）、最终实现三线转化（底线查改、横线疏导、纵线提升）。守住底线为先，查清摸实，迅速删除相关视频，停止错误行为；用好法律为要，提升学生网络法治素养，引导学生正确发声和广泛参与学校民主管理；树立大局意识为重，塑造学生爱校爱国情怀，提升学生把个人发展同学校、国家发展相结合，把人生价值的实现统一到"第二个百年"奋斗目标的实践征程上来。

（三）解决办法

针对此时此事，可从个别和整体两个角度深入开展思政教育：

对于学生 A，要做到疏导结合，深度教育和转化。

1. 迅速联动反应，遏止错误行为

第一时间找到学生 A 进行谈心谈话，了解其制作视频的意图和视频传播影响情况，是否仍有其他同学共同制作上传等，做到摸清查实。联动学校学生处、宣传部、保卫处、法务部和学生家长，通过法律法规、校纪校规、公民基本道德规范、个人前途发展、事件恶劣影响等方面引导学生认识自己的错误行为，要求迅速删除相关视频，以免造成更大负面影响，引导学生做严肃深刻的检讨。

2. 深入分析阐释，纠正认识偏差

通过一对一深入的谈心谈话，引导学生深入思考和分析"就事论事"与"造谣生事"，作为自媒体更要为自己的言论表达积极负责，回归事实，不断章取义，不添油加醋，保持客观与理性的输出；引导学生深入思考和分析"敌我矛盾"与"内部矛盾"，学校与学生的根本利益是一致的，都希望不断提高学校的人才培养质量，促进学生的全面发展，不能把矛头向内，损害广大师生感情；引导学生深入思考和分析"哗众取宠"与"真刀实干"，结合社会主义发展史、党史、新中国史、改革开放史的鲜活素材，纠正学生"重批判""轻实务"的错误认知。

3. 合规惩戒处分，教育引导转化

结合学生行为失范程度、认错态度和认知转变情况，按照学校相关纪律要求和处分程序做出与其情况相符合的处分建议，提交学生处领导部门审核决定。教育引导学生正确认识学校处分，并以此作为自己深度成长的契机；同时，充分肯定学生积极关心学校发展的心理和新媒体工具制作运营能力，鼓励学生参与团学新媒运营和学生事务管理，引导学生拍摄弘扬社会主义核心价值观的正能量视频，实现正向转化，满足

青年学生希望获得关注、主体参与性强的个性需求。

对于整体学生，要抓住教育时间，正本清源，正态引导。

4. 按程序公布处理结果，以正视听，警示教育

按程序处分后，及时公示公开，澄清谣言，通过一对多的形式做好教育和阐释，以正视听，同时对其他学生起到警示作用，避免学生出于求异和模仿心理进行效仿，引发次生网络舆情。

5. 依特性疏导学生需求，正面回应，正向培育

思政教育"宜疏不宜堵"，我们要否定不理性、不文明的表达与参与方式，更要花大力气开掘"泄洪道"，合理疏导学生爱校治校热情，用心倾听学生建议、真情关注学生需求、尊重学生合理表达；引导学生关注现实校园的党员先锋、学习榜样、运动达人和实践能手，深度提炼校史和四史育人元素，以情动人、以理服人，培育学生服务共产主义伟大事业的内驱力。

6. 握准时机进行法制与道德教育，夯实基础，提高站位

结合本次案例处理结果，适时在全体学生中进行网络法律法规、校纪校规和网络道德文明规范教育，夯实法治基础素养，提高学生认知水平，提升政治站位，培养学生的理性思考能力和分辨能力，涵养高尚的道德品质。

针对彼时彼处，可从教育载体、朋辈抓手和长效机制三个角度打造线上线下双关联育人模式。

7. 优化思政教育载体，全方位提升育人实效

增强班团思政功能，通过党团主题班会"我为学校建言献策"，正确疏导学生意见与诉求；建设"学校—企业""学校—社区"党团共建的志愿服务实践基地，把思政教育与实践相结合；精心打造"文博专家进校园""抗疫先锋分享会""新时代的家乡变化展演""身边的党员二三事""系列微团课宣讲直播"等丰富多彩的校园文化活动，引发情感共鸣、振奋向上精神、坚定理想信念；打造一批网络红色思想政治教育基地，通过内容输入强劲且接地气的党团支部公众号、强国号、视频号等新媒体内容端，树立优秀党员教师和学生典型，讲好身边的红色故事和先进事迹，源源不断地提供高质量的思政盛宴。

8. 用好思政教育队伍，打造全员育人格局

组建大学生红色讲解队，以优秀党员教师作指导，结合博物馆专业支持，立足本校本土，讲好学校和地方故事，引导学生认识来路之艰辛，珍惜今日之可贵，激发传承与奋斗之决心。由党支部牵头，通过党员宿舍挂牌、党员先锋责任岗、"一月一党支部进社区"、每周一小时社区志愿服务、校企共建社区儿童航模科普、我为家乡做实事等工作，打通"学生社区—课堂—校外"之间"看不见的墙"，引导学生在服务同学、服务社区群众的实践中，体悟把实现人生价值与实现国家社会发展相结合。特别对于经济困难、学业困难、人际关系薄弱、心理健康异常的学生，更要在帮助人、关心人中，把学校和国家的关切落到实处，厚植学生的感恩之心与爱校爱国之情。

9. 构建长效育人机制，实现全过程成长领航

针对不同年级、不同发展阶段的学生特性，开展具有针对性的思想政治教育，构建"融—通—广—强"四阶段培育机制。比如，以帮助新生融入与适应为目标，开展朋辈训练营，通过短期封闭式团体培训，开展心理健康辅导、学习经验分享、师长专家主题讲座等活动，在针对性的思政育人活动中提升教育实效。

三、经验与启示

（一）学生网络舆情危机事件要关注两个矛盾

1. 危机事件的及时应对与处置问题

对于突破法律法规和校纪校规底线的行为要坚决遏止，敢于亮剑。对于故意诋毁、捏造事实、歪曲真相、断章取义的行为，要联动有关力量正本清源、消除影响；对于转运照搬、立场不定的其他人员，要及时批评教育，巩固壮大主流思想舆论。

2. 对人生观、价值观、世界观出现脱轨学生的思政教育与价值引领问题

以基于事件本身的深度阐释与分析为要，使学生深刻认识自己思想与行为的错误之处，及时纠偏，防止恶化。其次，要针对事件暴露的思政教育短板作专项教育补充，并把该类教育模块融入学生教育培养的长期常态化培养计划中。

（二）新时期的网络思政教育需做到两个主动

1. 思政教师要主动走近学生，深入了解学生思想动态

充分利用网络载体，下沉班级、宿舍和学生组织，增进对学生所思所想所盼的了解，动态掌握学生的思想状况，及时解决学生遇到的实际困难，在帮助学生、关心学生的过程中教育人、引导人。

2. 网络思政教育要主动更新工作理念和工作方法，让舆情监控走在前面

构建"党—团—班级—宿舍"四级的网格式、系统化的舆情反馈途径，通过定期的网络安全培训和思政专题教育，不断提高学生网络安全责任人对于负性网络安全事件的敏感度，及时发现萌芽型的危机事件，尽早介入进行引导和转化。

（三）网络时代要引导学生处理好两个世界的关系

青年学生对于网络世界的热切参与，既有其渴望获得关注与建立人际联系的心理特征；也迎合了学生对网络媒介的丰富性、高效性、个性化的心理需求。

因此，任何简单封堵学生的网络参与的尝试必然失败，我们应以平等和尊重的眼光去接触他们的思想与文化，既有理性平和的了解与探讨，肯定其网络行为和背后文化底色中和主流文化与价值观相吻合的部分，也要大胆地对错误价值观发声教育，提高学生明辨是非曲直的能力，增强其思想定力。

最后还要引导学生把重心回归现实，通过春风化雨、日积月累的教育引导，把价值引领的春风吹遍学生的心田，引导学生心怀国之大者，立足于"第二个百年"的新征程和中华民族伟大复兴的历史使命，不负时代，不负韶华，不负党和人民的殷切期望，奋斗在一线，在学习中锤炼品格，在工作中增长才干、练就本领，以千千万万绚丽绽放的青春之花，创青春之国家！

网络抗疫，善变思辨
——善用辩证思维解决网络思想政治教育问题

赵梅岳

一、案例描述

2020年春节，新型冠状病毒肺炎疫情悄然而至，走亲访友、旅行度假、欢声笑语、美味佳肴等都该是春节的标签，这些标签在庚子鼠年的春节里却都不见了，被取而代之的是：病毒，数据，传播速度之快，波及面之广，再者便是恐慌。

广州大学按照党中央、国务院、广东省人民政府防控工作部署，制定推迟开学有关事宜通知，1月28日将通知下发至各个学院并通过网络平台公布。当天，该通知通过学院、年级、班级下发到每一位同学手中。当天晚上，辅导员发现学院A同学转发该学校微信公众号推送，并附上"为什么不给我们返校"的言论，下面点赞数达20多人。A同学是班级的学习委员，学习成绩优异，日常很喜欢和老师、同学讨论时事热点，也敢于发表自己的想法。

二、案例定性分析

从案例中可以看出，这是一个网络思想政治教育类中的网络舆论导向问题，具体属于高校网络舆情引导型问题。

三、问题关键点

本案例的关键点有：疫情、转发推送、"为什么不给我们返校"、20多人点赞、学习委员。

四、解决思路

（一）联系—及时

结合学生的性格特点，及时通过合适的方式与A同学联系。

（二）倾听—共情

先了解A同学言论的初衷，以及A同学的想法，找到问题的根源。

（三）分析—引导

通过解析学校政策，帮助A同学分析自己发表该言论所产生的后果，通过引导让其把言论删除。

（四）总结—共鸣

通过和A同学对话，从学生角度了解到同学们对通知是怎样理解的，是否存在误读，是个体问题还是群体问题，进一步完善通知下发的方式方法，并且开展主题班会，面向全体学生加强思想理论教育和价值引领。

（五）整合—联动

整合各方资源，联动学校相关部门、家长，为疫情防控期间在家学习提供有效的意见和建议。

（六）注意事项

尽量电话联系，避免产生误会；切记不能责骂学生，否则适得其反；抓住学生的性格特点，开展教育。

五、实施办法

（一）及时联系

致电 A 同学，咨询他寒假期间的学习、生活情况。结合他是班级的学习委员，通过他了解上学期班级同学的学习情况，了解是否有同学挂科，是否有同学存在学习困难等问题。

（二）了解初衷，找准问题

结合学校的推迟开学有关事宜通知，询问 A 同学同班同学对该通知是否有提出什么问题，如果有可以集中反馈。同时，引导 A 同学讲述自己心中的疑惑。最后 A 学生还是坦诚交代了自己发朋友圈的事，并且告知是因为学习资料都放在宿舍了，身为班级学习委员，一直是班级的学习榜样，担心没有学习资料会影响未来的网课学习，从而影响到自己的学习成绩（故而发了朋友圈）。辅导员在此给 A 同学提出建议：一不弃不馁，静心网课。虽然因为疫情的原因改变了上课方式，但是大家的上课效率不能变，依然要有一颗爱学习爱钻研的心，要做到高效在家学习。学习资料虽然是学习的一部分，但不起决定作用，更为重要的是调整好心态迎接网课。二不急不躁，静待开学。

（三）理性分析，有效引导

以什么是新型冠状病毒肺炎为切入点，让其明白此次疫情是突发公共卫生事件；再分析现在中国各地区确诊的数据，让其明白疫情传播速度快、感染范围广；解读国家应对疫情的居家隔离政策、广东省人民政府防控工作的部署文件、学校推迟开学的相关通知，让其明白这是一场全国的战争，疫情就是命令防控就是责任。要把个人的行为放在学校大局中去：学校为什么会提出不能返校的安排，如果我真的回去了会有什么影响。只要把个人与大局联系起来，就能充分明白决策者的大局观。请大家一定要有足够的耐心，学校肯定是希望各位同学都能够健健康康回校的，不希望大家承担一丁点风险，毕竟生命健康安全还是要放在第一位、第一条！在 A 同学充分认识到防疫的重要性后，让其删除引导性的言论。

（四）寻找共性，主动出击

解决问题主要矛盾后，还要全面去看问题。学生发出"为什么不给我们返校"的言论是一个带有疑问的评论，在解析不能返校的原因后，我们还要看到另外一个问题，学生为什么提出返校。并且这个不是一个人的疑问，下面还有 20 多名同学的点赞，这些点赞的同学有可能与 A 同学有同样的想法，有些可能只是随意点赞，但是要引起辅导员的注意。一方面，A 同学是学生干部的身份，他的言论会让其他同学质疑通知的可信度；另一方面，同学们是否也有同样的疑惑，但是缺乏沟通的渠道。删除评论只是第一步，但是解答同学们心中的疑问是解决问题的根本。因此，辅导员可以建议 A 同学对之前有偏颇的言论进行解析，让点赞的同学们理性看待问题。然后，通过班级学习委员收集班级同学对该通知的疑惑。

（五）巧用平台，积极引导

A 同学的想法得到同学们的点赞，也说明还有部分同学不能认识到现在疫情的严峻、不能理解学校政策的初衷。对此我们可以通过线上班会认识疫情，解读政策，解答大家心中的疑惑；通过辅导员、班主任对在疫情重点区域的同学进行电话访谈，传达学校、学院对他们的关心，帮助他们了解学校的方针政策，了解他们的所想所需。发动党员、学生干部在学生群体中转发学校微信推文并积极"发声"，让正能量在网络中传播。

（六）院内联动，家校互助

辅导员可收集学生对在家学习问题，听取党员干部、学生干部的意见，整理成报告，上交学院书记、教务办、专业教师，联动学院相关职能部门及专业教师给学生提出在家学习的意见和建议，为后面的在线教学做好准备。通过致学生家长、学生的一封信，把学校的决策告知家长，让家长明白学校政策，负起在家教育的责任。疫情防控期间，学生待在家就是对疫情最大的帮助，在家学习也绝对不是打折扣的学习。学校做好学习教育，家长做好家庭教育，相互配合、协调。绝对不能因为疫情放松学习，放弃教育，让学校教育和家庭教育相辅相成，使学生在逆境中更好地成长。

（七）密切留意，健全机制

由于疫情存在很多未知的因素，接下来会有更多不同的应对方案和政策，为防止同类型事件发生，我们应该建立诉求机制，有效利用新媒体平台宣传，同时为学生提供表达诉求的渠道，定时让每个班的负责人反馈学生的诉求，学校及学院给予学生正面回复。

六、经验与启示

习近平总书记指出："要学习掌握唯物辩证法的根本方法，不断增强辩证思维能力，提高驾驭复杂局面、处理复杂问题的本领。"

辩证思维能力，就是承认矛盾、分析矛盾、解决矛盾，善于抓住关键、找准重点、洞察事物发展规律的能力。辅导员在工作中，难免遇到一些复杂问题，这其中很多矛盾需要稳妥应对，许多关系需要争取处理，很多难题需要逐一破解，在这其中，离不开辩证思维的有效运用，有效把握当前和长远、重点和非重点的关系，在权衡利弊中趋利避害、做出最为有利的战略抉择。

（一）坚持"重点论和两点论"的统一

坚持"重点论"，就是找准问题抓住关键，以点带面。对于高校网络舆情问题，重点是防止错误舆论扩散，最紧要的是终止错误，再加以引导。看问题、办事情，既要全面，统筹兼顾，又要善于抓住重点和主流。这就要求我们坚持重点论和两点论的统一。把握问题正反两面的区别和联系。因此我们在处理案例时既要看到主流，也不能忽视支流，谨防矛盾转化。

（二）坚持"转化论"，重视量变引起质变

千里之堤，溃于蚁穴。量变是质变的基础，这是质量互变规律。处理学生问题，往往不能一蹴而就，需要长期的跟进和应对。如果只是处理 A 同学的问题而忽视点赞的 20 多个同学，如果只是教育 A 同学而不对全体学生进行教育，可能会有更多的 A 同学出现，甚至会形成一股对立的力量。面对学生关心关注的问题，变"堵"为"疏"，及时面对，善于宣讲，敢于亮剑，运用党员干部力量，在学生群体中敢于发声，善于发声。建立机制，为教育保驾护航。

（三）坚持普遍联系和永恒发展的观点

辅导员要树立普遍联系的观点，善于处理偶然性与必然性的关系，学会从个体问题联系学生整体进行思考，能够从当下问题擘画长远的工作建构，可以从个体应对上升到校内联动、家校互动。

主动融入学生网络生活，教育引领学生成才成长

柳 叶

一、案例背景

伴随着信息技术与网络时代的发展，第一代"网络原住民"进入大学，他们的日常早已与网络息息相关、密不可分。学生可以利用网络随时随地快速获取信息、自主学习、分享生活，让自己的生活更加多元化。与此同时，他们的思想意识、价值观念和日常行为习惯也随之发生变化。可以说，大学生在网络中的言论和行为已经成为他们现实思想、生活状态的晴雨表。然而，在网络道德意识和法律边界的认识上，他们却没有更清晰的认识和定位。因此，把握大学生网络使用现状和规律，发现大学生网络使用问题、规范他们的网络言行，引导他们构建网络文明是我们的重要工作。

影视 Y 是国外视频，其目前在国内没有合法播放渠道，且其内容也并不适合传播或借鉴，但是该视频在刚传入国内时受到了相当大的关注量和浏览量，与其相关的周边产品或翻拍视频一度成为热点，其发行方也就侵权问题进行了一系列法律追责。

二、案例简述

近日，学院获取信息，在某视频平台发现与 Y 影视相关的视频（以下称视频 P），且视频中出现多处与"广州某大学"相关的场景或不实信息，视频参与者疑似为学院本科生。收到消息后，作为辅导员，笔者马上开展初步核实，经确认，该视频主要组织者及出演成员为学院本科生 A 同学等人，视频 P 共有三集，根据篇末的演职人员名单初步判断，涉及包括校外人员在内的多人，但不存在受其他组织或个人资助等情况。

笔者于当天紧急约谈视频 P 的拍摄主要组织者及上传账号所有者 A 同学，从视频 P 存在的侵权风险、舆论风险及其他相关问题等多方面进行剖析，与其一起分析该拍摄行为及传播行为的不妥之处，并达成共识：由其本人当天内主动下架相关视频，且不得在其他途径进行再上架、再传播，谨言慎行；此外，由其进行视频制作团队其他成员的安抚工作，并劝导大家不要在其他公共场合进行不当行为或发布不当言论。

此后，笔者也联系了班主任、专任教师等对相关同学的社交媒体及情绪状态进行了关注，之后并未发现社交媒体有新增不妥视频、言论等，舆情已趋于平息。

三、案例分析、干预与重难点分析

（一）案例分析

（1）此案例为学生在网络上制作、发布不当视频，鉴于视频的实际内容，性质的恶劣程度相对较轻；视频拍摄不存在外部人员或组织的资助，也不存在相关合同或合约，事件本身相对简单。因此判定为属于一般网络不当行为事件，处理方式和思路相对直接。

（2）学生拍摄视频的初衷是"蹭热点"，希望自己拍摄、制作的视频能够被更多人看到，能够获得更多人的认可，但是他们对所谓的"热点"缺乏分辨意识和能力，对网络法制和道德缺乏重视和认识，因而选择了不恰当的模仿视频和相关元素。

（3）学生拍摄视频的内驱力是自己的爱好、兴趣和特长。现在的大学生具有比以往大学生更强的自主性和自我意识，他们更热衷于追求内心的想法、进行自我展示和表达。但是同时又缺乏必要的自我判断和自我约束能力，这就很容易让他们陷入误区和进退两难的境地，正如本案例中的情形。

（二）干预措施及效果

1. 深入了解，抓住关键

在收到相关信息后，笔者马上就事情的真实性、参与的主要成员、视频主要内容等进行情况摸查，经初步了解，视频 P 的主要负责人与参与人确为学院本科生，其脚本本身表述的是希望大学生能够端正学习态度，不要一味追求捷径，脚本内容与影视 Y 本身并不相关。

笔者紧接着联系到 A 同学，与其确认视频 P 的拍摄未受到其他人员或组织的资助、未产生合约或合同、无经济或其他利益纠纷，其拍摄和传播也仅出于"蹭热点"、想出名的原因，至此，笔者初步判断，该事情可暂定为一般网络不当行为事件。

介于 Y 视频的相关背景，笔者快速形成第一步的处理思路：马上联系 A 同学对三个视频进行下架处理。并接着将事件大概及处理思路向学院党委副书记进行了汇报。

2. 快速出击，及时止损

此时已是学期末，学生已经陆续离校回家，笔者联系视频主要组织者及发布人 A 同学于当天下午回到学校面谈，并趁其回校路上的时间，通过开学后的各种资料，对其基本情况进行了进一步了解，包括但不限于：其本人的学习情况、兴趣爱好、日常行为，其家庭成员构成及职业情况等，以便于在谈话过程中进行沟通调整和信息判断。

面谈过程中，A 同学自述本次视频拍摄为个人行为，采用影视 Y 相关标题及元素仅出于"蹭热度"的原因，对选取"广州某大学"场景与元素也并没有多加考虑，并无恶意或其他意图。笔者从法律角度和情理角度向 A 同学陈明视频 P 存在的侵权风险和舆论风险，以及视频 P 及其相关元素存在的其他问题，要求其当天内对三集视频进行下架处理，并且不得在其他途径进行再上架、再传播，谨言慎行。A 同学表示认同并于当天晚上对视频进行了下架，避免了视频的再传播或事件的发酵升级。

3. 及时肯定，建立信任

约谈过程中，笔者同时对 A 同学及其团队的视频拍摄、制作水平给予了肯定与赞赏，并希望他们在慎重审视拍摄内容、准确选择拍摄题材的基础上，继续坚持梦想与实践。

此后，笔者在持续关注 A 同学的媒体动态及心理情况的同时，也注意留意相关资讯与活动，向其推荐相关媒体人的公众号，引导其向优秀媒体人学习；主动邀请参与学院招生宣传视频的拍摄与学院背景墙的策划等，以此既对其爱好特长表示了肯定，也为其提供了施展才华的平台和机会。进而建立起互相支持、互相信任的关系，便于后续工作的开展。

4. 持续跟进，预防反弹

在事件发生及处理过程中，笔者及时向党委副书记汇报各项进度情况，并联系班主任、任课教师和学生干部对相关同学的社交媒体及情绪状态进行了持续关注，预防出现次生舆情或心理问题。后续并未发现社交媒体有新增不妥视频、言论等，舆情已趋于平息。

（三）案例重难点分析

1. 学生已离校，约谈难度大

笔者接收到此事件信息时，已进入寒假，A 同学已经离校回家，此时约其返校面谈成为处理该事件的一个重点与难点，同时也是关键点。而此时，作为辅导员，笔者日常与学生保持持续沟通、并建立了良好感情基础的重要性凸显出来，在笔者的要求下，A 同学同意返校并于当天下午即返回了学院，这些都为笔者下一步的问题处理奠定了先行基础。

2. 视频播放量大，下架心理难度大

该视频共分为三集，其中第一集在上架当天播放量即达到了近 129 万，原因初步判断为该视频网站通过大数据手段对热点词汇进行了搜索，从而对视频进行了推广，

虽然此后视频被视频网站限流，一度搜索不到，但是截至我们面谈时，三集总计播放量仍上涨到了130万以上。此时要求下架视频，这对任何一个视频制作者和上传者来说都是难以轻易接受的。笔者对其心情表示理解，并从一个姐姐、一个朋友的角度与其分析作为一个创作者，尤其是一个刚起步、未来还大有可期的创作者，创作底线的重要。笔者相信其创作之路绝对不止步于当下，因此更不希望这一次的选择失误成为其未来漫长创作之路上的"地雷"和隐患。

3. 预防次生问题，做好后续追踪

截至视频下架时，三集视频的总计播放量、弹幕、评论数量也相当之大。其中包括部分网友对视频的恰当性提出质疑、部分网友留言表示追更等，网络关注度比较高，对视频本身的争议也泾渭分明，如何预防和应对争议升级或视频下架可能带来的舆情，需要提前予以关注并做好应对预案。

此外，视频拍摄过程还涉及其他团队成员，要做好团队其他成员的劝说及安抚工作、妥善处理好团队内部成员的情绪问题，否则也极易产生情绪反弹或其他次生问题。

四、总结

（一）学生在哪里，思想政治工作就在哪里

作为新时代辅导员，我们要时刻做到学生在哪里、我们就在哪里、工作就要做到哪里。互联网时代，网络生活相对于现实生活，存在更大的隐蔽性和视线盲区，我们更要更新思维，积极、主动进入和占据网络思想阵地。通过关注热点话题和舆论，并依托多渠道的现实情报，及时关注到学生的思想和行为动态，预判可能存在的问题、发现已经存在的苗头，把工作做在前面，主动开展隐形教育，积极引导学生理性看待社会事件和网络舆情，理智分析、妥善处理相关问题。

（二）加强大学生法制观念和网络道德教育

网络不是法外之地，在纷繁复杂的网络时空，大学生很容易被误导或迷失自我。我们要主动、积极融入网络，融入学生的网络生活，润物细无声地传递网络空间法制思维和道德意识；要善于利用校园网站、公众号等多媒体渠道及学生喜爱的自媒体平台，加大关于网络法律法规和网络道德的宣传，加强学生的法制教育和道德引导；通过多种活动形式，营造正确、向上的网络舆情氛围，使学生增强网络空间自我约束、自我辨别、自我判断、自我纠偏的能力。

（三）育人与筑梦同行，鼓励与约束同在

内因是事物发展的根本动力，学生有自身感兴趣并擅长的方面是促使他们快速进步和成长的有利因素。每个学生都有自己的兴趣和闪光点，作为辅导员，我们要及时

发现学生的兴趣和闪光点，鼓励他们积极进行自我发展与展示，获得自我成长和发展；通过介绍优秀朋辈、推送优秀案例等方式，为学生的成长树立榜样；同时也需要及时引导，为学生的健康、顺利成长保驾护航。

五、反思

作为辅导员，应该尽早、及时、主动发现视频 P 的拍摄及传播，在学生管理、思想政治教育方面存在缺失。今后应吸取本次事件的经验教训，更加扎根学生内部，了解学生的最新动向及思想动态，及时发现可能存在的问题，防患于未然。

对相关政策的研究还存在不足，对事件本身的预判不够科学精准，在对事件处理的流程和方式上存在有待改进的地方。应进一步加强自身素养，增强职业化、专业化、专家化的能力，增强政策敏感度和底线思维，增强把握事件关键的敏锐度。

其三，我们也要进行思考：当代大学生接收信息的渠道广泛，自身兴趣志向日益趋于多样化和多变化，他们在网络空间中的行为也日益多元化，学校和教师，应如何为他们提供多样化的平台以适应、促进学生的全面发展与成长；我们又该如何改进工作思维和模式，帮助学生在获得兴趣与专业成长的同时，让他们建立遵纪守法、道德文明的思维，形成新时代新青年的正确价值观与意识。

"互联网+"背景下二级学院团委微信平台建设
——以广州大学外国语学院团委微信公众号为例

黄顺婷

一、案例简介

（一）案例基本情况

共青团广州大学外国语学院委员会围绕"互联网+共青团"进行了大量的实践和探索。一是形成了"学校团委引领、学院团委主抓、新媒体中心运营、基层团支部联动"的"四级"网络校园文化建设机制；二是结合外语专业大学生认知规律和高校环境，打造精品网络校园文化宣传矩阵，建立覆盖全院近1 600名学生"共青团微信"体系，弘扬主旋律，传播正能量，拓展共青团思想政治教育新阵地。

（二）背景介绍

习近平总书记在全国高校思想政治工作会议上指出，高校思想政治工作必须围绕学生，关照学生，服务学生，要因事而化、因时而进、因势而新。随着互联网日益渗透进高校校园，互联网这种新的传播媒体已与校园文化融合形成了网络校园文化。而高校共青团作为高校党委的助手，是联系青年大学生的纽带和桥梁，在大学生思想政治教育工作中具有不可替代的作用。近年来，学校团委搭建"广大团学+全媒体"联盟新媒体矩阵，开创了"网上共青团"新局面，但要真正发挥"互联网+共青团"的优势，实现对基层团支部、团员的思想引领和有效互动，实现全程育人、全方位育人，建立高校二级学院共青团思想政治教育新体系，打造二级学院团委新媒体思政平台，显得尤为重要。

二、案例剖析

(一) 要解决的问题

1. 学院团委微信公众号建设相对滞后，建设力度不足

网络已经成为大学生日常生活中必不可少的一部分，网络校园文化育人受到社会多元思想的不良影响，大部分大学生对网络信息辨别能力不足，同时缺乏正确引导，受到一些负面的影响。因此高校共青团思想政治引领工作必须延伸到网络这一新阵地，学院团委急切需要有一个统一的网络文化平台，加强学院团委微信公众号建设，建立覆盖全院师生"共青团微信"体系，服务学生，打造精品网络校园文化栏目，提高平台信度和活跃度。

"广州大学外国语学院团委"微信公众号于2014年由学生干部以个人名义申请创建，在人设定位、栏目设置、师生服务以及信息互动等方面均存在不足，网络校园文化传播形式单一、陈旧，没有结合学科专业大学生心理和思想特点设计，缺乏足够的吸引力，引导功能效果不佳，致使平台关注低、推文阅读量低，思想政治引领、校园文化宣传的效果和影响有限，二级学院团委微信公众号对学生的影响力、学生对平台和学院的认同感均还有待加强。

2. 学院团委微信平台运营团队素质不高，更新换届较快

大学生受网络文化的影响最大，大学生网络文化是网络校园文化的重要组成部分。因此，面向学生的、以学生为建设主体的大学生网络校园文化建设，让学生成为自己思想的引领者，对网络育人非常重要。文科专业女生占比大，新媒体运营工作上手时间长，学院团队更新换届较快。学生干部缺乏新媒体专业素养和技术能力，政治意识不够。因此网络校园文化发展需要整合全院学生资源，组建一支团结协作、勇于创新，政治素养高、网络技术高的微信平台运营、工作管理团队。

3. 微信平台"把关人"引导能力不足

学院团委指导教师、微信平台运营团队作为微信平台日常运营的信息发布者、管理者、"把关人"，对网络文化的特点及发展趋势了解不够，对网络环境下网络校园文化建设的重要性、紧迫性认识不足，在主动提升网络文化引导能力方面存在欠缺，因此需要提升"把关人"的高校网络文化引导能力。

4. 微信平台日常运营缺乏科学有效的管理、激励机制

学院团委微信公众号大部分稿件来源于学院团委学生会、艺术团、专业小组等多个组织，微信推文约稿、发布、审核制度不明确，网络校园文化等资源缺乏统筹协调，各部门、各环节协作工作有待完善。随着微信平台运营的工作量、技术要求与日俱增，运营团队在缺乏科学、有效的管理监督机制的情况下，团队内部出现不作为等消极的工作态度。因此急需建立学院微信平台运营管理、监督、激励等科学有效的机制。

5. 平台"粉丝"数增加与外院学子对平台的关注度、认同感不一致

"广州大学外国语学院团委"微信公众号自建立以来，学院团委通过迎新生、迎新晚会、院运会等线下大型活动宣传学院团委微信公众号，举办班徽班服设计比赛、雅室评比、三行情诗投票等线上投票评比活动吸引师生关注微信公众号。自学院团委微信公众号"粉丝"关注量直线上升后突破2万后，平台推文阅读量、点赞量不但未有明显增长，平台关注量还持续稳定下降，因此学生对学院的关注度、认同感并未跟随平台"粉丝"数增加而有所提升。

（二）问题解决的理论依据

1. 组织传播理论

组织传播是指组织所从事的信息传播活动，包括组织内传播和组织外传播。组织传播通过信息传递将组织的各个部分联结成一个有机整体，以保障组织总体目标的实现和组织的生存与发展。它既是保障组织内部正常运行的信息纽带，也是组织作为一个整体与外部环境保持互动的信息桥梁。

高校通过校报、广播、微博、微信等组织内公共媒体，开展新闻传播活动属于组织内部传播，可以促进组织成员社会化，而有目的性有计划性地依托社会相关媒体开展如招生、校庆等的新闻传播活动则属于组织外部传播。

微信公众平台作为一个开放式的新媒体平台，是传统校园媒体基础上的拓展和外延，不仅可以对组织内部进行传播，还可以对组织外部进行宣传，在资讯传播、思政教育、舆论引导、文化培育、服务管理、形象塑造等方面有重要作用。

2. 使用与满足理论

使用与满足理论是从受众角度出发，把受众成员看作是有着特定"需求"的个人，通过分析受众的媒介接触动机，从而使这些需求得到心理和行为上的"满足"的过程。"使用与满足"是受众选择的目的和获得。高校团属微信作为一个特殊的平台，首先要了解青年大学生包括信息、学习、情感、个性等的需求，提供相应的信息或服务满足学生大学期间成长成才的需要。

3. 把关人理论

把关人理论是指群体信息传播时，信息是在含有"门区"的渠道里流动的，而在这些渠道中存在着一些"把关人"，只有符合群体标准规范或"把关人"价值标准的信息才能进入传播渠道。信息传播者从一定的立场、方针政策、价值倡导出发，在信息的制作、筛选以及发布等方面对信息进行把控，有这样传播行为的组织或者个人都可称之为"把关人"。

网站、官方微博、官方微信、易班、QQ等网络传播平台的管理者、使用者等就是网络传播中的"把关人"。而网络校园文化建设应该在坚持什么原则、倡导什么价值、传播哪些内容的前提下，引起学生关注，是网络校园文化传播平台的指导教师、运营

团队等这些"把关人"需要关注的。因此"把关人"对网络校园文化的建设发展发挥着非常重要的作用。

三、问题解决方式方法

(一) 精准发力网上团建,提升组织活力

重新组建新媒体中心,围绕"互联网+共青团"形成了"学校团委引领、学院团委主抓、新媒体中心运营、基层团支部联动"的"四级"网络校园文化建设机制;二是结合外语专业大学生认知规律和高校环境,打造精品网络校园文化宣传矩阵,建立覆盖全院近1 600名学生的"网络化"式"共青团微信"体系,充分调动"学院团委—团委学生会各部门—班团支部"积极性,形成联动。

(二) 精准提升队伍建设,助推思政工作

探索"不限学生年级,不设工作年限,优化人员结构"的团队构建模式、打破部门壁垒,建立专题小组的"外院团学+全媒体"联盟新媒体模式,构建青年话语体系,用社会主义核心价值观指导网络校园文化建设,让网络校园文化内容"富"起来,让思想政治教育形式"活"起来。

(三) 精准建立工作制度,加强阵地建设

根据学院团委组织架构,建立科学人性化的微信平台运营管理制度、审核监督制度、激励考核制度、专题选题制度等,明确相关负责人审核职责,发挥其在信息选择、加工和传播过程中的把关作用,增强信息的权威性,加强网络校园文化宣传阵地建设。

(四) 精准创造文化产品,增强用户黏性

结合重大时间节点或学校、学院大型系列活动等,依托学院团委新媒体中心的优势,通过图解、音频、条漫、视频、微课等信息传播形式,提高师生网络阅读的愉悦感和接受度。优化校园网络文化内容,抓住青年兴趣点,转变交流语言体系,设计开发系列原创产品,推出有深度、有温度、有力度的网络文化产品。

(五) 精准引导青年之声,提高育人实效

遵循网络传播的特点和规律,选取与外语专业息息相关的热点、话题,通过采访、对比分析、发表个人体会等方式,进行正确的社会舆论引导。积极引导各班团支部微信平台共同发声,形成合力,真正发挥"共青团微信"体系积极影响的作用,加强青年大学生网络媒介素养教育,提高育人实效。

四、问题解决的环节与过程

（一）构建"网络化"式"共青团微信"体系

学院团委注重培养"新媒体达人"，以学生为建设主体建设外院专业大学生网络校园文化，让学生成为自己思想的引领者。学院团委学生会、艺术团、专业小组等各部门，基层班团支部都建立了自己的微信宣传平台，学院团委以此为基本架构，构建"网络化"式"共青团微信"体系（见图1），充分调动"学院团委—团委学生会各部门—班团支部"积极性，形成联动，对于网络思政工作的开展起到极大的助推作用。

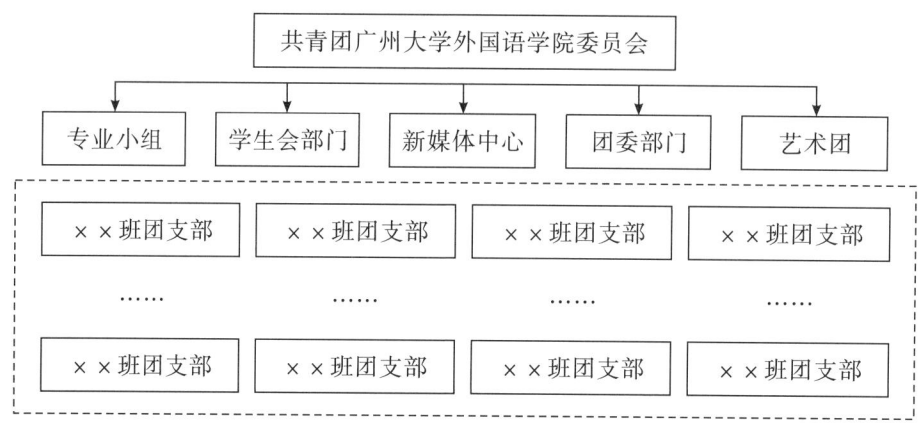

图1 "网络化"式"共青团微信"体系

（二）调整团队架构，整合内部资源

2016年，学院团委在原有新闻与网络部的基础上，优化人员结构，整合学院资源，重新组建新媒体中心（见图2）。团队不限年级，不设学生工作年限，打破普通学生组织运行制度，往专业化方向发展靠近。

根据日常管理设计了"金字塔"式组织架构，新媒体中心层面打破了大三不留部的"传统"，增设2~3名学生担任主任，充分发挥"朋辈"作用，较好地避免了新媒体团队更新换届快对微信平台日常运营、素质提升的影响。

根据日常工作内容设计了"扁平式"组织架构，学院团委层面增设一名学生团委副书记分管学院团委新媒体中心、宣传设计部，分管工作包括线上线下宣传设计、文化创意，以缩短决策半径。

根据专题工作内容组建非固定专题小组和条漫设计专题小组，每个原创专题都由一名部长统筹，打破部门壁垒，整合各部门专才资源，组建专题小组开展专题创作。

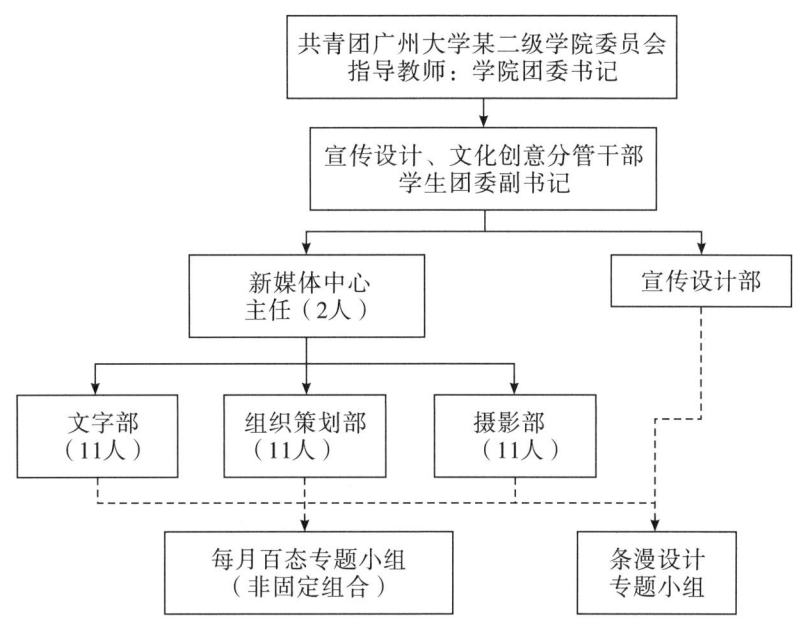

图 2　学院新媒体中心组织架构及专题小组工作运营图

（三）实施运营管理五项制度，加强网络宣传阵地建设

学院团委发布外国语学院团委微信平台推文约稿制度、微信推文发布周程制度、微信推文审稿制度、每月百态专栏选题制度、审核监督制度、激励考核制度，明确了学院团委微信平台内容发布的范围、组织管理和审批制度、信息安全等。明确供稿部门和相关负责人的职责，加强网络校园文化宣传阵地建设。

（四）紧跟热点，创意先行，特色产品，提高黏度

紧跟热点、重大时间节点，依托学院团委新媒体中心的优势，通过图解、音频、条漫、视频、微课等信息传播形式，推出专题视频、节日专题手机壁纸等极具学院特色网络文化产品。抓住青年兴趣点，转变交流语言体系，结合学校团委重点工作、学院精品活动，采取"新媒体中心＋团学部门"联合开展特色文化产品征集活动，整合全院设计开发类人才资源，创作系列原创周边，同时提高平台用户黏度。

（五）注重干部培养，发挥支部力量

学院团委从 2017 年起，已面向全院优秀团员干部、团员，尤其是负责新媒体平台运营的团干部，开展三期院级青马工程培训班，通过思政讲座、读书分享会、素质拓展、红色教育等多种形式的活动，提高新媒体人的政治素养和综合能力。

学院团委微信平台结合学校"千名党员教师对接千个团支部"的千千工程活动、

基础团组织建设等，引导各班团支部微信平台共同发声，针对专题线下活动开展线上宣传，积极形成合力。选取与外语专业息息相关的热点、话题，通过采访、对比分析、发表个人体会等方式，进行正确的社会舆论引导，让网络思想政治教育更接地气地深入学生心中。

五、问题解决的最终效果

学院团委微信平台运营效果明显提升，用户黏度显著增强。截至 2020 年 2 月，广州大学外国语学院团委微信公众号用户总数 8 142，常读用户数接近学院在校学生总数，"共青团微信"体系基本覆盖全院近 1 600 名学生（见表1）。

表1　2019 年 8—12 月广州大学外国语学院团委微信平台常读用户数

时间	常读用户数	常读用户比例
2019 年 8 月	1 236	16.38%
2019 年 9 月	1 590	20.54%
2019 年 10 月	1 675	20.86%
2019 年 11 月	1 651	20.31%
2019 年 12 月	1 493	18.31%

自 2015 年起，学院团委平台发布推文近 2 500 篇、创作视频 40 条、阅读总量超 150 万，多次进入广州大学学院微信公众号影响力每月排行榜前三甲（见表2），学院新媒体中心更被评为 2018—2019 年度"广州大学最具影响力团学媒体"。

表2　2015—2019 年广州大学外国语学院团委微信平台相关数据列表

年份	推文总量	阅读总量	平均阅读量	学校月排名第1名	学校月排名第2名	学校月排名第3名
2015	558	133 375	239	0	1	0
2016	770	294 180	382	1	4	1
2017	435	530 522	1 219	4	1	1
2018	427	270 031	632	6	3	0
2019	291	294 574	1012	8	2	2

六、案例所获经验、启示与反思

(一) 案例所获经验

1. 坚持线上线下相结合、内容与形式相结合的工作模式

微信平台日常运营坚持线上线下相结合、内容与形式相结合的工作模式,把握网络思想政治教育开放性、自主性、多样性、渗透性等特点,有效地利用青年学生的关注点、网络的推广手段、富有时代性的网络语言形式等,注重贴近学生学习生活,贴近辅导员工作所需,既融合深入的思考,也有身边的故事,传播社会主义核心价值观。

2. 借助社会新媒体平台,推动特色活动线上直播

2018、2019 年学院"梦之翼"茂名三下乡实践队均通过向学校团委申请,在触电新闻直播平台分别进行澳大利亚异国文化风情课和爱国主题教育班会的活动直播,两次直播活动均先以学院团委微信平台做前端宣传,再以微信推文阅读原文链接的形式进入触电新闻直播间,最后再以微信平台推文做深度终端故事挖掘的形式开展宣传,直播间浏览量分别达 1.6 万和 9.4 万。

3. 紧跟热点,打造特色精品栏目,注重原创周边

紧跟热点、重大时间节点,避免单纯做网络"搬运工""二传手",认真打造平台应有的个性和创造性,塑造平台可爱、调皮的"外院君"个性化人物形象。

依托学院团委新媒体中心的优势,通过图解、音频、条漫、视频、微课等信息传播形式,推出如国庆七十周年特辑视频,由远赴西藏支教的学生、学院青马班、学生党支部、合唱团等多个学生组织和优秀学生代表跨越地域障碍同唱《我和我的祖国》;在学院分校区办学管理的第一个学期,为了缓解师生因校区之间来回奔波带来的疲惫、打破高年级学生与大一新生的隔阂,条漫设计专题小组以"跨过异地就是一辈子"为主题发布百态专栏漫画推文,推文阅读量高达 2 159、留言互动 34 条,受到学院师生的一致喜爱。

结合学校团委重点工作、学院精品活动,采取"新媒体中心+团学部门"联合开展五四百年周边设计、经典百书书签明信片设计、外院专属手机壁纸、教师节贺卡设计等特色文化产品征集活动,整合全院设计开发类人才资源,创作系列原创周边,注重原创内容保护,同时提高平台用户黏度。

(二) 启示与反思

1. 日常运营工作欠缺成果意识,需加快实现平台科学运营

学院微信平台建设一直停留在工作实践的表面上,运营团队缺乏系统性、经常性的深入学习,缺乏用马克思主义、新闻传播学等理论来分析问题、解决问题,更缺少日常资料的收集整理,未有深刻、内在的总结和研究成果。实践探索虽然已取得了一定的成果，但指导教师、运营团队未能做好"把关人"的角色，尤其在前期运营"吸粉"阶段，内容存在片面迎合学生喜好。缺少基于现有数据材料进一步思考分析、总结规律，一定程度上制约了微信平台由经验形态走向科学形态的运营发展。

2. 服务功能缺失、青年权益缺乏维护，平台信度仍需提升

学院团委微信公众号栏目设置缺乏贴近学生在校学习生活的资讯信息、文件通知下载功能等。粉丝在后台提出的相关诉求，未能得到及时反馈和跟进，导致青年权益维权工作停滞不前。以服务青年为宗旨，建立与学校学生处、公寓中心、图书馆、学院办公室、教务办、科研办等部门的长效联系，及时反馈，持续跟进，直到有效解决青年咨询和诉求，可提升平台信度。

3. 多个平台同时不同步运营，学院融媒体矩阵急需打造

目前学院团属新媒体平台有微信公众号、青年之声由新媒体中心负责日常运营，学工微信平台、"五室一站"微信平台、易班平台等则分别由学工助理、"五室一站"兼职辅导员、学院易班工作站负责运营。多个新媒体平台同时运营，内容、功能有交叉，但也有所区别，导致日常运营中出现信息公布不同步、信息不对称的情况，分散了学生关注力甚至引发不满情绪。

构建"团属微信平台+易班+青年之声"的全媒体矩阵，利用原有易班群微信公众号，形成相互捆绑、信息共享、各具特色、优势互补、覆盖全院学生的网络化"易微"体系和信息化、制度化的工作机制，整合学院学生工作新媒体资源，打造二级学院融媒体矩阵，让学生更了解学院，拓展思想政治教育新阵地。

4. 网络校园文化主体参与度不足，师生认同感仍需加强

网络校园文化的主体主要包括专职教师、管理服务人员、大学生，他们既是网络校园文化的创造者，又是消费者，他们的目的和需求共同决定着网络校园文化的存在和发展。目前学院团委微信平台更多注重学生层面的信息，而忽略专职教师、管理服务人员的信息输入，导致师生之间缺失互动交流的网络平台、对平台和学院的认同感仍需加强。

参考文献

[1] 郭庆光. 传播学教程［M］. 2版. 北京：中国人民大学出版社，2011：130－131，175.

[2] 陈婕妮. 高校官方微信传播策略研究［D］. 广州：广东外语外贸大学，2017.

[3] 张万景. 高校网络文化育人功能及其优化对策研究［D］. 桂林：广西师范大学，2016.

第三篇
校园突发安全事件应对

当爱情遇到同性
——关于具有自杀倾向的同性恋学生的案例分析

邹静莹　莫　杰

一、案例简介

（一）当事人基本信息及案例的背景

小林（化名），为大一新生，男，2020级计算机专业，经医院诊断为重度抑郁、中度焦虑。该生平日里状态非常低落，说话有气无力。自述长期难以入睡、食欲不良，尤其是失恋后便不愿意与人交往，并在班级微信群内自爆自己为同性恋。小林高中毕业后意识到自己的同性恋倾向，但当时的他无法理解自己为什么是同性恋，甚至觉得自己很肮脏，因此产生内疚感和感到无人认同的恐惧感。高中毕业后，小林一直有自杀的念头，了解过自杀方法，但没有做过自杀尝试。他觉得自己给家人添了太多麻烦，声称自己的消失不会给别人产生影响，反而解脱了家人。升入大学后，小林认识了同校的男性朋友，经了解后发现，小林认为对方性格温柔，善解人意，但由于自卑主动选择与其分手。为此，小林内心十分痛苦。

辅导员（女）在工作中发现小林愿意交流，能积极寻求教师以及同学的帮助；与学生家长的沟通后发现小林一直以来比较内向，不爱交朋友，与家长沟通交流少；班级干部反馈该生性格内向，和室友关系比较好，也偶尔参与宿舍集体活动。

（二）危机的发生

小林在周四晚上主动联系辅导员，说明要预约学校心理健康与教育咨询，并向辅导员倾诉自己内心的痛苦,感觉自己一事无成。与小林同寝室的小张为班上的副班长,他在当晚立刻向辅导员教师报告小林一直在天台,迟迟不愿意回宿舍休息的异常现象。辅导员立刻向书记汇报,并在第一时间赶到现场安抚小林情绪。所幸小林在劝解后和辅导员一同离开天台。

二、心理问题诊断

医院初步诊断小林为重度抑郁,中度焦虑。临床具体表现为在认知上,小林性意识与自我道德规范的冲突产生心理矛盾,又缺乏与父母、朋友的沟通,没有社会支持系统,诱发该生心理变异,因此认为自己的消失也是一种解脱;在情绪上,失恋之后,五个多月一直处于郁闷、内疚的状态;在性格上容易神经质和陷入伤心的情绪;在行为特点上常常独来独往,对大学环境适应能力差,时常失眠。

我国高校学生承载着国家、社会、家庭和自身的期待,身处竞争激烈的校园环境,面临着学业发展、个人成长、人际交往等发展任务,学生中普遍存在不同程度的焦虑、抑郁等心理状态。根据研究表明,抑郁症患者通常具有强烈的病耻感、低水平的社会支持、消极的思维模式和应对方式。而到现在为止,治疗抑郁症效果较好的方法是服用精神类药物,并辅助心理咨询。可见,高校情境下的心理危机干预工作至关重要。辅导员在对患有抑郁症的小林进行长期干预时发现,小林的原生家庭和自我认知是影响其情绪波动的直接原因,缺失家人的关爱以及内心强烈寻求家人认同导致小林在遇到问题时容易采用极端的方式,尤其是在对待同性恋的问题上,产生了自卑和自我认同的矛盾心理。因此,消除小林内心的病耻感,增强其自信心和自我认同感,把重心转移到自我发展与完善上,获得更高质量的社会支持,是该生心理干预的关键点。

三、心理健康维护工作方案与实施过程记述

(一)心理健康维护工作方案

(1)全面了解该生生活、作息、人际关系、情绪情感等,发现异常及时与该生及家长沟通。

(2)定期了解该生复诊详情,督促学生按时吃药,每月与学生谈心1~2次。

(3)在该生遇到生活、学习中的困难时及时提供力所能及的帮助。

(4)做好信息的追踪、纪录,每月填写追踪月报表。

(5)保护好学生隐私。

(6)当辅导员自己解决不了困难时,及时向学院副书记报告。

(7)如有必要,及时请示学院报告心理健康教育与咨询中心为该生再次做心理评估。

(8) 在班级内组成三人以上精神支持小组。

(二) 实施过程记述

1. 了解学生，学会倾听

小林愿意主动联系辅导员，积极对辅导员敞开心扉寻求帮助，说明小林有意愿改变现状。在不打破学生信任的情况下，辅导员在倾听学生的倾诉时要做到设身处地地聆听，以理解学生讲话的内容、目的和情感，来建立更深厚的信任关系，以提供学生最需要的情感支持。比如使用"我能感受到你的情绪""我能理解你的感受、感受到你对这件事情的感觉有多强"等此类话术来表示理解，让小林更多地敞开心扉。

2. 转变认知，化解矛盾

由于青少年时期是快速成长与变化的时期，青少年容易接受暗示，好奇心也特别强。另外，遗传和成长经历也是同性恋的重要影响因素，因而性取向存在很大的不稳定性和变数。辅导员对小林是否是同性恋和同性恋是好是坏不做道德判断，而是利用"产婆术"进一步引导小林思考他所喜欢的对象身上所拥有的优秀心理品质以及背后所蕴藏的深刻含义，如力量、勇气、控制力等。建议小林给自己和对方一些时间去沉淀，把自己的时间和精力聚焦到当前最重要的学习上，既不过度地关注他人，也不要忽视自己存在的价值，以此来消解小林自我否定的情绪。

3. 了解情形，外化危机

良好的家庭关系能够增强个体的安全感。在了解小林的家庭关系时，辅导员发现小林的父母长期忙于工作，很少与小林进行深度心灵沟通，通电话也是寥寥数语，再加上父母教育方式简单粗暴、观念传统，这些都进一步加深了他内心的不安全感。辅导员在聊天时，尽力让小林追溯过去，回想一些与家人、朋友的美好回忆，以缓解小林的焦虑与抑郁。

4. 勇敢面对，激活资源

解铃还须系铃人。小林因为畏难、自卑心理，以及自我认同的矛盾，产生了与家人、朋友之间的冲突，那解决问题的资源也一定在家庭和朋友关系之中。让小林尽情倾诉之后，辅导员引导小林回忆在家庭关系中那些与父母彼此接纳的时刻，学会积极、正面思考问题。当然，家庭环境一时是无法改变的，辅导员会鼓励小林努力激活身边资源，比如建立良好的师生关系和同伴关系来补偿亲情的缺失。

5. 正面思考，危机转化

小林面对性意识与自我道德规范的冲突产生心理矛盾，又缺乏与父母、朋友的沟通，缺少社会支持系统，诱发小林心理变异，总是处在恐惧、自责、无助、悲伤之中，常常请假缺课，独自一人待在寝室。为了化解这种情形，辅导员常常走访小林寝室和他谈心谈话，也陪同小林一起吃饭、上课，利用行为认知疗法帮助小林正面思考问题。比如在两性关系中，小林在分手后仍和前男友保持良好的朋友关系，这其实是一种被接受和被抱持的关系，同时辅导员也建议他在适当的时候可以多接触一些优秀的异性，通过对比，进一步弄清自己的性取向；在家庭关系中，小林在与姐姐坦白自己性取向后，得到了姐姐的认可与支持，让小林感到未来充满希望；在自我发展上，小林喜欢画画，与计算机专业相匹配，辅导员教师尽可能鼓励与引导小林向自己的兴趣靠拢，突出专业优势，转化小林面对的心理危机。

6. 鼓励行动，寻求支持

每当小林遇到什么困难时，辅导员都会鼓励小林去行动，办法总比困难多，让他认识到目前的困难都只是暂时的。现在小林的姐姐已经接受小林的性取向，小林也希望得到父母的支持，但是时常与父母沟通时总与他们产生冲突，觉得和他们说了也没用。辅导员认真与小林探究过去应对的办法，向他解释不能抱有对父母先入为主的观念，学会放平心态，毕竟过于浮躁的沟通策略往往会加剧矛盾。提醒小林每次沟通前认真思考这次和父母的沟通要达到的目标，让他理解父母观念的转变不是一步能达到的，需要慢慢沟通转变，必要时也可以寻求教师和姐姐的帮助，不要感到孤立无援。同时督促小林积极接受医院的治疗，按时服药，定期进行心理咨询。

四、工作效果评价与经验反思

（一）工作效果评价

工作效果总体良好。在危机干预的六个步骤之下，小林的心理危机逐渐化解，食欲和睡眠都转好，除正常学习生活外，也积极参加社团活动；与朋友开始正常相处，与家人的沟通也不再激进。小林仍会偶尔有处在悲伤和抑郁状态的时刻，但会按时吃药，定期进行心理咨询，积极寻求医生和教师的帮助。

（二）经验反思

1. 构建信任关系，保持良好沟通

针对存在心理问题的学生，与其建立信任关系是学生工作的第一步，也是最重要的一步。辅导员通过对班主任、班干部、舍友以及其他班级成员等了解学生的日常生活状态，同时保持每月多次的见面，创造话题与学生沟通，建立与学生信任的桥梁，学生才能对老师敞开心扉，从而让老师更加了解学生的思想动态，及时预判学生的心理危机程度。

2. 关注学生心理，及时危机干预

从学生参加定期心理普查起，随后结合日常工作中各方面的信息来源，对学生的心理健康状况进行分级调整，并做出相应的干预。如学生存在自杀行为或者存在潜在的暴力行为时，尽早与学生见面，防止此类行为的发生，并寻求学校心理咨询中心的帮助。同时建立心理中心—辅导员—班干—宿舍长四级关注机制，以保证学生的生命安全和身体健康。

3. 提升专业素养，给予有效指导

辅导员在处理学生心理危机事件时，要增强自身心理专业相关知识，提高专业素质，减少对学生心理的误解，避免给当事学生带来心理压力和困扰，同时要用平等、关爱而非歧视、质问的方式与学生沟通并做出指导，努力帮助他们自我适应和适应环境。

参考文献

［1］马川."00后"大学生心理健康水平的实证研究：基于近两万名2018级大一学生的数据分析［J］.思想理论教育，2019（3）：95-99.

［2］陈涛.认知行为治疗对抑郁症患者病耻感和应对方式的影响［J］.临床医学，2018（3）：28-30.

［3］彭亮.心理咨询视角下的"同性恋"倾向学生的心理转化［J］.科学咨询（科技·管理），2019（12）：210.

我们还是不是好朋友
——宿舍矛盾？or 投放洁厕精引发的校园危机事件？

张静静

一、案例简介

小 A，大一女生，该生入学之后与小 B 一同被分入到同一间宿舍。一天晚上小 A 准备洗澡时发现自己晾晒在阳台的一件卫衣裙丢了，次日凌晨四十四分在宿舍群里告诉室友们自己偷偷在宿舍装了监控，随时能查看监控内容，但想给彼此一个机会，希望拿了自己卫衣裙的同学敢做敢当主动还回来，否则第二天将会报警。凌晨四点，小 B 叫醒小 A 同学将衣服还回并称自己事先并未看到小 A 在宿舍群里发的消息。第二天小 A 同学将此次发生的事情告诉了辅导员，且希望辅导员陪同去派出所报警。

隔天凌晨五十四分，小 A 再次微信告知辅导员，上周六与小 B 一起在火车站做志愿者，中途口渴让小 B 帮忙将她的水杯带给她，喝水时感到水异常有酸味，但因当时忙着做志愿者也没多问，回学校后再次回想起水的那种异常酸味，感觉不对劲，于是立马找班长一起去火车站服务中心一查究竟，在服务中心找到工作人员查看了当天的视频监控，并在监控盲区公共厕所和洗手台附近发现几瓶洁厕精，小 A 一闻发现和之前喝水的味道一致，瞬间感觉到自己生命安全受到威胁，心里很恐慌，再次向辅导员提出想尽快报警。

二、解决方案

（一）积极关注，共情倾听

辅导员与小 A 面谈，进一步了解情况听取诉求，对其恐慌心理进行安抚并及时为学生调整宿舍。

辅导员与小 B 同学面谈，了解到小 B 近期感觉跟小 A 的关系没那么好了，前几天还在宿舍问小 A 同学"我们还是不是好朋友？"，小 A 同学并没有正面回答并告诉小 B 以后不要问这种问题了，小 B 同学对小 A 同学的回答不满意，感觉小 A 不再像以前一样热情，不再跟她分享快乐悲伤，所以产生了捉弄小 A 同学的想法，故意把小 A 同学的卫衣裙藏起来放到宿舍门口的黑色袋子里，当天夜里把卫衣裙归还给了小 A 同学并承认和小 A 同学一起做志愿者时往其水杯里面投放了洁厕精。辅导员对小 B 的错误行为进行了批评教育，指出其行为的错误，并要求手写一封道歉信给小 A 同学。

辅导员与小 B 男朋友面谈，了解到小 B 和其男朋友高一是同班同学，高二小 B 选了文科，男朋友选了理科，男朋友从高二开始追小 B 同学，大一开学九月份才在一起，据男朋友反映小 B 同学高中时跟同学关系挺好，没有产生过什么矛盾，刚入大学时小 B 同学曾经跟他说过来学校不太适应当地的饮食、气候，男朋友认为小 B 同学是个很有想法的女孩，做事情不会因为别人的看法而改变，并没有发现有什么异常的行为。

（二）深入群体、换位思考

辅导员同小 A 宿舍的全体成员以及班长进行集体谈话，了解宿舍整体人际关系及心理状况，对宿舍同学心理上产生的影响表示理解并及时安抚，同时请求心理中心教师协助为宿舍成员做心理疏导并要求宿舍成员正确的看待此次事件，不在班级或团体中随便散播。

（三）家校联动，及时汇报

辅导员及时和小 A 及小 B 家长取得联系，据小 A 母亲反映小 A 跟自己反映过在宿舍丢东西的事情，小 A 妈妈认为从丢衣服到投放洁厕精，自己孩子不仅在学习和生活上，甚至生命安全都存在隐患，所以支持孩子报警；据小 B 母亲反映小 B 同学胆子很小，比较节约，个性强，一直很懂事，初中就开始住校，没有什么异常，说自己孩子应该就是单纯恶作剧。辅导员将此次事件的严重性告知双方家长并希望双方家长尽快赶到学校，一同配合警方共同处理此次事件。

同时，辅导员第一时间向学院相关领导汇报事情最新情况并寻求下一步解决方案。学院领导高度重视并给出指导性意见，要求密切关注小 A 和小 B 及宿舍成员的心理状态并谨慎处理此次事件。

（四）部门协作，形成合力

辅导员及时将情况反馈给保卫处和心理中心教师，请求心理中心协助对小 A 进行心理疏导，对小 B 进一步摸查其心理是否异常，请求保卫处一同配合警方和双方家长进行沟通协商，最终双方家长达成一致并签署治安调解协议书。

（五）做好跟进、加强教育

辅导员带小 B 及家长回宿舍收拾东西，告知其家长先带小 B 回家调养身体，会帮助小 B 办理后续休学及离校等手续，告知其家长务必要遵守治安调解协议书，在明年复学之前要出具合格有效的心理报告。此外，辅导员及时召开主题班会，引导学生建立良好的宿舍人际关系，多关注学生的生活及心理状况，积极营造和谐的宿舍氛围。

三、工作成效

在学校及学院领导的指导下，各部门合力配合警方，双方自愿达成并签署以下协议：

（一）由当事人小 B 向小 A 赔礼道歉，认识到自己的错误，保证以后绝不再犯。

（二）双方及家长达成谅解。

（三）小 B 及家长向小 A 及其家长一次性赔偿医疗费、交通费、住宿费及后续治疗费等费用共计壹万贰仟元人民币。另外，如果因此事导致小 A 的身体和精神损害的治疗费用超过赔偿款壹万贰仟元的，小 A 可以凭有效票据要求继续赔偿治疗费用。

（四）小 B 同学承诺休学一年，一年后复学要出具合格有效的心理报告。

（五）小 B 及其家人承诺不以任何方式接触和骚扰小 A 及其家人。

（六）小 A 不追究小 B 的法律责任。

四、案例反思

（一）引导学生积极有效沟通

良好的沟通是解决问题的关键。如果该宿舍同学之间交流畅通，很多宿舍矛盾都可以由大化小，由小化无，不至于矛盾激化。在平时工作中，要引导学生遇到问题时，学会通过有效沟通尝试着去解决问题。良好的沟通方式是敞开心扉、疏导情绪、充分获取信息的关键，也是能让各方相互配合，共同解决问题的关键。所以在人际交往过程中，要善于沟通，善于表达，通过积极有效沟通去解决问题。

（二）重视女生宿舍人际关系问题

宿舍人际关系是大学生人际关系中最基本的环节，也是衡量大学生人际交往能力、身心健康和为人处世的标杆。对于大学女生来说，宿舍是她们最直接最放松的人际交往场所，除了来自不同地域、生活习惯不同之外，还归属于不同组织，角色分属较多，心思大多较为细腻，在遇到实际问题时，大家一般都会从自己的角度出发，都想证明自己的观点并坚持自己的立场，这些都有可能成为宿舍关系紧张的因素。面对这些客观的差异，如果不给予足够重视及引导，女生宿舍很容易产生不和谐问题，这些问题会给她们心理造成很大压力，久而久之不利于身心健康。因此如何正确引导大学女生处理好宿舍人际关系成为辅导员工作中的重点之一。

(三) 加强学生心理健康教育

习近平总书记说过，思想政治工作从根本上说是做人的工作，必须围绕学生、关照学生、服务学生、不断提高学生思想水平、政治觉悟、道德品质、文化素养，让学生成为德才兼备、全面发展的人才。党的十九大报告中也提出要"加强社会心理服务体系建设，培育自尊自信、理性和平、积极向上的社会心态"。辅导员要重视大学生心理健康教育，多走访宿舍了解学生的生活和心理状况，通过开展各类心理健康教育，培育大学生良好的心理素质、抗压能力、适应能力、人际关系处理能力等，及时处理心理冲突，进行心理疏导，从心理层面推动和促进学生全面发展，培育自尊自信、理性平和、积极向上的健康心态，实现"育心"与"育德"有机融合，最终培养成担当民族复兴大任的时代新人。

(四) 用爱开展心理帮扶，增强思想教育实效

高校思想政治教育实践中，辅导员对学生流露出无私的爱和深切的关怀是其身心恢复的重要动力，使其感受到辅导员始终与他们同在，随时能够向学生提供必要的支持和帮助。同时，要对学生潜在的心理异常进行评估，选择合理、合法、科学、有效的方法应对。每一个学生都具有独特性，辅导员需要潜心学习其各方面知识与技能，不断探索应对的策略与方法，及时抓住其思想和行为的苗头，对症下药，给有需求的学生及时必要的帮助，将问题解决在发现初期，以增强思想政治教育工作的主动性、预见性和实效性。

参考文献

[1] 陈虹，潘玉腾. 立德树人视域下高校心理育人价值及其实现路径 [J]. 思想理论教育，2019 (5): 86-89.

[2] 李唯一. 论心理健康教育与思想政治教育的结合 [J]. 辽宁师范大学学报 (社会科学版), 2003 (4): 48-50.

学生突发事件
——校外交通事故处理应对措施

张新新

一、案例概述

2022年上半学期，音乐舞蹈学院一舞蹈专业研究生，骑电动车上课，行至中环路二号天桥位置时与本校其他学院一学生电车相撞。事故发生时该生正常行驶，对方逆行而来，且双方都没戴头盔，导致该舞蹈生头部着地，当场昏迷，受伤较为严重，另一学生无大碍。

事故发生后，学院副书记及辅导员第一时间赶赴现场，及时拨打120将该生送往医院，同时了解事故发生的起因和经过，并拍摄现场照片及视频留底，拨打交警电话，等待交警处理。到达医院后及时向医生了解学生的受伤情况，并通知学生家长，与此同时与逆行学生进行沟通，安抚其情绪，后续双方家长赶到，辅导员协助交警完成责任认定及赔偿问题商定，因该生是外地户口，医保问题成为该生家长苦恼的事，并且因专业性质，课程学习也困扰该生，导致其一度想办理休学。

二、案例分析

此案例反映的是学生在校外意外受伤突发事件的处理，且事故双方都为本校学生，如处理不恰当，可能会引发舆情，另外受伤学生因专业性质害怕课程跟不上，比较焦虑，打算休学。

三、问题关键点

（1）如何及时、有效、正确地处理学生意外受伤突发事件。
（2）如何安抚该生安心休养，减少心理压力。
（3）事故双方都为本校学生，如何引导和平解决问题，避免舆情产生。

四、解决思路和实施办法

1. 及时到位，迅速回应

学生突发事件发生后，辅导员应做到第一时间赶赴现场，控制局面，镇静处理。在接到消息后，以最快速度核实信息的真假，了解情况，迅速做出回应。如果不能立即赶到现场，要联系同事或学生干部先去现场。如果是特别严重的事件，要先及时向上级领导报告或报警，尽快告知直接领导，紧急情况下可以越级汇报；同时要联系相关部门，并通知相关人员到现场。

在接到该生发生事故的第一时间，学院副书记及辅导员就赶赴现场，到达现场后，及时查看学生的受伤程度。因两车相撞时，另一电动车逆行且车速较快，导致该生被甩在地上，后脑勺着地，情况比较严重，辅导员及时拨打120将该生送往省中医救治，同时将现场拍取照片、视频留底。同时了解另一学院学生的信息，安抚该生情绪，消除恐惧感，以生命健康为第一位，先治疗，暂时不讲责任，责任由交警划定，虽然是其他学院学生，但也是广州大学学生，应站在双方角度去考虑问题，力求在危机损害扩大之前控制住危机，不让事态继续蔓延，为妥善处理事件赢得时间，减小负面影响。

2. 生命第一，安全为先

任何时候，人的生命都是最重要的。无论发生什么样的突发事件，处理的目标都应该保护和保障学生生命安全，这是处理学校突发事件的基本理念。突发事件一旦发生了，我们只能主动面对、从容应付，不埋怨、不退缩，应积极寻找解决的办法，寻找最有效的救助。第一顺序是保护学生，把学生生命安全放在首位。

事故发生后，学院副书记和辅导员在第一时间赶赴现场的同时就拨打了120急救电话，将学生送往医院救治，确保将学生的生命安全放在第一位，到达医院后及时协助办理相关手续，在了解学生状况的情况下联系学生家长，做好与学生家长的沟通工作，避免信息传达错误，引起不必要的矛盾和恐慌。配合交警完成案件的记录，提供相关照片和视频，为交警责任划定和后期双方家长到场后商议赔偿提供可支撑材料。因该生户籍在外省，家长第一时间不能赶到医院，当天辅导员及该生同宿舍同学在医院进行陪护，保障学生家长到来前，受伤学生在医院始终有人照看。

3. 依靠组织力量，寻求资源协助与支持

应对学生突发事件，靠单枪匹马解决不了问题，必须依靠组织力量，团体协作，由团队处理的模式进行。团队处理的优势在于：对问题能有更彻底和完整的评价，产

生更多解决问题的资源和方法。

事故发生时，了解到涉及本校其他学院学生，且本院学生受伤严重，学院副书记一同前往事故现场处理解决，且在了解到事故另一方相关信息后，联系对方学院辅导员协助处理并安抚学生情绪，消除学生的恐惧心理，保障事故学生的基本安全。同时联系附近保安及时将损坏车辆拖至安全位置，防止二次事故的发生，并将情况报保卫处。

4. 随机应变，因案施策

学生突发事件主要具有不确定性和处理的非常规性等特点，这就决定了突发事件的处理不可能走常规路线，对我们辅导员来说，就必须随机应变，因案施策，做到原则性与灵活性相结合，对不同事件做出不同的处理方式，对待不同性格学生也要有所不同，尽量将事件的发展态势控制在我们的掌握之中。

在了解清楚事故另一方的相关信息后，主动与对方辅导员联系，了解该生的心理状况及性格情况，及时根据该生心理、性格等情况进行沟通和安抚，告知对方不要害怕，也不要急着划分责任，一切由交警来进行责任划定，等双方家长到达后再商谈具体问题，避免学生因心理等问题产生意外事件。

5. 有理有节，协助家长做好事故后续处理

对重大事件，家长是必须来校处理的。首先，对学生及其家长可能采取的不友好态度做好思想准备。一方面我们要对学生家长给予理解，在有限的范围和合理的尺度内允许他们发泄和发表看法，使他们的焦虑情绪得到合理的释放。相关人员必须保持冷静和克制，不能激化矛盾和产生负面作用，另一方面，掌握稳定对方情绪、进行有效沟通的科学方法，不断提高化解矛盾的应对能力；在必要时也可以采取换人、换地和转换话题等方式转移家长的视线，避免冲突升级。

第二天双方家长赶到学校，前往医院看望学生后，学院副书记及辅导员加上对方学院辅导员在场，根据交警的责任划定，协助双方家长商议赔偿事项，通过多方参与最终确定了具体的赔偿额，以及后续相应责任的承担。

6. 注重善后处理

突发事件善后处理是突发事件处理中不容忽视的一个重要环节。因为突发事件总是给学校和学生带来一定的损害和危害，只有把突发事件的善后处理工作做好，才能把突发事件造成的损害降到最低。所以，当学生突发事件得到有效的控制后，辅导员应重视化解突发事件过程中反映出来的各类矛盾，发挥"创可贴"功效，减少因过度紧张、恐惧和焦虑等不良情绪引发的不安定因素。

学生经过手术后逐渐好转，但因户口在外地，医保问题困扰学生家长，辅导员及时与学生家长进行沟通解答，减少学生家长的焦虑。在事故发生当天，辅导员就主动联系校医室医保科，确定该生是否参加医保，并了解学生交通事故的报销流程和所需的报销凭证，因此在家长焦虑与疑惑的第一时间能帮助学生家长解答疑惑，消除焦虑，增进学生及家长的安全感。

另一方面受伤学生是舞蹈方向研究生，即将成为毕业班学生。舞蹈方向毕业有个

人舞蹈展演，事故导致该生做了手术，需要休养一个多月，该生担心自己课程和舞蹈演出会影响自己毕业，在医院期间一度想休学。作为辅导员，我主动与该生沟通，帮助其分析利弊，协助办理请假流程，做其思想工作，让其安心休养：身体是革命的本钱，先把身体养好才有时间和体力完成学业，并及时将情况跟领导汇报。

7. 真诚关怀、定期联系，坚持有始有终

在该生住院治疗期间，因其头部受伤，尽量避免使用手机，笔者始终和他的父母保持联系，抽空去医院探望，在后续医保报销等相关事宜中也及时协助其父母办理相关手续；在其出院回家休养后，也积极在微信上进行慰问，关心其恢复进度。经过一个多月的治疗休养，该生在五月份顺利返回学校学习，并在去年下学期顺利举行自己的个人舞蹈展演。

8. 认真反省总结

反省总结是学生突发事件处理的最后环节，突发事件所造成的巨大损失会给学生教育管理和学校带来必要的教训，也带来一些宝贵经验。所以，对突发事件进行认真而系统的总结不可忽视。

针对此次学生电车事故，笔者及时总结事故处理过程中的不足之处，并以个例在全院主题班会中普及交通安全、基本的法律常识和事故的应急处理流程，加强学生的安全意识，构筑学生维护自身不受侵害的能动意识。

五、经验与启示

第一，对于学生突发事件，一定要及时到位、迅速处理。一定要保持冷静，做出正确判断，采取有效措施。在详细了解事情的前因后果后，要能及时向有关领导反映、和学生家长取得联系，及时、详细记录事件的发展过程。一招不慎、满盘皆输，针对此类突发事件，需要辅导员协调好学生、家长、学校之间的关系，关心照顾好学生，用切实行动让学生感受到温暖，真正帮助学生摆脱困境。

第二，对于学生做出的不适当决定，我们一定要能够给予足够关心，耐心交流，知晓真正原因，指导他们少走弯路。作为学生成长成才的引路人，作为一名辅导员，我们要善于发现问题、善于解决问题，保持用心、细心、耐心，加强日常理想信念和安全教育，加强学生挫折与危机引导，不断提高自身工作能力和业务水平，做学生日常生活和学习中的知心人，与学生同成长、共进步。

参考文献

周杨. 高校辅导员工作案例分析：学生意外受伤突发事件处理 [J]. 才智, 2019 (28): 180.

杨奇，马金凤，杨迪. 大学校园突发事件处理对策研究 [J]. 职业技术, 2020 (10): 89-93.

点一盏心灯，照亮前行之路
——一例由情感挫折引发自杀危机的干预报告

段佩佩　张　月

一、案例背景

小 L，男，22 岁，就读于某大学某专业大四年级。性格内向，与班级同学关系疏远，曾和舍友发生矛盾。爱好音乐，学业成绩一般。

一日，辅导员接到小 L 父亲的电话，小 L 与父亲在电话中发生口角，扬言要自杀。几个小时后，小 L 父亲又告诉辅导员，小 L 情绪已平稳下来，没事了。但辅导员并未掉以轻心，马上联系小 L，想约他面谈，但未联系上。辅导员立即致电小 L 父亲，小 L 父亲及其好友、同学均联系不上他。小 L 处于失联状态。

二、处理过程

（一）第一时间启动应急预案，寻找失联学生

面对小 L 的失联，辅导员第一时间将情况报告给了学院党委副书记，副书记马上启动突发事件应急预案，报告给学生处和保卫处。辅导员随即联系班主任、小 L 同学，了解学生失联原因和可能去向；同时打电话给小 L 的父亲，让其马上来校。副书记协同辅导员、班级同学、好友与小 L 的父亲，共同在好友提供的可能去向范围寻找小 L。学校保卫处也在学校及附近区域寻找。在经过一天一夜的找寻后，最终在学校附近找到了他。辅导员把情况报告给学院副书记，并交代家长对小 L 进行 24 小时监护。

（二）了解事件原委，拟定应对方案

在找到小 L 之前，辅导员已从其好友口中了解到小 L 此次失联可能与他的失恋有关。辅导员分别与小 L 及其父亲进行了谈话。小 L 坦承，此次"自杀"，确与失恋有关。他无法接受三年的恋情"戛然而止"，也不能接受他依恋至深的女朋友弃他而去，"好像全世界都抛弃了我，找不到活下去的希望"。通过与小 L 父亲交谈，辅导员了解到小 L 为独生子女，家庭教养方式为"专制型"，孩子的成长过程中父母管得很严很细，少正面鼓励，多否定打击，家庭氛围压抑。

通过交谈，辅导员认为这是一起情感挫折引发的自杀危机事件。在与小 L 的长谈中，辅导员因势利导，营造了一个安全温和的环境，让小 L 尽情发泄情绪；待其情绪平稳之后，与其讨论"生命为什么可贵""情感受挫后应如何疏导情绪，可以向谁求助？"等问题，引导小 L 在遇到困难时以安全的方式宣泄情绪，同时启动自己的社会支持系统，积极主动求助。

辅导员的情绪疏导在学生心中点亮了一盏灯，但这盏灯的能量还是不够的，学生消极、极端的处事方式不是一天两天形成的，要解决根本问题，还需要其他人的帮助。

（三）多方合力协同，疏导情绪解决问题

在征得小 L 同意后，辅导员请心理咨询中心的教师对小 L 进行心理咨询与疏导。经过初步评估，心理咨询中心的教师认为小 L 需要前往医院的精神心理科就诊。咨询结束后，小 L 父亲陪同小 L 到精神科医院就诊，小 L 被诊断为抑郁状态，并按照医生建议休学治疗。

心理教师肯定了小 L 父母对孩子的关爱，而后指出他们作为家长对孩子一直以来的专制型教养方式和压抑的家庭环境造成小 L 从小缺乏安全感，缺乏主见，内心弱小，极易在情感上依赖他人。所以他才在失恋后有如此想法和举动。小 L 父母逐步意识到自己和家庭中存在的问题，陷入了深思。

在小 L 休学前后，辅导员提醒同班同学以电话、短信的形式表示适当的关心，并为其提供学业上的帮助。小 L 感受到班集体的温暖，稍微减轻了一点失恋的痛苦。

（四）持续关注关爱，助力学生健康成长

在休学期间，辅导员、班主任一直在关注、关心小 L，鼓励其坚持治疗，并对其毕业设计和就业择业进行指导。小 L 提到只要一想起前女友，还是会觉得很难过。辅导员建议他将自己的这段心路历程记录下来，形成"失恋日记"。第二年春季，适逢疫情暴发，在线上办理复学手续后，小 L 在家继续边服药，边做毕业设计。其间状态良好，最终顺利完成毕业设计。同时，小 L 的"失恋日记"也写了近百篇。返校后，小 L 第一时间到辅导员办公室报告了自己顺利毕业并将在毕业后创业的喜讯。看着比起一年前白胖了不少的小 L 精神抖擞、容光焕发地站在自己面前，辅导员内心既欣慰又骄傲。

三、经验与启示

大学生自杀事件中有相当一部分和情感挫折有关。本案例中，小L可能早有抑郁状态而不自知，在恋爱受挫后产生极端想法。危机干预的成功，有赖于多方力量的参与和协调。

（一）秉承预防性和发展性原则是保障安全、转危为机的重要前提

学生发出危机信号之后，即使情绪波动之后转为平静，但问题并未得到解决，危险仍然存在。及时的干预尤为重要。小L的辅导员在接到消息后第一时间约谈小L，及时发现他的失联，并第一时间报告学院和学校，启动应急预案，避免了悲剧的发生。危机，除了危险，同时也意味着机会。小L经过这次危机事件，逐步认识到自己认知中存在的缺陷，并不断地学习与家人、同学沟通、交流的方法，从中获得新的经验，重整认知结构，从危机中看到生机，使自己变得坚强和自信，从而提高自己的心理素质。

（二）及时有效、价值中立的心理咨询和心理疏导起了重要作用

大学生因恋爱失败导致心理危机时，原因多与个人的人生观、价值观有关。在进行心理咨询和疏导时，应遵循"价值中立"原则，在尊重、理解、共情的基础上，创造一种和谐、轻松的氛围，从而使学生能够充分表达自己的想法。暂不评判学生的行为和想法，只给予关爱和帮助，使学生找回生活的信心和勇气，迅速脱离危机。在本案例中，无论是学校心理教师对小L进行心理咨询，还是辅导员与小L的谈话，都遵循了"价值中立"原则，耐心倾听小L讲述他的恋爱经过，分手后的迷惘和绝望，在充分理解和尊重的基础上，援引自身经历，对小L进行了正确恋爱观和生命观的教育。

（三）"父母—教师—朋辈"三级支持体系是问题解决的关键因素

心理危机是不良情绪积累到超过心理防御临界点而发生的。小L性格内向，不善于表达自己的情绪，亲子关系不良，也缺乏有效的人际支持体系，在遇到情感挫折时，产生负面情绪，无处倾诉，无人疏导，致使不良情绪日积月累，最终出现心理危机。辅导员从开学之初就注意到了性格内向的小L。小L和宿舍同学产生矛盾后，辅导员一直对其保持关注。所以，在小L出现危机时能迅速把握其心理状况，取得小L的信任，小L转介到心理咨询中心后，得到了有效的心理疏导。

在危机干预中，家庭的情感支持和人文关怀至关重要。很多孩子的最后一道防线就是对家人的眷恋和挂念。小L的父母在心理咨询教师的引导下意识到专制型教养方式的弊端，理解了小L目前的极端表现与其童年经历有关，并在老师的引导下积极学习与小L相处的正确方法。

小L的同班同学在此次危机干预中也发挥了重要作用。在小L失联的那一天一夜里，班级同学心急如焚，苦苦寻找他；吉他协会的好友在得知他"失恋"之后纷纷"现身说法"，安慰、开导他。小L以前在班集体中一直找不到存在感。通过这次危机事件，小L感受到了来自同班、同宿舍同学的在乎和关心，他真切地被感动了。

四、延伸思考

（一）高校应重视大学生生命教育

当今大学生多为"00"后青年，他们的世界观、人生观和价值观尚未成熟、稳定，对世界、社会的了解较少，缺乏对生命的了解和敬畏。高校应在心理健康课增加生命教育专题，也可以开设专门的生命教育和情感教育课，把对生命的关爱与呵护从日常生活走进正式的课程与教学进程，同时开展形式多样的生命主题的心理健康活动。辅导员、班主任可利用主题班会、主题团日活动等契机对学生开展生命教育。思政课教师及专业课教师也可以把生命教育融入日常教学中，进一步增强生命教育的针对性和实效性。

（二）朋辈辅导在心理危机处理中可发挥重要作用

朋辈辅导指在人际交往过程中同辈间相互给予心理安慰、鼓励、劝导和支持，提供一种心理咨询功能的帮助过程。大学生在日常的学习生活中与同龄的同学、朋友相处时间最长，关系也最紧密。因此，当学生出现心理问题时，最先发现苗头的往往是同龄好友。对不少学生而言，相比专业但陌生的心理咨询师，他们更愿意向朋辈寻求帮助。因此，做好朋辈辅导员的培训，发挥其作用，能较早地识别心理危机并在一定程度上弥补学校心理咨询工作的不足。

（三）家庭因素对大学生心理健康状况影响深远

苏联教育家马卡连柯说"家庭是最重要的地方，在家庭里面人初次向社会迈进"。纵观学生心理普查结果，发现大部分存在心理问题学生的家庭教养方式都为"专制型"或"忽视型"。心理学研究表明，"专制型"家庭出来的孩子，容易焦虑、抑郁；而"忽视型"家庭则容易养育不成熟、自控力差的孩子。而这些人格特质，在一定的情境下，就可能表现为各种各样的心理问题。因此，重视家庭影响，了解家庭因素对学生的影响并在此基础上开展心理辅导和心理咨询，同时合力协同家长，对家长与孩子的相处和沟通提出意见和建议，也是解决学生心理问题，促进学生心理健康的重要因素。

一场微信代购引发的纠纷

张 淼

一、案例概述分析

某天 A 学院接到校外人员 B（系其他高校学生）举报信一封，举报 A 学院大三学生 C 因微信代购纠纷，在微信群、朋友圈、各高校论坛、知乎等帖子上造谣 B 兜售假货，侵犯其名誉权，扰乱其正常学习和生活的秩序，对 C 保留追究法律责任的权利，并希望学院可以协助解决两人之间的代购纠纷以及要求 C 删帖并道歉。

接到上述举报后，辅导员教师找到 C 了解相关情况。C 述称，该纠纷已持续一段时间，其间本人也曾联系过对方学校辅导员介入，请求协助解决此纠纷但无果。后该纠纷在其他校外人员（均为其他高校学生）D、E、F 和本校学生 G 的介入下，持续发酵，至今仍未解决。

经了解，两人纠纷过程如下：C 在 B 处微信代购的泰国足贴，在官网中验证中显示"查询不到"。因此，C 认定足贴为假货，微信私聊 B 要求退款。B 以版本不同非假货为由，拒绝退款。事后，C 将此事在 B 的代购群里揭露出来，B 未做解释直接将 C 踢出群聊。为了解此事后续，C 建立一个微信群（后改群名为打假群），原 B 的代购群中若干成员陆续进去 C 建立的该微信群，将 B 在代购群的后续言论及质疑假货事件的后续进展告知 C。后 B 迫于代购群里成员的压力，重新加回 C。C 在群里要求 B 解释"足贴在官网验证不出是正品"一事，B 解释是因版本不同，拒绝承认自己兜售假货。同时，群里的成员 D 开始帮助解释足贴是版本问题，不是假货，并与 C 在群里发生口角。该解释未能说服 C，C 继续质疑，同时群里陆续有不少已购买同样商品的成员继续质疑并要求 B 给出一个合理的解释。C 未再继续解释，反而将 C 等质疑卖假货的成员全部踢出群。怀疑自己买到假货的成员通过分享的二维码，加入到 C 建立的微信群里，并在群里讨论足贴是否为正品的验证方法。当晚，B 让 C 把足贴退回，并退款给 C。第二天早上，B 主动联系 C，跟其道歉是因"泰国足贴只是这个批次有问题"，并表示自己家庭环境不好，有事好好解决，另转账给 C 500 元当赔偿（系统显示 C 未接收该款项）。

但是当晚 B 突然私聊 C，称足贴是 E 卖的，让 C 有问题找 E，并迅速拉黑了 C。同时，原代购群成员 D 进入打假群，承认 C 的货会找他代发，但并不是所有的货都是他发的。另，D 自爆身份为某一高校大一学生，也把他与 B 的对话部分截图发上群里。在对话截图中，D 承认三个版本都是国产的，也曾劝 B 直接跟顾客承认足贴非泰国代购的。同日，原代购群成员 F 也加入打假群，自爆自己是原 B 的代理且承认 D 是她的师弟，他们就读于省内同一所高校。接下来两天，C 与 D、F 均有私聊，私聊内容确系围绕足贴及货源问题进行讨论，C 据此认定两人的说法能够佐证"足贴是假货"的论断。第四天晚上，B 朋友圈宣称 C 诽谤造谣其卖假货，已就此事报警，要 C 在各大群里道歉，否则不罢休。此外，B 通过本校学生 G 约谈 C，言语间带有不友好的表述。两天后，B 发朋友圈并留言因 C 想自杀。直至写举报信时，B 仍坚称自己的货源没有问题，否认自己"知假卖假"。

二、案例解决方案

此次纠纷争议焦点主要有以下两个：第一，B 所提供的代购泰国足贴，是否是假货？第二，C 在网络平台上声称"B 卖假货"是否构成诽谤？围绕上述两个争议点，辅导员教师主要从以下五个方面开展工作：

（一）明晰代购商品的验证标准

该起纠纷因代购货物是否正品所引起，因此验证货物的真伪成为解决此项纠纷的重中之重。但高校不是专业的质量鉴定部门，凭借某一教师或者学生的说辞都无法判定货物的真假。辅导员跟 C 进行沟通：对于"买到假货"有两种可能，需要进一步分析。第一，在国外购买的就是"假货"。因为我国对于境外私下代购的这种小额商品的认定，并没有法定的验证真伪的流程，就商品质量本身而言各国的认定标准也不统一，因此从货源上而言，这个"足贴"可能本身就存在认定争议。即使按照 C 自己说的是在"足贴"的官网上进行查询，那能否保证查询的结果具有排他性，即不存在因版本的问题导致查询结果不一样。再退一步讲，即使有足够的证明材料证明在官网中的查询结果具有排他性，那么这个查询结果能否为我国有关部门所采信，作为对该代购商品真假的鉴定呢？第二，收到的货物本来就是"本土披洋装"。目前很多代购的商品都贴上境外的标签，但实际上是否真的从境外购买存在一定的可疑。在 C 未与 D、F 对质之前，C 是否有要求 B 提供购物的小票、往返泰国的航班等相关佐证信息；当 D、F 承认 B 有时候会在自己那里拿到国产的足贴时，并不一定就能够证明 B 卖给 C 的就是这批国产的足贴（因为 B 声称足贴是从 E 处发货的），而 C 也未就 E 的货源问题进行考究。因此，据 D、F 的说辞就认定 C 卖给自己的这批足贴是假货，从逻辑上来说站不住脚。从严格意义上而言，关于 B 售卖的这批足贴是否假货，只有 B 自己承认或是由权威机关鉴定。

（二）网络言论自由、诽谤和群主责任概念辨析

在与 C 的沟通过程中，辅导员先对以下三个概念进行辨析：①网络言论自由，是指通过网络平台行使自己言论自由的权利，是宪法赋予的公民基本权利，同时也受到相关法律法规的约束。"网络不是法外之地"，对于自己在网络上的发言需要负责任，一旦触犯相关的规章制度或者校规校纪，需要承担一定的惩处后果。②诽谤，是指通过捏造并散布某种不实信息，足以使他人的名誉、人格受损等，侵犯了他人的民事权利，情节严重时会触犯刑法条文。③群主责任，是指"谁建群谁负责"，规范管理微信群，对于群内成员的发言进行监管，及时进行不当言论的处理，否则要为群里其他成员不负责任的行为承担法律后果。

在明晰上述三个概念后，辅导员跟 C 分析其在打假群以及各网络论坛上的言论有可能面临的后果。一方面，因为质疑买到假货，且掌握到一定的证据，所以 C 利用网络对 B 兜售给自己的商品质量进行怀疑，是合情合理的；另一方面，C 是否存在煽动群里的成员对 B 的其他商品进行打假，同时宣传 B 就是卖假货的，这一言论及后续成员的言论是需要进行理性分析的。诚如上文所讲，判定代购商品真伪的标准不在买方手里，如有合理的证据可以质疑，但如果因质疑自己买到假货，便拉了一群疑似受害者进行维权声讨，在该声讨过程中是否存在一些过激的言论可能会侵犯对方名誉权等，这些是 C 作为发起人无法控制的。一旦声讨的行为逐渐失控为网络暴力行为、C 在网络论坛上对"B 卖给自己的足贴是假货"的发言经过发酵变成"B 就是卖假货的"等，均会触犯到有关法律法规。B 完全可以采取法律手段维护自己的合法权益，那么 C 是否已经有足够的心理预期去接受可能带来的后果呢？

（三）本校同学介入对此事的推波助澜

经过多方了解，得知本校同学 G 曾参与此事，以"和事佬"的身份出现进行斡旋。但 C 声称，斡旋期间 B 和 G 的态度，带有"威胁恐吓"的意味，大意是知道 C 的班级院系以及宿舍情况（C 为女生），有些纠纷 G（G 为男生）在学校代为处理比较方便，比如盯梢。因涉及 G 为其他学院同学，故两个学院辅导员教师共同约谈 G 同学，明确告知学校校规校纪的要求，要求 G 不得将 C 在校个人信息随意泄露给外校人员，且不得对 C 采取不当言论和行为；同时要求 G 跟 B 讲清楚，两个人的纠纷让他们自行解决，退出所谓的"和事佬""盯梢""通风报信"等角色。一旦该纠纷在后续处理中，G 仍以不恰当角色出现，将会通报告知父母并按照校规校纪处理。

（四）正确对待 B 在网上发布的"自杀"等言论

因为 C 在网上发布的这些信息指向性非常明确，且 B 知道 C 的真实姓名、联系方

式以及具体住址等相关信息。辅导员提醒过 C，正确看待"B 朋友圈宣称造谣报警、自杀等"言论：第一，如果真的有警方联系 C，请 C 积极配合并第一时间告知家长和学院。虽然 C 已经是完全民事行为能力人，应对自己的行为负责；但由于是在校生，因此家长和学院都有权知晓该涉案情况，并在必要时提供一定的帮助。第二，可以要求退货退款，并要求 B 就"货不对板"向 C 本人道歉；但至于 B 是不是卖给其他人的也是假货，C 无权进行判定而且也无法把控其他人的言论，因此建议 C 先处理完两人的纠纷，慢慢退出这场风波，并建议其他疑似受害者直接与 B 进行交涉，不再以群体形式进行维权。第三，如 B 在网络或者现实中仍对 C 不依不饶地纠缠或公布 C 个人信息推动网络暴力等，鉴于之前已联系过 B 学校处理未果，建议可以报警处理。

（五）家校联动保障家长的知情权

辅导员致电学生家长，跟家长通报此事以及告知 C 可能会面临的法律风险。由于家长不知情，一开始表示十分震惊和不可思议。通过充分沟通后，家长赞同学院的做法，同时表示会积极配合学校工作以及做好子女的教育，劝说 C 尽快解决此事，将时间和精力放在学习上，必要时可由双方家长进行协商解决。

最后，在学院和家长的劝说下，C 接受了退款后解散群聊，表明了立场并接受了 B 的道歉。学院也将此事反馈给 B 所在的院校，由对方教师进行教育批评。

三、经验与启示

经过此次的纠纷，对日常工作有以下的反思与启示：

（一）学生日常法治教育落实途径

目前，对于高校非法学专业学生的法治教育，更多局限于通识类课堂教学（如集中在《思想道德修养与法律基础》等）或者专项的宣传教育（如反诈骗宣传等），这种教育途径相对单一、说教形式浓厚、理论与实践缺乏结合、学生权益受到侵害时维权无明确指引等。在上述案例中，涉及纠纷的 C 能够想到维权手段是找对方辅导员、在网上组群集体维权以及发帖等，在维权过程中涉及产品质量、诽谤、言论自由、群主责任等相关法律概念，在日常的法治教育中是鲜少普及的，需要个案处理、在实践中对学生进行普法教育。除了个案跟进处理，在"三全育人"的指导思想下，"全员育人"不仅要求讲授法律相关课程的任课教师、从事学生工作的辅导员教师等进行法治教育，还要求全校的师生共同参与，在依法治校的背景下严格按照学校规章制度办事、遵守法律法规和校规校纪；"全过程育人"不仅是从特殊的时间点如新生开学教育、"宪法周"宣传日、期末考试诚信教育、毕业生就业教育等，在日常教育中涉及的学生纠纷、学生作业、讲座、比赛、课题、文艺会演等，都可以纳入法治教育的内容；"全方位育人"不仅要求在校期间对学生做好法治意识的培育和教导，而且还可以利用家庭教育，寒暑假的社会实践、志愿服务等形式走进公检法单位、社区等进行调研和宣讲活动，打造"家庭—学校—社会"全方位的培养模式。

（二）处理学生纠纷高校联动机制

目前，涉及不同高校之间的学生纠纷，暂时无较好的官方联动处理机制，主要原因有：第一，高校学生基本上是已经成年，属于完全民事行为能力人，如涉及的纠纷属于民事领域，应由学生独立承担民事责任。第二，学生之间的纠纷如涉及刑事或者治安管理范畴，由公安机关进行处理。第三，由于是在校学生，虽然已经是完全民事行为能力人，但由于绝大部分没有独立劳动能力，依靠家长进行经济支持和管理，所以一般发生纠纷会通报家长。第四，学校的校规校纪只能对本校的学生进行规制和管理，无法对外校的学生行为进行有效的管理。诚如上文的案例，在对代购产品进行销售过程中，涉及几个不同高校的学生，利用国产货品假装境外商品进行销售等同一行为，在相关机关未进行处置之前，各高校的处理也不尽相同。一旦发生涉及不同高校之间的学生纠纷，高校的角色更多的属于扮演从中协调引导调解、依照校规校纪处置本校学生、通报涉事学生家长以及配合政府部门执行相关要求的角色。

（三）家校联动流程和角色分工

由于高校集中住宿的特色，学校在日常学生教育管理中扮演着主要教育者的角色。但从学生的人生发展轨迹和家庭角色来看，家长才是学生教育的第一责任人。因此，对于学生在校表现，学校有责任定期与家长保持沟通，同时可以要求家长配合学校的服务管理规定，共同引导学生成长成才。由于信息技术的发达，家校联动的方式更多样化，沟通的效率也更加高效快捷。但在与家中沟通的过程中，可以把控以下几点原则：①涉及学生生命安全或者学业毕业等重大问题的，有条件的尽量面谈，通过面对面的沟通可以更加清晰地把问题讲清楚，同时通过现场家长的表情、举止等，可以第一时间了解家长的想法以及及时解答家长的疑惑，更加高效快捷地推动问题处理。②在与家长沟通中，除"就事论事"之外，应该全面、客观地向家长介绍学生在校的其他表现，避免为了"告状而告状"地处理问题，同时也从家长口中了解到学生更多的信息，充实对学生的全面、立体了解，做到更好的"因材施教"。③由于高校学生大部分已经是成年人，但在家长眼中似乎还是"小孩子"，因此某些涉及学生个人隐私的信息，在与家长沟通中注意保持分寸。对于没必要告知的事情或者可告知可不告知的，可以通过学生自行与家长沟通；对于相关工作要求或者权衡利益冲突下必须告知的，如因谈恋爱的纠纷导致想轻生等，则应当注意告知的方式方法，确保家长知情的同时也能对学生私人事务的影响降到最低。

第四篇
心理健康工作案例

春风化雨 用心沟通
——非暴力沟通模式在心理重点关注学生中的实践运用[①]

束莉楠 高晓婷

一、案例简述

小C是一名大一女生,去年因为宿舍矛盾诱发抑郁症后休学,经过一段时间的疗养,康复后加入新的年级继续学习。

小C家庭经济优越,父母从小十分溺爱,过度保护,导致小C缺乏一定的交际能力与抗挫折能力。上一学年,在与同学交往中,常常以自我为中心。在学习生活不如意时,容易采用极端的方式解决,为此其在宿舍常被孤立、排挤。复学以来,小C努力摆脱上一学年的阴影,认真学习基础课程,积极与新舍友和谐相处,以期重新开启正常的大学生活。但是,小C内心一直很排斥学习工科专业,想转入小语种专业学习,并给自己设定了大一就成功转专业的目标,时刻严格要求自己。

在大一上学期学校转专业方案公布之后的晚上,辅导员就接到小C母亲的电话,其母亲说道:"小C下午看到转专业方案以后,发现自己梦寐以求的法语专业今年不再招收转专业的学生,心情持续低落,多次在电话中哭泣,并在情绪近乎崩溃的状态下表达了再待下去会疯掉之类的消极言语,再后来就联系不上小C了。"辅导员得知此事后,第一时间联系导生及舍友去寻找小C,最终在自习室找到了她。通过持续地开导和陪伴,小C暂时稳定了情绪。

在之后与小C的交谈中,小C多次表现出拒绝沟通的状态,对父母提出的种种建

[①] 该文还有一名作者,为来自广东工业大学机电工程学院的徐启明。

议都给予否认，并任性地表示自己只想立马转去法语专业，否则就会发疯，始终拒绝接受其他选择，交谈一度陷入僵局。

二、案例分析与启示

（一）案例分析

1. 家庭教育的背离

家庭教育是人生整个教育的起点，直接影响学生的人生观与价值观的形成。新时代"00后"学生大多来源于独生家庭，从小生活条件优越，父母呵护备至，宛如温室中的花朵。但是父母的过度保护，妨碍了孩子的独立发展，容易导致他们封闭自我，不敢接触新的事务。

在小C的成长过程中，小C的母亲为她包办了许多本该需要小C自己面对的事情，包括报到入学、假期回家、宿舍矛盾、日常请假等，每件事都为孩子做得妥妥当当，不用小C操心。家长过度介入孩子的校园生活，使小C习惯性依赖父母，形成了内向、自卑的性格。一旦遇到不如意的事情，第一反应是选择向母亲求助，小C母亲得知后则会坐立不安，一方面会责备孩子无能，另一方面又去寻求一切方法尽快解决困难，帮助女儿的生活尽快回归正轨，长此以往，使得小C缺失了抵抗生活起伏的勇气与能力。

2. 集体教育的缺失

大学教育旨在培育学生形成独立自主的人格，在学习生活中掌握独立思考、独立实践的能力。小C在上大学之前从来没有参加过集体住宿，独立生活经验不足。进入大学的第一学期，因与部分舍友生活习惯不同步，经常出现休息不好、情绪低落的情况。宿舍矛盾的激发，加之课程难度的不适应，使其难以集中注意力，并诱发抑郁症休学。进入新的宿舍以后，因为担心旧事重演，小C也越发变得小心翼翼，有了情绪不敢正常表达，常常积压于心，进一步造成心理上的焦虑与不安。

3. 自我教育的偏差

人通过认识自己、要求自己、调控自己和评价自己来实现自我教育。在与小C的交谈过程中，不难发现，进入大学的小C依旧保持着传统应试教育的思想观念，只以成绩论成败。在她的认知里，因为高考失利，自己终究是个失败者。由于对自己的错误定位，导致小C从一开始就对大学课程持有恐惧，总是认为自己听不懂，学不会专业课程。由于缺乏正确的自我教育和认知，小C在大学课程学习中出现妄自菲薄、自暴自弃的状态。

（二）案例解决方案的教育理论依据

非暴力沟通被称为"爱的语言"，是有效沟通的技巧之一，强调沟通过程中以尊重为前提，鼓励沟通双方真诚表达，倾听彼此内心。"非暴力沟通"专注于四个基本要素：观察、感受、需要、请求。"观察"即对当下正在发生的事情进行准确无误地陈述，不带评价和偏见，保持"价值中立"。"感受"则是坦诚真实非情绪化地表达自身的感受，从而促使沟通更加顺畅。"需要"即体会与感受相关的需要。"请求"即提出可以满足需要的请求。

非暴力沟通并不是简单直接地用四步法进行互动，而在于沟通双方需及时觉察彼此的感受和需要，并能够明确地表达，才有可能达到有效沟通的目的。在本案例中，小C因对目前无法转到目标专业的不满，而采取冷暴力的方式抵触和拒绝沟通。辅导员认为，并非以辅导员或小C单方面采取非暴力沟通的模式即能见效，而需双方依此有意识地使用语言，才能使沟通有效地进行下去。因此，辅导员决定在利用非暴力沟通模式与小C及其父母展开新的交谈的同时，也有意识地帮助小C及其父母了解和学习非暴力沟通的方式方法。在这个过程中，一方面，辅导员需要尽可能地全身心倾听和观察小C的言语和神貌。与小C建立信任关系的同时，以同理心去感受和表达，协助小C了解和明确自己真实的需要，引导其准确地表达自己的请求，并学习用非暴力沟通的方式与父母交谈。另一方面，在同小C父母的交谈中，与其分享有关非暴力沟通的方法与技巧，鼓励他们信任小C的能力，更多地倾听和尊重小C的真实想法，激发小C的发展潜力。

（三）干预措施

小C作为一名抑郁症患者，虽经过一年的休学康复，但进入新学期，人际交往与学业课程的双重压力使得小C再一次出现情绪低落、抑郁悲观的状态。加上本可以期待却未能转专业这一因素的叠加，致使小C情绪激动，产生了强烈的无力感、无望感、无能感，于是开始逃避，拒绝沟通。

在小C事件的处理中，辅导员运用聆听、观察、逐步引导的方式，建立与小C之间的信任感，全过程融合非暴力沟通模式，帮助小C走出自我封闭的困境，鼓励其切实地表达自身的需求，并在与辅导员和父母的良好沟通下，逐步接受建议和帮助，进而完成自我调整。

1. 以爱为源，全心倾听

在小C进入新年级以来，辅导员曾多次与小C进行谈心谈话，每当小C向辅导员倾诉各种各样的烦恼时，辅导员较多采用倾听的方式，同时站在平等的角度，放下所有的评价、预想与判断，不急于对小C当下的感受和情况进行安慰与建议。尽力去体会小C的感受，更多地表达理解和共情。这种交流方式让小C逐渐对辅导员产生了信任，二者渐渐建立起良好关系。在往后的沟通引导中，小C也逐渐打开心扉，愿意与辅导员分享内心的真实想法。

辅导员在小C未能成功转专业事件发生后的第一时间找到她，并发现：小C起初表现得十分拘谨，伴随着不停地哭泣与颤抖，不断地抠自己的手皮，且不愿意开口。

辅导员一边紧握小 C 的手，在肢体上给予她足够的温暖和陪伴，一边主动地询问一些日常生活的点点滴滴，讲解一些同学的励志故事。不久，小 C 开始慢慢放下芥蒂并逐渐吐露心声，和辅导员讲述自己在转专业准备过程中的艰苦付出，以及自己此时的无力与绝望。

2. 对症下药，悉心引导

通过谈话，辅导员发现小 C 在未能成功转专业这件事情上，不断地控诉自己的父母，始终表达"是他们让我选择的专业，不是我的本意""去年法语专业还招生，凭什么今年不招生"这种类似的言语。这样的思维方式亦让小 C 淡化了自己的责任意识，忽视了自身本应具有的独立思考和解决问题的能力，疏漏了从自我角度进行的反思。

在交流过程中，辅导员引导小 C 思考自己转专业的真实原因：是真心喜欢法语专业，还是为了逃避自己现在的专业。小 C 认真思考后表示其实只要不是工科专业，其他专业也可以尝试了解。在分析清楚问题的根源后，她也认识到自己之前的表现太过任性，并表示对大家给出的建议会认真考虑。

3. 家校联动，同心合作

通过与小 C 父母的共同努力，辅导员帮助小 C 筛选出其可接受的几类专业。基于小 C 自身的性格特点，辅导员建议其选择社会学专业，在完成本科课业的基础上，也可以学习到心理学相关知识。这样，一方面可以帮助小 C 加强自我认知，另一方面也可以锻炼自身的人际交往能力，这些技能都更加利于小 C 的成长。同时，辅导员也表示这只是老师个人的建议，也希望小 C 与其父母能够多方面去了解其他专业，经认真思考、对比后再进行选择，这将更利于增强小 C 日后学习的信心和动力。最终，小 C 与父母经过慎重的考虑，接受了辅导员的建议，并认真进行备考。

此外，辅导员还引导小 C 父母多采用非暴力沟通的方式进行家庭教育，少责备多理解，少说教多倾听，不过分干预孩子的日常生活，逐步信任小 C 的能力，接受小 C 的想法，鼓励小 C 养成独立思考和决策的能力。

（四）干预效果

通过一段时间的介入，小 C 开始明确了自己的奋斗目标。在学好本专业课程的基础上，小 C 利用课余时间，学习社会学概论，熟悉社会学书单，与社会学专业背景的教师进行交流，最终小 C 通过自己的不懈努力成功转入社会学专业。在此之后，在同小 C 的几次接触中，辅导员发现小 C 变得更加积极阳光，开始有意识地克服自卑的心理。小 C 还会主动与辅导员交流生活日常，在社交平台上分享宠物和美食，拓展兴趣爱好，进一步提升自我价值感。此外，小 C 舍友也和辅导员反馈，小 C 在宿舍里开朗了许多，愿意和舍友们一起聚餐、出行，宿舍氛围日渐和谐融洽。

在家庭方面，小 C 的父母意识到，以前的家庭教育方式确实充满了暴力沟通，一家三口虽然相互关心，可是因暴力的交流方式，蒙蔽了彼此之间的爱。大家很少站在对方的角度去思考，导致家庭成员之间缺乏理解，矛盾不断。经由此事，小C父母认真反思了许多，同时也开始学习非暴力沟通方式，并逐渐将其运用于夫妻关系、亲子关系，努力营造良好的家庭氛围。

（五）案例启示

在辅导员"千头万绪"的日常工作里，与大学生心理健康问题有关的事件正日益凸显，且愈发急切和严重。如何做到科学研判学生问题的属性与解决方法，正确掌握突发事件的特点与措施，合理运用学生乐于接受的交流方式，这需要辅导员在平时就能从以下三个层面落实好工作。

1. 全面学习是开展学生工作的前提

辅导员从事高校一线工作，面对学生群体需求的多样性，想要充分扮演好"解惑者"的身份，必须扎实走好每一步，踏实想好每一招，充实过好每一天。成为学生的人生导师，必须具备全面的素质能力，不仅要不断加强自身理论学习的深度与广度，还要提升理论与实践结合的能力。多接触难题，多积累才干，多总结经验，真正做到内化于心，外化于行。这样才能在面对学生的疑难杂症时，从专业的角度，因材施教，提出建设性的意见，高效应对，化大为小，进而达到理想的效果。此外，抑郁症作为一种容易复发的疾病，经休学治疗再复学的学生往往也会成为重点关注对象。加强对特殊学生的心理关注，学习在学生群体中运用支持性心理治疗、人际关系治疗来避免危机事件的再次发生，都是辅导员在日后工作中提升工作成效的重要方面。

2. 以心交心是解决学生问题的关键

辅导员在工作中需要学会共情，与学生成为知心朋友。坚持围绕学生，关照学生，服务学生的理念，深入学生内部，多维度、多角度了解和掌握学生情况。做到对关注学生有交流、有关心、有信任。热忱主动地了解学生所需所想，及时有效地帮助学生答疑解惑，才能打动学生内心，拉近师生距离，彼此之间形成良好的信任关系。依据全方位、多层次的交流模式，建立起"私人定制"学生档案，在处理突发事件的时候，才能化被动为主动，第一时间掌握学生的基本情况，及时有效安抚住学生的情绪，有针对性地开展工作，解决学生实际性问题。

3. 言传身教是构建学生品格的重点

学生工作是做人的工作，而人的工作又是最难开展的。校园生活中正是因为充斥着各种各样的暴力沟通，才会激发一系列的矛盾。作为学生矛盾的"调解员"，在倾听中带着真心，在谈话中含着真情，通过非暴力沟通方式，多站在学生的角度处理问题，少些否定、指责、控制、命令，多些倾听、认同、鼓励、支持，让学生体会到来自教师的关爱、同学的关心、学校的温暖。长此以往，学生也会开始实践非暴力沟通，整个校园氛围一定会朝着温馨和谐的方向发展。

三、待探讨的问题

非暴力沟通模式在高校辅导员工作中尤为重要。师生交流的过程需要双方建立在彼此尊重的基础上，同时避免采用说教、埋怨、嘲讽、打断、冷暴力、情绪化表达等暴力方式。教师若能听懂学生背后的感受和需要，同时真诚表达自己感受并提出请求，学生若能真诚表达、明确自己的需要，在接纳的前提下，打开心扉交流，这样双方就能在平等、尊重和关爱的师生关系中达到良好沟通和教育的目的。因此，如何将非暴力沟通模式融入日常工作中对辅导员来说是十分必要的一课。

参考文献

［1］卢森堡. 非暴力沟通［M］. 阮胤华，译. 北京：华夏出版社，2016.

［2］倪婵娟. 满足需要与人联结：非暴力沟通在提高师生有效沟通能力中的应用［J］. 新课程导学，2021（28）：28－29.

走出阴影　迎接光明

林舒莹

一、案例简述

小Y同学来自内蒙古，复读一年考到广州的大学，其父亲在小Y初中时因为心梗突然离世，遭受家庭重大变故后，小Y母亲一直都情绪低落并且较为依赖小Y，而小Y也在父亲离世后，性情发生改变，失去以往的阳光活泼，变得容易急躁，有时沉默寡言。从小喜欢与人交谈的她也变得害怕与人交流，压抑自己的情绪，甚至会因为与人交流紧张而有胃痛的现象。刚进入校园，小Y就因为环境不适导致过敏性鼻炎发作，还因低烧而被隔离，加上初到广东，从环境到身边的同学都是陌生的，在此环境下小Y焦虑情绪越加严重。同时小Y也是一个从小对自己要求很高的人，来到大学希望能够做自己喜欢的事情，把自己每一天都安排得很满，在班上也担任了舍长一职，然而在与宿舍同学相处上也因为生活习惯等问题产生了系列矛盾，其本人多次找到辅导员要求更换宿舍。主要原因是因为舍友衣服会滴水到其水桶，有时候还会弄湿衣服，衣服没有按照顺序晾晒，以及舍友不遵守规则经常会忘了值日，还有其上铺有时候玩手机会影响她休息。目前感觉舍友也有孤立她的情况，在宿舍待着感觉到压抑和焦虑，不知所措。继而其舍友小Z也来反映小Y经常过分要求他人，一定要按照其规定执行，自己要睡觉就要求大家都要保持安静，不能发出一点声音，否则会说一些难听的话，而且在没有人回应的时候也会生闷气，频频摔门而出，声音非常大，甚至吓哭了小Z。宿舍互相之间有隔阂不沟通，小Y的过激行为也让舍友感到担心，进而更加不敢与其对话。

二、案例分析

（一）自身因素

1. 强迫心理

在我们身边都不乏出现一些追求完美的同学，我们称其为完美主义者，他们对自己要求非常严格，而对他人的一点小错就会难以忍受，很多时候对于"正确"的方式完全是处于他们的逻辑和思维方法，其内心深处其实是害怕自己犯错，害怕自己不完美。这一类学生往往是在父母的高期待下成长，另一个心理层面反映出其内心缺乏安全感，内心渴望掌控整个局面，掌控他人，由此才会觉得安全。对于小Y来说因为对自己要求较高，不希望犯错，希望一切能够井井有条，导致其自身压力较大，当担任舍长的时候，她也会严格要求自己和他人，需要大家按照她的要求来执行各种规则，否则就会难以忍受。

2. 自我封闭心理

在心理学上，自我封闭是指将自己与外界隔绝开来，较少社交活动，除了必要的工作、学习、购物以外，大部分时间将自己关在个人空间当中，少与他人来往，因而是一种环境不适的病态心理现象。自我封闭者都很孤独，没有朋友，甚至害怕社交活动。实质上也是一种心理防御机制。这具有普遍性、非沟通性、逃避性、孤独感的特点，而小Y正是因父亲离世、在高中也经受过被孤立，内心实质是自卑的，但是表面上把自己隐藏起来，不愿被人看到真实的内心，由此产生了自我封闭的心理，以至于不知道如何与他人沟通，面对困难就采用了一种过激的方式来应对。

3. 不合理信念

情绪ABC理论是心理咨询中常用的沟通理论，由美国心理学家埃利斯所创建，其中A代表诱发性事件，B代表信念，C代表产生的情绪和行为结果，而人的不合理信念就会导致情绪的冲突和矛盾，例如本案例中小Y同学认为每一个人都要严格按照规定执行，不配合则是有针对的意思，这是过分概括的体现，小Y认为自己要睡觉，宿舍同学就应该都要睡觉，不能发出声响，这是绝对化要求，正是因为这些不合理信念的存在，导致小Y和宿舍的同学会有情绪摩擦，长期压抑后，怨气就会转移到每一件小事上去，引发大家的共同不满。

（二）家庭因素

青春期是学生形成世界观、价值观和人生观的重要时期，而幸福美满的家庭也是大学生心理健康发展的重要条件，对此能够帮助学生更加自尊、自爱、自信自强。父母之间的关系改变以及其中一方的缺失都会对大学生的心理健康发展产生负面影响，使其心理受到创伤，发生精神偏移等。在学生成长过程中，性格的变化也会受到家庭变故的影响，长期压抑甚至会产生心理疾病，在这过程中积极的干预和引导非常重要。案例中小 Y 同学因为在初中的时候遭受家庭的变故，这对她的性格转变产生了较大影响，从而使其变得比较沉默和内敛，与人相处的时候变得特别敏感而不知所措，害怕与人接触。母亲当时情绪低落，小 Y 就逼着自己快速成长，尽力去承担各种事情并压抑内心情绪，因此在遇事的时候也容易有暴躁、焦虑和情绪化的举动。

（三）社会环境

大学生要学会逐步接触社会，学会更多的与人相处的方式方法，在现在的家庭培育环境中，很多时候大学生会产生依赖心理，或者是以自我为中心，认为身边的一切都会按照自己的想法来进行，不懂得换位思考。同时现实的残酷和无奈也带给他们更多的压抑和不解，当没有学会悦纳自己，处理情绪、处理矛盾的时候，当事人会认为矛盾的产生是别人的错误，矛盾就容易升级，甚至伤害到自己，小 Y 的心态也说明了这一点。

三、工作方法与实施过程

（一）掌握信息，全方位沟通交流，把握解决问题关键点

（1）学生本人主动找到辅导员进行沟通，辅导员给予其倾诉的空间，保持真诚、热情、积极关注，对其烦躁、焦虑等情况表示理解，通过了解其家庭情况、个性特征并分析其宿舍情况，剖析其负面情绪产生的原因，经过谈话也建立了良好关系，获得信任。

（2）采用合理情绪疗法对小 Y 提供心理咨询，让其了解不合理信念在相处过程中产生的不良影响，分析其舍友排斥自己的相关事件，并对其分析产生不良情绪的原因就是因为有不合理信念，对其不合理信念进行修通，让她逐渐意识到"每个人的想法都应该跟我一样"的观念是不当的，不利于良好人际关系的建立，同时也通过换位思考的方式使其理解每个人的不同心态，认清事件对人际关系的影响。

（3）在集体约谈前，首先约谈了解情况的相关人员，包括导生、班长及其好友，通过侧面了解掌握到关于小 Y 个人情况以及宿舍的真实情况，其间做好记录，把握重要信息。随后共同约谈其他舍友，通过舍友的面对面谈话，进一步瓦解彼此之间的矛盾。在交谈中大家都做到互相理解，互相包容，并且在集体谈话最后也进行了舍长的重新投票，其一以减少小 Y 在宿舍的压力，其二也能够找到一个大家信任的人来进行宿舍内部的管理协调工作。

（二）促进家校联合，助力学生共同成长

家庭是社会的细胞，家庭关系对孩子的成长至关重要。家长也是最熟悉和了解学

生的人。在这个事件中辅导员也进行了与家长的深入交谈，了解到该生具体的成长经历情况，其母亲表示小 Y 是一个很自律、很坚强的人，但是有时候情绪控制不好，会有过激的行为和言论。辅导员在沟通过程中也把目前小 Y 在校的情况逐一告知，希望家长能够共同帮助小 Y，减少给她的压力，多鼓励和帮助她，使其逐步调整自己的情绪状态，学会用正确的方式表达情绪，并且在处理事情的时候学会换位思考，同时也要使其了解到宿舍生活不是在家的自我生活，需要与同学沟通磨合，互相包容和理解，努力成长为一个独立自主、自信自强的大学生。

（三）引导朋辈互助教育，逐一突破改善

在谈话方面辅导员继续保持积极关注，定期与小 Y 进行谈话了解情况变化，同时也通过导生师姐、班长以及新的舍长等与小 Y 关系较为密切的人进行引导，观察关注，并且鼓励小 Y 参与到班级活动当中，释放自己，勇于表达自己。

（四）专业咨询辅导，科学提供帮助

很多时候，宿舍矛盾或者人际交往矛盾发生后，大多数学生都没有办法使用科学的办法解决问题，这时候都会求助于辅导员，辅导员需要进行心理咨询辅导，通过利用合理的方式方法，循循善诱，认真倾听，逐步帮助学生化解内心的矛盾。例如对案例中的小 Y 需要帮助其认清不合理信念，正确认识自己和他人，更好地疏导负面情绪。

四、干预效果

经过全面了解，以及进行相应的心理辅导和交流谈话，小 Y 也认识到自己存在的问题，要进行自我调整和转变，同时其与舍友达成共识，探索出在宿舍共同相处的合理方式。并且通过大家的合力帮助，小 Y 同学逐渐变得开朗起来，也与同学建立了良好的友谊，逐步适应在学校的节奏，找到自己的目标为之努力，宿舍也逐步恢复和谐。

五、案例启示

自我成长所存在的问题一直都是大学生产生矛盾的主要原因，在宿舍这个生活与学习的场所中更容易产生矛盾与冲突，也反映了当代大学生的个性鲜明与适应性较弱的特点。此案例给我们的启示是：

（一）重视学生的个人成长经历

每个人在成长过程中，都有不同的经历，而其中的某些事件都有可能对其造成重大影响，这些影响因素中，家庭的影响尤为重要，很多时候学生的潜在问题都有可能

是家庭因素导致的，这也是我们每次在与学生交流过程中都一定会去了解的内容。关于学生的家庭情况，很多时候单亲、离异、重大变故等情况都会造成学生的情绪压力，由此泛化至校园内的学习生活等各方面。因此在学生进入校园的时候就要做好学生家庭情况的了解，做到早发现，早预防，早干预，并建立相应的重点人员档案。

（二）善用心理咨询的科学方法

辅导员的职责包括了心理健康教育，而且现在的大学生心理承受能力较弱，接受的挫折教育较少，很容易就产生心理问题或者是人际交往问题。对此辅导员需要向专业化、专家化、职业化靠拢，积极学习专业的心理咨询知识，掌握心理咨询的技能，善于运用情绪 ABC 理论，善于倾听，交流的时候能做到共情，指导学生认识不合理信念，理性归因，学会分析学生存在的心理问题，提供科学有效的建议，帮助学生更加健康地成长。

（三）注重朋辈教育的相互影响

由本案例可见，来到大学，同学之间的彼此影响是很大的，朋辈之间的交流会增加互相学习、交流、合作的自我控制的机会，并且在与朋辈相处中也能够获得情感的支持和鼓励，找到安全感和归属感，有利于人格发展，因此要特别重视朋辈之间的作用与影响力，通过学生之间的彼此引领交流，促进学生个人成长和自我价值的提升。

（四）引导学生正确评价自己和他人

在与人相处过程中，正确认识自己、能够全面充分了解他人是促进交流的桥梁，每个人具有不一样的生活习惯和个性特质，也会产生不一样的想法和看法，这就是每个人的独特性，也是每个人相处时候要互相尊重的前提，必须要学会正确评价自己和认识他人，才能有更大的格局，并且促进互相理解和沟通，要善于发现自己的不足和他人的优点，由此才能够找到交流的突破口，搭建良好的沟通平台。

爱情虽美，你最珍贵
——一例由网恋引发的危机事件

徐 慧

一、案例背景

当代大学自由的文化氛围、充足的业余时间、良好的内部环境为大学生恋爱提供了良好的条件。教育部在 2005 年的时候修订了《普通高等学校学生管理规定》，删除了大学生婚育退学的相关内容，大学生谈恋爱结婚，已不再被约束。然而，当代大学生正值拔节孕穗期，还未建立正确的恋爱观，对待情感问题较为敏感脆弱，情绪起伏波动较大，自控能力不强。加之网络时代，让大学生情感变得更加丰富和"快餐化"，出现盲目恋爱、恋爱至上、性安全意识缺乏等问题。如果处理不当，会引发学生出现严重的心理问题，甚至自杀、他杀等危机事件的发生。

本案例的主人公小 A，通过社交软件认识了小 B，两人兴趣相投、有共同语言。交流一段时间后小 A 得知小 B 有女朋友且表示不会跟女朋友分手，从而产生情感困扰并想轻生。

二、案例简述

小 A 在大一新生开学初心理健康普查的重点关注名单中，且听其宿舍同学表示，小 A 平时很少跟她们交流，都是一个人独来独往。通过与小 A 沟通交流，了解到其情绪非常悲观。主要原因有两个方面，一是高中阶段人际关系问题，导致被孤立，内心非常痛苦；二是与父母经常发生冲突。这两个原因导致小 A 不愿意与父母和同学过多交流和接触，进而向虚拟网络世界寻求安慰和解脱。正是在这个时候，在网络上认识了小B，小B的风趣幽默让小A精神上得到极大安慰。久而久之，小A对小B产生了情愫。同时，两人的关系也从线上发展到了线下，从网络聊天发展到实质性的性关系。而小A知道对方有女朋友，但是对方没有停止自己的越界行为，小A也无法控制对对方的情感。对小A而言，小B就是她的精神支柱。小B的一言一行，对小A的影响非常大。

某日，心理中心教师联系辅导员告知该生目前情绪不稳定，有自杀意向和计划，要特别关注。辅导员了解情况后，第一时间向学院副书记汇报；并与学生家长联系，汇报学生目前在校情况，争取家校联动。同时，安排宿舍同学密切关注小A动态，确保人身安全。几天之后，心理中心教师又联系到辅导员，告知该生目前情况不稳定，由他们直接跟父母沟通并建议带小A去医院做心理诊断。而后，辅导员联系该生了解检查结果，该生发来医院诊断结果为双向情感障碍，结合小A的日常生活和情绪状态，辅导员意识到问题比较严重，随即联系家长面谈，详细告知小A的情况，希望家长配合。而与小B的交往，以及小B女朋友的存在，让小A内心无比痛苦、焦虑。情绪上悲伤、沮丧，行为上经常哭泣、对学习社交不感兴趣，并出现网络购买药物准备自杀的行为。

整个过程，辅导员、副书记积极跟进、密切关注，在确保学生人身安全的前提下与其父母、心理中心沟通。最终，小A本人提出休学申请，父母也同意。

三、案例分析与启示

（一）案例分析

通过案例背景和案例简述，能够看出这是一起典型的由情感问题刺激、引发心理问题的危机事件。辅导员通过心理中心教师和相关文献了解到，双相情感障碍是一种既有躁狂症发作，又有抑郁症发作的常见精神障碍，对于病因，目前仍不清楚。综合分析，总结出以下几个方面的诱发因素。

1. 自身因素

（1）不正确的恋爱观。

恋爱观是人们对于恋爱问题的总的看法和态度，是人生观在恋爱问题上的表现。小A在跟辅导员教师沟通交流中表示，自己无法与身边的同学建立良好的人际关系，这与小A高中受到的创伤和家庭环境有关。对于小A而言，她认为与她接近的人都是有目的、功利性的，无法交心，所以拒绝现实交往，将自己的闲暇时间给了虚拟网络。一开始她只是想找个人聊天，并不是以谈恋爱为目的，并没有想到要与小B产生感情。对于小A而言，父母的长期分居、各自生活带给她的是对爱情的不信任；同时父亲的越界行为、母亲的伪装也让小A对恋爱关系的认识出现偏差，她与小B的恋爱动机具有冲动性和盲目性，最终导致心理问题的出现。

（2）不规范的恋爱行为。

大学阶段的学生，心理因素和生理需求都在逐渐走向成熟。同时也存在缺乏安全感，自我意识不完善，性意识增强，心理极度浮躁，渴望与异性交朋友，恋爱意识强烈等特点。小A在得知小B有女朋友的情况下，继续与小B交往并线下见面、发生性关系，两人的恋爱关系是靠欲望维系，只追求感官上的愉悦，而忽视或无视爱情内涵中应有的伦理因素。这是一种不道德、不安全的恋爱行为。

（3）道德感缺失。

在校园爱情当中，大学生普遍认为爱情以及与爱情有关的心态和行为都属于个人或者隐私，与社会道德层面没有关系，正是缺乏恋爱道德的教育标准，使得大学生的恋爱道德意识淡薄。小A明知小B有女朋友却还是保持联系并发生性关系，小B自己有女朋友，却以"女朋友在专心考研，无法满足他生理上的需求"为由与小A交往，这段关系从一开始就是突破道德底线、违背公序良俗的行为。遗憾的是，两人均未意识到自身行为的不合理性，继续向深渊凝望。

2. 家庭因素

父母是孩子的第一任教师，家庭是孩子接受教育的第一课堂，对孩子的成长、性格养成、价值观形成起着至关重要的作用。小A父母长期处于分居状态，父亲是出租车司机，性格暴躁，母亲是中学班主任。父母对小A的管教属于说教型，双方经常发生争吵。且小A在父亲手机上看到其与其他女性的聊天记录，难以接受。对于小A而言，父母是因为财产分割不明确才一直拖着没有离婚，他们之间的婚姻是有名无实的。家庭教育的缺位以及父母婚姻的状态，是导致小A恋爱道德问题突出的重要原因，同时也对小A心理的健康发展产生一定影响。

3. 社会因素

在当今的社会形态，数量化指标充斥在各个行业，一切生存关系的存在归根到底都是利益关系。"我宁愿坐在宝马车里面哭也不愿意坐在自行车后面笑"，讽刺了这个物质的社会，人内心精神物质的缺失，当代大学生自然也会受到一定的影响。对于恋爱而言，失恋也是恋爱的一部分，很多同学不懂这个道理。在面临分手的时候，社会舆论也总会给失恋者施压。对于小A而言，高中的被孤立让她不愿意与人交往，害怕失去，更害怕被议论。所以小A选择用网络排遣自己内心的寂寞与空虚感，即使失去，也不会被人所知。

（二）干预措施及其效果

1. 多方联动，掌握该生动态，确保生命安全

在与小A第一次沟通之后，辅导员详细记录了小A的情况，对其学习、生活、思想等方面全面了解，切实掌握小A的动态。在全面了解小A情况后，第一时间向副书记做了汇报。同时，在年级建立辅导员—班主任—心理委员—寝室长四级问题反馈机

制，全面掌握小A异常动态，及时报告。得知小A有自杀计划后，第一时间联系到她，寸步不离，确保其生命安全。同时联系家长到校面谈，一方面能够全面了解小A的成长环境；另一方面，与家长沟通接下来的家校沟通事宜，更好地解决小A的心理问题。

2. 心理干预，进行情感疏导，制定心理危机干预方案

针对小A异常心理表现，辅导员及时建立心理干预台账，定期与小A进行思想沟通、交流。并联系学校心理咨询中心，给予小A专业的心理咨询服务，疏导原生家庭父母婚姻状态给小A带来的错误情感认知。引导小A认识到与小B的不正常关系对自身的伤害，让其明确利害关系。在小A被诊断为双向情感障碍之后，督促小A遵医嘱，按时吃药。但通过与小A母亲沟通得知，小A父亲反对小A吃药，这对于小A的心理治疗起到了一定的阻碍作用。

3. 持续关注，采取共情方式获得学生信任，形成长效机制

冰冻三尺非一日之寒，对于小A的情况，基本的沟通交流解决不了问题，需要专业的心理医生介入。在专业的心理治疗介入的同时，辅导员深入课堂、宿舍，全面掌握小A信息，充分发挥人生导师和知心朋友的双重角色，针对其出现的人际交往问题和情感上的问题，给予正确的引导和建议。在真诚关怀中取得学生信任，建立了良好的信任关系。针对小A的行为，一方面通过摆事实举例子，跟她沟通自身行为的危害和后果，让小A反思自身行为的不合理性。另一方面，引导小A培养自己的兴趣爱好，发掘自身存在的意义和价值。通过自己的兴趣爱好交一些志同道合的朋友，扩大自己的线下朋友圈。同时，针对小A学习成绩并不差这一事实，引导她端正学习态度，制定学习计划，树立自信心。通过一系列的引导，潜移默化地帮助小A形成正确的人生观、价值观、恋爱观。

（三）案例启示

1. 建立良好关系，取得信任

在与小A第一次沟通后，辅导员感到该生不是十分信任老师且回答问题有所保留。于是通过其他途径了解小A情况，从兴趣爱好聊起，找到共同话题。运用"共情"方式，通过日常的问候与关怀，做到了解学生、服务学生、关照学生，慢慢与学生建立相互信任的关系，让小A感受到老师和同学们对她的理解和帮助，希望她能够主动寻求外界帮助。同时，作为老师的身份，也要根据事件本身，让她清醒地意识到自身问题的存在。久而久之，小A逐渐对辅导员敞开心扉，主动沟通与小B的有关情况以及自己的情绪和心理状态。

2. 加强教育引导，树立正确恋爱道德观

大学生的恋爱道德观是指从道德层面去看待大学生对恋爱这一情感行为的一种主观认识、看法和态度，主要包括大学生对恋爱本身的认知，大学生的恋爱动机、恋爱行为、择偶标准以及大学生对待恋爱问题的认识等方面。小A与小B的关系很明显是

违背大学生恋爱道德观的，作为辅导员，运用自身经历、他人案例等，正面引导小A思考什么是科学的、正确的、健康的恋爱道德观，从而让她慢慢从这段关系中抽离出来，避免受到更多伤害。

3. 关注特殊群体，做到点位关注

大学生的情绪特点存在外显性与内隐性，对于交友、谈恋爱等具体问题，很多同学不愿意与他人沟通，深藏不露，具有很大的内隐性，这是环境适应能力增强的表现。但同时，对于特殊学生群体而言，则不利于辅导员及时掌握学生信息。针对此类人群，辅导员应该从个体和点位两方面给予关注，个体上要重点关注有心理问题的恋爱学生、与社会人员恋爱学生。点位上要注意重要的节日、朋友圈异常动态等情况，及时做出反应。

四、待探讨的问题

（1）小A目前已经休学结束，开始新的大一生活。返校报到当天，辅导员也与该生有过沟通、交流。了解到该生与父母的关系有所缓和，但是还是存在一些根深蒂固的问题无法得到解决，家长无法理解小A的某些行为和情绪变化。作为教师，如何协调学生与家长关系，形成良好的家校联动，有待探讨。

（2）恋爱是比较隐私的行为，很多同学在面临情感困惑时，不好意思或者不愿意主动向教师寻求帮助。一旦出现情感危机，可能伴随突发事件的发生，这对辅导员日常工作来说，具有不可预见性和突发性。如何及早发现、点位关注有待进一步实践。

（3）辅导员作为学生的人生导师和知心朋友，对学生的心理健康教育是辅导员的主要工作职责之一，这就需要我们提高心理学专业素养，掌握一定的心理学专业知识。如何在繁重的日常事务管理中，提高自身的专业技能，让辅导员队伍更加专业化、职业化，更好地围绕学生、服务学生、关照学生，也是迫切要解决的问题。

参考文献

西蒙·布莱克本. 我们时代的伦理学［M］. 梁曼莉, 译. 南京: 译林出版社. 2013: 63.

用心辅导，用爱温暖
——一例 SAT 疗法在大学生心理辅导中的运用

李千蔚

一、案例概述分析

（一）案例背景描述

来访者小 J，男，19 岁，大一学生。因入伍失败而选择沉迷网络、逃课成性，导致大一下学期多门科目不及格，甚至被取消考试资格。小 J 大一上学期曾任班长，但任职没多久后就以能力不足为由向辅导员提出辞职；大一下学期申请参军入伍，学院也为其举办过欢送会，却在一周后因体检复查不通过被部队退回。小 J 回校后以参军身份可免修学业为由蒙骗过同学及任课教师，并从此不分昼夜沉迷于网络世界。

小 J 来自湖南某县城，父母从商，均为初中学历，家庭经济条件一般。在访谈过程中，小 J 思维清晰，表达流畅，但声音小，常常低头。自诉最近半个学期基本没上过课，每天在宿舍上网时间在 8 小时以上，感觉只有在虚拟世界才能忘却现实问题，也害怕面对同学和老师，特别害怕面对同学对他参军不久又回来的不解和疑惑。极度在意他人的眼光，但又没有勇气跟老师和同学去解释。然而长期的作息颠倒、逃离课堂也使得他对重回课堂产生了畏惧心理，并反过来进一步增强了自身对网络的依赖。回想起上大学前父母为其操办一切，无任何压力，然而随着上大学后远离家庭，需要独立面对、解决一系列问题时，该生坦言经常倍感焦虑。

（二）心理诊断

网络成瘾症。美国精神病学家伊凡·戈德堡（Ivan Goldberg）在 1994 年借用

DSM-Ⅳ中关于药物依赖的判断标准，首度提出网络成瘾症（Internet Addiction Disorder, IAD），其概念从过度使用网络、一系列日常行为和人际关系的身心功能减弱两方面来界定，即网瘾是一种应对机制的行为成瘾，其症状为过度使用网络，造成学业、工作、社会、家庭等身心功能的减弱。

虽早在1997年美国心理学会承认了网络成瘾研究的学术价值，但迄今为止学术界仍缺乏对于网络成瘾的权威诊断准则。世界卫生组织对此定义为"是指由于过度地使用网络而导致的一种慢性或周期性的着迷状态，并产生难以抗拒的再度使用的欲望，同时会产生想要增加使用时间、耐受性提高、出现戒断反应等现象，对上网所带来的快感会一直存在心理与生理上的依赖"。

（三）成因分析

SAT构造化联想法（Structured Association Technique，以下简称SAT疗法）的核心理念为：人是为了爱而生存的。人类有三种基本的心理需求：渴望被爱、渴望爱自己、渴望爱他人。不管是什么原因导致这三种心理需求得不到满足或失去平衡，都会产生相应的压力状态，在这种状态下形成的生活方式及紧张的人际关系，正是抑郁症、癌症等身心疾病产生的根源。

在之后的咨询过程中得知，小J是家中的独子，相比于姐姐，他自小得到来自父母更多的宠爱，在父母守护下成长是他满足自己得到父母方"被爱"的一种方式，并形成了他的原始的自我印象脚本。然而上大学后，小J不得不面临着远离父母及被迫适应新环境的双重压力，加上参军失败的挫折经历，他上大学后不久即面临着失去被爱的恐惧感，以及面对挫折的无力感，无处发泄苦恼的他只能通过网络世界寻求安慰。

二、案例解决方案

（一）辅导目标

帮助学生找回良好的自我印象脚本，以此替代之前的不良自我印象脚本，真正实现自助；制定出近期、中期及远期的目标，持之以恒，帮助其问题行为得到有效的改变。

（二）辅导过程

本案例来访者小J是一名因受挫折记忆的影响而选择沉迷网络，无法回归正常的学习、生活的典型代表。在辅导员的热情鼓励下，小J终于鼓起勇气找到辅导员。结合小J的具体情况，辅导员决定采用SAT疗法，通过结构化的提问，激活小J的右脑资源，使其未解决的印象脚本重新闪现、联想，促使小J依靠良好的自我印象脚本解决问题，重获新生。

1. 第一步：导出负性情绪记忆，建立良好辅导关系

在解构小J的苦恼时，辅导员发现小J除能较坦诚地表达其对大学以来的迷茫感受及对入伍失败一事所带来的挫败感外，其内心仍隐藏着许多不愿意暴露的生活事情，似乎与成长经历有关。当谈论到其童年、青少年时期的学校、家庭情况时，小J常常低头沉默，辅导员意识到发生了阻抗。接下来综合运用观察、倾听、确认、共感等四个系统的SAT倾听技法，有意识地引导小J把问题从事情焦点化转移到情感焦点化上，即关注此时此刻的情感体验。通过对其口述语言的整理，辅导员向其展示"SAT情感概要一览表"并对照其供述，从中摘取了"伴随着混乱的焦虑、空虚、罪恶感"三个关键词并逐一展示，确认这几个关键词在其口述的负性情境中是否具备代表性。这一反馈过程有助于小J体会到被接纳的安全感，能更清晰地感受自己的心声。随后要求其将心声及时写下来，分别是"做什么事都不行""会变成什么样啊？""不知道又被他们怎么说了"。在此过程中，小J有意识地摆脱了阻抗，为接下来的辅导做了良好铺垫。

2. 第二步：综合运用SAT技法，替换不良印象脚本

（1）伤心情景联想法。

在第一步小J对自我印象的解剖中，辅导员留意到，在指出"伴随着混乱的焦虑"的派生感情时，小J写下了"做什么事都不行"的心声。辅导员意识到此心声可能与小J的成长经历有关，随即引导小J以联想的形式讲述脑海中首先浮现的与此心声相关联的往事，即进入伤心情景联想过程。小J沉思片刻后说道："当时回到学校，面对同学、老师、室友都不知道怎么说，口号喊这么响，结果闹出一场乌龙来。只怕跟人见面……我最怕他们过来关心我，总觉得会让谁失望……从来没有独自经历这种挫败感，不知道如何释怀。"

SAT疗法认为，不良的记忆脚本会被来访者不自觉地运用到现实生活中来。来访者对伤心情景的联想能使其右脑快速闪现由海马体部位所存储的负性记忆脚本。这一不良印象脚本在小J的潜意识里贴上了"我是无能的"的标签，因此失去了直面现实的勇气。此法旨在引导出小J的负性记忆情节，开启有效宣泄情绪的渠道。

（2）再解决联想法。

这一技法包含以下四个步骤。

第一，假设法与外化法的守护回避。辅导员让小J闭上双眼，从伤心情景发生的时间开始想象时光倒流，回到一个让他感到最安心的场景，周围的一切要无条件为他服务，只要能回避这件事情的发生。小J答道："回到小学的时候，如果父母能多花点时间陪伴和引导我，我现在就不会在面对挫折时变得手足无措……回到刚上大学的时候，在父母的要求下我在生源地报名参军，我现在可能就在军营里了……"

此法以时光倒流的形式使小J回避厌恶系体验，把原因归结于外界：尽管小J从小深受父母宠爱，经济上无忧，但父母长期忙于工作，缺乏对其必要的陪伴及引导。如成年后的缺失感、无助感被童年时期因家人陪伴而建立的安全感所取代，承受挫折

将变得容易许多；上大学后若选择了生源地参军并顺利入伍，则不会有接下来参军失败的经历。

第二，假设法与内在化法的预防回避。在这一环节辅导员开始有意让小J借助自己的力量来疗愈自己，即让小J在时光倒流的两个情景下，分别尝试用自己的力量来回避伤心情景的发生，将这些自助的情节像放电影一样在脑海中成像。在指导语后，小J给出的回答是："如果回到童年，我会跟爸妈姐姐认真地谈一谈，希望得到更多的陪伴，不至于在独自面对困难的时候往往手足无措。""如果自己能在报名前先检查一下身体，发现了问题，就不会报名此次参军了。"辅导员欣喜地感受到，小J在这个过程中正用自己的方式努力预防回避伤心感的发生。

第三，现实法与外在化法的治愈。现实中已发生的事情是我们无法回避的，此步骤根据现实的负性体验，帮助来访者借助他人的力量来无条件治愈自己。辅导员让小J收回思绪，将其注意力重新回归伤心事件上来，引导小J去想象这件事情发生后需要身边的人如何做才能最大限度地帮助其振作起来。小J思考片刻回复道："我希望发生这件事以后家人能及时对我表示关心和抚慰，无条件支持我，学校批准我休假回家，让我有充足的时间来化解这场心理危机。"在提及童年经历时，小J道："希望爸妈能反省自己在教育子女上的缺位，跟我做一次长谈。"由此可见，小J在这一步骤主要寻求的社会支持系统仍是来自家庭。辅导员应在辅导结束后重点加强家校沟通，帮助小J恢复到正常的心理状态。

第四，现实法与内在化法的再学习。最后一步是在前三步的基础上，依靠自己的力量来达到自我疗愈的目的，同时也是前三步的终极目的。此案例中，我们的目标是引导小J凭借自己的力量去克服这种无力感、无能感，从中再学习，避免今后类似的事情不断发生。辅导员引导小J在第三步的基础上，将"身边的人"换成"自己"，以闪现的方法在脑海中构筑画面，并描绘出画面中的自己应当如何说或如何做，才能使自己感觉更满意、更自信。在这一步中，小J的思考非常迅速，他几乎不假思索地给出了他的回答："我会向学校请假回家，休整一段时间，让心绪平复下来……同时我要与父母好好聊聊，把童年的感受也跟他们聊聊，让他们知道我的个性很大程度是他们所造成的……我希望我的父母能正确认识到自己的不足，并给予我此时此刻一些站起来的力量。想到那个场面我会感觉很舒服，也很释怀。"

至此，再解决联想法的四个步骤已圆满完成，从小J的回答中，我们不难得知他已在很大程度上改变了与原生家庭无法和解的不良印象脚本，并把对父母的谅解包容和客观映像植入了自己的内在模式，不良印象脚本被一个强有力的良好自我印象脚本有效替换。

经历上述步骤技法的辅导，小J已能认识到过去的问题和现在的问题之间存在的关联性，也意识到了造成不良印象脚本的根源所在，小J本人也迫切希望改变现状。为巩固小J的辅导效果，在辅导的尾声，辅导员引导小J将重建的印象脚本植入到目前其对待生活的看法中，引导其修正认知模式，以共感鼓励法鼓励他制定近期、中期及远期的目标：

近期目标：与父母进行有效沟通，坦诚自己对于父母问题的看法，获取对于目前困境的处理意见，并与父母一起探讨制定大学时期的生涯目标。

中期目标：能较好地融入正常的学习和生活，并保持较长时间的积极心态。

远期目标：成为一个富有自我决断力的人，能真正主宰自己的人生。

辅导的最后，辅导员不忘提醒他要在目标的实现中时刻关注个人成长，强化自我决定的动机，增强自信心。

（三）辅导效果评估

大二上学期开学后，辅导员邀请小J进行回访，得到以下评估信息。

1. 小J的自我评估

暑假期间与父母进行了详细的沟通，双方取得和解，很大程度化解了一大心结，并与父母一起制定了大学四年的人生规划。大二开学后每日上网时间控制在2小时以内，课余时间也尽量投身在与学业相关联的事情之上，作息、学业、人际交往已逐步恢复正常，感觉到自己更有力量了。

2. 辅导员的评估

小J的精气神有了很大的提升，不再常常低着头。特别能感觉到他有了自己的目标和计划，在向目标靠拢的过程中他能正确地正视自身的问题，心理状态得到了很大的改善，开学以来也没再出现旷课现象。

三、经验与启示

塑造大学生的积极心理品质，对大学生的"三观"进行正确引导是辅导员工作的重要课题。大学生处于成人初期，"三观"仍不够稳固，极易被各种内外环境的综合影响而导致价值观出现偏离，严重者甚至会产生心理问题。当学生出现心理困境时，辅导员如果只是单纯地进行批评说教，只会进一步对大学生本就不成熟、不稳定的"三观"造成负面冲击，打击积极情绪，可能引发更严重的心理问题。相反，如能采用适用性较广的心理辅导方法，辅之以家校联动及学业生活指导，就能从整体上对他们进行积极、有效的帮扶。

（一）提升SAT疗法在大学生心理工作中的应用性

SAT疗法反对采用理论性说服的方式，代之以咨询师倾听、确认、共情等技巧，达到让来访者在咨询过程中能够整理自己的思绪、明确自己的心境、改变自己行动的目的，让来访者明了自己的能力，进而鼓励他们积极行动，在行动中建立自信，从而使咨询具有积极的意义。本案例中，辅导员尝试在对有心理问题的学生的日常沟通中，运用SAT疗法对小J进行过程性辅导，无论是辅导员还是小J本人，都能明显感觉到辅导的步骤清晰明确，具有易操作性和可重复性，这对于亟须在短时间内掌握并干预学生心理状况的辅导员来说，不失为一种可靠且有效的方法。此外，研究表明，SAT疗法在对正常人群体进行压力舒缓、提升心理素质及幸福感方面具有良好的保健作用，这在当下心理问题频发的高校中值得进一步推广、普及。

（二）家校联动，合作育人

根据生态系统理论的观点，对中小学生来说，家庭是对其影响最大的微系统。本案例中小 J 心理困境及无助型人格的形成明显与其童年经历、家庭环境息息相关。而在工作实际中我们不难发现，大学生所出现的心理危机大部分应追溯到其家庭成长环境，因此辅导员应在发现学生的心理问题后及时与其家庭取得联系，掌握其家庭状况及成长史资料，视情况制定合理有效的沟通计划，明确学生出现问题的前因后果，这不仅有利于校方更好地掌握情况、减少学生心理危机管理风险，更有助于凝聚教育合力，提升心理危机的干预效果。

参考文献

王伟. 心理咨询与心理治疗案例分析（第 2 辑）[M]. 北京：人民卫生出版社，2016：65.

唤醒"睡美人",点亮人世间

欧阳曦

一、案例背景

在大学生的学习、生活中,突发的应激事件频繁发生。面对突如其来的打击,有些学生可以理性、积极面对,而有些学生却陷入死胡同,无法处理突发应激事件给自己带来的伤害,导致极端负性情绪或是自伤行为的出现,甚至诱发了急性的精神疾病,造成了难以挽回的伤害。本案例从一个面对突如其来的分手而无法调整自我的女大学生入手,分析、探讨此类事件的处理方法。

二、案例事件

大一期末考试前夕,任课教师告知辅导员一名叫依依的同学因为上课出勤率低于50%,不能参加期末考试。为此对其进行约谈。依依不爱说话,在聊天中,只用非常简单的"是啊""没有"等简短的话语回答老师的问题。聊天中发现,依依不去上课是因为每天早上起不来,这一点也在随后与其母亲的交流中得到证实。依依早起困难的情况从小学便出现了,需要费很大工夫才能将其叫醒。为此曾去医院检查过,但并未有什么病理性问题。因此,辅导员前往依依宿舍了解情况,叮嘱室友每天叫依依起床。叮嘱考勤员特别留意依依的出勤情况,及时汇报。

期末成绩出来后,依依挂了六科,寒假之后的第二学期补考通过两科。为了鼓励依依,老师再次约谈依依,夸奖依依说"别人花了一个学期才学好的高数,依依只花了一个寒假就追上来了",肯定依依的学习能力。第二学期,依依的出勤率明显提高,甚至不需要舍友叫醒便可以早起。经过了解发现，依依是因为有一个男生陪伴左右而进步神速。

大三那年，依依的妈妈突然向学校提出休学申请，原因是其和男友分手后，依依已经一个星期躺在床上不肯下床了，只要晚上室友一关灯，她就躺在床上流眼泪，一个夜晚都睡不着觉，白天，室友叫她起床，她也不敢跟室友说话，害怕跟人交流，害怕见到陌生人，没有起床吃饭，也没有上厕所，自己躺在床上上网查询自己的不正常情况，给自己诊断为抑郁症。在老师的建议下，妈妈第二天带依依前往医院接受治疗，经医生诊断，依依被确诊为患有抑郁症和相关精神障碍。这对依依乃至依依的家庭都是一个不小的打击，医生建议依依休学进行系统的治疗。老师认为应该遵从医嘱在家休学一年，养好病后再复学。听从老师的建议后，依依选择了休学一年，这一年中依依接受治疗，并且在家人的陪伴下外出散心。一年里，老师同样持续关注依依的情况，现在一年休学期已到，老师询问依依母亲，是继续选择休学还是回校复学，在跟依依商量过后，依依选择继续休学，大家都尊重依依的选择。

三、案例分析与启示

（一）案例分析

学院老师对依依的关注持续了三年，原本只是单纯对其出勤学业问题的引导，到后来受到情感打击的她出现了精神类疾病，这样的变化值得我们深思。

1. 自身原因

从依依睡不醒需要依赖母亲的帮助等事情上不难看出，她是一个依赖心理较重的女生，甚至到了大学这样的现象仍旧出现并严重影响了其学习。而由于家庭对其生活无微不至的照顾，依依本人无法独立生活，性格较为软弱，面对事情承受力明显不足。在和男友交往期间，这个影响了其很久的现象消失不见，可见其对男友的重视程度之深，相对而言依赖也大，也让其无法面对男友提出的分手要求，并因此出现了诸多不适表现。

2. 家庭原因

家庭教养是个体性格塑造的重要影响因素之一。依依的父母在对依依的教育中过多关注对其学业成绩的培养，而忽视了其生活自理能力、性格塑造的培养。过多帮孩子处理问题，忽视对其解决问题能力的培养，造成其依赖、软弱性格的形成。在面对突如其来的负性事件时，没有办法自己面对，不知道如何处理，最后仍旧求助家庭，并给自己带来了不可挽回的伤害。

3. 学校原因

对于老师来说，这个事情也应该引起足够的反思，在大一发现依依睡不醒的时候，如果老师具备专业的心理知识，能够在当时就对依依的个性敏感有所察觉，及时与家长沟通，并引导依依学习负性情绪的处理方法，给予其更多的关注，可能就不会出现依依大四被诊断为抑郁症的情况，并能按时完成学业。所以，作为一名思想政治辅导员，除了要具备思想政治教育学、管理学、心理学知识以外，还要有足够的专业敏感性，以及对于异常情况的前瞻性和预判性，这些除了要具备相关的理论基础外，足够的经验和细致的观察都是必不可少的。

（二）案例处理经过

1. 采用合适的谈话方法，了解具体情况

教师采用的是摄入性会谈，在了解到依依的情况后，立即约谈依依。在与依依的交谈中，教师采用了尊重、热情、真诚、共情以及积极关注的心理咨询技能。在与依依的聊天中，不因依依旷课而对其有偏见，依然非常尊重依依，想引导依依说出自己的困扰；在聊到不想起床的问题时，教师采用共情的咨询技能，表达自己能够理解依依起床困难的问题，而不是批评依依赖床的毛病。

2. 事后关注，揪出问题根源

为了挖掘出依依睡不醒这个问题的根源，教师主动与依依的母亲联系，最后得知依依不能起床的问题有可能是心理和生理的双重问题。为了帮助依依能按时起床，教师与依依室友交流，嘱咐室友每天叫依依起床，并且嘱咐考勤员特别关注依依的考勤情况。事后，教师也对依依的情况一直加以关注，在得知依依补考通过两科考试之后，教师适时给予依依鼓励，肯定依依的学习能力。最终在教师和同学的帮助下，依依能够重回正轨，正常上课，正常下课，也没有挂科。

3. 意外发生，及时沟通

依依因为分手倍受打击而突然患病，并申请休学的情况发生后，教师及时与家长取得联系，主动进行沟通。并在了解情况后给予家长专业建议，让依依能够得到最及时的救助。

4. 接受专业医生的积极治疗，尊重患者个人意愿

在教师的建议下，依依妈妈带领依依前往专业的医院接受治疗。教师继续关注依依，且好几次和家长约谈，在得知家长希望依依继续留在学校完成学业这个要求之后，教师动之以情，晓之以理，与家长进行积极沟通，向家长诠释生命的意义，鉴于依依已经出现社交恐惧等精神障碍，如果强迫她继续留在学校，有可能会出现危及生命的事情。教师一直站在依依的角度，设身处地体会依依的想法，充分尊重依依的决定，最终帮助依依捍卫自己的生命。

（三）案例启示

（1）面对学生，辅导员首先应该用细心和耐心来建立和学生之间联系的桥梁，并向各方面收集学生资料，为更好引导学生做准备。

（2）作为一名思想政治辅导员，除了要具备思想政治教育学、管理学、心理学知

识以外，还要有足够的专业敏感性，以及对于异常情况的前瞻性和预判性，这些除了要具备相关的理论基础外，足够的经验和细致的观察都是必不可少的。

（3）在和家长的沟通中要多站在对方的角度考虑问题，多为学生考虑，晓之以理，动之以情。

四、待探讨的问题

抑郁症的出现呈现越来越低龄化趋势，很多中学生已出现抑郁的症状。这给高校的教师一个警钟，在大一的时候对学生进行心理普查的必要性，因为很多在大学期间出现心理问题的学生，其实在他们入学之前就潜伏了问题，那为什么在学业压力那么大的中学没有爆发出来，反而在学习环境相对自由的大学阶段突然爆发呢？另外，抑郁症越来越低龄化，同样给中学教师乃至中国目前的教育体制敲了一个警钟，比起前些年千军万马过独木桥的高考制度，为什么在高校扩招，教育资源相对充裕的今天，因为学业压力而导致的抑郁症反而越来越多？这些问题都值得教育工作者们深思。

生命至上，转危为安
——一例由创伤后应激障碍引发自杀危机的干预报告

谢 玲 欧阳曦

一、与心理问题相关的个人行为、活动现象等相关事实描述

（一）当事人基本信息及案例的背景

小雨（化名），女，18 岁，来自东北沈阳，家族无精神病史，家庭成员复杂，九月刚考入大学一年级。小雨平时性格活泼，擅长演讲和辩论，在高中时一直担任学生干部。

刚开学半个月后，小雨同父异母但兄妹情深的哥哥因情感问题跳楼自杀身亡。收到这个不幸的信息时，小雨马上告知辅导员并请假回家。请假期间小雨曾经多次发微信告诉室友小星称自己面对哥哥的尸体和遗书，以及父母的悲伤，要崩溃了，想要从楼上跳下去一走了之。三天后小雨处理完哥哥的后事返回学校，辅导员杨老师马上约谈小雨，了解家里后事处理的情况，并鼓励她要勇敢和坚强，双方初步建立了良好的信任关系。约谈当天小雨精神状况貌似正常，并告诉老师她已经走出了悲伤，称自己现在是家里的顶梁柱，要好好读书将来替哥哥照顾父母。但是辅导员杨老师始终觉得小雨情绪恢复得太快，担心有所隐瞒，马上叮嘱小雨的舍友和班长暗中关注小雨的动态，随时报告。三天后小雨还作为新生代表参加了学院 IEET 工程认证的学生访谈工作，并圆满完成任务。

（二）危机的发生

小雨从长春回到学校的第二周的周五晚上 7 时，辅导员杨老师接到小雨舍友小星

的求助电话，说看见小雨抱着心爱的玩偶出宿舍，然后很快收到小雨的微信"我想自杀，如果成功了，你们要好好照顾自己"。小星马上告诉辅导员，请班长组织班里同学寻找小雨。所幸大家很快通过监控在学校的小河边找到了小雨，她当时正在拿着水果刀割手腕（皮外伤），情绪已经失控。

二、心理问题诊断

小雨的极端行为初步被诊断为创伤后应激障碍（PTSD）。根据《中国精神障碍分类与诊断标准》对创伤后应激障碍的定义，是指突发性、威胁性或灾难性生活事件，导致个体延迟出现和长期持续存在的精神或心理障碍。

家庭是大学生最重要的社会支持系统，任何家庭变故（亲人的逝世、家庭的解体）都可能成为创伤后应激障碍的应激源，而小雨哥哥的自杀行为是其创伤性事件的直接应激源。直面亲属的死亡会对幸存者带来巨大的心理压力，会使幸存者对自身的存活产生负罪感，并认为自己应当对家属的死亡负责。大学生的心理比较敏感脆弱，在经历创伤后，由于维护自己的自尊、保护自身的情感等原因，容易压抑自己，不会将创伤带给自身的影响在情绪上或行为上表现出来，带有一定的隐蔽性和延迟性。但是创伤后应激障碍不会自动消失，一旦遇到应激源，会出现自伤或他伤的行为，成为显性校园创伤性事件的创造者和经历者。目前还没有可以治疗PTSD直接起作用的药物，但是针对某些PTSD的病症如情绪低落、惊恐发作、失眠噩梦还是可以用精神类药物来控制，主要还是要通过心理治疗。面对大学生的PTSD，建议还是主要发挥学校心理健康教育机构和部门的作用，配合医院的治疗，为暴露在危机实践中的创伤个体提供专业支持。发挥辅导员、班主任、朋辈同学的作用，关心关爱鼓励事件中的个体，减缓甚至预防创伤后应激障碍的发生。

（一）干预过程

辅导员杨老师在接到同学打来的电话后，第一时间告诉大家先通过学校监控找人，然后告知学院党委副书记并马上联系家长。副书记和辅导员第一时间赶到现场调度，对小雨手上的割伤做了紧急处理，然后等其心情稳定后由好友小星劝说回到宿舍，并安排室友晚上轮班，寸步不离守护小雨。同时向学校的安保部门寻求帮助，对所在楼栋门窗、走廊、天台门等高风险地点进行布置，安排保安彻夜巡逻。与学生家长电话沟通后，了解到小雨与母亲因为其哥哥自杀身亡后互为精神寄托，互为压力源。针对小雨对家人非常排斥的情况，结合学校心理咨询中心教师的建议，暂时不安排家长来校将其送往医疗机构，只做心理陪伴和周密看护。

（二）干预结果

第二天上午在征得本人和家长的同意下，小雨前往学校心理咨询中心做了初步评估，心理咨询中心老师建议小雨先前往精神卫生专业诊疗机构转介，并约定定期做心理咨询。第三天在老师和同学的陪护下在专业的精神卫生中心确诊小雨为创伤后应激障碍，医生建议暂时不需要药物治疗，建议定期做心理咨询。

一周后，小雨母亲来到学校，辅导员提出是否需要请假回家休息或休学的建议，小雨和其母亲均强烈反对，认为如果休学回到家中，触景伤情，状态会更差。小雨本人也承诺不再自杀。家长承诺配合学校的管理，离开家乡来到小雨目前学校所在城市找工作，并签署相关同意书。辅导员尊重其选择，但约定家长定期来学校，平时除了正常的家长监管责任外，积极鼓励小雨，帮助小雨重新找回生活的信心。

三、工作效果评价及经验反思

小雨目前在学校状态不错，除了正常的学习外，还积极参加各类校园文化活动。在学校大一新生的职业生涯规划比赛中，在教师的精心指导下，小雨发挥演讲特长，取得了优异成绩。大一年级的学业成绩良好，在班里与人为善，生活逐渐走向正轨。此外，辅导员杨老师还安排小雨做办公室助理，使其大学生活更充实丰富，同时有利于随时关注和后期跟踪支持。

（一）经验反思

大学生的自杀危机是大学无法回避但又必须重点关注的问题，需要专业的干预团队、及时的干预行为和强大的干预合力。干预的首要原则就是"生命高于一切"，需要尽最大的努力避免悲剧的发生。最终通过积极治疗和持续追踪，使有心理危机的学生转危为安，成长成才。

1. 点线面的干预系统是心理危机干预中的安全气囊，要积极建立

任何学生心理危机发生时，院系都要马上和学校的心理健康教育机构取得联系，获取有效的应对方案和建议。通过专业人士的介入，有效干预危机事件。院系辅导员教师要定时在开学等重要时间节点排查和掌握发生家庭重大变故或精神创伤的学生信息，及时约谈，通过各种方式安慰和鼓励学生，同时建议去学校心理咨询中心做相关疏导和释放。同时通过新生的心理普查、个案访谈等方式，建立学生心理档案，加强心理健康教育工作的预见性、主动性。辅导员教师要具备基础的心理学常识，对学生发生重大变故、精神创伤后可能发生创伤后应激障碍做好预案，在保护隐私的前提下动员相关人员密切关注和默默关心。同时借助各种契机，与当事人常联系多关心，建立信任关系。班级心理委员通过平时的训练，要基本掌握鉴别和发现异常问题的技能，做到及时报告。

2. 学生朋辈是心理危机干预中的有力助手，要加强培养和培训

此案例的干预成功很大一部分归功于舍友的及时发现和后期的积极关注及贴心陪伴。同龄的朋辈有共同的爱好和价值观，特别是舍友，朝夕相处，容易沟通，容易发

现问题，及时报告和反馈。在当前高校的心理危机干预机构不健全、专业的心理咨询教师数量严重不足、危机发现不及时的紧急情况下，学校有必要培训一批学生朋辈心理辅导员，学习基本心理危机成因、表现，掌握干预的基本技能，在心理危机发生时能及时发挥其自身的优势和特点，切实提高危机干预的实效，发挥非专业机构的辅助性功能。

3. 家校合力是心理危机干预中的制胜法宝，及早建立和充分发挥

家人和亲友的支持能直接给创伤个体继续生活的勇气，能给学生巨大的心理支持，让创伤个体实现"软着陆"。学生心理危机干预中教师一定要及时与家长沟通交流，了解事件深层次背景和原因，及时做出评估和判断，并提出积极应对方案，得到家长的支持和配合。在此案例中，家长在危机发生后是否马上来学校接走当事人、送去医院接受治疗，都是在家校积极沟通后根据当事人的实际情况做出谨慎判断和决定的。因此，在学生发生心理危机时，学校需以学生为本，根据不同的情况，做出不同的干预方案。在冰冷的规则和有温度的救赎的博弈中，具体问题具体分析，通过各方的努力挽救更多的年轻生命。

尊重还是纠缠：父母婚姻不幸福的情况下孩子何去何从
——一例重度抑郁学生的心理帮扶案例分析

邹 婷 陈 媛

一、个案情况描述

赵某，大四学生，独生子，1.65 米左右的身高，长相俊朗。因家庭不和谐，父母闹离婚，对父母有较大的怨恨，一心想通过考研改变命运，远离家庭纷扰，把考研成功当成逃离家庭的唯一出路。考研复习最后一个月开始情绪状态极度不稳定，喉咙有卡物感，容易紧张，逐渐变得不爱与人交流，每天从图书馆回来洗完澡就窝在床上玩手机，较难入眠，多梦，学习状态不佳，效率低下。考研第二天，情绪波动大，发挥不理想，自觉梦想破灭，人生无望，开始陷入情绪谷底。此后，失眠困扰，食欲减退，消沉低落，动力缺失，并伴有轻生的念头和想法。跨年夜在仅几个好友可见的微信朋友圈发布极度悲观的言论。有自知力，试图了解自己身体的真实状况，能主动预约学校心理咨询，并在咨询师的建议下到医院进行专业诊断，接受药物治疗。

学生自述情况：在过往病史方面，高二有过类似情况，但症状没有当前严重，未曾去医院诊断或做心理咨询，大学期间自我感觉良好，同学反馈也无异常；人际关系方面，人际圈子较为狭窄，与宿舍同学仅是表面之交，不想让宿舍同学知道自身真实状况。有几个愿意与之交心的朋友，此次面临困难也会主动联系朋友沟通自己的状态和想法。亲子关系方面，考前偶有与父母电话联系，考后不再回复父母信息，也不回家，不想见父母。

父母反馈情况：在亲子关系方面，父亲对孩子了解不多，母亲对孩子的近况略有所感，但未知问题严重程度。在夫妻关系方面，母亲表示在孩子高中时曾有过离婚的想法，但与孩子沟通后觉得阻力较大，也便没有坚持，目前夫妻俩感情良好。在对孩子心理问题认知方面，在得知孩子诊断结果之后，母亲仍然认为是孩子想太多，不能纵容。在家校联动主动性方面，父母从来不联系老师了解孩子情况，也不主动反馈与孩子互动的情况。

二、心理问题诊断

医院初次诊断结果为重度抑郁。焦虑抑郁量表检测各项指标值皆为中重度以上。医生建议住院治疗，学生本人拒绝。

三、心理健康维护工作方案与实施过程

心理健康问题一直是高校学生工作的重中之重，关乎安全，关乎生命，关乎稳定。学生心理健康的维护既是一项基础性工作，也是构建幸福和谐校园的关键要素。根据学生个案的实际情况，制定切实可行的帮扶措施，是维护心理健康的有力指引和保障。

结合本案的特性可见，积极的方面：学生虽然被医院诊断为重度抑郁，有自杀意念和想法，但并无自杀行为动作，自知力完好，有主动求医求助的意愿，也不排斥教师跟进，能主动与好朋友交流。消极的方面：该生抗拒父母，不愿回家，也不愿离校去亲戚家休养，坚持留在学校。父母对其病情的理解缺乏科学的认知，亲子关系紧张。经与学院和专业人士研究，最终采用"知—研—联—跟—构"的"五步法"工作思路进行方案设计和过程实施。

（一）知：即知晓。全方位收集了解掌握个案相关信息，做到心中有数，落实有方

主要采用"通过反馈上报的学生大概情况把握信息—联系家长了解亲子互动等情况—约谈案主本人深入交流—通过宿舍和班干部补充了解"四个渠道开展多方位信息收集。

1. 指导朋辈有效交流，获取学生较为可靠的信息

本案是经学生干部发现和上报的，学生干部判断情况比较严重，可能涉及同伴生命安全，自己的能力难以有效帮助，于是向辅导员教师报告求助求指导。接到学生反馈后，在确保赵某不知情的情况下，辅导员教师通过与学生干部进行深入交流，引导学生干部从情绪状态、表达内容、危机行为、人际关系、日常表现、问题诱发因素、认知情况等方面，与赵某进行微信互动交流，从第三方的视角，第一时间了解把握赵某当时当地的基本表现，并引导该学生干部保持与赵某的沟通与互动，发现问题及时反馈。

2. 联系家长，核准信息，获得初步联动

辅导员电话联系赵某母亲（几个月前与父亲曾有电话沟通，父亲对孩子了解较少，于是本次直接联系其母）。从"近期是否有与孩子联系，孩子日常与家人互动情况，孩子在校表现家长是否了解，近期是否发现孩子有异常，家庭是否存在某些问题影响孩子情绪状态"等方面与家长进行深入交流。

获取到的信息如下：家长知道孩子考研不顺；近期孩子不接家长电话；回复信息较为缓慢和冷漠，内容基本都是"嗯""哦"等。家庭方面，几年前曾在孩子面前提过有离婚的打算，后来发现孩子比较抗拒就没有执行，现在夫妻关系较为和睦。在交流中，辅导员将所了解到的孩子当下的情况以及医院诊断的情况等信息告知家长，并对家长进行抑郁症症状和潜在危机等知识的普及，提醒家长重视并与学校保持联动。为了稳住学生情绪，特别建议家长对家校沟通的情况暂时保密不向孩子透露，主动关心孩子，获得孩子信任。

3. 约谈案主本人，获取第一手信息，进行初步疏导与关怀

做足准备是谈话顺利开展的前提。在与学生会谈之前辅导员教师已经充分思考各种可能性和应对措施，以"对考研学生的关心关怀和未来规划探讨"的理由约谈赵同学。赵同学提前五分钟到达约定地点，戴着黑色帽子和防疫口罩，衣着一身黑，低着头，表情淡漠僵硬。不出所料，谈话中对于自己当前的病情赵同学闭口不谈，不管问什么都低头沉默不语，或简单一两个字回应，沟通难度较大。辅导员通过考研情况、职业规划、论文进度、与宿舍同学互动等日常交流切入，都不能获得有效回应。

随后，采用"所见即所得"的策略，从心理的视角与他分享此时此地，在与他交流的过程中，笔者的所见所思所想所感，并从多年工作经验所接触的类似情况与他分析和疏导，他开始能感受到被共情和理解，便有一些语言回应。在问到是否有轻生念头和想法时，他的眼泪不由自主往下流，对于一个不轻易掉泪的男孩来说，内心的委屈和难受是显而易见的。

4. 通过宿舍同学和其他学生干部了解可补充性的资料

宿舍和班级是学生日常活动的一线场所，通过宿舍和班级学生干部，可以获取更多该生的日常信息，协助判断及跟进处理措施。赵同学住混合宿舍，与舍友关系一般。舍友对其病况并不知情。在确保信息保密的情况下，向信得过的舍友和班干部了解该生日常表现：该生考研后状态不佳，比较嗜睡，说话少，宅宿舍时间多。学生干部反馈赵同学比较内敛、慢热，与不熟悉的人交流少，有主见有想法，但不善于表达。

（二）研：即研判。结合所了解信息，筛选关键要素，判定危机等级，有针对性处理

掌握个案基本情况后，辅导员及时向学院领导汇报并获得支持和助力，联合学校心理咨询中心展开问题研判。

抑郁症是一种常见的心境障碍，以显著的心境低落为主要临床特征，且心境低落

和其处境不相符，严重者有自杀念头和行为，目前还没有明确的科学定论确定抑郁症的病因。最新的《中国国民心理健康发展报告（2019—2020）》显示，青少年抑郁检出率为24.6%，其中重度抑郁的比例为7.4%。据有关调查，中国现有抑郁症患者达9 000多万，在15~34岁青壮年人群的死因中，自杀是首因，其中60%~70%的人患有抑郁症。2021年教育部明确规定："将抑郁症筛查纳入学生健康体检内容，建立学生心理健康档案，评估学生心理健康状况，对测评结果异常的学生要给予重点关注。"对抑郁症的关注和干预目前已提到政策的层面，是一个需要全民关注和重视的身心健康问题。

结合唐海波老师的自杀高危人群识别应激—素质模型对本案进行研判，具体分析如下：在心理学因素层面，考研的失利导致希望和梦想破灭是触发赵同学病情的因素。在个案心理特征方面，赵同学虽然认知有些阴暗，但不存在偏执极端、也并非宿命论者，洞察力清晰。情绪特点方面，神经质人格特征是具备的，但长期痛苦的指数不高。行为上没有冲动盲目，有一定的社会支持系统，适应性也不差。社会文化因素层面，亲子关系紧张，压力源来自原生家庭父母婚姻关系，不存在家庭贫困的困扰。疾病因素层面，精神方面被诊断为重度抑郁，躯体无疾病。生物学因素层面，无任何问题。其他因素层面，从跨年夜发的朋友圈信息来看，对生命抱持一种无畏的态度。此外，赵同学在大一入学时参加学校心理普查结果显示为一般关注，在大四秋季学期心理普查时结果无异常。

综上，经过与上级领导和学校心理咨询中心共同商讨，判断该生的情况虽然存在一定危机，但未达到高危且必须强行进行危机干预的程度，重点是要获得多方联动，多方协同帮扶，随时把握动态和跟进处理，尽可能帮他渡过难关。

（三）联：即联动。有效展开多方联动，确保信息通透，落实安全责任

联合多方力量开展有效帮扶，是存在危机可能的心理问题学生在校期间学院和学校必须重点落实的一环。鉴于该生拒绝回家，抗拒与父母交流，在与家长取得联系并告知问题的严重性和潜在危机可能性的前提下，学院启动"教师—宿管—好友—宿友—家长"五联动的应急关怀预案。

首先，搭建联动团队。辅导员、班主任、论文指导教师、心理中心教师等近期与该生交集较多的教师们协同联动，辅导员不定时与赵同学保持信息沟通，针对情绪状态、睡眠情况、吃药反应、就医计划、心理疏导等方面进行互动，帮忙约心理咨询教师进行专业疏导。班主任和论文指导教师从侧面对其人生规划和论文撰写方面做指引。

其次，获得关键场所同事的有力支撑。宿管中心教师在学生生活的场所布控，随时关注该宿舍和本楼栋敏感区域的安全状况。

再次，持续提供有效的朋辈支持。好友的持续陪伴和关心，让学生心中的人际支持链条不至于断开至关重要。辅导员教师持续引导"好友"用有效的方式与之互动，让赵某在获得同理和支持的情况下情绪渐趋稳定。宿舍同学是辅导员教师的"第三只

眼睛",获得宿舍同学的支持,要找准愿意帮忙、能守住秘密、可靠且可信赖的角色,比如学生党员、主要学生干部或者教师比较熟悉的学生,能够做到无动声色地观察并将最真实的信息及时上报。

最后,也是最关键的就是获得家长的支持与配合。本案学生家长对抑郁症并不了解,始终坚持"是孩子想多了,孩子作"的错误思维与认知,辅导员教师多次从专业的视角帮家长普及知识,并从学院、学校的担忧与关怀以及生命危机干预等方面与家长严肃沟通,最终才获得家长认同,并签署知情同意书。此后,辅导员与家长保持持续沟通,在过程中逐渐调整家长的不合理认知,提供与孩子相处的科学方法,协助他们逐渐缓和亲子关系。

以上四环联动,都是在确保赵同学不知情的情况下渗入,一来是为了稳住情绪避免二次激惹,二来是在潜移默化的关怀下祈求获得其内在的修缮和自我调整。

(四)跟:即跟进。结合学生情况变化,适时调整工作内容和方式方法

在面对危机事件以及重点关注学生问题时,辅导员必须通过各种方式跟进到位,多方布线布控,确保学生始终在"视线"范围之内。

跟进,不是简单的了解信息,而是结合所掌握的资料,运用专业的知识,进行科学的分析,随时展开有效的指导和干预。本案中辅导员具备一定的心理学知识,可以凭借业务能力对各方提供的信息进行斟酌和判断,及时有效开展指导。当发现个案存在危机时,一定要想办法获得对方不伤害自己与他人的承诺,产生危机冲动时及时反馈。本案在跟进过程中,发现赵同学的小姨在与其互动的过程中存在责备和训诫等行为,导致赵同学情绪波动较大,可能对唯一愿意靠近的亲人失去信任。辅导员获知后,马上联系家长反馈事实与可能性后果,家长一开始表示会让小姨注意表达形式。但此后仍然用不认同的语言说:"老师,我觉得也不能一直纵容他,该骂还是要骂醒!"这也许是大多数抑郁症孩子的家长在对病情无知的情况下普遍的不合理认知。面对这种家长,我们必须立马严肃地修正他们错误和不合理的观念,让他们知道坚持固有的思维模式可能导致的严重后果。同时,更要重视将孩子的变化随时反馈给家长,如实阐述症状和危机的可能性,让其重视、理解,强化其第一责任人的角色,让其在互动过程中感受到教师的专业和自己的不足的鲜明对比,并逐渐主动参与进来,配合引导,形成真正的合力。

(五)构:即重构。帮助学生进行认知重建,开展未来生活指导,树立对生命和个体的珍视

从事心理危机干预的教育者都知道"危机即转机"这个理念,该理念强调危机爆发的时候也是个体改变的最佳时机。个体可以通过该事件重新建构自我认知与社会关系,重新明确自我的发展目标并调整心态,快乐生活。在对学生进行心理帮扶时,确保安全,守护生命,这是底线;帮助个案找到问题的根源和核心,并助力二次启航,

这是根本。教育者不能急于为个案重建一个新的认知系统，而全盘否定个体原有的旧系统。要帮助其全面客观地分析旧有系统，从家庭、学校、社会、个体等多角度的优化入手，秉持个体有能力自我成长的人本理念，相信每个人都有自我建构的能力。

本案中赵同学的病源，初判为父母婚姻生活不和谐所带来的对原生家庭关系的纠缠而引发的心理困扰，在考研失利的刺激下引爆的结果。在其病情逐渐稳定后，辅导员从原生家庭、亲子关系、个体成长三个方面，结合家庭系统动力理论、积极心理学和焦点解决等心理理论，在每一次的线上线下交流中帮助赵同学梳理旧有的认知系统，调整重构新系统。

第一，在原生家庭中，父母和孩子的关系好比一个三角形，孩子一边连着父亲，一边连着母亲，父亲和母亲相互连接。如果把每条边比成"爱"的量度，那么，只要父母各自对孩子的爱不变，他们与孩子之间的链条并不会因为父母双方的链条断开而改变（见图1）。

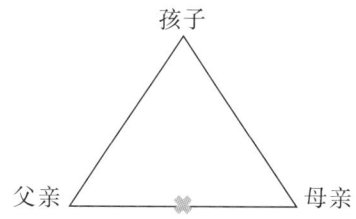

图1　父母与孩子的三角关系

第二，在婚姻与亲子关系中，父母虽然对孩子有抚养关心的责任和义务，但他们也有选择自己人生和幸福的自由。在赵同学高中也即未成年时他们提出的离婚诉求因为孩子不同意而搁浅，是他们对孩子的尊重和爱戴。随着孩子长大成年，需要学会理解父母，懂得尊重，放下执念。

第三，从个体成长的视角，需要把自己从原生家庭的困扰中解放出来，与父母和解。父母可以拥有他们自己想要的人生，我们也要为我们自己的生命做主宰，我们要为我们自己的生命负责，我们要通过自己的努力为自己的生命注入新能量，让我们自己有足够的能量帮助自己成长，获得对生命的珍视和对自我发展的动力。

四、工作效果评价与经验反思

（一）工作效果评价

据个案自诉，经过一个月的时间干预和帮扶，睡眠上，从失眠多梦转为较为正常的入眠；饮食上，从茶饭不思、被动吃饭转为主动三餐；情绪上，从消沉低落转为有点笑容，表情自在；人际上，从沉默寡言转为可以沟通，再到主动交流；在与教师的互动上，从只言片语转为有意愿的表达，再到主动汇报与表示感恩；在学习上，从无力无心向学转为开始做点正经的事,再到能顺利完成论文开题;在个人成长上,从绝望、淡漠转为逐渐恢复动力;在家庭互动上,从不愿去小姨家转为可以去住一段时间,再到愿意回家过年。

综合来看,通过"五步法"的帮扶后,赵同学的情况得到了较好的改观,从身心、认知、情绪、行为等方面都有较好的调整,本案工作成效显见。

(二)经验反思

1. 学校心理健康教育需要做到"三个到位"

(1)部署到位。2017年12月,教育部印发的《高校思想政治工作质量提升工程实施纲要》提出要充分发挥心理育人功能,切实构建"心理育人质量提升体系",从而"培育师生理性平和、积极向上的健康心态,促进师生心理健康素质与思想道德素质、科学文化素质协调发展"。心理健康已被提到国家育人政策高度,培养德才兼备具有良好心理素质的新时代人才,是高校的责任也是使命。大学阶段是个体人生观、价值观、世界观不断成熟发展与稳定的阶段,也是心理同一性构建的关键时期。学校需要自上而下制定相关制度,让校园心理健康教育在落实上有明确的指引和保障。统筹开展有利于身心健康的活动,营造幸福心理氛围。充分发挥心理数据库和平台的作用,让"一生一台账""谈话跟进制度"等真正落到实处。以宿舍为单位,通过各种方式将心理健康理念渗入到宿舍一线,让每个人都成为彼此的心灵守护对象。

(2)培训到位。心理育人工作是一项专业性较强的工作,不是随随便便就可以取得好成效的,需要有科学知识支撑,需要专门的技术指引。当前,在辅导员队伍中存在非教育专业和非心理专业的占多数,在面对学生心理问题时多感束手无策。教育部办公厅《关于加强学生心理健康管理工作的通知》明确提到要"加大心理健康教育培训力度,对新入职辅导员、研究生导师开展心理健康教育基本知识和技能全覆盖培训,对所有辅导员每3年至少开展1次心理健康教育专题培训。"这是基本的培训要求。在实际工作中,高校心理健康教育培训需要常态化开展,搭建一支相对专业化的队伍,从根本上解决大多数的问题。这支队伍包括辅导员、研究生导师、班主任、学生骨干、心理委员、朋辈群体等。通过线上线下,邀请校内外专家,通过讲座、研讨、实操等模式,开展心理健康基础知识普及、心理咨询基本理论、案例督导、典型个案专题研讨、专项理论研习、心理团体活动实操、危机干预技能技巧、心理问题诊断与跟进、心理相关法律制度等内容的培训,全方位提高相关人员的心理问题处理专业水平,在工作和帮扶中做到得心应手。

(3)联动到位。在解决心理问题和处理心理危机中,涉事辅导员不能单打独斗,需要学院甚至学校建立一套有效的联动系统,在关键的时候及时响应。根据核定的风险等级,确定联动的层级和应对方式。一般性危机,指存在自杀想法但无自杀计划;中等危机,指有自杀想法,无自杀计划,但有自杀史;重度危机,有自杀想法,有计划,但已实施或承诺暂时不会实施。面对不同的危机,基础是要确保做到"学院领导—辅导员—心理咨询中心—宿管办—班主任—学生干部—宿舍成员—学生家长"七联动，当危机等级较高时，还必须将学生处、保卫处、宣传部、门诊部、校外医院、学校领导、其他相关部门以及社区民警等社会力量全方位介入，针对问题联合助力。因此，高校在危机干预联动方面需要有一套完整可行的方案，确保各部门在应急时能即刻联动。学院层面必须高度重视，在平常做好宣传、规划和教育指引，在危机出现时立即响应，人员到位，高度配合。

2. 辅导员在危机个案处理中成为有效的帮助者需要提升"两种素养"

（1）在沟通中做好共情、真诚和接纳。1977年，荣格提出最有效的帮助者是那些为个案成长提供三个充分必要条件的工作者，他将这些条件命名为共情、真诚和接纳。创造一个共情的环境，准确地察觉内心的感受，并让其感受到自己能理解他的感受。真诚，是指与个案在互动中做到完全坦诚，没有隐藏，没有虚情假意，在适当的环境下可以将自己的感受和体验自由无条件地使用和交流，建立一个安全信任的环境，能使个案受到鼓励，同时也报以真诚回馈。完全接纳地与个案互动，向对方表现出无条件的积极关注，珍视且不求回报。即使个案的行为、语言和经历，与工作者当下的个人信念和价值观完全相反，也能报以欣赏、关心和接纳的态度。斯科特·派克在《少有人走的路：靠窗的床》一书中也提到：当一个人不被理解时，会用各种方式防御起自己，而当有人向他敞开心扉，真诚地接纳他的一切时，他则会卸掉伪装，也将自己的心敞开，从中获得拯救。

（2）把握问题的根源，塑造科学和专业的心理工作能力体系。本案问题的症结在原生家庭与亲子关系，基础在守护生命安全，关键的突破点在让学生找到边界感，从父母婚姻关系中分化独立出来，与父母保持界限，不介入父母的纷争，能够尊重父母的选择和决定。按照沈家宏老师的说法，18岁以后的孩子跟父母之间的关系应该是成人与成人的关系，是平等的关系、朋友的关系。就算父母彼此离开，孩子依然可以和他们保持以上成熟独立的关系。不同的个案所呈现的问题症结和核心不同，倘若辅导员自身缺少心理专业知识，可以通过心理咨询中心和团队其他成员的协助，获得相关知识要点，主动进行查阅、了解和学习提升，对个案的顺利帮扶能起到重要作用。

3. 在心理问题帮扶中，要努力帮助提高学生的"三个信念"

（1）信念一：我是个有价值的人。当一个人觉得自己很有价值时，就会采取一切必要措施照顾自己。帮助学生认可自我价值，是心理健康的基本前提，也是培养自律的根基。

大学的教育需要让学生在成长中体验到自身存在的价值，强化学生的生命意识和价值体验，培养和践行"生命至上"的价值观。以生为本，充分发挥学生的主观能动性，挖掘学生的潜能，让学生能够以主人翁的身份参与院校文化建设。在课堂教学、班团建设、党团发展、文体活动、人际互动、宣传窗口等方面，都要渗入积极能量的充满生命活力气息的教育元素，让师生在相互润泽的过程中形成对生命的珍视和对自我价值的认同。

（2）信念二：只要活着，就有希望。活着，是一种动力；活着，是一种希望；活着，才能走向未来。作为高校思想政治教育工作者，我们要带领学生树立一种对生的渴望，对未知世界探索的欲望，点燃他们对生活的热情和对美好生活的向往，重燃对生的希望和动力，向死而生。正如余华在小说《活着》里所阐述的，为了延续生命艰难活着本身才让生命更具意义。

我们要用丰富多彩的大学教育撬动生命的厚重感，引导其敬畏生命，努力活着。当一个人处于困境甚至绝境时，他的希望是破灭的，一心想死，此时身边人需要做的是陪伴和共情，修复其社会支持系统。当个体状态慢慢恢复之后，再逐渐通过心理咨询、心灵疏导、生命教育以及其他方式等，为其注入生的养料，提升希望感，使其有勇气面对未来。

（3）信念三：重复旧有的模式，只会得到旧有的结果。这是 NLP 也即身心语言程序学的 12 条经典前提假设之一，强调的是我们要不断觉察自己的认知和行为模式，当旧的模式已经不再发挥作用时，要适时调整自己，改变旧有的做法，探索新的应对方式，才能获得新知。在心理问题的处理过程中，我们发现大部分学生的问题由来已久，可能是小学、初中、高中甚至幼儿园遭受的创伤洒下的种子没有得到有效的浇灌，在长时间重复不合理的应对方式下滋生繁殖。这与学生身心发展不协调、心智未成熟以及对问题的非理性认知有关。

我们需要帮助学生厘清问题的脉络，找到关键症结点，普及新知识，推翻旧有的认知和行为模式，带领其一起探索找寻新的操作路径和应对方式。

参考文献

[1] 张将星. 极端学生心理治疗：从危机干预到共创环境：以心理治疗十年帮扶教育个案分析为例 [J]. 中国特殊教育. 2013（10）.

[2] 沈家宏. 原生家庭：影响人一生的心理动力 [M]. 北京：中国人民大学出版社，2018.

[3] Richard K. James，Burl E. Gilliland. 危机干预策略 [M]. 7版. 肖水源，周亮，译. 北京：中国轻工业出版社，2018.

[4] 斯科特·派克. 少有人走的路：靠窗的床 [M]. 张然，译. 北京：北京联合出版公司，2019.

[5] 斯科特·派克. 少有人走的路：心智成熟的旅程 [M]. 海生，严冬冬，译. 北京：中华工商联合出版社，2017.

陪伴是最长情的告白
——一例抑郁症危机学生的干预报告

杨 敏

一、案例背景简述

(一) 案例背景

抑郁症是一种常见的抑郁障碍,临床特征以显著而持久的心境低落为主,是心境障碍的主要类型。临床可见心境低落与其处境不相称,情绪的消沉可以从闷闷不乐到悲痛欲绝,自卑抑郁,甚至悲观厌世,可有自杀企图或行为;甚至发生木僵;部分病例有明显的焦虑和运动性激越;严重者可出现幻觉、妄想等精神病性症状。《2019年中国抑郁症领域白皮书》报告指出,据世界卫生组织(WTO)数据显示,全球有3.5亿人患抑郁症,中国抑郁症患病率达2.1%。近年来我国高校学生抑郁症的患病率也在呈现上升趋势。因此,关注高校抑郁症群体也成为高校学生工作队伍的工作重点之一。

本案例中的小芳,因面临家庭物质及精神支持缺位、大学学业压力大、人际交往不适应等问题,出现情绪消沉甚至企图自杀的行为,严重影响了学生的正常学习生活,最终经过多方共同努力,顺利毕业并找到称心的工作。

(二) 案例简述

1. 当事人基本信息

小芳,女,小时候曾目睹患有精神类疾病的父亲发病时对母亲实施粗暴行为,其母亲也对她表露：一方面要给其父亲治病，另一方面还要面对其父亲的粗暴行为，长期以来经济上和精神上都倍感绝望。后来小芳又曾经历父亲因病离世，然而摆脱了父亲对母亲施暴的困扰与亲人离世的强烈的内心矛盾纠缠却成了小芳一直以来内心最大的困扰。大学期间，小芳就一直性格内向，沉默寡言，存在睡眠障碍，在校内待人平和但交友不多，学习成绩相对优异但她也表示应对学业有很大压力。

2. 案例的发生与发展

在小芳就读大学二年级的一个周末，辅导员杨老师在家里接到学生的电话，电话里小芳称："老师，我现在感觉好痛苦，曾有几次都想要寻死了，我真的不知道该怎么办了，您能帮帮我吗？"

接到求助后学院辅导员开始进行干预，以保证学生生命健康为前提下，迅速介入，深入了解学生的身心状况，后来学生的症状经三甲医院诊断为"抑郁症"，在长期的药物治疗与心理咨询下，在学校、学院、家长等多方力量的介入下，经过长达两年的干预，2020年6月小芳已顺利完成学业并毕业，在老家的乡镇事业单位找到工作，积极投身到家乡基层建设，并第一时间给辅导员杨老师发来微信，表示自己能够顺利毕业并如愿找到称心的工作，相信这是一个新的开始，自己也有信心迎接每一项新的挑战。

二、案例分析与干预过程

（一）案例分析

1. 自身复杂经历埋下抑郁症的种子

精神分析理论认为，儿童的早年环境、早期经历对其成年后的人格形成起着重要的作用，许多成人的变态心理、心理冲突都可追溯到早年期创伤性经历和压抑的情结。本案例中的小芳童年经历所遗留下来未解决的心理冲突在大学生活过程中造成了很大的影响。这些经历形成的心理冲突正是小芳抑郁症的根源。

2. 家庭环境支持系统对病症的影响

家庭环境作为一项重要的社会环境支持系统，是孩子发展最重要的环境，包括物质和心理两方面。家长应该尽量为孩子创造良好的家庭物质环境、和谐的家庭心理环境以及丰富的家庭文化环境，以促进孩子的健康成长。案例中，小芳在家庭环境方面，缺乏物质、精神的支持体系，对其病症的影响也不容忽视。一方面，父亲患有精神类疾病需要治疗，让小芳原本普通的家庭经济状况对她形成了无形的压力。另一方面，母亲遭受着父亲患病后的粗暴行为的同时又不得不承担医药费，纠缠的内心已经让母亲濒临绝望，父亲去世后母亲并不跟小芳谈及太多，双方内心的矛盾冲突都没有一个合理的出口。小芳被诊断患抑郁症后更加得不到母亲的理解与宽慰，她甚至担心会继续成为母亲的累赘。家庭中物质、心理两方面都得不到很好的支持，也是影响小芳抑郁症的重要因素。

3. 主动求助是应对危机干预的关键

研究发现，多数参与心理咨询的来访者内心存在着严重的"讳疾忌医"，也就是说一方面隐藏问题，一方面拒绝求助。而在心理咨询的诊断环节，主动求助是判断来访者是否具有自知力的关键，也是来访者能够积极应对并度过危机的关键。小芳在感觉身体和情绪上出现不舒适的症状后，能够主动就医，经过几次痛苦的挣扎之后，选择了跟辅导员杨老师求助，后期的干预过程，也主动跟班主任倾诉并求助，是一种主动求助的信号。这都是在后续危机干预中起关键作用的方面。

（二）危机干预过程

1. 危机干预

辅导员杨老师接到电话后，首先安抚学生情绪，确定了学生的位置，并跟学生约定好立马回校跟学生见面，考虑到学生当前情绪非常不稳定，经征求学生同意，请了一名党员干部去找她汇合并做好第一时间的安全保障，学生同意并表示会在约定地点等师姐和老师的到来。随后，辅导员迅速赶回学校，回校后见到学生，学生已经主动跟师姐聊到了自己小时候的经历，以及自己的身体出现的这种症状导致的痛苦。

在初次谈话与后期的谈话中，辅导员均采用摄入性谈话，通过有效地倾听，确定和控制谈话的范围与内容。在与其多次的谈话中，深入了解到小芳小时候的经历、其父母的经济及身体状况等情况，这对于帮助学生更好地面对抑郁症起到了至关重要的作用。

随后，辅导员将情况汇报学院，学院学生工作团队共同商讨，对学生本人和家长做了休学治疗的建议，经过多次沟通商量，学生仍然希望坚持一边就医一边完成学业，鉴于小芳的抑郁症有家庭环境支持的缺失这一因素的影响，也缺乏母亲有效地宽慰，结合医生的专业建议，最终选择尊重学生的个人意愿。辅导员杨老师随后安排学生家长签署了知情同意书和承诺书，同意了学生一边就医一边完成学业的意愿。学生和家长积极在广州和家庭常住地分别选取了定点医院就医，坚持了长达两年的药物治疗。

2. 后期跟踪

随后的一年多时间里，学生坚持就医吃药，能够保持平稳的心态，为了保证学生在校期间的身心健康，并顺利完成学业，学院采取多方联动模式，联合多方的人员力量，辅导员、班主任、学生干部、同宿舍同学等多方面关心和帮助小芳，让她认识到集体的力量，在困难和情绪低落的时候及时寻求帮助，一起帮她走出困境。最终小芳在学校、家人的共同配合下顺利完成了学业，并找到一份称心的工作。

三、案例分享与反思

大学生抑郁症导致的自杀危机是高校必须重点关注的问题之一。回顾本案例，有一些环节对事件的进展起了关键的作用。

（一）采取合适的谈话方法，了解事件的具体情况

摄入性谈话的关键是要注意谈话对方的反馈，无论是在提问还是倾听中，都需要注意咨询者的反馈，做到察言观色。留心谈话对方的言谈举止、面部表情，便可以判断出他的心理状态。尤其整体观察其形体的变化，更能发掘其所要表达的含义。

（二）接受专业的治疗手段，尊重学生的个人意愿

抑郁症属于一种精神障碍，有着复杂的发病机制，发病原因有生物、化学、遗传和环境因素，其中生物学因素也就是大脑结构功能及遗传占 40%~50% 的比重，因此说服学生主动配合药物治疗成了关键，药物治疗是治疗手段中最重要的方法。

（三）联合多方援助力量，控制事件的发展进程

除药物治疗以外，家庭环境、学校环境、社会环境等构成的社会支持系统也至关重要。能够有一个信得过，把心里的事情都诉说的朋友非常关键，高校、家庭共同营造适合学生身心发展的社会支持系统也必不可少。

心理健康工作之大学生人格障碍案例分析

陈亚楠

一、案例概况

学生甲，男，大一新生，第一学期征兵失利后于第二学期开学前提出退学申请，选择复读重新高考。从心理重点关注对象到年级问题学生，再到办理退学手续，该生显现的人格障碍问题分外显著。

（一）初入校园，质疑不断，问题凸显

开学初期，学校针对大一新生组织做了心理量表测试，测试数据显示学生甲为重点关注对象，按学校政策要求，辅导员应约学生甲开展心理咨询。初次约谈，学生甲表现出对学校管理制度的不满：质疑早读晚修、班会等制度并对"班级"在大学生活中存在的意义提出了质疑态度，认为这样是对人身自由的限制，因此该生并未加入学校的任何组织以及未担任任何职务。交谈中，学生甲思维清晰，逻辑缜密，主观意识强，并未显现伤己及伤人的苗头，只是对于大学现状表现出不满，此次约谈双方建立了较为良性的沟通关系。

疫情背景下，按学校防控要求，学生甲周末回家要找辅导员签报备表，借此开展了第二次面谈。此次聊天，该生讲述了近期一些对班级事物的看法：第一件事，班级同学在校园内发现一只受伤的流浪猫，于是在朋友圈开展了自发小金额捐款活动，该生认为这个行为不应该存在，学校应该对发起这个活动的同学进行相应处分，因为同学甲认为在朋友圈发送此类消息是"侵占"自己的朋友圈资源，同时也对学生的信息、财产造成一定的隐患；第二件事，班级同学自发为导生凑钱买礼物，表达对导生

的感谢（据后期了解该活动完全秉持着自愿原则且平摊金额少于 5 元），同学甲认为此种行为不妥当，班群不应该出现这种与学习无关的信息，同时也认为这种行为不值得提倡。此次聊天并不愉快，同学甲对学院建设提出了自己强烈的想法和见解，基于此，辅导员安排学院党委副书记与同学甲进行会谈，该生答应。后该生以自己近期状态较差为由，拒绝了和学院副书记的见面，学院为更好地关注同学甲的心理健康状况，对该生所在班级班干以及舍友进行了情况了解，得知其独来独往，不融入集体，但未有自杀意向。

（二）应征失败，复读萌芽，矛盾爆发

恰逢国家征兵报名，同学甲当兵意愿高涨，在学校以及户籍所在地都参与了报名，但因身体个别指标不达标，两地初检都未通过，其间辅导员与同学甲有过多次沟通，但未见其有较大情绪波动。之后在寒假临开学前两天，接到该生休学信息，辅导员电话沟通得知学生甲的休学缘由是无法忍受学校的规章制度，为了摆脱束缚而想选择更好的高校，故决定休学，当得知只有退学复读才能参加高考，该生毅然决然的选择退学，并告知学院其家长知情并同意。学院秉持对学生负责的态度，为杜绝退学只是该生一时且个人想法，故向其宿友进行情况了解，舍友表示知情同学甲退学重新参加高考的想法，同时也透露该生目前睡眠不规律且性格倔强。后该生急切催促办理退学手续并拒绝学院与其家长联系，经协商同意，用辅导员办公桌面座机拨通其母亲电话，该生母亲表示孩子已满 18 周岁，可以对自己的行为负责，既然他也决定，父母全力支持，并同意到校进行相关手续的签字。

退学手续办理时，家长未能出面，学院联系上其父母，确认家长同意退学，但学院发现学生甲所有备案材料中父亲信息缺失，母亲电话存在不吻合的情况，学院本着对其家人及学生本人负责的态度，要求其父母一方到场签署材料但却遭到拒绝，学院相关教师加其父母微信，发信息都不予回应。未如愿办理退学手续，该生脾气开始变得激动，出现踢打办公室门口灭火器的情况，跟学院多位领导、教师发生口角争执，甚至用语言、短信威胁学院，向上级部门递交投诉申请等，整个过程盛气凌人，丝毫不畏惧。后在学院多方努力下，以查阅档案等方式，确认了该生退学行为其家长知情并同意，遂给予该生办理了退学。

二、心理问题诊断

学生甲五官端正，服装得体整洁，在整个案例过程中意识清晰，语言表达流畅，但却极度过敏，行为上只能接受自己已经形成的世界观、价值观、人生观的引导，当他人的言语和行为与自己预设情形不一致的时候，其第一反应是猜疑与不信任，进而断定其他人抱有不为人知的目的，本着怀疑主义的态度来面对社会和他人，只能接受对自己的赞美和认可，容不得半点质疑和否定；行为上也表现出本能的抗拒，就连眼

神、动作都表现出深深的警惕。因此判定该生有偏执型人格障碍倾向。

因核实信息需要，案例期间有联系到同学甲初、高中学校的相关教师，据他们反馈，该生之前在校也经常闹事，跟老师对着干，但该生聪明，成绩优秀，并且逻辑性极强，其情况与典型的反社会性人格极其相似。这种人格障碍的主要表现就是道德感缺失，不认为自己的行为会对他人造成不便或损害，即便造成了不便或损害，这种行为后果也不会在其内心产生影响；但只要是涉及自己的点滴事情都会十分在意，容不得自己利益受损，容不得自己的欲望得不到满足，容不得自己面对失败的结果，对社会和他人总是"蓄势待发"的保持攻击性。其虽然有着极强的逻辑思维，但这种逻辑思维是没有考虑社会交往的情况，不管什么事情，他总是自我辩护和责怪别人，可以在极短时间内与他人保持不错相处，尤其是不存在利益冲突时，但只要与自己存在利益冲突，其人格障碍上的特质就会表现出来，从而和任何人都不存在长期稳定的社会关系。通过上述案例概况，我们在同学甲身上同样能看到反社会型人格的属性，因此判定该生在具有偏执型人格障碍倾向的同时也具有反社会型人格的倾向。

三、心理健康维护工作方案与实施过程记录

偏执型人格障碍的形成与其成长环境有着密切关系。在家庭中如果长期受到父母的溺爱、百般呵护、千依百顺、万事顺心，那他只要遭受到一次不顺心就会让其极不适应，从而本能地产生抗拒和抵触，进而演变成性格上的缺陷。在同学甲的案例中我们得知该生属于独生子，父母从小离异，且父母都在公务员队伍，有着较高的文化水平，以及不错的家庭背景，父母在很多事物上的看法都较为开放，对于孩子的教育也遵从放养式，认为孩子满18周岁后，可自行承担后果。类似于这种背景的案例中，有其他行为人因为在学校或其他环境中，感受到了和家庭不一样的氛围后，例如遭到嘲讽、处罚等，也会转变为偏执型人格障碍。所以孩子的成长环境至关重要。对于偏执型人格障碍的治疗，要让其认识到问题所在，从而进一步克服敏感、多疑、多虑，转变为包容、接受的态度，才能实现治疗目的。

在这个案例中，我们感觉到了其父母对其学业生活的不重视。对于该案例中的这种情况，因为父母感情破裂、婚姻离散、家庭解体的原因，导致孩子长期缺乏完整的父母关爱或父母引导，在情感和生活中都缺乏关爱和呵护，这也是反社会型人格萌芽的重要原因。在早期家庭教育中，父母的作用和重要性不言而喻，因为对于幼年的孩童，其行为和思想的养成是潜移默化受到影响的，在缺乏正确的引导后，其很难通过自身不成熟的、不全面的认识和理解来正确地看待和处理复杂的人际关系和社会现象。对于反社会型人格障碍的治疗也一直是复杂的难题，其内生的原因和过程是长期和复杂的，简单的通过物理上的治疗是难以对其思维层面产生作用的，即便产生了作用，影响也是不可控和微弱的；对于因为物理上也即神经系统功能障碍的反社会型人格的案例，单纯地靠心理治疗，效果也是不明显的。但根据现有的案例和经验，认知领悟

疗法对于一般和轻型的患者的作用还是显著的。

学生甲在学校前期的日常情况是由另一名辅导员跟进的，之后更换了辅导员，也造成了对于该生情况掌握的不及时以及不充分，虽该生已经退学，但让我们值得深思的是，如果该生未退学，那学生甲的问题如何解决？本人认为如遇类似同学情况，其干预流程应该为以下几点：第一，重点关注，及时备案汇报。在得知学校预警数据库反馈的信息后，应安排专门的教师对学生进行心理状况跟进并进行心理疏导，同时安排学生干部以及舍友对其保持密切关注，保证安全。第二，沟通疏导，转介心理咨询中心。在这个案例过程中可以清晰地看到学生甲的思维能力、辩证能力、个人意识很强烈，其情况并不属于简单的心理问题。面对这种情况，需要寻求到专业的心理咨询师或相关治疗机构，从专业的角度进行有针对性的引导和治疗。第三，家校联动，共同助力护航。家庭背景、家庭环境、成长经历都深深地影响着学生，家长和学校对学生有着共同的关爱和期望，应针对学生的问题及时和家长沟通，制定出一致的教育理念，协力帮助学生。第四，协商劝导，接受专业判断。面对学生甲的偏执型人格和反社会型人格，除了心理咨询干预外，我们还需要家长的支持与配合，安排学生接受专业的诊断，并根据专业诊断来进行针对性治疗。第五，持续跟进，坚持心理疏导。案例中学生甲的问题很明显较多的是来自原生家庭，那这种心理问题解决往往不是一蹴而就的，需要长时间不间断的持续疏导。

四、工作效果评价以及经验反思

根据学生甲产生的心理问题及原因，并结合高校辅导员实际工作要求及内容，对于大学生心理健康教育工作得出以下启示：

（一）以人为本，建立信任

产生心理问题的大学生，大多数都是缺乏家庭关怀的，极度渴望他人关心。作为高校辅导员，除了日常工作服务外，更需要对心理健康问题学生给予更多的关怀，从而逐渐建立信任，有利于心理问题的解决。第一，建立心理问题重点关注学生档案；第二，用专业的知识引导学生吐露心声，表达内心真实的想法；第三，加强心理健康教育的连续性、持续性，在日常生活中对于那些极度需要被关注的学生更多关怀，从细节、行动着手，对学生大学成长阶段进行指导和引领。

（二）家校配合，促进沟通

要想全面地掌握大学生的心理动态和状况，就要从对其影响最深刻的家庭着手，加强家校联动，能帮助我们更好地去帮助大学生的身心健康发展。第一，从新生入学开始，与有心理问题倾向的学生家长进行联系，并将此作为日后开展心理健康教育工作的依据；第二，对于可能有心理健康问题的同学，与相关家长保持长期沟通，做好在校情况的反馈；第三，建议家长带学生就诊，并与家长配合心理问题学生形成长期治疗方案。

（三）健全制度，形成合力

在高等学校中，虽然专任辅导员是在日常工作中于同学接触最多的群体，但要做好学生的心理健康工作，还需要学校各部门的通力合作，才能实现全方位育人的目的。第一，提高专业课程教师对心理健康教育的敏锐度，尤其是对心理健康问题学生进行识别、引导；第二，让高校心理健康专业教师更好地用其专业特长解决专业问题；第三，鼓励同学们互帮互助，做好相关心理健康教育的宣传和知识普及，充分发挥朋辈的互助作用。

（四）利用网络，拓宽平台

当今社会，网络技术发展迅速，高校思政工作也在网络平台的进步中开展，高校心理健康教育也可以利用网络平台进行深入细致的教育。第一，建立心理健康教育宣传平台，拓宽高校思政工作思路和形式；第二，利用网络平台虚拟性的特点，引导学生正确、合理地进行表达；第三，定期开展全方位、多平台、多角度的心理健康教育活动，提高网络平台的实际工作效果。

（五）积极宣传，优化氛围

校园文化是高校生活的重要载体，良好的校园环境有利于促进学生身心健康发展。第一，对大学生不同阶段可能产生的心理问题进行预判，在不同阶段开展相关心理健康教育活动；第二，鼓励心理健康重点关注学生走出课堂、走出宿舍，积极参与到校园活动中，并针对人际交往能力不足的学生开展人际关系提升培训活动，健全人格；第三，在校园范围内广泛加强阳光心态等氛围建设，在各类标识、旗帜、横幅等宣传品中融入心理健康宣传内容，优化校园心理健康教育工作氛围。

压力状态下的旧病复发
——心理危机事件处理案例

张俊业

一、案例简介

Z同学，男，大二学生。其班主任反映，该生大一期间，并无异常，与教师、同学关系融洽，积极参加学生社团活动。大二下学期期末，班主任突然联系辅导员，Z同学情绪低落，上课时行为反常，精神时而清醒时而混乱，据宿舍舍友反映，学生在宿舍期间，经常出现失眠、情绪暴躁等情况，经常在床上、洗澡间自言自语、行为异常。辅导员接到师生反馈后第一时间与Z同学沟通，Z同学回答清晰，并解释只是自己期末学业繁重，弄错作业上交日期，从而导致近日精神高度紧张，情绪失常，并称目前已平复情绪。当天晚上班主任再次联系辅导员，称与Z同学晚上通话时其逻辑不明，胡言乱语，并透露其经常在学校河边散步徘徊，担心会有轻生念头。随即，辅导员联系该同学所在宿舍舍友，得知Z同学已外出，手机联系不上，于是辅导员与Z同学的宿舍舍友沿着学校河边寻找，未果，后得知Z同学已自行返回宿舍，后续与Z同学单独谈话中发现其语言逻辑不清，时而清醒、时而混乱，并且数次试图掩饰自己的真实想法，存在情绪异常等过激行为。辅导员通过陪伴、倾听、引导等方式与该生沟通，并等待学生平复情绪后送回宿舍，次日联系该生家长到校接Z同学回家治疗，1个多月后，学生情况好转并主动申请回校参加考试，最终顺利完成大二学业。目前学生已经正常回归大三学业。

二、案例分析

（一）理论依据

双相情感障碍（BD）又名双相障碍，是一种既有躁狂症发作，又有抑郁症发作（典型特征）的常见精神障碍，首次发病可见于任何年龄，其病因未明，遗传因素、生物学因素、心理因素和社会因素等都对其发生有明显影响，目前学界强调遗传与环境或者是应激因素之间的交互作用或者这种交互作用的出现节点在该病症的发作过程起重要作用。双相情感障碍的临床表现为躁狂发作、抑郁发作或躁狂抑郁混合发作交替。

（二）学生信息

1. 家庭因素

家庭富裕，无经济压力。

2. 过往病史

学生曾有相关病情。在后续的学生跟进工作中，与家长交谈得知学生在高考集训时出现过类似症状，并且接受过相应药物治疗，上大学后因情况好转而停止服药。

3. 个人因素

思想单纯、性格内向，看待事物想法较理想化，不懂得拒绝他人请求，且对人有较强警惕心，不敢吐露心声。

4. 人际因素

与同学和社团部门同事相处融洽，学生本人透露其很喜欢与部门同事一起共事，但是不太懂得拒绝他人，甚至过于看重别人对自己的看法。

5. 学习因素

对学习的态度比较认真，甚至对自己要求过高，期望过大，常因为没达到自己预期而产生焦虑与不满。

6. 工作因素

参加学校社团部门，对自己要求严格，对工作追求完美，但常因自身时间和能力欠缺没办法做好而感到懊恼自责，同时因对现实工作和自己理想工作存在差异而积累不满情绪，陷入工作和学业的双重压力漩涡。

（三）案例解决方法

在了解并安抚好Z同学后，笔者也向学院领导及学校心理咨询中心汇报了学生的心理健康状况，第二天笔者联系学生家长，并告知Z同学的状况，经学院领导和家长同意后，安排学生回家静养，并帮助学生完成后续的请假手续以及与课程教师沟通。

学生回家静养时间里，辅导员与学生家长保持联系，得知学生已到医院就诊，并且留院观察，暂不适宜上学。1个多月后，学生情况好转并主动申请回校参加考试，最终完成大二学业。经过医院专业诊断，Z同学可在正常服药情况下回归校园，继续完成大三学业，目前学生情绪稳定，并重新对学业和工作进行合理安排。在本案例中，笔者的处理方法与过程如下。

1. 师生合力，多渠道了解并核实情况

笔者在接到班主任反馈电话后，曾与学生联系确认情况，学生并没有第一时间把真实情况告知，并且对外人有较强的警惕心，以搞错作业上交时间为由来应付自己早上课堂上的失常行为，谈话中逻辑正常、语言通顺，并未出现班主任反馈的情况。在与Z同学舍友和同班同学沟通后，发现学生情况与本人所说有明显出入；后续在得知学生晚上外出并有沿河边散步的消息后，笔者第一时间通过班主任电话联系学生，稳定其情绪，拖延时间；发动舍友、同班同学直接到现场寻找学生，最终通过舍友找到学生本人。

2. 倾听诉求，以耐心换取真心

人都有交流、宣泄、归属的需要，这是个体心理特点决定的。在本次案例中，初次与学生交谈时发现，Z同学不太愿意吐露实情，面对老师、学生反馈的情况，学生编造理由来推脱，在当天后续的多次交谈中，学生都有意无意地避开话题，避重就轻，不愿敞开心扉。为了安抚学生情绪，增进学生对老师的信任感，笔者在陪同学生散心的时候，积极耐心倾听学生心声，透过学生社团工作、课业学习、感情生活等方面，由浅入深，以朋友身份谈心谈话，建立起平等的人际关系。学生从最初的不肯袒露心声到建立信任关系，向笔者号啕大哭表达自己的委屈，躺在地上打滚，甚至采取过激的行为宣泄情绪。通过5个多小时的倾听交谈以及安全陪伴，笔者成功打开学生心扉，也从学生口中得知，学生本人一直对自己要求过高，而且十分看重别人对自己的看法，在社团部门中不懂得拒绝他人，接了很多超出自己能力的工作，在学业上选课较多，作业繁多，临近期末，学业压力和工作压力双重作用下，难以适从，又不敢和老师与同学沟通倾诉，怕别人看不起自己，在不断的懊恼与自责中，情绪暴躁亢奋，听不进别人善意的提醒与建议，固执己见。因经常熬夜赶工完成工作与课业，导致没有得到充足的睡眠时间等。在和学生的交谈中，也让笔者对Z同学病因有了一个初步认识：学生是受周边环境压力作用而产生的应激心理反应，具体表现为焦虑，还有愤怒、内疚、恐惧、抑郁、无助等。这便需要笔者根据学生存在的问题进行一一疏导与解决。

3. 对症下药，及时处理学生存在的问题

在得知目前学生的情况后，笔者与学生进行了沟通和分析，逐步帮助学生梳理症结：

（1）针对学生社团工作方面的问题，引导学生合理安排工作时间和任务，学会拒绝他人不合理的请求，正确看待别人对自己的看法；与学生所在的社团负责教师沟通，反馈学生情况，商量协调该生的工作安排和调整分工，帮助学生减轻工作量。

（2）针对学生学业上的问题，向学院领导汇报情况，学院书记表示，目前应以Z同学的身体健康为首要，学习暂时靠后；与学生班主任、任课教师进行沟通，帮助学生完成请假手续和缓考手续。

（3）针对学生病情问题，从心理危机干预方面和家长联系沟通，说明学生近期在学校的情况和问题，根据学院领导和心理咨询中心教师建议，与家长签订《家长知情同意书》，提醒家长尽快带学生就诊并接受治疗。经过沟通后，学生家长积极配合，在第二天早上与学生沟通并接回学生回家静养，后续安排学生到医院接受治疗，在为期半个月的医院治疗中，学生情况好转后又回到家中静养，临近期末，学生家长向笔者表达学生想要继续完成大二期末考试的意愿，并且经过医院诊断证明可以返校完成考试。

（4）针对学生后续跟踪观察，在学生回家就医及在家休养的一个半月里，笔者一直与学生家长保持联络，及时跟进学生的情况变化，从Z同学父亲的多次联系中得知学生曾在高三艺考集训时也有类似情况发生，学生极容易受周边环境影响，不懂得如何释放和缓解压力，一旦压力增大，较大概率会导致情绪走向极端。在学生康复返校后，笔者一直对学生保持关注，该生在宿友、同学、教师的疏导与帮助下，逐步合理安排自己的工作与学习，调整自己的作息时间与生活习惯，并且定期找笔者进行咨询与谈心谈话，大学生活回归正常。

三、案例启示与反思

鉴于学生曾有相关心理疾病史，本案例中因压力原因而再次导致学生心理疾病的复发，需要做好以下预防与改进。

（1）引导学生通过正念、接纳、认知解离、明确价值和承诺行动等方式正确认识自我，帮助学生增强心理灵活性，更合理地投入到有价值、有意义、可实现的生活与学习中。

（2）与学生建立"信任—帮扶"体系，保持对学生的关注，通过及时的激励、肯定，激励学生，树立学生的自信心，只要一缕阳光，学生就会灿烂，让学生在自我否定的漩涡中走出阴霾。

（3）建立起全员联动干预机制，心理危机事件的侦查与处理仅仅依靠辅导员或者心理健康咨询中心的教师是远远不够的，不仅需要有专业技能的学科背景的心理队伍，还需要对全校的师生，尤其是班主任、学生骨干等群体进行培训学习，在危机刚有苗头的时候就直接干预，例如在本案例中，Z同学的班主任教师不仅对学生保持长久的关注，而且具备一定的辨别能力，在协助处理危机事件中扮演重要角色。同时，学生干部队伍也能第一时间向辅导员反馈情况，并且协助开展该同学后续的开导工作，是绝对不容忽视的力量。

（4）加强家校联系合作，消除沟通壁垒。大学学习有别于初高中，大学生由于需要独立适应而脱离家庭环境，学习、生活习惯发生巨大改变，同时，家长由于长期不在身边，对学生情况不了解，导致学生因环境改变而产生的问题得不到解决，容易错失及时疏导学生情绪的良机。同时，由于个人隐私问题，学生及家长均不希望透露自身家庭情况，从而使家校双方存在信息差，导致不能及时有效采取措施解决问题。

（5）学生心理工作需要持之以恒。学生的心理状态是一个变动的模型，尤其是大学期间的学生在自我控制、情感处理与理性思考等能力不足以应对突发危机的情况下。学生的"本我""自我"和"超我"始终处于冲突—协调的矛盾运动之中，这便需要长时间地关注学生的心理发展动态，及时发现问题，在适当时机、用适当的方法进行危机干预。

让兴趣在焦虑症学生心里绽放花朵

张　虓

一、案例背景与概述

A 同学，男，物联网专业学生，中度焦虑。

（一）第一次预警：副书记的来电

2021 年 7 月 11 日，副书记打电话告诉笔者说："A 同学父母给我们打了电话，反映 A 同学最近状态不太对劲，希望能申请给他放假回家调整一下状态"。笔者当时第一反应是，疫情期间学校封校，很可能引发同学们的压抑心理状态，导致心理问题的出现。笔者立刻确认 A 同学并未在我们的心理关注名单之中，并搜索和 A 同学的聊天记录，发现他曾经在 2020 年 6 月 11 日询问过笔者端午节能否申请回家过节，当时笔者根据学校防疫要求对其做出解释并拒绝了他的申请。根据现在的情况，笔者即刻与 A 同学取得联系，协助他办理请假报批手续回家。

（二）第二个信号：父母的来电

2021 年 10 月 13 日，A 同学父母与学院教研办取得联系，咨询 A 同学目前的成绩，能否顺利毕业。A 同学父母反映该生目前可能有轻度抑郁，希望学院教师能对其进行更多的关注。

（三）敲醒警钟：与 A 同学的第一次面对面交谈

1. 艰难的预约行程

A 同学父母致电学院询问成绩之后，通过与副书记交流，我们认为很有必要与 A

同学面对面交流一下。当即与 A 同学联系，约定时间 10 月 14 日过来办公室谈心，但当天 A 同学并未赴约。通过线上交流，A 同学解释因为前天晚上吃了药头脑昏昏沉沉，一觉睡到了下午，我们便再次约定了几次时间，最终定在 10 月 19 日上午，最终我们成功与 A 同学进行了交流。

2. 怪异的行为举止

在 10 月 19 日的交流过程中，A 同学全程比较紧张，眼神闪躲，不愿与老师进行正面的眼神交流；声音微小，全程捂嘴说话，行为举止十分拘谨。

3. 疑点重重的交流

交流过程中我们与 A 同学谈及家庭关系以及学业情况。

A 同学说他与父母关系良好，几乎每天都会与父母通话。但根据我们与 A 同学父母的交流，A 已经很久没有与家里人联系了，一打电话就会挂掉，不愿意与父母交流。

当我们问及 A 同学吃了什么药时，他吞吞吐吐，告诉我们说只是医院开的营养片，但基于他昼夜颠倒的作息，帮助他睡眠一整天的药，难道真的如他口中所说，只是"营养片"吗？

4. A 同学多门专业课成绩挂科

从 A 同学的整张成绩单可知，他前期成绩较好，但到大二时，明显表现出成绩下滑。我们谈到 A 同学的学习成绩问题时，他坦诚他认为物联网专业只是"万金油"，学的课程多且无用，对于自己的未来发展没有任何帮助。他希望能利用这些时间来学习对自己"真正有用"的知识。明显表现出对该专业的不喜爱。

二、案例分析

造成该学生学业及生活问题的原因主要有以下几点。

（一）父亲的全部希望

通过与 A 同学父亲及亲戚交流，我们得知在 A 同学成长过程中母亲角色的严重缺失。A 的母亲由于忙于工作，对于 A 的事情甚少过问，几乎很少尽到一个母亲的责任。孩子成长过程中一方父母的缺席极容易导致孩子人格发育不完善，而缺乏母亲的陪伴也很可能导致孩子对自我认同感的缺失。

由于母亲的忙碌，A 同学从的小学习与生活主要由父亲负责，A 的父亲也希望弥补上母亲大多数时间的缺失。在他的成长过程中，父亲为其很大程度上牺牲了自己事业发展的机会，A 也一直是其父亲生活的重心，且父亲也有向 A 同学灌输这种观念。从小学到高中，A 的父亲与 A 的所有老师均很熟悉，且与几位老师至今仍保持着密切的联系。由此可见，A 同学父亲在 A 的生活中处于一种过度干预的状态，A 同学没有充足的个人发展空间。

（二）尚未成熟的思维体系，陷入人云亦云的漩涡

A 同学告知我们，通过在网上搜索相关资料，他认定物联网专业是一个"万金油"专业，没有一个专长，学的杂乱无章。现在互联网时代，各种新媒体平台上信息资源乱花迷人眼。而 A 同学刚步入大学不足两年，思考事情、看待事物的角度尚不全面，处世不多，遇事时自己的思考尚且不足，很容易因为网上的说法扰乱了自己的心智，让自己失去判断，陷入人云亦云的漩涡。

（三）迟来的叛逆期，与父母极少联系

上大学之后，A 同学的父亲仍然希望以初高中的模式对 A 同学进行学业生活上的管理，A 同学由于接触到了新媒体时代的大量信息，更多地希望拥有自己的生活。A 同学看着"风生水起"的新媒体时代，心中也萌生了对新媒体直播带货等的喜爱，与父母交流产生隔阂，自己的想法得不到认可。回想自己之前的生活，一直都是父亲替自己做选择，此时自己有了想法却得不到父亲的支持，自己心中苦闷，同时面临学校专业学习的压力。多重压力的压迫，一方面导致自己重度焦虑，甚至轻度抑郁，另一方面也让自己封锁了自己的内心，不愿意与父母交流。

（四）抽象的大学知识，错误的学习方法

高中三年寒窗苦读是目标性极强的一段学习历程：就是为了考大学；但进入大学阶段后，学习专业性强，自由度高，可以根据自身特点和喜好，发展不同方面。A 同学步入大学后在学习上还没完成大学学习的转变，大一时学习公共基础课如英语、数学等，由于以前都接触过很多，所以学习很有兴趣。但在大二接触专业课时，逐渐感到迷茫，对于抽象的摸不见的知识，A 同学跟不上之后便选择去听慕课。但是线上学习的效果可想而知，一定是比不上线下课堂跟着老师学习的效果，且同一门课每个学校采用的课本不尽相同，A 同学在发现自己落下课程的时候没有选择和同学、老师多交流，而是选择关起门来自己在网上学习。由于方法错误，效果不佳，严重打击了自己的学习兴趣，学习成了一件令自己内心十分矛盾的事情。这样即不能取得好的学习效果，也进一步加重了自己心中的焦虑情绪。

（五）不愿敞开心扉，缺少真正的朋友

他在学校时常独来独往，宿舍维持着和气的关系，尽管对于宿舍舍友一些邋遢的生活习惯有意见，但是也不曾正面提出，不愿意告诉舍友自己真实的想法，一方面是担心会与舍友关系不好，总是从舍友的角度考虑，过分委屈自己真实的想法，表现出讨好型人格的特征。另外，他也不愿参加集体活动，对于班上或者学校举办的各类活动，他认定自己有社交恐惧症，不愿意在室外环境长期停留，心中会有一些不安，也会担心周围的同学用一种异样的眼光看待自己。

三、解决方案

（一）鼓励走出自我认知，广交朋友

A 同学不愿意与他人分享自己的感受，不愿意出席社交场合，比较抵触集体活动，我们提议让他走出自己的内心，多与同学们沟通交流，适当地放下对其他人的防备。对于平时学院及学校组织的讲座和娱乐活动多多参与，多与陌生人交流，勇于表现自己，逐渐习惯与人交流的感觉，多认识一些朋友，而朋友也是帮助我们缓解压力，保持身心舒畅的一大法宝。

（二）加强体育运动，让汗水带走焦虑

平时加强体育运动，运动能使人体分泌更多的多巴胺，更能让人感受到快乐，带走人的负面情绪。

（三）发扬个人兴趣与专长，面向未来畅想人生

A 同学对当前的专业和未来的生活都是迷茫的。针对他的迷茫，与他首先进行了一场"生涯幻游"，让他自我探寻未来想过的人生是怎样的。他对新媒体十分感兴趣，并正在学习一些视频剪辑的知识。我们鼓励 A 同学发挥自己的兴趣，帮助 A 同学树立信心，改变之前的颓废气质，帮助他不再陷入自我质疑和不断地犹豫之中。首先找到自己的兴趣点，然后为之付出行动。压力是在行动中缓解的，等待及犹豫只会加重自己的心理压力。只有目标明确和无尽热爱才能帮助迷途的孩子到达彼岸。

（四）与父亲沟通，给予孩子更多成长的空间

后期我们和 A 同学的父亲沟通，告知他大学和以前的学习模式大不相同。大学主要是靠自律，自己约束自己，更重要的是培养孩子的自觉性以及思考能力。与此同时，大学是一个包容的组织，允许多种理念共存。大学学子们都应该有自己的思考，学会在多元文化中形成自己的思维体系，我们绝不认为父母的想法就一定是完全正确的。孩子都需要有自己的空间去思考，去成长，往往过度干预他们的成长所取得的结果并不尽人意。每个孩子都需要学会自己去面对挫折，面对生活中的各种情况，父母不能护他们一世周全。早一点适当放手，让孩子自己去闯荡，自己去经历、去面对，也是为孩子好。希望 A 的父亲在后期与 A 同学的交流过程中能倾听他的想法，表现出对他的理解并给予他适度尝试的空间，这样既可以避免与 A 产生隔阂，也可以通过家人的理解及支持帮助 A 同学减轻焦虑。

四、案例效果

A 同学最终在某自媒体平台找到了一份兼职，主要利用课下时间发展自己的兴趣爱好，并有机会发展成为未来的一份工作。除此之外，A 同学与家人的关系也有所改善，交流也增多了。

五、案例启示

（一）正确认识自我，发现闪光点

每个人都有自己的优点，即使是焦虑症孩子也不例外。即使他们在学习和生活上缺乏信心，但内心深处仍埋藏着许多美好的愿望，这需要辅导员充分挖掘他们的各种"可能性"。他们也渴望得到他人的鼓励和认可。辅导员要通过各种途径帮助心理问题学生找准自身期望值与社会需求的结合点，指导学生对自我进行全方位评估，带领他们充分认识自己，找到自己的兴趣和特长。抓住每一个挖掘契机，不遗余力地支持和帮助焦虑症学生，促成有效转化。

（二）树立人生梦想，理想付诸实践

很多时候学生可能只是思维走入了某一个死胡同，我们应该及时帮助他们跳出自己思维的误区，帮助他们展望未来，不局限于现在，找到自己的人生梦想，并不断努力，将梦想付诸行动，只有通过行动才能让自己距离梦想越来越近。进而可以通过制定详细的学习行动计划，完成"目标"与"行动"检视清单，不断强化他们的自主发展动力，让目标不停留在规划纸上，而是落实于实际行动之中。

（三）从细微之处发现学生的异常

往往因为一些突发事件，一些不在我们心理问题学生库里的学生也很有可能有心理问题。平时一些细微的地方也会反映出一些学生的心理异常，我们要抓住一些细节，不能掉以轻心。

（四）缓解学生家庭矛盾

当学生家庭矛盾严重影响到学生的学习生活及身心健康时，我们应了解情况并适度地对双方矛盾进行调节，帮助学生在学校更好地成长成才。

参考文献

[1] 强蓓. 浅析不完全家庭父母及子女的心理行为与应对策略：以再婚家庭和单亲家庭为例[J]. 陕西社会科学论丛, 2010 (1): 111-113.

[2] 黄观澜, 周晓璐. 抑郁症患者的语言使用模式[J]. 心理科学进展, 2021, 29 (5): 11.

[3] 李晓瑜. 探讨对焦虑症患者开展亲情护理干预的临床效果进行分析[J]. 中国医药指南, 2022, 20 (5): 21-24.

[4] 恒佳. 有规律的锻炼降低患焦虑症的风险[J]. 健与美, 2021 (12): 38.

扫除学生内心的"阴霾"
——高校学生自杀干预案例

王沁芳

随着改革开放的深入、经济全球化和高科技时代的到来,大学生在紧张的学习生活之外还要承受来自社会各方面的压力,不断迎接新的困难和考验。大学生所面临的人际关系也远比中学阶段复杂,就业、理想、择偶、前途等问题也更加具体和直接。受这些客观因素的影响,大学生的心理健康教育面临着新的挑战与要求。

由于大学生活已初具社会形态,大学生的心理处于迅速发展和趋于成熟又未完全成熟的阶段,决定了他们的心理活动具有既丰富又矛盾的特点,心理品质的发展表现为不稳定和不平衡。一些大学生因为生活上的一帆风顺,常常持有优越感和盲目的自信,但一遇到困难和挫折,又容易产生自卑感,变得消沉、失望。再加上自制力和自我调节能力较差,常常造成情绪的动荡和心理的冲突。大学生的这些特点如果不进行恰当的疏导,长期下去就可能导致心理、生理机能的紊乱,从而影响健康,甚至导致极端恶性事件的发生。

一、案例情况

小林,男,通信工程方向学生,成绩一般,性格内向,不善于表达,平时喜欢打游戏。进入大四开始找工作后,看到同学陆续通过各种面试找到了工作,而自己就只接到过一次面试机会,面试官跟其他同学能聊好久,而到他就只稍微问了他几句就打发他走了,自信心受挫。小林同学家境较宽裕,爸爸是中学教师,小时候他爸爸收养了一个姐姐,陪他一起成长,姐姐各方面都比他优秀,自己内心感觉辜负了父母的期望。大四第一学期末开始论文选题,因论文选题跟其他同学的选题相撞,认为自己选别的会做不出来而导致毕不了业,对此忧心忡忡,情绪低落。室友小陈和小王注意到了他情绪的变化，喊他一起去图书馆学习，周末一起出去玩，并加以情绪的开导。大四圣诞节那天，小林起床后不像往常下楼吃早餐，而是坐在寝室发呆，也不玩游戏了，开始思考人生，没找到合适的工作，毕业设计选题不顺利，觉得自己一无是处，对不住爸爸妈妈，出现轻生的念头。下午 5 点多，小林来到学校河边欲跳河，被室友及时拉回寝室。第二天凌晨 4 点多，借故上厕所，欲从 5 楼阳台跳下，被整夜守着的室友和爸爸拉回。14 号凌晨起床，目光呆滞，神情恍惚，动作僵硬，看起来整个人高度紧张，说话没有逻辑，开始不太认识人，出现幻听，不断地说要去死，见到有水的地方就想往里跳。

二、应对措施

（一）及时通报，控制局面

小林因巨大的失落感和心理落差、压力等问题，出现跳河、跳楼自杀倾向，情绪非常激动。几位同学立即把情况上报给笔者，笔者及时把情况上报学校。学生处领导、学院副书记、辅导员立即赶回学校，详细了解相关情况，并与小林谈心。经过大家的开导，促膝长谈，小林情绪好转。为防止意外，副书记与辅导员全部留守大学城，同时安排同学在寝室轮流看护。学院第一时间把相关情况上报学生处和心理咨询中心。在问题解决过程中，得到了学校的有力支持和大力指导。

（二）谈心开导、了解情况

事发当晚，通过深入的交谈、开导，小林的情绪有所好转，并与老师说了许多他内心的问题和痛苦，笔者也更具体地了解了该生的家庭背景与学习状况，以及他在心理、思想上出现的极端性和矛盾性。第二天早上，情况突然变严重，学校心理中心教师开始心理干预，情况没有好转，建议送医院进行治疗。

（三）联系家长，密切沟通

事发当晚，我们及时联系到了家长，通知家长连夜赶到。凌晨一点多，小林的爸爸赶到学校后，辅导员把小林的相关情况详细告知了他父母。事后一直跟踪关注小林病情的康复以及毕业情况。

（四）及时就医，对症治疗

在征求父母意见后，我们把小林送往医院心理咨询科检查治疗。医院初步诊断该同学有精神分裂倾向，并建议住院治疗。在征求小林父母的意见后，小林入住医院治疗。第二天，因医院环境不适合照顾，经医生同意，由两名室友陪同，接回老家服药调养。经过 3 个多月的坚持治疗，返校后，小林情况基本好转，能够进行正常的学习、生活。

(五) 更多关注，给予关怀

小林返校后，鉴于他的特殊情况，我们给予了他更多的、特殊的关注、关怀与照顾。一方面，要求同班、同寝室的同学密切关注小林的思想、行为变化；另一方面，论文指导教师在学业上悉心指导其毕业设计，工作上耐心指导其就业求职，确保顺利毕业。

三、案例剖析

事后，分析小林发病的原因，大概有几个：毕业设计压力大、就业难、同辈压力大、担心辜负父母的期望。最终因上述种种因素而引发心理应激，造成心理困扰和心理障碍，直至出现自杀倾向、精神分裂状况。

（一）毕业设计压力大

毕业设计是大学课程设置中极其重要的一个组成部分，其主要目的是让学生综合地运用本学科的理论知识和实验技能，按科学的思维方法和规范化的研究进程，系统地完成一项具有综合性和创新性的科研活动。若学生缺乏完整、系统的基础知识，没有扎实的专业理论基础，要完成一篇合格的毕业设计是有一定困难的。小林虽然各科成绩及格，没有挂科，但因为平时好玩游戏，没有扎实地学习，到做毕业设计时就慌了神，忧心忡忡，怕毕不了业。

（二）就业难

"博士生一走廊，硕士生一礼堂，本科生一操场"。一个招聘人数不多的岗位，前来应聘的常常有上百个研究生或是上千个本科生。这是一位女大学生对某大城市招聘会现场的描述，当今大学毕业生就业压力之大，由此可见一斑。找不到工作，有些大学生一毕业就面临失业，低不成，高不就。小林在校平时除了上课，基本上就玩游戏，也没有在学校的科技、文体社团中历练过，对实习、就业也没有积累经验，在竞争残酷的就业市场中就显得更加艰难了。

（三）同辈压力大

同辈压力是指同辈人（即与自己年龄、地位、所处环境相似的人）相互比较中产生的心理压力，有一定的负面影响。小林看到同学找到了工作，而自己面试很不顺利，就产生了焦虑，情绪低落。看到姐姐、同学非常优秀，而自己成绩平平，诸事不顺，内心就难过，给自己增加了额外的压力。

(四) 担心辜负父母的养育

小林担心毕业设计做不出来，担心拿不到学位，担心找不到工作，从而辜负父母的辛苦养育。

由于上述一些长期得不到解决的思想、心理问题的堆积，最后因为毕业设计这个导火索，造成了他的心理障碍，最后出现了自杀倾向、精神分裂。

四、案例反思

(一) 加强大学生心理健康教育辅导

通过大学生心理健康教育课程辅导，让学生了解心理健康常识来增强心理健康意识、预防心理问题，通过学习心理健康技巧和方法来调节情绪、增强自信、克服障碍、挖掘潜力、自我实现，帮助学生学会压力管理、情绪调节、克服焦虑等的技能，对大学生而言无疑具有重要的发展性意义。

(二) 开展心理咨询与行为指导，加强危机干预

高校的心理咨询服务主要是运用心理学的理论和方法，对已出现心理问题的学生进行咨询，帮助他们调适、缓解各种心理问题，从而促进其个体的健康发展。心理咨询不仅为学生提供倾吐烦恼、宣泄郁闷、寻求理解与慰藉的场所，而且给予学生行为上的科学指导，帮助学生克服自身弱点，获得心理平衡。对有暴力、自杀倾向、经历特殊创伤事件的大学生进行门诊咨询、现场咨询并转介到其他医疗机构，使他们得到及时治疗和处理。

(三) 加强辅导员心理咨询培训工作，造就新型的思想政治教育工作者

辅导员处于学生工作第一线，与学生接触多，但大多数辅导员心理咨询还处于经验式阶段，很多工作方法比较简单。因此，加强辅导员的心理咨询培训，普及相关知识，有助于他们更好地了解和理解学生的思想和心理行为，有利于他们及时发现学生中存在的心理障碍问题，予以及时的疏导，提供力所能及的有针对性的帮助。

(四) 建立科学、合理的处理突发事件的应急机制

随着人们的社会意识形态的发展、变化和高校的逐年扩招，大学生跳楼、自杀或出现其他心理问题等紧急事件的频率也日益增多，成为困扰高校发展的一大难题。所以，从各种突发事件中总结一些经验教训，上升到理论层次，各校形成或建立有效的沟通与协调机制，显得非常必要。

社会飞速发展,科技日新月异,生活节奏日益加快,社会竞争更加激烈,大学生面临的经济、学习、交往、社会适应、就业等压力不断加大,心理问题的产生呈逐年上升趋势。因此,关注大学生心理问题,加强心理健康教育,有助于大学生生活快乐、学业有成、事业成功!

抑郁的背后，是渴望理解与尊重

许同晖　王雅丽　龚　睿

抑郁症，是目前高校常见的学生心理健康问题。此类学生生性敏感，在意别人对自己的看法，渴望自己被理解与尊重，实现自我价值。对于抑郁症学生，辅导员需要充分教医结合，通过理解、尊重与共情获得学生信赖，走进学生内心深处，倾听指引其端正疾病观念，鼓励肯定其正确做法，同时妥当开展家校联动联络，教育引导学生按照专业医学手段进行诊疗康复。

一、案例基本情况

（一）身体体质及思想情绪

男同学 J 已有四五年抑郁症史，曾被诊断为"双向情感障碍"，其间曾多次就医服药，高中曾因抑郁症休学一年。平时情绪低迷，易困，嗜睡，兼患有糖尿病。大一时对新生生活及校园活动不感兴趣，没有加入任何社团组织，也没担任班内任何职务。体型较胖，容易暴躁，情绪波动大，思维跳跃，对事物看法容易偏激极端。同时，该生喜欢化学、数学、哲学、医学等学科专业，研读范围广，学习用功，志向考研。

（二）家庭背景

J 同学为独生子，父母离异，现法定监护人为母亲。父亲身在河南洛阳，常年在外务工；母亲已再婚，定居江门，因患肠癌长期在江门市接受手术和化疗。其舅舅于 2020 年 11 月 16 日在江门照顾 J 母亲时突发脑溢血，同时住院治疗。J 家庭经济情况一般，但非贫困生。

二、案例发生过程

（一）宿舍矛盾爆发事件

2020年11月22日凌晨1时5分，舍友H同学通过企业微信打电话给年级辅导员，紧急告知其与J同学爆发宿舍冲突，因担心J同学威胁其人身安全，故"逃离"宿舍。其先找到宿管，后打电话向辅导员求助。通话过程中，明显感受到H同学伴有紧张且惊慌情绪。当晚辅导员请求宿管员临时开放一间应急宿舍，于是H同学当晚在另一舍友的陪同下在应急宿舍暂住。辅导员于当晚第一时间向学院党委副书记汇报此事。

第二天，辅导员分别约谈双方当事人。在临时宿舍内，辅导员首先与受到威胁而恐慌的H同学单独面谈，以下为H同学的情况表述：

本次冲突主要导火索为宿舍洗衣机接水管安装位置的不同意见而导致。该洗衣机为J同学独自购买，因接水管阻碍其他舍友正常使用洗脸盆水龙头，舍友为此多次提出建议将接水管改接到洗脸盆下方出水口处。双方因此事和其他日常生活习惯不同而长期存在摩擦。事发当天早上，双方因洗衣机事件再次发生口角，据H同学及舍友反映，J同学曾说："这个洗衣机是我的个人财产，你们没权动它""你们这群穷逼"之类的话语，后大家不欢而散。当天整个下午双方没有沟通交集，互不理睬，洗衣机亦保持原样。晚上，H同学回到宿舍，发现自己椅子已被J同学扔到床上，H忍耐不作声，默默将椅子取下，洗澡就寝。后因两人为上下铺位置，H爬梯上床时被J脚部故意阻挡，故从侧边翻身上去，道："就这？"后J同学开始生气且愈加暴躁，往上踢H同学床板，H生气反驳："有种就继续啊。"于是J加重力度连续踢了3~4下，后在宿舍过道来回踱步愤怒不止，反复熄亮灯，道："H哥，睡啊！怎么不睡了？！"等，后将某硬物件抛向H，没砸中。H开始意识到问题的严重性，不敢作声。后J干脆踩在下铺床板，伸手用手掌捂（掐）住H脸颊。H惊恐，惧怕生命健康受到威胁，不敢还手，挣脱开后起身"逃离"宿舍。到宿舍楼公共自习室找到当时尚在晚自习的舍友Y同学，与其说明情况并求助。

据其回忆，当时宿舍内其他舍友见状均不敢作声和干预，均惧怕于J，且私下微信提醒H：J也跟着H出宿舍了。后H和舍友Y在公共自习室因害怕而将门反锁，后听到门外有人拧门把，但因反锁作罢，二人怀疑门外是J同学想要进来。过后二人便下楼联系宿管和辅导员。

晚上，校迎新晚会，辅导员与J同学单独进行谈话，以下为J的情况表述：

"洗衣机事件"发生时J刚刚从家里返校，其先前已请假一周回家照看患肠癌的母亲及因劳累过度引发脑溢血的舅舅，J当时身心疲惫，情绪低落，身体虚弱。其觉得H等舍友"不理解"自己的处境与难处，反倒处处责备、数落且嘲笑自己的"不合群"

"不正确"，将自己排挤在外。自身感觉非常委屈、孤独，处处充满敌意。自己也曾努力向舍友示好，想融入宿舍"圈子"，包括主动给舍友送零食、本子、笔等，且曾经让母亲给舍友做好吃的送来学校等，但都无效而终，甚至受到舍友的冷眼相待和"不领情"。

在谈到与母亲、舅舅的关系时，表现出强烈的自责与愧疚，曾落泪深感愧对家人和担忧家人生命健康，孝心可嘉。11月22日晚，J同学以回家照看家人、暂时回避宿舍关系为由继续请假一周。

（二）拒绝休学，大闹校友会事件

因J同学情绪波动异常，出现暴力倾向，且自身身体状况不佳，时常伴有低血糖等症状，学院统一意见建议其休学一年在家接受治疗。2020年12月4日周五晚，J同学电话联系辅导员，道明其已回到大学城，暂住学校附近酒店。J当时强烈希望返回校园生活，且态度强硬。辅导员随即与其谈话，首先安抚情绪，并道明冲突利害关系，建议其先不要返回宿舍。同时第一时间向学院领导请示汇报。征得领导同意后，及时联系J生父（时J母亲正在癌症手术化疗），简明告知情况和学院意见后，请求其尽快赶来学校会谈（时J生父在河南洛阳，非监护人）。时与其父交谈过程中，父亲语气逐渐激动，由倾听、诉说，到后面出现哀求、怒斥等不予支持的情绪。辅导员耐心客观与其陈述事件发生过程，且传达学院希望家长尽快到校共同干预教育的建议，但J父因工作无法请假等原因拒绝返回广州，同时言语中希望学校老师能理解其儿子，不要冤枉J。后无果作罢，遂约J同学次日独自过来学院会谈。

2020年12月5日（周六），J同学和院党委副书记及辅导员见面会谈，主要反馈其不接受休学，希望以外宿走读形式继续返校复课，且情绪激动，态度强硬。学院保留其休学建议，同时要求其提供医院心理诊断证明、个人承诺书等相关材料，将上报学校相关部门，待学校意见。恰当天学院开展校友返校活动，J情绪激动并哭诉，故意扰乱校友活动现场，强硬要求院党委书记与其会面，影响较为恶劣。学院党委书记接待活动结束后与副书记、辅导员共同再度与J谈心谈话，建议其遵守学校规章制度并且严格按照相关流程处理问题，说服J返回江门办理相关证明材料。5日晚上，辅导员与J母亲确认J已经回到家。

（三）保健课单方面强行倾诉自我观点，影响同学正常上课

2021年10月13日9:18，学院接到体育课教师发来的企业微信，通报了J同学在其大学保健课上的异常举动，并上报了体育学院有关领导，具体内容如下：

保健班学生：J同学，自诉曾患严重抑郁，当天上课前在课室内手举一本书一直纠缠另一个学生（曾患有心理疾病：抑郁、强迫症）聊天，对方表现非常无奈，严重干扰了该生的正常上课，老师以学生身体不适，把受干扰的学生带离到另外课室授课。经两位任课教师商量后决定将这个情况上报学院，考虑到保健班其他同学身体和心理

上原本就有不同问题存在，为避免不必要的问题出现，建议这种情况先让 J 进行治疗，待好转后再开展课程，或以其他方式进行授课。

（四）物理实验课因实验效果不佳情绪失控

据任课教师 D 陈述：2021 年 11 月 15 日下午，是一个光学实验课，每个学生都是单独一套仪器独立操作。实验课快结束时，J 同学来找实验老师说没有调出图像，老师帮他调出来后其开始测量，到 16：05 下课时间时，老师说："同学们可以走了，没有做完的下周可以接着做"。后同学们陆续离开，J 没完成，应该是测了少部分数据，但不甘心故还在接着测。这时主管实验室 Z 老师过来准备清理实验室，J 却坚持要继续做实验，并开始激动了，D 老师安抚了几句说可以再延迟 5 分钟。约 16：20 把他劝离实验室。

后转述自隔壁实验室另一位目击者 F 老师：J 同学离开实验室后应该是到了同楼层厕所，然后开始发泄，有嘶叫和击打厕所玻璃的声音（后检查厕所玻璃镜已碎）。实验室 Q 老师听到声音后，到场制止了 J 同学的行为，过程中 J 有用头撞墙等行为，J 离开厕所时有向外冲的趋势，被 Q 老师拦住。因为当时在 3 楼，Q 老师和 Z 老师怕出现意外故一起安抚 J 同学，了解了他的一些情况后（J 自述：抑郁，糖尿病，眼散光，同学的光源影响了他做实验等），（事实上在这个实验中，其他同学的仪器光是不会影响到别人的）与 J 同学商量下次单独给他安排实验室进行实验。F、Q、Z 三位老师一起继续安抚 J 同学，直到他自述没事了才让他离开。

三、教医结合干预过程

（一）倾听、理解、共情是最好的教育方式

在发生"宿舍洗衣机冲突事件"时，学生凌晨打电话向辅导员发出紧急求助，辅导员第一时间耐心聆听学生诉求，初步了解清楚情况后及时安抚学生心理，做出紧急应对措施（如紧急申请临时宿舍暂住等），并且第一时间将情况汇报给上级领导。

1. 耐心平和且公平公正地安抚、理解双方当事人

事情发生后第二天早上，辅导员及时采取行动，为避免事态冲突扩大并尊重学生个人隐私，采取了各自单独访谈的形式倾听了解双方当事人的缘由与诉求，并给予最大的理解与劝导。对于 H 同学，由于处在冲突事件的弱势一方，当天辅导员独自前往其所在临时宿舍，耐心倾听其阐述完整事件的发生过程，并运用老师自身经历尽可能安抚学生紧张、恐惧的情绪，并告知接下来的大致解决方案，让学生内心有所依靠，获得安全感和信任感。对于 J 同学，在与 H 同学沟通安抚过后，当天晚上单独与 J 开展谈心谈话，主动站在 J 的角度倾听其对冲突事件的看法，充分了解事情发展的全貌过程，做到"一碗水端平"，站在学生的角度来关心其自身情绪状况和家人身体健康

情况,展开学生的共情心理,逐渐"走进学生内心",倾听学生诉求,运用端正的思想观念引导学生正确面对矛盾冲突,意识到自身错误与不足,潜心接受老师的指导意见并加以改正。

2. 积极听取舍友同学意见,抚慰不必要的紧张情绪

2020年11月25日,鉴于J同学的多名舍友反映的情况,以及安抚舍友的紧张情绪,院党委副书记及辅导员积极与其余5名舍友开展谈心谈话。谈话过程中H同学复述了"洗衣机事件"和当晚冲突的事发经过,其他舍友做补充。除交代当天冲突事件的详细经过外,学院亦向其了解各位平日相处情况。得知:刚开学时宿舍所有人关系都很融洽,J同学给大家的感觉是热情、积极、关心他人的人。但随着交往的深入,舍友们越发觉得J的沟通方式有问题,时不时说出一些"伤人"的话,例如"你走就走呗,又不是去死""你们这群穷逼……"等。久而久之,舍友们感觉与其相处压力很大,遂逐渐疏远,不与其交心交往。

鉴于J体形较壮,其他舍友均惧怕与其正面冲突,时常忍耐躲避,尤其是这次在宿舍发生的冲突事件,更加让所有舍友"心惊胆战",一致强烈要求不与J同住。

另据J在班内的好友Z同学(隔壁宿舍)阐述,平时J与其关系良好,互相信任,J在学习生活中遇到问题会习惯性与其沟通请教。本次宿舍冲突J亦与Z倾诉,据Z反映,J当时深感委屈、不解与气愤。

(二)及时与家长取得沟通,家校联动,合力指导

为及时合理地解决学生情绪冲突和宿舍矛盾问题,2020年11月26日,学院特约J家长过来学校面谈。谈话过程中学院向家长介绍J在校期间的各方面表现,同时详细说明本次宿舍冲突的前因后果及相互探讨解决对策,考虑到J的精神状态和在校表现,建议J休学一年,回家休养调整好情绪和身体,明年再返校复学。J家长认真聆听,尊重支持并配合肯定学院的建议,当即答应近日返校办理休学手续。但是,后续因J及其生父的强烈反对及不配合,经学院统筹商讨决定,在提供相关必要医学证明及家长知情同意书等材料的基础上,允许J以外宿走读的形式继续完成学业。

(三)谨遵专业医嘱,寻求积极心理治疗

1. 借助学校心理咨询中心力量,积极开导学生抑郁情绪

为及时掌握J同学的心理症状,提供准确的帮扶方案,2020年12月16日,学院副书记与校心理咨询中心教师沟通,并将J同学的医院心理科检查结果发送给心理咨询中心,心理咨询中心认为:"医生的诊断报告参考信息不足,初步判断不足以此作为强制休学的理由。"心理咨询中心于12月17日上午10:30与J同学进行了心理咨询与深入了解,认为:学生整体情况稳定。建议:①学院约谈双方当事人心平气和解决相关问题,化解矛盾;②建议持续观察J同学情况;③注意关心J同学的家庭变故。

2. 敦促即刻就诊，务必定期复检

2020年12月12日上午，J同学到省中医（大德路）身心科进行了相关心理检查。16日上午向学院提交检查报告。报告显示J同学安全感不足，性格细致，关注细节，遇事乐观，存在完美主义倾向，同时与父母关系欠佳。学院同步将相关情况报告给心理咨询中心教师。

2021年11月26日下午，J同学在其妈妈陪同下主动预约前往中山三院精神科门诊就诊，诊断结果为：心境［情感］障碍，表现出时常感到头晕或不适，如紧绷、胀等。有时出现心跳加快、心慌，常有疲惫感觉。有时会表现为担心、害怕而需要反复去思考某些念头或想法，有时表现出反复的行为动作。偶尔有怀疑他人的想法，感到他人不是真心的友好，警惕性高，注意别人的举动，从而无法相信别人，偶尔认为会被人跟踪。偶尔会有幻听，大多是被人批评、责怪，有时认为别人有迫害他的行为。可能会产生自责倾向，伴有孤独感。同时，医院开具相关药物服用。

2021年12月10日，J同学遵照医嘱去医院复诊。

至今，J同学每隔2周定期去医院进行复诊并服用相关药物。

四、教医结合干预结果

（一）理解换来了信任，尊重收获了支持

经过了J同学"宿舍冲突事件"、拒绝休学、保健课纠纷、实验课情绪失控等系列事件，老师们尤其是辅导员一如既往地始终给予其最大的理解和同情，始终能发自内心地站在J同学的视角来理解事件的发生过程，理解他的难处与苦衷，同时也理解他的诉求与需要。从一开始J同学对学院领导及辅导员的拒绝和抵触，逐渐敞开心扉，开始接纳辅导员走进自己的内心世界，继而与之建立起了良好的信任关系。

尊重是开展心理治疗与保障学生正常学习生活的基础。不管冲突责任在哪一方，在理清事实的基础上，辅导员都要对当事学生给予最大的尊重，在尊重的基础上开展谈心谈话和教育引导。学生在老师、学院的尊重理解下，亦选择了配合学院管理要求的行为，如高效自律地管理好自己的学习生活，定期到医院开展心理复诊，严格遵照医嘱服用治疗抑郁症、糖尿病的相关药物等。

（二）奖惩并重，在科学治疗中提升了自我管理能力

奖罚分明，能给学生树立辅导员的威信与说服力，对于有抑郁症史的同学来说更是如此，患病学生敏感性高，自我保护意识强烈，不容易接纳他人，尤其会在意别人对自我的看法，担心老师们对自己的评价有别于其他同学。所以作为辅导员必须要"一碗水端平"，学生做得不对的时候，要及时提出严肃批评，比如J同学在课题中执意向同学"灌输"自己的观点，严重影响他人正常学习上课，这时要即时指出他的错误行为，尽管他并非出于恶意。让其意识到自己的这种行为是不妥当的，对他本人的治疗亦有所帮助。

当然，对于抑郁症同学的一些好的行为，更要及时给予肯定和表扬，这能够在其敏感的内心种下一颗希望的种子，而且他会小心呵护，珍惜老师、同学们对自己的肯定，愈发地往好的一面发展，让渴望阳光的种子长成大树。J同学目前租住在校外公寓，经过辅导员长期的引导和观察，目前他的个人学习生活状态得到了极大的改善。生活中J同学开始积极锻炼身体，每天自行在公寓内举哑铃，练俯卧撑，同时注意饮食摄入，控制血糖，体重已逐渐趋于正常。同时定期去医院复诊服药，抑郁症基本能保持在可控范围；学习中始终保持高效率高强度的学习任务，尤其热爱钻研化学、数学等学科知识，期末考试成绩名列前茅。

五、案例总结反思

(一) 正视自身病情，切勿自行判断乱投医

本案例J同学因多年患有抑郁症兼糖尿病，自认为对自身的身体状况及机理诊疗清晰了解，同时鉴于以往听信某些医生的偏差建议，曾出现盲目自信的情况，自认为能通过自学医术，自行对自己"诊疗"，从而一度将抑郁症归咎于糖尿病所引起，导致中间一度自行停止服用抗抑郁症药物，出现情绪波动异常，不能自控等失常现象。所以辅导员及其身边的老师、同学，如有发现此类迹象应即刻帮助患病学生树立正确的医疗诊断观念，不必惧怕或羞耻于自身疾病，协助其树立自信心，务必寻求专业的科学的医学诊疗手段和方法。

(二) 重视学生家庭关系，尊重学生对于家校联动的看法

本案例J同学可能由于单亲家庭的缘故，其与父母的关系微妙，特别敏感和在意学校老师"背地里"私下与其父母沟通联系。在"物理课实验情绪失控"事件中，为避免J同学的情绪进一步受到波动，学院第一时间告知了J母亲并请求过来学院共同商讨解决。后其母亲将学院与家长的联系告知J，不料J出现情绪反常，责怪学院"背地里"瞒着他跟家长"告状"。所以，在面对情绪特别敏感的学生时，要多加注意老师们与家长的沟通方式，亦可以选择在学生知情的基础上邀请父母亲进行协商沟通，避免遭到学生的抵触从而失去信任。

(三) 切实了解学生诉求，努力帮其解决实际困难

要想真正走入抑郁症学生的内心，辅导员需要切实了解学生的诉求，站在他们的角度去理解他们的处境，探究其到底遇到了哪些困难，他们对某件事情的具体看法是怎样的，尽可能地与其产生共情，然后重点帮助其解决实际需求和现实困难。例如J

同学在"物理实验课"中,由于该光学实验需要在暗室中进行,不透光不通风,让其产生生理上的不适,从而出现情绪异常和质疑其他同学对其有故意干扰的意图。学院在得知情况后,积极与开课学院教师沟通协商,鉴于 J 同学的身体状况,专门为其调整了实验课程内容,为其安排了单独的时间和场地,确保了其能在身体承受范围内顺利完成学分,此举亦被 J 同学欣然接受,增进了互相间的信任与支持。

参考文献

［1］朱晓青,朱蓓,李扬. 大学生心理健康教育"医教结合"案例集［M］. 上海：上海交通大学出版社,2020.

［2］张建卫. 心理健康教育案例研究与理论探索［M］. 北京：北京理工大学出版社,2016.

［3］饶燕婷,张红霞,李晓铭. 家庭环境与大学生抑郁和疏离感的关系［J］. 心理发展与教育,2004（1）：70 - 76.

［4］何瑾,樊富珉. 团体辅导提高贫困大学生心理健康水平的效果研究：基于积极心理学的理论［J］. 中国临床心理学,2010（3）：397 - 399,402.

［5］梁宇颂. 大学生学业自我效能感与心理健康的相关性研究［J］. 中国临床康复,2004（24）：4962 - 4963.

直面创伤 摆脱困境
——救助心理创伤学生个案分析

卢佳静 唐思雅

一、案例背景

近年来,随着现代社会、经济、教育等的高速发展,青少年的压力随之增大,学生内卷现象日趋严重,家长望子成龙、望女成凤的期望越来越高。但父母辈对心理知识的缺乏,对孩子成长期间的烦恼不够重视,未能正确引导孩子解决问题面对挫折,负面情绪没有得到及时有效的排解,并不断被累积,而患上抑郁症、双向情感障碍等心理疾病。抑郁症是一种非常典型的心理疾病,涉及一系列的认知、情感、躯体化症状。主要表现为:明显且持久的情绪低落,兴趣减退甚至丧失,思维迟缓、自我评价低。双向情感障碍也是一种比较常见的精神障碍,躁狂和抑郁两种状态会同时表现在患者身上。

本案例中的A同学因在小时候受到校园暴力,但家长并未及时帮助他解决问题,导致A同学在成长过程中深受影响。在高中时期开始出现睡眠质量与食欲差的情况,大学期间病情开始恶化,并出现自残行为和自杀想法。

二、案例简述

某天,学校心理健康中心教师告知学院辅导员,A同学向心理健康中心的教师透露自己有强烈的极端(轻生、自杀)念头,行为不受控,曾在大学城外环的湖边有过自杀的想法。A同学对自己从小的生长环境评价很低,亲身经历过黄赌毒等不良社会行为，这对他童年造成了很大的心理阴影。从初中开始 A 同学便开始自己的寄宿制生活，且寄宿在外市。自述由于家乡排外的民风使得 A 同学在初高中的时候经历了长时间的校园暴力，被排斥、被欺凌，初高中已经出现了轻度的抑郁倾向，向父母和学校求助时，并未受到父母相应的重视，也未采取科学的应对举措。大学时，经历了两次恋爱的失败，A 同学的心理问题也日益严重，被医院诊断为重度抑郁、中度焦虑、双向情感障碍，在学校建议其接受医院的治疗后并未有明显好转，且因药物的副作用开始有了严重的自残行为。老师和学校向该生和父母提出了休学进行系统治疗的建议，但他们表示不想耽误学业，同时他们认为在学校和同学们待在一起，不良的情绪能被控制。经过一段时间的协商，最终达成 A 同学的妈妈陪读的共识。新学期开始，了解到 A 同学在写一本小说，小说完结后就准备结束自己的性命，学院迅速开启了应急处理工作模式。

三、案例分析与启示

（一）案例分析

在与 A 同学多次谈心谈话过程中可以很明显地感受到 A 同学的抑郁状态。他经常表示："不管我怎么努力，都得不到好结果，我像被诅咒一样，我好讨厌我自己；没有人可以帮助我，我自己也帮不了我自己，我完了；我不想活了，生活没什么意思，我也没什么可留恋的。"同时，A 同学还伴有一系列的自杀和自残行为，身上有很多自己割破的伤口。A 同学拒绝和身边的人有很亲密的接触，A 同学表示自己已经受够了伤害，自己明明没有做错什么，但是自己爱的人一个个都离自己而去，自己总是被抛弃的那个，自己不想再有，也不敢再有什么美好的期待和想象了。双向情感障碍也是一种比较常见的精神障碍，躁狂和抑郁两种状态会同时表现在患者身上。这一心理疾病的状态在 A 同学的身上也有所表现，主要症状为：在与老师沟通时 A 同学的情绪亢奋，思维非常敏捷，条理清晰，神采飞逸。但是 A 同学表示可能自己走出办公室，心情就会突然一落千丈，一种不受控的压抑感就会袭来。

（二）干预措施

1. 迅速启动朋辈互助机制

在了解到相关情况后，A 同学的辅导员第一时间联系 A 同学所在班的班委和宿舍长，叮嘱密切留意 A 同学的动态，同时给予 A 同学必要的安抚，稳定 A 同学的情绪，给予 A 同学重点关注，保证其生命安全。如有需要，及时陪同 A 同学校外就医。

2. 心理咨询及时介入

从 2021 年 11 月至今，A 同学的辅导员协同学校心理咨询中心一直以积极的姿态介入这一心理危机学生的干预工作中，同时积极鼓励 A 同学寻求校外正规心理咨询机构的帮助，及时充分就医。在各方共同努力下，A 同学也开始积极寻求治疗，按时就医，并遵照医嘱采取一些积极行动自助。

3. 家校联合，积极协作

在得知 A 同学的状况后，A 同学的辅导员迅速联系并告知了 A 同学家长该生的状态，本着积极负责的态度，要求 A 同学家长迅速来校商量进一步的措施。当 A 同学的家长赶到学校后，学院领导及负责的辅导员与 A 同学的家长进行细致的沟通，将 A 同学目前的状态、过往经历的创伤及之后的注意事项都一一告知，并给予休学系统治疗的建议。

4. 积极关注，常态化关心和帮助

在此心理危机事件发生以来，在处理的过程中，A 同学的辅导员一直秉承着积极的态度。对 A 同学给予密切关注的同时，常态化对于 A 同学施以鼓励、关心，让 A 同学感受到温暖和关怀。

四、工作效果评价及经验反思

经过一系列的措施，A 同学的状态虽有反复，但是到目前为止，尚未再有危机状况发生。但是 A 同学的状态并没有很明显的转变，依然潜伏很大的危机，对于这一点，需要我们深刻的反思。

近年来，心理问题的发病低龄化趋势越来越明显，尤其是抑郁症、双向情感障碍等典型的情绪类心理问题，青少年群体的发病率不断升高，其中以大学生尤为突出。这可能与大学阶段，个人的生活、学习、人际交往等方面都会发生巨大改变以及学业和工作压力的突升有重大关系。针对 A 同学这一案例，经分析研判，青少年时期不良经历及家庭成长环境在 A 同学的患病过程中有着至关重要的催化作用。由此可以看出校园暴力的经历、家庭不良环境是 A 同学心理问题发生的重要诱导因素。

首先，有研究表明，与青少年期无目睹校园暴力经历的学生相比，有目睹校园暴力经历的学生在之后出现躯体化症状、强迫症状、人际关系敏感、抑郁、焦虑、敌对、恐怖、偏执、精神病性症状等的频率明显偏高。受害者因遭受长期的暴力与欺凌，导致自信心的严重缺乏，进而导致自卑心理的产生。其次，长期的欺凌与暴力行为，会不断加深受害者心理伤害的程度。同时受害者的精神状态也会出现问题，此时极易出现过激行为。A 同学作为校园暴力的亲身经历者，在初中以及高中这一较长时间的校园欺凌中，A 同学的身心受到了很大的伤害。自我认知、评价都受到了相应的影响，过低的自我评价及自我认知直接导致了 A 同学在大学两年半的生活中两次恋爱失败的经历，同时这两段失败的恋爱经历又加重了 A 同学更低的自我认知和评价，由此陷入恶性循环。

另一方面，有研究表明，大多数双相情感障碍患者发病与早期创伤因素有关，尤其是在情感以及行为方面的创伤，患者心理社会功能受到了损害，大多数与情感虐待、家庭忽视因素有关。有研究发现，青少年对家庭的亲密度感知更加消极，尤其处于高中阶段的青少年与家庭最容易产生疏离感。家庭亲密度是青少年双相情感障碍患者病情变化的重要指示器。A 同学在青少年时期长时间的寄宿生活，导致其与家庭成员（父母亲）之间的关系比较疏离。长时间独立自主的生活使得其很难感受到来自其他人，尤其是父母亲的关爱。A 同学在聊天过程中表露过自己知道父母很爱自己，但是因为长期独立的生活，自己早已不知道如何去接受父母的爱，父母的爱反而让自己更加手足无措。同时，早期与父母亲密关系的缺失直接导致其很难与其他人发展好亲密关系。此外，与父母关系的疏离意味着 A 同学目前最重要的社会支持的缺失，间接导致了他心理问题预后不良这一结果。

通过这一案例，笔者想在今后的工作中有以下三点需要注意：

加大心理普查的力度，尤其是新生，须从严从细开展心理普查工作。有利于及时发现这种类似已经隐藏很久的心理问题的学生，以便于及时施以援助手段。

加大心理健康知识的宣传力度，让同学们更多、更科学地了解心理健康，接纳心理咨询这一心理健康维护手段，人人懂倾诉，人人愿倾诉，从源头及时发现学生的心理问题。

加强家校联合解决问题，就目前来看，学生的很多心理问题都与其原生家庭有着密不可分的关系。尤其是在做学生心理工作时，更不能忽视家庭因素。

冬日暖阳
——自卑心理学生转机的一道光

何燕惠

一、案例概述分析

小 C 在年幼时，其父亲因意外离世，母亲独自抚养小 C 及其哥哥长大。据小 C 的妈妈反映，在小 C 小的时候，小伙伴笑话他没有爸爸之后他就不再和小伙伴一起玩耍了。一直以来都没什么好朋友，在家也是很少说话，经常是做自己的事情。母亲曾经想带他去看心理医生，但是小 C 非常排斥，坚决不去。在学校里面，小 C 独来独往，不去上课但是又觉得很无聊，因为看到自己的不足而自卑却又不敢面对，是一个典型的矛盾体。在老师的教育帮助下曾经尝试向前迈步，但是一碰到难题就又停下脚步，不能主动积极寻求帮助。在大四实习期的小 C，因为自己没有找到实习单位，于是自己一个人在宿舍里面，每天无所事事，作息毫无规律。在老师咨询其就业意向时表现出迷茫和逃避，一直认为自己一无是处，所以没有参与实习、没有填写就业推荐表、拒绝参与社会活动。

经过两个月的干预，小 C 的状态好了很多。一是能够较为及时地回复老师的信息，保证沟通顺畅；二是小 C 的母亲表示学生回到家里之后能够帮忙完成一些事情而且能够敞开心扉，和妈妈讲了很多学校老师和宿舍同学的事情；三是努力融入，顺利实习并开始完善简历，争取多参加用人单位的宣讲会。

如何帮助自卑心理学生正确认识自我，走出困境，是本案例讨论的问题。

二、案例解决方案

(一) 案例分析

1. 家庭因素

有研究表明：单亲家庭大学生容易在性格上出现缺陷。一般表现为两种倾向，一种是自卑，敏感多疑甚至焦虑，另一种是"破罐子破摔"的心理。在本个案中，小C自幼丧父，因为从小被玩伴取笑而自卑不与人交流接触，属于自卑表现。母亲对其教育方式是宠溺式的，小C在妈妈和哥哥的宠溺中成长，人际交往不健全。

2. 自身因素

个体心理学派阿德勒曾经说过："我们每个人都有不同程度的自卑感，因为我们都发现我们自己所处的地位是我们希望加以改进的。""自卑感本身并不是变态的，它们是人类地位之所以增进的原因。"可见，自卑还是人类社会前进的一个动力。他认为每个人都有先天的心理或者生理欠缺，这就决定了人们的潜意识中都有自卑感存在。每个人化解其自卑感的方式影响着他的行为模式。面对同一个家庭变故，小C和其哥哥的不同行为表现也对他们的学习和生活产生了不一样的影响，这便是小C自身个体的因素。

3. 社会因素

人是社会环境的总和，人类通过自身的活动在不断地改造环境，环境对人类的生理和心理存在不同程度的影响。大学生作为一个具有自身特征、需求、利益和文化形态的社会群体生活在社会之中，必然会受到社会环境的影响。小C来到大学之后，脱离宠溺自己的家庭环境，需要自己处理人际关系和作息。由于自己的自卑心理和人际交往障碍，没能融入大学生活，渐渐更加脱离群体，缺勤挂科导致留级，最后面临可能无法毕业甚至退学的困境。

(二) 解决方案

奥地利著名心理学家阿德勒曾经这样定义自卑情结：当个人面对一个他无法适当应付的问题时，他表示出绝对无法解决这个问题，此时出现的就是自卑情结。即不经过任何尝试就退缩，过分低估了自己的实力。我国有些心理学家认为，自卑是自我情绪体验的一种形式，是个体由于某种生理或心理上的缺陷或其他原因所产生的对自我认识的态度体验，表现为对自己的能力或品质评价过低，轻视自己或看不起自己，担心失去他人尊重的心理状态。一般认为，自卑的形成是一个循序渐进的过程，是客观环境和主观因素共同作用的结果，它是一种性格上的缺陷。自卑感是交往的一大障碍，容易使人孤立、离群，抑制人的自信心的正常发挥。人际交往的障碍会使得人更加孤僻进而加重自卑感。

自卑的产生不只是一个人主观的作用，而且是诸多因素共同作用的结果。只针对自卑者本人进行辅导往往作用不大。在改变自卑者的认知的同时，也要改变周围的环境，让与之关系亲密的那些人也相应改变他们的不合适的言语与行为。所以通过家校联动，给学生的家庭环境和学习环境进行一定的改变，帮助学生更好地认识自己、改变自己，是有效的干预措施。

1. 梳理学生信息，建立学生档案

全面细致了解小 C 的学习、生活状况，有助于分析小 C 问题的症结，为辅导员开展思想政治教育工作提供有力的依据，从而增强工作的实效性。小 C 是留级学生，其原来的舍友已经毕业，对于小 C 这样的特殊情况，为了更好地了解学生情况，辅导员与学生的家人联系了解学生家庭情况，通过班干部了解学生到课以及和同学相处情况，通过专业教师和教务老师了解并掌握学生的学习情况。

2. 家校联动，共同助力

小 C 的不幸是年幼失去父亲，幸运的是有位坚强乐观的母亲。母亲关心小 C 的学习的同时也配合学校教师共同帮助小 C 走出人际交往困境。一是平时更多地关心与交流，督促小 C 到课；二是帮助小 C 找合适的实习单位并指引其多交流多锻炼。通过和学生家长的联动，为学生营造更好的家庭环境和实习环境。多时段多方位引导帮助学生。

3. 改变评价方式，寻找自我

让小 C 在完成任务的时候给予正面激励，让其认识到自卑的本质是自我评价过低，引导其要合理评价自己。同时，在看到自己的不足的时候能够勇敢改变，不要畏惧，积极寻求帮助。首先，在解决学生找不到实习单位，无法实习的事情上着手，帮学生解决当前最为在意的事情。鼓励学生制作简历，在制作简历中了解自己，然后寻求老师和家人的帮助。小 C 的自卑源于长期独处，心理活动走向片面，只看到自己的不足而忽略了自己的优点。鼓励学生先从宿舍着手，先和自己同寝室的同学沟通交流。在以上过程中，引导学生小 C 重新定位，客观评价自己，寻找自己的发光点。

4. 提供实践合作以及交流的机会，及时正面激励

为了更好地帮助小 C 走出自卑的困境，让学生根据自己的课程和实习安排制作值班表，在没课的时间到办公室作为助理协助工作。第一，让学生熟悉常用的办公软件，并让其代为联系同学，指导同学完成生源地信息填报、简历完善等工作。在此类型工作中，小 C 与同学有交流，也能发挥自己的主观能动性去帮助同学，从被帮者到帮助者的身份转变，让学生获得一定的自信心。第二，让学生整理学院的网站和公众号推送，在整理的过程中让学生了解，在他独自一人在宿舍的时候，学院的教师和同学都在干什么，同时在整理的过程中熟悉基本办公软件的应用，告知小 C，很多办公室的工作都是这样的过程，他也绝对可以胜任。鼓励其勇敢尝试。

三、经验与启示

（一）帮助自卑心理学生正确自我评价

每个人都有不同程度的自卑感，有的人无论面对什么事情，总是怀疑自己，认为自己能力不够。想象成功的体验少，想象失败的体验多。这种自卑的实质是他们拥有一个歪曲的自我认知建构系统——自我评价过低。当自卑感用于激发人追求优越时，它是催人奋进的动力。所以在做自卑心理学生的思想政治工作的时候，关注重点应该是在学生的自我评价与自卑感的转化上，并不是消灭自卑。

（二）加强大学生人际交往能力培养

大学生的活动基本都是在与人交往的过程中进行并实现的，社会交往是大学生成长的基本途径，同时，人际关系直接影响到大学生的学习和生活。健全的人际关系不仅有利于调动大学生的学习积极性，完成知识的互补，还可以塑造自我，完善个性。培养良好的人际交往能力，不仅是大学生生活的需要，更是将来走向社会的需要。正确健全的人际交往能力的培养是帮助自卑学生走出困境，拥抱阳光的最佳途径。

（三）及时正面激励

在教育学上，有一种效应叫"罗森塔尔效应"，它的原理就是如果想要受教育者朝着教育者设想的目标发展，就不应一味批评，而应本着仁爱精神，加强正面激励。思想政治教育过程不仅是受教育者思想矛盾转化并形成一定社会所期望的思想政治品德的过程，而且也是教育者通过各种有益的方法，激发受教育者产生积极的心理动机，发挥其积极性、能动性和创造性的一种实践过程。对于自卑心理学生，通过让其参与工作并获得正面激励，使他们愉快地、自觉地、满怀信心地、协调地完成任务，是增强其自信心，转变自我评价方式的有效途径。

参考文献

[1] 阿德勒. 自卑与超越 [M]. 北京：作家出版社，1986.
[2] 杨淑民. 大学生的自卑情结及其心理干预 [J]. 中国成人教育，2007（4）.
[3] 张前锋，周学能. 后进生的分析及转化策略研究 [J]. 课堂内外（教师版），2012（8）.

同世界和解，同自己和解
——一位抑郁症女生的心路历程

唐梓轩　梁　莹

一、一般资料

1. 人口学资料

姓名：周韵（化名）；性别：女；年龄：24；民族：汉；职业：学生。

2. 个人成长史

周韵出生于知识分子家庭，家教严格，上小学中学时成绩优异，但是家里对其要求一直很高，因此成长环境较为紧张，父母关系并不是非常融洽，该生也很不喜欢这样的家庭关系。大学之后跟父母关系恶化，很少联系。

3. 精神、身体状态及社会功能

（1）精神状态：来访者精神正常，情绪较为低沉。

（2）身体状态：一般，没有身体疾病。

（3）社会功能：和同学、舍友交流较少，因为想法跟很多同学不一致，因此朋友不多，跟父母关系极差，不愿来往。

二、个人主诉

觉得生活没有意义，对什么事情都不感兴趣，情绪低落、失眠、烦躁近三个月。

陈述：出生于知识分子家庭，父母都是中学教师，对自己的要求非常高，特别是父亲，更是自己初中的班主任，因此无论是在学习还是生活上，感觉时时刻刻受到父亲的监督与批评，无法放松，到了高中之后，学习任务加重，更加觉得父亲给的压力很大。同时，父母在很多日常生活的行为举止让自己不能接受，比如在对自己说话的态度上，没有尊重自己，在很多日常的行为上，父母的举动也"不够得体"，自己根本无法接受父母的做法。除此以外，从自己懂事开始，就不接受父母之间的相处模式，认为父亲对母亲不够温柔体贴，感觉对待母亲就像对待一个附属品；母亲也从来都不在意自己的外在形象，总是很随意，有时候说话或者行为举止有点"粗鄙"。考上大学以后，父母的管教少了很多，但是每次回家跟父母相处之后，会产生更强烈的厌恶感，因此慢慢地就不愿意跟父母联系，经常把父母的联系方式拉黑。已经大四临近毕业，面临着毕业论文和就业的双重压力，近几个月出现失眠的情况，越来越觉得什么都没意义，经常想到一些与死亡相关的东西，比如骨灰盒，以及各种各样的死法，经过其原来的辅导员引见，前来进行咨询。

三、观察和他人反映

周韵前来咨询的时候，衣着整洁，精神面貌一般，情绪较为低落，但在开始咨询之后，情绪起伏较大，在谈及母亲的时候毫无征兆地情绪崩溃并落泪；叙述时语言连贯，对父母有着极大的不满情绪；思维比较清楚，但是逻辑稍微有点乱，非常容易自责，时常会陷入自我否定中，最近更是严重，感觉自己什么都做不好；但同时有着很强的价值观念，对很多周边的事务持批判态度，不知道自己对不对，但是也不认可周边的很多人和事。其老师反映：周韵偶尔会找老师聊天，但是聊天的内容都很负面，经常涉及自杀的内容，而且平时跟班上同学交流很少，不太喜欢跟人说话。

四、评估和诊断

学校心理危机干预工作小组对周韵的情况进行了评估，一致认为周韵的情况比较严重，有必要进行主动干预，根据医院诊断结果，其有中度抑郁症状，有轻生的可能。

五、咨询目标

（1）系统心理咨询帮助当事人积极面对生活，提高心理调适能力，消除焦虑，重拾生活信念。

（2）与其家长、周边同学联系，建立广泛的社会支持系统，让当事人在关爱中成长。

（3）引导劝说其坚持在医院进行药物治疗，防止病情进一步恶化。

六、咨询方案

1. 定期跟踪辅导

在了解了周韵的家庭、性格等方面情况后，学院将她列为重点关注学生。每周进行一次心理咨询，针对她在学习、生活中出现的一些不稳定情绪做有效的疏导，同时协助她给自己制定短期计划，将论文写作和求职准备放入日程当中。

2. 朋辈支持

安排学生干部与室友时刻关注周韵，定时报告周韵的情绪状况及生活起居情况。同时，辅导员经常督促周韵按时上课，积极参加学校组织的各项活动，特别是招聘活动，尽量帮助她扩大社交范围，增强她的自信。

3. 与家人进行长期有效的沟通，完善家庭支持系统

由于周韵对于父母有着较为强烈的排斥，但是又有轻生的可能，因此辅导员先是在没有告知周韵的情况下，将其情况同其父亲详细地沟通，建议家长来校陪读；跟父母双方进行较为深入的谈话，父母也认识到自己身在教育孩子的过程中可能出现了一些偏差，表示愿意配合，希望帮助周韵早日恢复。随后再慢慢地跟周韵谈心谈话中，让其接受家长过来陪同自己共同就医的建议。

七、咨询过程

第一阶段的干预措施：定期同周韵谈心谈话，稳定周韵的情绪，同时跟其家长取得联系，说明问题的严重性，建议家长前往学校共同商量解决方案。

第二阶段的干预措施：同周韵父母进行较为深入的谈话，建议父母在与周韵的交流以及相处中，适当调整和改变自己的一些行为，尽可能减少周韵对父母的厌恶感，以便进一步对周韵进行帮助。

第三阶段的干预措施：积极引导当事人参加社会活动，拓展其社交范围，同时找准时机，建议其跟随父母去医院进行检查治疗；在进行药物治疗的同时，进行心理治疗，稳定周韵的情绪。

第四阶段的干预措施：积极引导当事人参加有意义的社会实践和勤工助学活动，缓解家庭经济压力，同时也让周韵体会到了劳动的艰辛及家人的不易，缓解其愧疚感。

八、咨询效果评估

（1）来访者的评估：该来访者自己感觉已经恢复到原来的状态，对咨询师以及咨询的全部结果感到满意，对自己的能力有了较为清楚的认识，知道自己要什么。

（2）咨询师的评估：从对该来访者咨询前后的观察，认为其整体功能已经从缺失

恢复到正常水平，在情绪、认知等方面有进步，自我评价更加积极，咨询效果良好。

九、总结与体会

一个好的咨询师需要时间和经验的积累，而且咨询师不能解决所有的问题，更多的时候，需要帮助来访者认清问题，并鼓励其勇于面对这个问题，然后共同寻找解决的办法。在咨询的过程中，咨询师需要全身心投入、懂得倾听、积极关注，同时利用好一切可利用的条件，帮助来访者解决问题。

第五篇
学风及班风建设

大学班主任在本科生教育管理中的实践探索
——以广州大学某理科班级为例

王剑桥　李　慧　吴海威

【摘要】 大学班主任作为大学教育管理的主要执行者，对大学生的成长起着至关重要的作用。班主任的一言一行，在潜移默化中影响着学生的人生观和价值观。本案例通过笔者近三年的兼职班主任的实践经历，对如何做一名合格的大学班主任进行浅析，期望通过总结与思考为将来的工作奠定坚实的基础。

【关键词】 大学班主任；本科生；教育管理

一、案例背景

当前，大部分高校聘任专业教师兼任班主任，与辅导员共同参与日常学生工作，是开展大学生思想政治教育的骨干力量。教育部高教司吴岩司长在2021年11月课程思政教学能力培训会专题报告中指出："80%的大学生认为，对自己成长影响最深的是专业课和专业课教师。"专业教师兼职班主任，不仅能帮助学生了解本专业发展现状，对学生的未来人生规划也起到了关键作用。在大学教育管理活动中，兼职班主任在学生培养上发挥着润物细无声的作用。然而，大家普遍认为高校兼职班主任的工作轻松简单，不需要对学生进行太多管理，实际上兼职班主任是否称职以及工作方法是否得当很大程度上决定了班级的整体氛围。

目前，高校学生已经为"00后"的年轻人，思维活跃、与时俱进，但一部分同学没有父母监督学习后，很容易放松学习，具有独立能力差、缺乏自律性等特点。针对以上特点，班主任如能及时发现、正确引导，能够帮助学生树立正确的人生观和价值观。然而，大多数兼职班主任更多地关注于专业知识的传授，往往会忽视学生的管理工作，与学生的沟通不够，不能及时发现并解决问题。

二、案例分析与实施成效

广州大学某理工科学院的理科专业多为专业调剂学生，普遍对专业的认同度低。基于此，学院在大一刚入学时就加强对本专业的宣传，但仍有几名学生由于家庭原因及个人兴趣转去其他专业。目前，该理科班级共有学生 31 人，其中预备党员 4 人，入党积极分子 17 人。本案例对笔者近三年的班主任工作进行了总结和思考。

（一）用心工作，坚持立德树人根本任务

兼职班主任首先是教师，应坚持立德树人，担当教书育人使命。班主任不仅是新生入学后认识的第一位教师，更是大学期间接触最紧密的教师。班主任应该严格规范自己的言行，树立良好的形象，做学生的楷模。班主任的一言一行，会潜移默化地影响学生。班主任应该保持高涨的学习热情，不断提升自我修养；在教学和科研上兢兢业业，积极上进，给学生起到表率作用。

习近平总书记曾说："国无德不兴，人无德不立。"在全国高校思想政治工作会议上，习近平总书记强调："高校思想政治工作关系高校培养什么样的人、如何培养人以及为谁培养人这个根本问题。要坚持把立德树人作为中心环节，把思想政治工作贯穿教育教学全过程，实现全程育人、全方位育人，努力开创我国高等教育事业发展新局面。"作为高校思想政治教育的骨干力量，班主任应注重思想政治教育，培养有家国情怀，有责任感的社会主义接班人。笔者重视班级组织的各类主题团日活动，激励班干部，调动全班同学的积极性。大一期间创建班级公众号，记录学生成长过程。通过班级全体同学的努力，获得广东省活力在基层"千人围"项目；学院微团课设计大赛一等奖；广州大学"五四红旗团支部"；广州大学"厚植爱国主义情怀"工作先进集体；"增强综合素质"先进集体；广州大学"活力团支部"等多项荣誉。通过形式多样的团日活动，让同学们主动参与思想政治学习，达到了立德树人的育人目标。

（二）用情感悟，做好学生的"领路人"

大学是人生中美好的一个阶段，如果能努力地掌握专业知识、充实自己、提高自身素养，会为未来的人生打下坚实的基础。在努力成为一名合格班主任的过程中，从入学的初始争取班级拥有良好的班风，班级学生能够获得任课教师的好评。主要体现在以下三个方面。

1. 营造良好班级学习风气

一些同学进入大学后，觉得上了大学就可以放松，不需要再努力学习了。殊不知这样产生的懈怠情绪，会影响大学期间的学业和生活。班干部是班主任与广大学生沟通的桥梁和纽带，是班级建设的中流砥柱。大一入学后组建了一支充满热情、认真负责的班干部团队，每一位班干部的工作都做得特别出色，为营造良好班风做出了贡献。

例如班长能够统筹兼顾，安排好班级的各项工作；团支书组织了形式多样的团日活动，是思想政治教育的好助手；学习委员建立班级学习群，发布作业等学习资料并监督同学学习进度；其他班委也能够各司其职，都被同学们认可和信服。任课教师对班级上课状态赞不绝口，多位参加教学比赛的老师选择本班同学配合教学视频的录制。在大二学年，实现了零挂科，连续两年获评广州大学"优良学风班"。班级是培养学生的摇篮，良好的班风促进学生的成长，使每位同学都能够得到更好的发展。

2. 鼓励学生全面发展

广州大学坚持以"德才兼备、家国情怀、视野开阔，爱体育、懂艺术，能力发展性强"为人才培养目标，为本科生开展了多姿多彩地业余活动。作为班主任，一直鼓励同学们在完成专业学习的基础上，积极参与志愿活动、社团活动及竞选学校学生干部等。同学们都非常积极参与运动会、朗诵、合唱、舞蹈等活动，在参与的过程中能够展示自己的特长、开阔视野。疫情期间录制视频为武汉加油，每年教师节精心准备为教师们送上视频祝福，这些特色活动得到了学院公众号推介。

3. 引导学生做好未来规划

高等教育必须注重培养学生的创新和实践能力。对于理工科的学生来说，最好的实践就是加入教师们的科研团队，参加大学生创新创业训练（简称大创）、"互联网+"、"挑战杯"等赛事，尽早培养对本专业的兴趣和实践能力。大一时便陆续有同学加入学院教师的科研团队，参加各类比赛。截至目前，班级同学参与"挑战杯"立项项目14项、大创立项11项，获得"互联网+"广东省赛铜奖、"挑战杯"广东省赛特等奖等奖项。已有10人参与发表学术论文。另外，注重引导学生规划未来，树立远大志向。大三上学期班级中96%的同学有继续深造的打算，全班同学都已经确定毕业论文指导教师，为后续备战考研打下坚实基础。

(三) 用爱温暖，不让任何学生掉队

教育学家苏霍姆林斯基曾说："没有爱就没有教育"。班主任应该尽量花时间和精力去了解班级中的每一位同学，和学生们谈心交流、为班级活动出谋划策、为有困难的同学提供力所能及的帮助。班主任还要尊重每一位同学，不以上位者自居，要深入到学生中去才能听到最真的声音。笔者班级中有一位同学因未能转到自己心仪专业而郁郁寡欢，从而消极对待学业，笔者联系学生心仪专业毕业的朋友，为其介绍专业发展及行业现状，鼓励其坚持拿到毕业证。经历了大一时期的叛逆，大二学年该同学在坚持自学心仪专业课程的同时，也保证了本专业课程的学习，全年没有挂科。另有一名同学大一学年多门课程不及格，深入了解后发现该同学因未及时复习重难点而相继挂科，但最终其补考全部通过。通过及时交流，鼓励其上课认真听讲，记录老师讲课中的侧重点，考前综合复习，谈话后该同学也再未挂科。有研究发现班主任通过运用"正面管教"理论能够提高工作质量，其核心在于不惩罚、不骄纵。笔者在近三年的班主任工作中发现运用"正面管教"确实能够提升工作质量。对缺乏专业认同度的少数同学，建立共情，倾听他们的心声，理解并认同他们的感受。对于考试不及格的同学，及时开解，帮助他们重新树立自信，让他们知道只要好好努力就会取得好成绩。同时，与辅导员保持紧密联系，及时发现问题并立即解决。

三、案例思考

青年教师除了要静下心钻研教学与科研外，还要兼顾家庭，而大学兼职班主任的工作复杂烦琐且需耐心细致，需要投入大量的时间和精力。应该努力平衡好各项工作，用心用情用爱带出优秀的班级和学生。作为一名教育工作者，一定要热爱自己所从事的教育事业，努力提高自身素质，为党育人，为国育才。

参考文献

武自强，李秋艳. "正面管教"理论在大学班主任工作中的运用［J］. 教育现代化，2020，7（48）：48–50.

迷途知返，扬帆起航

杨旭东　罗　兵

一、案例简介

小江，初入校园时，性格开朗，积极主动，团结班级、寝室同学，整体表现良好。但随着越来越熟悉学校、寝室情况，以及较为宽松的学习生活环境，渐渐迷失自己，放松了自我管理。经常邀约同学外出游玩，上网吧、逛酒吧等，常常旷课。上课也心不在焉，经常从上课睡到下课，对班级集体活动漠不关心，不愿意参与。结果导致课程出勤率不高，学习成绩差，期末考试主要课程有6门不及格，学习成绩和综合测评名次在专业年级排名靠后。同时，因个人生活作息问题，常常晚睡，寝室关系恶化，时常发生争吵，并产生矛盾。

二、案例分析

此案例反映的是该生学习、生活目标不明确，家庭教育不到位，自由散漫，缺乏学习动力，旷课，晚睡，学习成绩差，寝室矛盾等问题。

三、问题关键点

（1）如何引导小江适应大学生活，找准目标定位，树立正确的世界观、人生观、价值观，引导其科学规划人生，尽快回归正常生活和学习。

（2）如何帮助小江缓和寝室矛盾，重塑良好的寝室生活氛围，建立正确的学习生活方式，提升学业成绩。

四、解决思路和实施办法

（一）以"设身处地"的意识搭建良好沟通环境

一是对学生了解情况，时刻关注。在发现小江旷课后，通过班委和同寝室学生了解实际情况，与任课教师了解其上课动态，通过电话、微信等时常关心其近期生活状态、学习情况，并与其约定谈心谈话时间和地点。二是营造互信谈话环境，让学生敞开心扉，放下对老师的警惕性，建立亲和友好平等的交流环境。建立一个良好沟通的场所环境，如咖啡馆、奶茶店等安静的谈话环境，或者在校园散步，放松身体，先与学生闲聊一会儿，从平时学生的爱好出发，了解其关注点，与他产生共同话题，再慢慢切入主题，使学生放下对谈话的戒备心理，建立互信心理，方便沟通。同时从生活中的小事聊起，利用自我探索法，明确自己读大学的目的和对未来的规划。三是积极回应，表达关切。时刻关注其神态、语速的变化，及时给予其正向回应，表达对其尊重和理解的同时，给予关切和关怀，增强认同感，使其认识到人生价值所在。通过环境营造和谈话规划，每次与小江的谈心谈话都能进入一个比较舒适的氛围，小江能够打开心扉畅所欲言，能够对近期的生活、学习情况进行详细的表达和自我反省，特别是对读大学的初衷和想法有了更清晰地认识。

（二）以"换位思考"的认同构建良好寝室关系

宿舍同学来自五湖四海，存在着不同性格特征和生活习惯，一是从实例入手分析生活习惯对人的精神面貌的影响，通过举例说明良好的生活习惯，对寝室氛围、同学友谊维持的有利方面。二是以教代罚促进学生理解教育，通过介绍学校规章制度，表明白天旷课所应当接受的处罚，同时安抚小江被处分后的不安情绪，在稳定学生情绪的基础上，化解其对违反寝室管理、学生管理制度的心理压力。三是关心身体，助力健康成长，通过冰山理论，找出晚睡根源，教育引导小江认识到晚睡是影响寝室关系的重要因素，也是影响自己身体健康发展的因素，帮助其理清与寝室同学的关系，并强调寝室关系对学习、休息环境和人际关系的重要性。四是与其舍友进行谈话，了解他们的真实想法，能让学生知道老师对这个问题也很重视，让他们情绪得到舒缓，并与其舍友达成协议共同帮助他养成良好的习惯。五是安排宿舍其他同学时刻关注宿舍的动态，定期向辅导员汇报，针对发生的问题及时解决，避免问题由"量变到质变"的演化。通过以上措施的实施，小江能够认识到集体生活的重要性，相互谦让，注重关心他人感受，尽快融入寝室生活的大家庭，寝室关系得到了极大的改善。

(三) 以"阳光生活"的期待建立健康大学生活

一是家校联动,梳理生活画像。及时联系家长,向家长了解和梳理家庭成长环境、生活习惯等情况,积极构建小江生活画像,分析小江旷课、晚睡等生活习惯的形成原因。结合家庭、寝室等方面,采取"疏、教、堵、罚"的方式督促其改正。二是寝室互动,缓解寝室紧张氛围。及时了解寝室其他同学生活习惯,引导制定寝室作息生活表,耐心疏导,针对问题说方案,建立手拉手帮扶模式,采取一人督促一晚的监督方式,达成寝室早睡协定,相互有意识地定时关灯保持安静避免影响他人作息。三是一视同仁,共通教育。理清寝室矛盾双方责任关系,坦诚交流,让小江明白早睡对于健康的重要意义,理解他人作息习惯,改变一小点,进步一大截,进一步化解寝室紧张情绪。通过生活点滴引导小江调整心态,改变生活方式,融入寝室,为自己和他人都提供良好的宿舍生活环境,建立积极上进的学习生活观念。通过家长、班级、寝室多方联动,小江上课的积极性有了明显的提高,课堂上听课效率也大大提升,大二上学期挂科科目明显减少,与宿舍关系相处也逐渐融洽,宿舍氛围逐渐缓解,作息时间也得到了改善。

(四) 以"未来可期"的希望培养主动学习氛围

一是举办职业生涯规划活动。主动询问小江大学四年的目标,指导其通过怎样的努力达成自己的目标,利用职业规划理论,探索自我认知,通过 MBTI 测评职业性格、霍兰德兴趣测评探索职业兴趣,根据职业性格和职业兴趣帮助小江规划未来职业方向。二是谈话和访谈调研,小江是玩游戏高手,在游戏中能够非常专注,引导其把玩游戏的专注力同样运用在学习方面,以成绩优异的学长学姐为榜样,找到学习动力源和兴奋点,积极发现自己的长处和优势,帮助自己在学习上寻找成就感,引导其积极参与集体活动,多与集体沟通,培养其学习的兴趣和专注力。通过引导教育,小江参加班集体活动的次数增加了,参与的热情也更高了,集体之间相处氛围也十分友好,对学习的专注力也有所提升,能够为了自己的职业目标去学习去奋斗。

五、经验与启示

(一) 学生思想动态"抓手上",找准学生关注兴趣点

当前大学生具备独特的个性,学生更容易沉迷时尚、前卫的消费方式来打发无聊的闲暇时间,特别是酒吧、网吧,对其有非同寻常的吸引力。可以看到,学生在生活中关注自己感兴趣的事情并沉迷其间。这就要求在日常活动组织开展时,关注学生的兴趣点,引导学生积极参与,发挥团队的合力,让学生们积极拥抱健康的学习生活。

（二）学生突发情况"扛肩上"，密切跟进学生安全及思想动态

与学生交流，特别是问题学生交流，要保持敏感性，关注每一个细节。提高应对突发情况的心理准备。要有耐心和细心：耐心解释，细心留意，及时关心关切学生心理状态。针对问题学生建立重点关注台账，做到心中有数，审慎处理，以不轻视、不错过、不放弃的心态应对突发情况，密切了解学生的安全和心理健康动态，做好学生的心理工作。

（三）班级寝室情况"放心上"，时刻关心学生成长成才和营造健康良好生活环境，定期走访学生宿舍，化解学生之间矛盾

学生的问题是变化的、多样的，目前网络是学生交流的主要方式，网络时代的到来，更加快了学生快速的信息获取渠道，大学生对于新鲜事物接受能力快的同时对于新的事物没有形成判断力，很容易受到来自网络的一些不良影响。要走进网络、利用网络、关注网络，走进学生的网络，利用网络来掌握班级动态，关注学生的网络情况。同时，积极走进班级，参与学生集体活动，走访寝室，走进去、坐下来，和学生谈心，开展经常性的日常思想政治教育，摸排学生的实际生活情况，把学生的成长成才放在心上，构建和谐、温馨的宿舍环境让学生拥有良好的大学生活，让学生感受到师生情怀，把师生关系放心上。

参考文献

［1］冯刚. 大学生思想政治教育工作概论［M］. 北京：北京师范大学出版社，2020：12.
［2］冯刚. 高校辅导员职业能力全面提升与工作技能考核达标指导手册［M］. 北京：高等教育出版社，2014.

传承经典文化，共建书香校园
——特色品牌创建活动案例

张 立　韩宝玉　陈楚敏

一、基本理念

本项目旨在贯彻落实党的十九大及十九届六中全会精神，以及习近平总书记在全国高校思想政治工作会议、全国教育大会等会议上的重要讲话精神，通过弘扬中华优秀传统文化，并与创新教育完美结合，在师生中唱响社会主义核心价值体系主旋律，充分发挥经典文化的独特魅力，在提升校园文化品位的同时，在潜移默化中提高学生的文化素质和道德修养，促进学生的健康成长、全面发展，引领青年学生不断提升精神境界，满足精神文化生活的需求，增强学生服务国家、服务社会、服务人民的社会责任感，进一步推动特色经典教育人才培养工作。

二、需要解决的问题

在当今时代，随着互联网的日益发达，国外相当多的潮流资讯等迅速侵入青少年中间，大学生们对于外来文化的兴趣和关注度大于对传统文化、经典文化的了解和热爱。学院学生作为人文学子，阅读经典原著的比例仍有待提升，对于中华文化及传统美德的学习和传承力度有待加强。人文学院办学始于1953年，有着60余年的办学历史和优良的办学传统，教学科研实力雄厚，师资力量强大，学院长期重视学生文化实践工作，多年来一直承办学校的中华经典诵读活动，在中华传统文化教育方面发挥着重要作用。"中华经典诵读"、主题读书会、影视基地、文化实践活动等已成为学生乐于参与且在校内外有一定影响的特色项目,在弘扬经典文化实践的指导工作方面具有较为丰富的经验和独到深刻的体会。但是在开展相关活动和教育时,相对比较零散,未形成品牌特色活动,仍有必要在学院形成更浓厚的文化氛围,以此促进学生综合素养提升,实现内涵式发展。

三、预期目标

力争通过"弘扬中华经典,共建书香人文"特色品牌创建活动,真正引导学生内涵式发展,主要实现以下目标。

(一)学生的综合素养获得提升

制定学生读书目标体系,明确各年级读书篇目、读书要求,形成学生、班级共同参与的活动氛围。调动学生热爱古典文化的兴趣,诵读积淀更多的经典文化,成为一生受益的资本,让每位学生都成为中华文化的继承者和传统美德的弘扬者。在提升学生经典文化实践活动的品位的同时,增强学生思想政治教育的实效,对人才培养模式和教育教学方法的改革也能起到积极的推动作用。让学生吸收经典优秀文化成果,结合时代和社会发展的要求,传承中华经典,滋养大学精神,培育具有民族文化品格的当代大学生。

(二)学院的内涵发展进程提速

通过活动的持续开展令"书香校园"成为学院的标志性品牌,通过宣传推广中华经典文化,在校园中营造阅读和思辨的浓厚氛围,形成良好的校园文化底蕴,并由此辐射到学生培养之中。

四、方法设计

摸查学生对中华经典文化的了解和掌握情况,通过查阅相关文献、网页等,了解教育部经典文化教育示范院校的建设要求和创建进展情况,在此基础上,结合学院近年经典文化实践的教育实效和工作经验,制定人文学院经典文化教育特色品牌的创建方案。创建人文学院经典文化教育特色品牌,是为了传承和发展中华经典文化,其中主要形式是引导学生学中华经典、懂中华经典、传中华经典,具体内容如下。

(一)学中华经典文化,前提是要明确学什么

首先要发挥人文学院的学科优势,组织教师和学生骨干通过各种途径广泛发掘、收集中华经典古诗词文作品,并按不同的时期、不同的艺术形式进行归类整理,创建中华经典文化艺术资源库。同时深入开展并在校内大力推广中华经典诵读活动,举办

经典百书讲座、经典文化教育讲座，建立相关学社、读书会、书法协会等，开阔学生眼界，让广大学生在文化实践中更全面更正确地认识经典、了解经典。

（二）懂中华经典文化，是要了解作品的创作背景和反映的思想内容

组织师生对梳理出的精品逐一分析，根据作品的内容，确定当今在哪些活动中，什么情景下，以何种形式来演绎这些作品让经典文化在新的历史时期焕发出更加绚丽的光彩，发挥更大的社会价值。充分发挥人文学院的影视创作基地的作用，通过经典电影的影映，并安排专门的讲解人员为学生讲解分析电影中精彩的经典文化。在校园举办"经典故事演绎"话剧，生动形象地演绎经典故事片段，此外学院结合书香校园活动，开展经典百书阅读活动，促进广大学生阅读活动的开展，激发学生阅读的热情。

（三）传中华经典文化，就是要推广普及经典文化，将经典文化作品所内含的精神渗透到每一位学生的思想当中去

通过线上线下全面深入的宣传，线上宣传即充分利用微信公众号、易班平台、学院网站等网上平台，开展传统文化宣传教育，实现优质文化推广和文化资源共享；线下宣传即组织师生有步骤有计划地在学院"五室一站"等地方设立各种经典文化宣传展览，举办趣味经典文化知识小游戏或开展经典书评活动等，扩大经典文化的覆盖面和校园影响力，增强中华经典文化的艺术感染力。

五、活动过程

自2017年以来，学院结合近年经典文化实践的教育实效和工作经验，正式开展以"传承经典文化，共建书香校园"为主题，以学中华经典、懂中华经典、传中华经典为主要形式的经典文化教育特色品牌活动。项目实施情况如下。

（一）学中华经典文化

在活动开展过程中，学院通过开展经典文化教育讲座、举办经典读书会、"读书之道"分享会等方式引导学生学习中华经典文化，开阔学生眼界，让广大学生在文化实践中更全面更正确地认识经典、了解经典。

1. 专业讲座带领学生走进经典

学院邀请院内的专家学者为学生开展经典文化及经典百书相关讲座，向同学们介绍如何阅读经典，并对一些经典文学作品进行解析，同时，积极组织学生参加各类名师大家的经典教育相关讲座，例如《关于孔子的几个问题》《红楼梦的"是"与"非"》等，通过专家教授的介绍与讲解，让同学们对中华经典文化有更加深入的了解和认识。此外，学院还组织学生参加吟诵相关讲座，让同学们对"吟诵"这一传统形式有进一步的认识，并且通过这种方式更好地去学习经典。

2. 读书分享会，师生共读经典

结合学校"经典百书"阅读推广活动，我们将经典阅读分享融入平时的学生工作之中，特别是领导、教授联系班级活动，每个学期在大一大二同学中开展不同主题的经典导读分享活动。由教师以"阅读经典"为主题介绍读书方法，或者围绕城市、经典中的冲突等主题以某本、某类经典书籍为研读书目与同学们针对书本内容、思想内涵等进行深入的交流。从活动之初到现在，已开展形式多样、内容丰富的分享活动240余场。有的班级和联系教师定下唐诗之约，四年坚持共度《唐诗三百首》，每一次活动都用各种方式进行展示演绎；有的班级师生共同赏析经典影片、探讨经典故事，同学们在分享观影和阅读感受的同时，又能够获得教师分享的经典阅读经验以及方法指导，一举两得；有的班级进行诗词大会，与诗词有关的知识竞答等环节使古诗词变得更加生动有趣，教师的分析和讲解使同学们对诗词有了更深入的理解，活动颇具人文情怀。该活动在师生的共同努力、配合之下变得更加丰富多彩，意义非凡，同学们也纷纷表示通过这一活动，对经典书籍有了更深刻的认识，也对为何要阅读经典，如何阅读经典产生了新的思考。

此外，依托文学系、春秋学社开展经典读书会，由专业教师进行指定的经典作品的导读，并邀请学生分享这些作品的读书心得，做到师生互动，提高学生的阅读质量，例如春秋学社的一次读书分享会就以"汉唐之际的中外交往"为主题，历史系的教师、学生代表共同研读《唐代长安与西域文明》《中古中国与外来文明》等书籍，在探讨的过程中，师生实现了充分的交流与互动，同时，也将自己对书中内容的理解向其他人进行解读并互相探讨，同学们在阅读经典时还能得到教师的专业指导，促使同学们更加主动地学习经典。

3. "读原著、学经典、做表率"

学院积极响应学校号召，开展"读原著、学经典、做表率"系列活动，结合学院特色的"红色经典三系列"，不定期开展红色经典导读分享会，邀请相关领导、专家、学者进行红色经典导读，将经典文化学习与学生思想政治教育相结合，通过教师导读、学生共同参与的方式鼓励学生阅读红色经典书籍，用理论知识武装自己，促进自身综合素质的提升和文化道德修养的提高，也让红色基因代代相传。

(二) 懂中华经典文化

在对中华经典文化有一定的了解之后，学院探索新的模式让学生对经典文化有进一步的认识，并且鼓励学生通过多种方式演绎，让经典文化在新的历史时期焕发出更加绚丽的光彩，发挥更大的社会价值。

1. 中华经典知识比拼，在比赛中提升素养

学院每年承办中华经典诵读知识竞赛，比赛面向全校同学进行，通过笔试、现场比拼的形式开展。在每年的承办过程中，都不断探讨新模式，采取同学们更加喜闻乐见的比赛形式，扩大参与面，让更多同学能够参与其中。其中一年的比赛，参考《中

国诗词大会》形式，在决赛中引入"观众团"，让更多同学可以参与到决赛的激烈竞争之中。在题型上，除了传统的选择题之外，还设置作品诵读、九宫格、看图猜诗、飞花令等形式，进一步提升比赛的质量，也让选手和现场观众们从多方面领略中华诗词文化的魅力，以此推动同学们陶冶自身情操，提高修养和思想水平，真正做到腹有诗书气自华。此外，"五室一站"、各班级也组织小规模的经典知识竞赛，同学们参与积极性较高。

2. 经典影片放送，经典充盈生活

学院充分利用"五室一站"平台，定期在所负责的宿舍楼心情驿站活动室进行经典电影放送，并邀请相关专业研究生讲解分析电影中精彩的经典文化，让同学们在赏析电影的同时，能更好地了解经典文化。《我在故宫修文物》系列、《百鸟朝凤》等经典影片把中华经典文化用不同的形式演绎出来，让同学们更加乐于接受，同时也能通过影片的拍摄更好地读懂作品想要表达的内涵，通过声音、图像以及影片解说等方式更加直观地感受中华经典文化的魅力。

3. 诵读经典，笔墨传承

学院组织队伍每年参与学校的中华经典诵读会，采取诵读为主，表演、音乐、舞蹈等多种形式为辅的方式，让同学们参与到经典诵读活动之中，在诵读中领略经典。学院每年举办书法大赛，并且将经典诗词作为书写内容，让学生们以笔为媒、以墨为诗，用激昂的热情，书写出一个个雄劲的文字，感受中华传统书法之美。此外，学院还成立了书法协会，邀请学院的专业教师进行指导，带领同学们领略书法的魅力。此外，同学们也通过书法这种形式将中华优秀传统文化发扬光大，同学们在进行假期游学时也会将自己的书法作品带给国外的教师们，赢得了外国教师们的一致认可和好评。

4. 演绎经典，经典就在身边

为了更好地发挥专业特长，鼓励学生切身理解经典，传承经典，学院组织大一新生进行经典百书系列汇报演出，同学们通过朗诵、舞蹈、经典剧目表演等形式演绎经典，展示经典。学院还积极组织学生参加南粤大学生语言艺术节之"学·辨·思——中华文化经典品读大赛"。让同学们结合对经典的理解，通过自己的方式，对经典进行演绎。他们以吟诵、话剧等丰富多彩的语言艺术形式，围绕表现家国情怀，抒发当代大学生的爱党爱国情怀，同时还通过挖掘中华传统文化，传承发扬中华民族的优秀传统，传递一股青春正能量。

5. 人文节，寻回传统的温情

随着信息化时代的到来，生活节奏越来越快，很多人慢慢对传统感到既熟悉又遥远。为了让同学们更好地理解人文传统文化及其意蕴，加深对中华传统文化的认同和理解，学院创造性地开展了"人文节"主题游园会。每年一个主题，大一各班以摆摊的方式向大家呈现主题相关的内容。朝代、传统节日、地方文学等主题的摊位通过各具特色的方式展示或介绍相应内容。当平日里被忽略的传统文化再一次以各种方式生动地展现在大家面前时，中华上下五千年的文化与历史积淀更加放射了它的熠熠光辉。

同时在活动现场，古风歌曲、汉服走秀、古典舞表演等独具传统文化特色的节目也让经典传统文化之美更好地扎根于大家心中。

（三）传中华经典文化

为了将经典文化所内含的精神渗透到每一位学生的思想当中去，学院一方面通过线上线下宣传平台进行经典文化传播推送，另一方面也通过"书香人文"系列活动扩大经典文化的覆盖面和校园影响力，增强中华经典文化的艺术感染力。

1. "书香人文"优秀读书笔记活动

学院每年举办读书笔记评选活动。要求学生先挑选一本或多本经典百书进行阅读，随后完成读书笔记的撰写。每次活动达到人文学院在校生全覆盖，学生百分之百参与其中。各班交上来的作品先由班级千字文评改员进行初次筛选，每班再推荐2篇左右参加最后的评审。随后，邀请学院专业教师、研究生等担任比赛专业评委，最终评选出优秀作品进行表彰，同时集结成册，以供同学们传阅。在评选的过程中，专业教师们都给出了非常宝贵的有建设性的建议和意见，对于同学们今后阅读经典和写读书笔记有特别大的帮助。读书笔记评选活动的举办，让同学们在阅读经典的同时有所思有所想，并用自己的语言将感想感悟记录下来，同时互相交流互相学习，让更多同学感受到经典阅读的乐趣。

2. "墨染书卷、笔评流年"微书评大赛

微书评大赛一向是学院的传统活动，该活动采用新颖的"'微'概念+书评"的方式展开此次活动，秉承着见微知著、以小见大的理念，鼓励同学们以精练的语言点出经典书籍的精彩之处，在阅读中感受经典文学的魅力。每次活动都得到大家的积极参与和踊跃支持。作品投稿先由学生评改员进行筛选，选出部分优秀作品邀请专业教师进行专业评审，同时结合易班平台进行投票，选出最为突出的作品利用微信公众号平台以及易班平台进行宣传投票，扩大活动影响力。随后，结合线上投票结果和所得分数，选出最终的获奖作品，并在微信公众号上展示。微书评以其篇幅之精悍得到了同学们的喜爱，也更好地传达了经典文化的魅力。

3. "以信为马，诗酒趁年华"书信漂流活动

如今科技发达，特别是通信工具的不断更新换代使得交流变得更加便捷，但同时也使得写信这一形式逐渐从大众的视野里淡出。殊不知，从古至今，在中国历史上都有很多经典的信件寄托着作者一份份真挚的感情，很多情感都是通过一个个手写的文字来传达的。因此，学院创造性地开展了书信漂流活动，让同学们用手写信件的形式，书写心绪，倾诉自我，也从中感受到书写汉字的快乐。该活动得到了全校同学的大力支持，让大家都能重新找回经典的记忆，这样的方式也让同学们在写信收信的过程中加强了人与人之间的联系，让大家可以以信为友，让随心畅谈成为可能，给同学们提供了一个真诚表达自我的平台，同时也让"提笔忘字"这一现象得以逐步改善，让汉字能够继续熠熠生辉散发出它的光芒。

4. 讲解大赛

学院自 2007 年成立讲解队以来,每年都有不少学生参与到广州市近十个博物馆的志愿讲解服务中,让更多人在参观博物馆时对历史文化和传统文化有更进一步的认识。学院每年举办的讲解比赛就是为了锻炼学生的讲解相关技能。每年比赛也会选取不同主题,如传统建筑特色、尊师重教精神瑰宝等,礼敬传统文化,更好地发挥人文景观潜移默化的作用。让优秀传统文化在大学校园里得到重视与涵养,促进中华民族优秀传统文化得以弘扬。也让更多的同学争取成为具有民族自信心的时代青年。比赛也曾参照《国家宝藏》这一节目形式,除了基础的文物介绍和讲解技能比拼之外,选手们也分组进行了情景演绎,让在场观众对文物背后的历史故事有了更准确的认识,也提升了同学们对传统文化和历史文化的兴趣和关注度。

六、活动效果

"传承经典文化,共建书香校园"特色品牌创建活动自开展以来,得到了学校、学院以及专业教师们的鼎力支持,同学们也积极地参与其中,对于学生人文素养提升以及文化品格的养成有很大的促进作用。学生也在各项相关比赛中取得了较为出色的成绩。学生获得全国方志馆十佳讲解员;全国港澳台大学生中华文化知识大赛三等奖(见图1);广东省"新时代 新作为——立志 修身 博学 报国"主题教育活动之"诵中华经典、凝报国之志"经典诵读类一等奖;广东省规范汉字书写大赛二等奖、三等奖;南粤大学生语言艺术节"学辩思"经典品读大赛非专业组一等奖、二等奖;"广东书法园·南粤杯"广东省青少年书法大赛三等奖;广东省四大名著大赛一等奖、二等奖;学院学生多次代表学校参加广州市属高校经典诵读知识竞赛并荣获一等奖。

图1　学院学生获得全国港澳台大学生中华文化知识大赛三等奖

七、活动经验反思

（一）多种途径综合作用，形成合力，提高学生中华优秀传统文化素养，为经典文化教育开辟了新途径

"传承经典文化，共建书香校园"项目作为学院学生工作品牌项目，得到了学校的高度关注及学院党政领导的有力指导。学校经典百书推广中心、学生处、团委、图书馆等多个部门在活动经费、场地及活动方案上给予大力支持；学院党政联席会多次讨论相关工作的组织与安排，院长书记把握项目的大方向，为项目出谋划策，并亲自联系相关专家学者帮助学生提升经典品读能力；学院党委副书记带领学工团队作为活动组织策划人员，带领学生干部团队一同参与各项活动及工作的组织与实施，并联合"五室一站"等平台，在各个方面促进项目顺利开展，既满足学生需求，又能够促进学院氛围的建设，更好地提高学生的文化素质和道德修养，促进学生更好地健康成长、全面发展。此外，学院拥有良好的文化底蕴，长期负责组织实施学院学生文化实践工作，多年来一直承办学校的中华经典诵读活动，在中华传统文化教育方面发挥着重要作用，有较好的教育基础和活动平台，因此在活动开展过程中，得到了学院众多专业教师的大力支持，他们或作为讲座嘉宾或作为大赛评委给学生予以专业指导，并且深入到班级之中，用专业的知识解读经典使得项目开展更具专业性，同时也营造了良好的人心向学氛围。

（二）形式多样的经典文化实践活动的开发与推广，为优秀文化教育奠定了坚实的基础，提高了经典文化教育的系统性、针对性、实效性

"传承经典文化，共建书香校园"项目围绕中华经典文化展开，亮点突出，特色鲜明，紧紧围绕"国学浸润人生，经典滋养灵魂"这一主旨，从"学中华经典文化""懂中华经典文化""传中华经典文化"三个方面入手，开展多种形式的文化活动。除上述所介绍的活动之外，还充分发挥了讲师团、春秋学社、粤剧社等多个学生社团的作用，从多方面多角度逐步深入，开展经典百书展板设计大赛、"见字如面"活动、经典百书知识竞赛、"享读经典"系列活动、"读书的乐趣"演讲比赛等形式多样、富有意义的活动帮助学生了解和掌握中华经典文化的精髓，发挥经典文化的独特魅力，在提升校园文化品位的同时，潜移默化地提高学生的文化素质和道德修养。此外，我们也注意将"传承经典文化，共创书香校园"这一理念贯穿到我们的学生工作及各项党团活动之中，包括不闷团课、千千工程活动、活力团支部评比、雅室大赛、假期实践活动等，使得这一主题活动真正成为学院学生工作的一个品牌，深入到学生学习、生活中的方方面面，并以此凝聚学生，推动学院学生工作进一步发展。

（三）多样的宣传方式为经典文化实践活动营造良好氛围，加强了活动的参与性和覆盖面，扩展了经典文化教育的广度

在宣传工作方面，认真做好相关活动的预告，发动同学们积极参与其中。同时也对开展完的活动进行及时的报道与总结，让更多人能够看到我们的作品和成果，使得这一品牌为更多人所了解，带动更多人关注经典与阅读。此外，还利用线上线下联动的方式加强氛围的营造，一方面利用微信公众号、微博、网站等发布经典阅读等相关内容，并将优秀"读书笔记"、优秀"微书评"等作品进行推送，让更多人从多方面多角度领略经典的魅力；另一方面，借助 B8 "五室一站"、班长支书例会等线下宣传平台潜移默化地向同学们宣传这一品牌活动，并通过海报、宣传单张等资料介绍宣传相关内容，促进项目的宣传范围，让这一品牌逐步深入人心。

国学浸润人生，经典滋养灵魂。从文化艺术到家国情怀，兼容并蓄，让学生生命成长丰厚起来，为学生精神发展打造亮丽的人文底色。"传承经典文化，共建书香校园"特色品牌创建，我们一直在路上！

凝聚班级力量　助力学生成长

林舒莹

一、案例概况

临近下班时分,辅导员正在收拾桌面用品,突然,手机震动,原来是微信上收到一个自己班级学生发送的文件,点开一看,是一封长达五页的投诉信——投诉对象是其舍友,兼班长小 A,其实辅导员知道班中对小 A 存在不满的声音,但没想到大家是用这种方式来表达。

小 A 是一名复读生,性格活泼,爱好广泛,在大一新生还没入学前,小 A 就一直活跃在各种交流群当中,最早认识了全班同学,而且积极与同学们交流探讨。而在这个新生班级中,班主任选用了开放式投票来选择班干,不出所料,同学们都选择了活跃分子小 A 同学担任班长。起初小 A 对于班长职务还是充满期待的,也努力去配合班干的工作。但在接下来的一个月时间里,同学们就反映出了不少问题,如小 A 在班级工作分配上不分轻重,会有逃避责任、推卸工作的表现,有时较为自我,没有顾虑班级利益等情况,导致班干团队凝聚力下降,并且班级集体意识淡薄。随后辅导员也与其他班干了解情况,并与小 A 深入交谈,经了解,该生对班长职务了解不充分,认为大学的班长跟高中时期的班长类似,只是负责传达消息,忽略了班长凝心聚力的作用,且其自律性不强,在松散的大学状态中少了自我约束,状态比较游离。辅导员考虑到其为新生班级班长,还需要时间熟悉锻炼,因此也与小 A 设定了一个月的自我调整时期,但一个月的调整期还没到,这一封图文并茂的关于班长工作不积极、缺乏责任感的投诉信就交到了辅导员面前。

二、案例分析

(一) 个人因素

1. 渴望得到认可

刚进入高校的新生往往有着强烈的自我意识,他们在渴望得到教师、同学能力认可的同时,更渴望通过大学四年的锻炼和培养,提升自己独当一面的能力,从而提升自己在社会中的竞争力。小 A 是复读生,度过了比别人多一年的枯燥乏味的高中生活,且其表示复读期间较少与人交流,因此进入大学非常希望能够收获友情,得到他人的关注和认可。

2. 认知偏差

大学班委是新生班级当中的骨干力量,而班委竞选是大学新生入校后的第一次"比赛",同学们大多抱着尝试的态度参与班干竞选,虽满怀热情,但对大学班干的具体分工、职责权限等概念模糊不清,认为大学班干和中学班干一样,只要传达信息、解答问题即可。也有看中班干身份的特殊性,认为拥有大学班干的特殊身份可以使自己在大学校园中有更好的发展平台,并未认识到班委需要具备一定的领导力和执行力,充分发挥主观能动性,起到上传下达的桥梁作用,由此而产生一系列的认知偏差。像小 A 就有这种情况,导致其在从事班级管理服务工作、开展班级活动等方面出现状况,造成班级工作效率低下,集体松散,班级同学凝聚力不强等问题。同时,小 A 也存在没有正视学生干部身份的情况,有时会产生高人一等的自负心态,新生班干若用这样的心态从事班级管理工作,只会遭到同学们的不理解和不配合,更会遭到同学们的孤立和鄙夷,"民怨四起",难以服众。

(二) 环境因素

1. 学生干部培养环节的缺失

大学的班干,跟初高中的干部区别较大,对于刚接触大学的新生来说,需要有一个持续且有效的培养过程。新生班干虽然具有热情,但是工作没思路、没方法,接到各项任务也只是按部就班完成,往往是知其然,不知其所以然,长此以往多会限于事务主义当中,没有真正发挥班干部的主观能动性和凝聚班级的作用。但往往在大学刚开始,学院和教师更多注重基础事务的讲授,对于干部队伍的培养有时候容易被忽视,学生面对新环境、新情况容易"招架不住",这也是导致小 A 班的班级产生问题的原因。因此需要注重对于新生干部的全面培养和锻炼。

2. 班级建设动力不足

班级是大学生自我管理、自我教育、自我服务、自我监督的主要组织载体,是教师和学生互相沟通和开展各项活动的最基本的组织形式。在班级建设中可能会存在认为班级只是一个上课的地方，从而缺乏集体意识，也有班主任经验不足、班级缺乏规范的管理制度等情况，容易导致班级集体观念淡化，内部松散、不团结等，会使得班级管理难度加大。

三、案例解决方案

（一）深入问题，全面了解

收到此封投诉信后，笔者查询小 A 个人档案，全面了解，并与发文件的同学了解小 A 在班级工作中存在的具体问题和表现，是否已影响到班级整体的情况。过程中详细记录，进行梳理，同时也提醒该生不要在班上过多讨论这个事情，此事关乎整个班级，笔者一定会解决大家的诉求。随后与班导、班上三个副班及其舍友联系，逐一谈话，全面了解近期小 A 的表现，经过情况核实，小 A 的确存在班级事务不积极、推卸责任、态度不够端正等情况。第二天，笔者马上与小 A 面谈，经了解发现他存在对职务迷茫、生活不够自律的情况，其表示目前担任班长压力非常大，学业状态较差，在工作任务重的时候情绪也不是太好，其内心更希望有时间安排自己的事情，做班长可能也只是一时冲动，最后还提出卸任班长的想法。为帮助其更好地成长和发展，笔者也与其沟通关于班长的职责要求、角色定位，以及新生班级的适应问题，希望小 A 能够看到问题并且直面问题，这就是一个人成长的过程。同时也询问其是否要调整班级职务，班长职位可能要求更高，如果从普通班干做起，再逐步锻炼起来会更好，而小 A 也考虑了这个想法。

（二）朋辈互助，重整团队

在了解小 A 的想法后，笔者安排班导关注该生动态，以朋辈互助的方式及时提供学业和生活的支持，也让其他副班与其多沟通了解其情况，随即召集全体班干，以学期中期总结为由召开班委会议，让每个人直抒心意，分析班上的情况，指出存在的问题，提出自己的建议。笔者也在会上直接指出班长工作存在的问题，对其提出批评，同时小 A 在会议上进行了自我反省，袒露心声，表示"不知道自己的行为给大家带来了那么多麻烦"，"希望一同努力带领我们班级成为年级中的优秀班级！"，对此同学们也表示理解，散会后笔者也私下了解各班委对更替班长的想法，并表示可能会做出调整。

（三）推陈出新，班级变革

鉴于学院里从没出现过一学期内换班长的做法，笔者选用了民主评议法，通过考评的方式来调整班干架构，在班上实施不记名评分，针对班干责任感、职务能力、对班级付出情况进行 1～100 的打分，这既能解决目前情况，又能提供一种干部的考评方式。最后根据分数调整新的班干队伍，而小A自愿提出担任文娱委员一职，考虑到他在担任班长这段时间也比较熟悉班级事务，同时在文娱活动上他更有想法，最终经过班委同意，小A成为文娱委员。

（四）确立目标，构建机制

经过团队调整和一系列的班会、班干培训活动，本班班干队伍都对自身有了更明确的认识，班级内也制定了干部考核制度、班级管理制度来规范管理。其后通过分享班级案例以提供班级问题的解决办法，从而凝聚整个班集体，在班内也提出了"争创优先，快乐学习"的目标，以系列团辅活动、主题班会等，做到全员全过程全方位育人，组成一个团结友爱、积极向上的班级。

（五）树立典型，凝心聚力

在之后的阶段，笔者与小A也有定期的谈心谈话，同时也有班导及舍友的持续跟踪关注，并定期向笔者反馈小A的进步与改变。在担任文娱委员后，小A积极了许多，也更加发展了其唱歌的爱好，带动了同学们积极参与各项文体活动。

四、干预效果

经过班级职务的调整，以及多次谈话交流和朋辈之间的帮助，小A状态逐步调整，且认识到自身问题后积极投身班级活动，重新得到大家的信任。在班级内开展的系列活动，包括团辅、班级聚会、团日活动等，都极大地促进了班级团结，而新任班长也配合默契，逐步搭建起班级团队架构，让同学们都能够投入到班级中。在新一学年中该班级也成为年级挂科最少、课余活动较为丰富的班级。

五、案例经验与启示

（一）建立信息档案，及时更新，熟悉每一位学生的情况

大学中的每个学生都是独立的个体，具有人格的独特性，需要因材施教，对此应该有针对性进行了解。班主任与辅导员在新生入学时期就做好档案备存，并定期进行内容更新，建立学生个人档案，及时抽取有效信息，做到出现问题及时发现、早期干预和有效控制。

（二）构建一套完整的班干培训模式，组建一支优秀的学生干部团队

班级中的优秀学生干部，往往成为班级文化的人格化代表，具体诠释班级文化的实质和内涵，而他们的价值观、精神风貌和行为方式决定了班级文化的发展程度。因

此，要充分发挥他们的引导、骨干和榜样示范作用。在新生班级组建初期，通过学籍档案了解、平时细心观察，组建临时班委；通过试用期、全体考核等方式筛选出最适合人选，选用班干要多方结合，而不能单靠学生投票选举；利用前期培训—指导分享—班会沙龙—定期考核等班干培训模式去培养新的成员，充分发挥全员全过程全方位育人，为干部队伍招贤纳士，培养人才。

（三）树立班级目标，形成良好的班级文化

好的文化是班级的催化剂，可以树立班级文化的旗帜，可以形成全员联动的合力。作为辅导员，我们可以通过主题班会、团体辅导等形式和学生共同树立班级目标，创建一个健康、积极向上的班级文化。良好的班级文化氛围会激发成员对班级目标、行为准则的认同和遵循，从而形成强烈的向心力、凝聚力和群体意识，有利于树立大学生正确的价值观和培养大学生的合作精神。

（四）搭建完善的沟通平台，着重利用新媒体的技术和平台

搭建同学—同学、班主任—班主任的同级分享平台，以及学生—班主任—辅导员—学院层级沟通平台。信息传递的方式有很多，在班级建设上，应利用新媒体的便捷和高效，通过微信、公众号、视频会议、沙龙分享等方式把新媒体应用到学生与学生、教师与教师、教师与学生的交流上，构建信息有效交流平台，双向指引将班级经验最大化推广，同时提供给学生一个咨询的窗口，有利于团队的快速成长。

（五）开展丰富有趣的校园活动，培育学生的良性竞争意识

校园文化对大学生的日常生活、思想行为都产生着潜移默化的持续性影响，良好的校园文化具有重要的育人作用。因此要精心设计和开展内容丰富、形式新颖的活动，可以以班级为对象，把德育、智育、体育、美育、劳育渗透到校园活动中，利用活动的丰富性和教育性凝聚班级向心力，在竞争的情境下有力地激发班集体荣誉感，使得大家心往一处想、劲往一处使，极大地团结班集体。

参考文献

[1] 程宝. 基于学生心理特征探究高校新生班集体建设途径［J］. 现代职业教育，2018（2）：214.

[2] 尹鸿，陈伊雯. 高校新生班干存在问题及培养策略探讨［J］. 青年与社会，2020（4）：146-147.

做最好的自己
——转专业学生的成长之路

林舒莹

一、案例概述

学生小 D，是一个待人友好但比较慢热的男生，其家庭和睦，父母都是教师，该生在高考时因为地域限制，只报考了可选择的少数专业，但考虑到个人更喜欢 XX 专业，于是在大一上学期申请了转专业，并且顺利通过。然而在新专业的学习中，小 D 的问题逐渐显现——原本喜欢的××专业学习没有想象中那么容易，短短一个学期就让小 D 负荷不了，多门课程出现期末作业没有交的情况，老师也经常联系不到人，约其谈话效果也不明显，经常是口头答应得好好的，转眼又还是原来的态度。有两次因为联系不上小 D，辅导员便直接到该生宿舍找人，结果发现小 D 在宿舍睡觉或者打游戏。在疫情期间线上课程的特殊情况下，小 D 一个学期挂科将近 10 门，导致其直接留级到下一个年级，该情况令人十分担心，而在新的年级中，小 D 的学习状态仍是跟以往一样，也还是常常联系不到本人，并且因为学业的挫败感使得其更加沉迷网络游戏，同时留级至新年级，小 D 比较慢热也没有跟新同学主动交流，导致其跟班级存在脱节的情况。面对小 D 的情况，其科任教师、班主任、班长都多次找到辅导员反映情况。

二、案例分析

(一) 自身因素

1. 学习倦怠

学习倦怠是指学生由于学习的压力，或因对于学习没有兴趣而不得不学习产生的情绪低落、行为不当、成就感低等症状，当代大学生主要表现在对于学习没有规划和热情，情绪比较低落，学习时容易烦躁，自信心下降。小D同学转专业后的学期正好是疫情发生的时期，那个时候一个学期都在家里学习，只能通过网络来进行作业点评，加上原本第一学期的新专业课程没有学习，与转专业后的同学们也不熟悉，学习非常吃力，同时在家里本身也容易懈怠，在无人督促的情况下，学习状态一落千丈，产生了明显的学习倦怠感。

2. 从众心理

当大学生对于自我意识认识不清的时候，容易产生自我意识的偏差，尤其是当自己学习生活一直有人照料指点的时候，突然进入一种完全自我学习的阶段，极易在诱惑下产生模仿心理和从众心理，特别是在网络世界非常盛行的时代，更加容易陷入网络世界当中寻求认可和满足。

3. 成就感缺失

该生在转入新专业后学业成绩下滑，与他人差距越来越大，逐渐缺失个人学习动机。现实生活中，人们都渴望成功，渴望得到他人认可，一旦遭受挫败，为了维护自我概念和自我价值体系，个体会产生相应的心理失调，而如果长期处于心理失调状况时，个体会主动寻找适应自我价值体系的团体和事物，例如投向网络游戏，通过游戏的获得感和成就感来弥补生活中的缺失感，认为其可向外界展示自己的个人魅力，小D在专业学习上跟不上进度，充满挫败感，也充满了自我怀疑，这个时候网络游戏正好满足了他的心理需求，提供给他需要的"成就感"和"满足感"。

(二) 家庭因素

小D家庭环境较好，父母都是教师，因此从小得到了较好的家庭教育。小D为人也礼貌客气，但是父母的教师属性容易过多干涉孩子的生活，家庭管理较为严格，形成了其对于父母的依赖，自律性较差、独立生活能力较差等，不能够很好地主导自己的一切，总是觉得事情都要被安排好，每件事也会有人指导和监督，以至于到了大学这个自由的环境时，自由放纵，态度散漫，如果没人提醒监督就会发现不了自身的问题，甚至在人际交往中也会出现问题。

三、干预措施

(一) 多方面了解情况，全面掌握学生问题

在了解到小 D 不接电话的时候，笔者就再次到小 D 宿舍，与其舍友进行更加深入的交流，发现该生在宿舍的时间较长，并且舍友表示小 D 经常性投入在剧情游戏当中，同时小 D 在游戏期间喜欢把手机关静音，不听任何电话。除此之外笔者还了解到该宿舍的同学是其他专业的，平时学习压力没有小 D 大，也会更加刺激小 D 不去学习，长期下来，小 D 就越来越不想学，越来越投入在游戏当中，沉迷游戏。同时笔者跟小 D 同班同学了解到，小 D 上课时常精神游离，下课就跑回宿舍，与同学们交流较少，但是如果有同学要与小 D 聊天，小 D 也不会拒绝，只是彼此之间感情比较浅，并不会深交。

(二) 强化家校合力，沟通反馈实情

对于小 D 挂科严重的情况，笔者也直接联系到小 D 父母，并且建议小 D 父母给予及时的关心和帮助，在通话过程中感受到小 D 爸爸是很心疼小 D 的，他们也想不到小孩居然是这样的状态，对此笔者建议他们要把话说透，告诉小 D 学习的重要性，以及网络游戏的危害性，学会更好地控制自己，投入到自己喜欢的专业学习当中，成为一个更加独立自强的人。

与其父亲协商，通过鼓励和提醒其找到自己的目标为之努力，告诫其来到大学要学会管理自己的生活，不能过度纵容自己。父母与其也进行了相应的敞开心扉的谈话。同时笔者定期与该生父亲交流相关情况，提供力所能及的帮助。

(三) 直面问题，共同探索原因

刚开始与小 D 接触，基本都是微信交流，后面几次找他面对面交流，他也是有躲避的情绪，最后在出现作业再次没交的情况时笔者直接约到小 D 严肃谈话，了解到他转专业带来的压力，而且自己也不主动去寻求帮助，导致到后期学习越来越跟不上，越来越吃力，退而转向在网络世界中寻求支持。这是不对的，也是要马上调整的，随后在交流中，笔者让他意识到学习的重要性，以及教师和家长对他的关心和期待，告诫他要把自己的能力最大化，既然选择了这个专业就该对自己负责，对自己的未来负责，而不是放纵自己沉迷游戏，应该跳出来想清楚来大学的目的，明确学习的目标。最后笔者跟他一起制定学习计划，规定每天的游戏时间，从两个小时到一小时慢慢缩短，然后学习上尽量能够待在课室就不要回宿舍，有问题一定要马上解决，减少拖拉的习惯，成为一个有时间管理能力的人。小 D 也接受了这个建议，并执行落实。

(四) 朋辈教育互助，师生助力成长

笔者也与班长及班主任多次交流，让同学和班主任加强对其关注，同时也与科任教师交流该生情况，帮助其克服作业困难。让班主任和各科教师能够提供更多学习和生活上的关心，帮助小 D 逐步适应调整，鼓励其努力学习，肯定其进步，帮助他找回学习的状态。平时则与其舍友不定期沟通，关注其是否有改变。同时也与班委沟通，平时多动员小 D 参与到班级活动中，为其提供更多的学业和生活的支持与帮助，定期跟进汇报其情况。

(五) 加强实践锻炼，激励学生蜕变

（1）在专业学习上鼓励小 D 参与到学院的各项活动竞赛和班级比赛中，通过专业的锻炼重新找回对专业的热情与追求，并且也让小 D 看到自己专业的无限可能性，在竞赛中取得成绩让他重拾信心。

（2）在小 D 父亲建议下，小 D 假期到××公司实习，在实习过程中学习了专业技能并且也感受到社会环境和氛围，激励着他坚定自己的目标和方向，更加努力为自己的未来奋斗。其间小 D 也与笔者联系，表示自己收获很多，改变了很多。

四、干预效果

经过一段时间的调整和改变，小 D 取得明显进步，其作业均能够准时上交，并且没有再出现挂科的情况，也学会了调整自己的时间安排，跟着同学们扎实学习，找到了自己的学习方法，能够把主要精力投入到专业学习之中。来自学习的成就感也使得小 D 的学习热情不断提高，学业上有明显的进步，使其树立了更大的信心。

五、案例经验与启示

(一) 保证对学生的充分了解，给予足够的关注

每个学生出现问题往往不是突然的，而是有诱因或者是长期的积累造成的，这类情况都需要教师对学生有足够的了解和关注。对此需要建立一个全面准确的台账，以助于在突发情况时及时查阅信息，同时也需要保持对学生足够的关注，否则很难捕捉到学生的每一个情绪变化，难以及时发现问题和给予帮助，甚至会错过最佳帮助时机。

(二) 重视家校联合的作用

家庭是社会的细胞，也是孩子性格养成、行为习惯养成的重要场所，其中家庭教育对于学生的成长具有重要影响。辅导员在对学生进行全面了解的时候要关注到家庭

情况，重点预防可能会发生的问题，当学生出现重大问题的时候都需要第一时间与家长沟通联系，通过家长的力量去帮助学生克服障碍，获得支持和鼓励，以起到一个较好的家校联动作用。在面对问题的时候充分调动家长的积极性，共同协商出能够帮助学生的最佳办法。

(三) 加强对转专业学生的引导教育

在大学的专业选择上，很多学生是没有深思熟虑的，会在学习一段时间后发现自己真正适合的是哪个专业，对此学校一般会给予学生考虑的空间，提供转专业的机会。但是转专业学生也是另一个需要重点关注的群体，很多时候转入新专业，相当于重新适应一种专业的节奏和生活，学生原本就已经存在大学生活适应的问题，在此还有学习适应问题，这都会让学生压力倍增，因此需要师生合力，通过科任教师、班主任、辅导员等多方进行关注和帮扶，解决学生遇到的困难，助力转专业学生尽快适应新生活。

(四) 做好大学生的职业生涯规划

从高中生到大学生，身份的转换是需要过程的，当进入自我安排、自我分配的大学生活时，学生往往会陷入一种迷茫、松懈的状态，心理上也会出现无目标的状态。但是在大学却是向社会靠近的关键环节，需要有一个明确的目标、明确的职业生涯规划才能够产生学习的动力，这就很有必要在新生入学以及低年级阶段开设相关的"职业生涯规划"讲座、分享会，通过真实、生动活泼的例子影响学生，鼓舞学生。分析就业形势让学生有紧迫感，促使学生确定新的目标、制定学习计划，努力去实现自己的理想。

(五) 因材施教，注重个体差异化

每一个学生都是独立的个体，并且有独立的思想，对此，教学有法却也并无定法，教师只有充分尊重学生的个性，因材施教，才能更好地促进学生的个性发展与全面发展。只有充分了解，才能有针对性"施教"，教师需要认真分析学生的问题和需求，把握事情的关键点，方能提供更有效的解决办法。

参考文献

[1] 崔瑞. 大学生心理弹性、学习适应对学习倦怠的影响 [J]. 现代交际, 2021 (8).
[2] 荆忠国, 王星, 万舟. 大学生网络游戏成瘾问题分析及对策研究 [J]. 文化学刊, 2020 (1).

灵动品读 展我风采
——大学生阅读展板设计大赛案例分析

陈楚敏 张 立

大学是最美妙的读书时光，我们逐渐远离了长期以来应试教育环境，进入了一个主动寻求知识、自我提升的阶段。自 2017 年起，学校图书馆、经典阅读推广中心等多个部门向全校师生积极推广"经典百书"阅读活动，并给予各学院、学生社团组织等提供大量的项目资源和经费支持，学院人文经典讲师团（以下简称"讲师团"）一直致力于以"讲说"的主要形式，积极去传诵人文经典，在本年度阅读"经典百书"系列活动项目申请中，我们跳出传统的征文、读后感、说书、演讲等组织形式，在广州大学大学生语言能力教学中心的支持下，以"灵动品读经典，设计展板示风采"来带动大学生们以文学艺术形式再现和检验自己的阅读收获。

一、活动基本理念

一份优秀的展板作品从来不是轻易可以完成的。需要的不仅是作者"妙笔生花"的设计，也可配以其"天马行空"的想象以及"独具风采"的感受。本次讲师团活动围绕人文学院学生开展，鼓励人文学子要读出真情实感，提高自己的动手能力、审美能力、演说能力。

（1）始终紧密围绕学校"经典百书"阅读推广重要精神，鼓励参赛学生细读原著、深刻思考，读出自己的真实想法，表达自己的真实感受，从经典中汲取成长的养分。

（2）一改过去学生参与得比较多的传统（征文、演讲、说书等）比赛形式，以"假期细读原著 + 亲手创作展板 + 台上演说分享"形式开展活动，并在贯穿专业的赛前培训中帮助学生更好地绘制展板、学会上台展示的演说技巧等。

二、要解决的问题

（一）学生畏难心理和能力发展不全面

学院学生由于全是文科类专业基础背景，相比于参加其他征文、演讲比赛，学生对于动手设计一张阅读展板，因涉及美术功底、电脑软件等实操性比赛要求会产生畏难和茫然情绪。因此，活动开展的前期宣传和赛前培训安排显得尤其关键与重要，讲师团成员自5月以来已经大力在线上线下进行比赛宣传，同时策划了关于《如何设计一张阅读展板》《公众演讲的叙事技巧》等主体培训会，从回顾小学时候设计的"手抄报"入手，降低选手参赛的畏惧情绪，提高自信心和成就感。

（二）"朋辈教育"力量发挥带动较弱，赛前培训经验少

长期以来，我们学生社团举办赛事较注重活动的宣传和参赛赛果，而忽略了对报名选手的能力提升与培训指导，即使开展指导也容易陷入需要邀请专家来体现活动水平，而忽略了朋辈教育经验的分享往往对选手的参赛信心和能力提高有更好的提升作用。因此在活动中加强学生的赛前培训与指导，也为活动质量提供了保障。在本次展板设计大赛组织中，需要联系在阅读展板设计比赛、公众演讲方面经验丰富的教师筹备赛前培训会，同时要按照学校相关部门要求，提前做好报备工作，以保证活动的顺利开展。

三、活动预期目标

以宣传"经典百书"为宗旨，让学生在阅读经典百书的基础上，充分发挥想象，以丰富、创意的设计绘制进行展板设计，同时还以演说分享的形式，介绍创作理念，分享阅读体会，展现同学们的风采。

（一）学生学识目标

推广学校"经典百书"书目，鼓励同学们加强对经典原著的文本细读，在阅读的过程中以可视化、艺术化、趣味化的形式展示自己的所思所得。

（二）学生综合能力提升目标

（1）在学院组织的两场针对性的赛前培训中，掌握纸质版、电子版等多类型展板设计技巧，提升自己的审美能力与动手能力。

（2）以演说分享的形式，介绍创作理念，分享阅读体会，展现同学们的风采，提供广阔的平台让学生展现自我和提升公众演讲能力。

（3）活动目的并不是旨在要大面积地要求学院的同学都要真正地以展板设计的形式来展示自己的阅读感受，更多的是提供一种新的艺术表达方式，提供一个更广阔的舞台让学生可以展示自我、检验自我、提升自我，同时挖掘学生自己的艺术细胞和莫大的创造力。

四、方法设计

（一）宣传方面

主要是以"海报传单宣传、线上微信推送、讲师早读讲堂宣传"等三种方式来进行宣传，活动涉及的对象主要是低年级学生，因此我们的宣传手段也是以传统方式为主，但较大的优势是活动的计划做得较为全面和细致，相较于其他"经典百书"项目来说，宣传得较早，可以吸引部分感兴趣的同学关注和留意。

（二）组织方面

活动的宣传和作品制作时长是充足的，给予参赛者足够的阅读、思考、绘制时间，同时活动组织上充分调动了兄弟社团的力量，如借助团委学生会、华南师范大学演讲与口才协会、"千字文"小组、人文讲解队、华南师范大学南风文学社等社团资源帮助宣传，为活动开展的专业评审水平提供了坚实、全面、多样的保障，使得活动参赛者和讲师团上下工作人员都得到了多方力量的支持和提点。

（三）能力提升方面

采取"赛前培训交流"形式，本次活动虽然是竞技性比赛，需要一决高下，但我们在考查选手参赛水平的同时，也针对选手在初赛、决赛前的能力提升提供了专业、到位、及时的培训指导，这样可以让报名参赛的成员即使未能参与到比赛的最后一程，也仍然能够通过除了观赛以外的"干货"学习，促进自身能力的具体提高。

（四）赛制方面

"精读作品—撰写读后文案—（手绘/电子）绘制展板—现场展示和解说作品"，在赛制设置中，积极考验和提升参赛选手的"读、写、画、说"等综合性能力，更多角度地考查参赛学生的阅读水平和"知识内化程度"。

（五）奖励方面

除了等级奖、单项奖的传统奖励方式，我们比赛是以赏识鼓励为活动原则，因此比赛奖励报名参赛中的至少30%的优秀佳作，以提高获奖比例和概率，从而提高参赛者的参与热情和动力。

五、活动开展过程

活动自2018年4月立项成功后,共历时半年多,活动开展的主体流程是"前期宣传—展板绘制技巧赛前培训—报名及作品收集—作品初审—公众演讲技巧赛前培训—总决赛—颁奖典礼",具体如图1所示。

①宣传阶段（5月—6月初）

以海报发放、微信推送、讲师早读课堂等方式进行活动宣传

②赛前培训交流会（5月29日）

邀请广州市首届儿童展板设计联赛优秀奖、天河区文化广电新闻出版局"中华古诗词诵读大赛"书签设计组优秀奖获奖者陈志芬女士；广州市首届儿童展板设计高校联赛优秀奖、华南师范大学南风文学社社长韩悦瑶同学开展《如何绘制一张展板》赛前培训会

③活动报名与作品收集，初审阶段（5月—10月初）

给予参赛者充分的假期阅读和制作时间，开学初收集参赛作品并邀请评委进行初审，公布入围名单及开展人气奖投票，继续扩大活动的影响力

④总决赛赛前培训（10月8日）

邀请广东省"南粤长城杯"演讲大赛一等奖获得者、广东演讲学会会员、广东朗诵协会会员、广州求上教育演讲教师陈智秀老师开展《公众演讲的技巧与礼仪》赛前培训会

⑤总决赛（10月23日）

邀请学院团委书记、专业评委、"千字文"优秀评改员、华南师范大学演讲与口才协会副会长等担任决赛评委，通过现场解说展板、即兴答辩等评选出等级奖与单项奖

⑥颁奖典礼（11月6日）

举办颁奖典礼，为所有获奖选手颁发奖状与奖品

图1

（一）充分发挥"线上网络媒体、线下海报传单、讲师早读讲堂"三大主线平台合力作用，做好活动早期宣传工作

由于年度"经典百书"主题立项近30项，申报的部门、学生社团异彩纷呈，为了更好地吸引学生的注意力和关注，讲师团在立项成功当月立即设计主题海报（见图2）、微信推送、早读讲堂报名链接等内容，鼓动同学们积极报名参与。

图2　活动海报传单

5月起，我们在微信公众号"广大人文经典讲师团"（旧号："广大经典讲师团"）平均每周进行一次比赛宣传（见图3），并借助兄弟社团团委学生会的力量把活动宣传到学院4个年级48个班级，最终吸引了近百名同学的热情报名。

图3　微信报名链接、早读讲堂、推送宣传

(二）举办赛前主题培训分享会，提高参赛选手参赛信心及大赛水平

（1）5月29日举办《如何绘制一张阅读展板》赛前培训会，邀请有相关大赛经验的前辈进行经验分享与培训指导，充分发挥"朋辈教育"的力量，帮助学生更好地认识"展板"，学会绘制展板的技巧。

陈志芬师姐，任职于省立中山图书馆，毕业于华南师范大学汉语言文学师范专业。曾获广州市首届儿童展板设计联赛优秀奖、天河区文化广电新闻出版局"中华古诗词诵读大赛"书签设计组优秀奖、华南师范大学文学院第五届简历制作大赛二等奖。

韩悦瑶师姐，现就读于华南师范大学文学院中国现当代文学专业，南风文学社社长。曾获院"红色经典"品读大赛一等奖、校读书社征文比赛二等奖、个性化书单制作优秀奖、广州市首届儿童展板设计高校联赛优秀奖。

通过两位嘉宾的分享和指导（见图4），参赛选手更好地从展板的定义、构成要素、制作方法等方面，明白了如何制作脱颖而出的展板，促使选手可以在绘制作品前更好地找准自己的阅读兴趣，学会绘制展板的要领，为比赛的顺利开展奠定了坚实的基础。

（2）总决赛前针对"公众演说"能力要求，举办《演讲的基础与叙事技巧》赛前培训会。

在9月份作品初审环节结束后，精选出25份作品进入总决赛，赛前的10月8日晚，针对大众演讲基础知识的普及，重点围绕演讲礼仪、演讲态势语、演讲服饰等方面展开，旨在让听众全面了解演讲的相关概念与基本事项，自信地展现自己。

陈智秀老师，广州求上教育演讲教师、广东演讲学会会员、广东朗诵协会会员、全国小小演说家比赛广东赛区评委、广东电视台《青春诵读教室》节目讲师、求上教育演讲与辩论课程研发组组长、原创访谈节目《橙橙访谈录》制片人、主持人。曾应邀为广东省星海音乐厅、广州残疾人联合会等多家单位进行语言表达类培训；广东南粤长城杯演讲大赛一等奖获得者、广东高校师范生技能大赛一等奖获得者；在演讲、朗诵、主持教学方面具有丰富经验。

陈老师开展主题为《演讲基础与叙事技巧》培训分享会（见图5），从如何理解"公众演讲"、演讲的语言、手势、姿势、礼仪、演讲稿撰写等方面为大家科普演讲的基础知识，帮助参赛选手提升自己演说内容的吸引力与感染力。

（三）初审公布入围作品，开通"最具人气奖"投票通道，继续扩大活动影响力

截至10月上旬，经过四个多月的开展和角逐，最终共有25份作品通过初审入围总决赛，进入了为期3天的"寻找最具文学魅力的展板"人气投票环节，得票最高者将获得"最具人气奖"。

壹 展板的概念

展板,指用于发布、宣传、展示信息时使用的板状介质。

展板的类型可分为:背景板、宣传海报、内容展示型展板等。

贰 构成元素

文字:
手写字体适合用于人文与自然的主题。毛笔字体则体现古朴的风格。标准字体则给人严谨精致的感觉。(每一种字体都各具特色,可以选用贴合展板主题的风格)

图片:
尽量贴合展板主题。可以从花瓣网、别样网选图。

排版:
注意画面构图和配色。
电子版可使用Word、PPT、PS和创客贴等工具进行后期制作。

叁 设计展板的收获

在设计展板的过程中,我们可以收获什么呢?
1. 提高信息筛选与整合的能力。
2. 提高审美能力。
3. 增加语言文采。
4. 激发制作简历的灵感,实用技能加分。

肆 制作建议

文:
1. 内容齐全,可以包括简介、摘抄、推荐、见解。
2. 栏目别致。
3. 清晰独到,例:以小见大、文本对比。

图:
1. 为文服务,借用已有的图像,组合关联意象,依据风格创造。
2. 载体多元,可以制作成立体或平面的展板。
3. 技术支撑,通过手绘、剪贴、软件等形式制作展板。

伍 参赛要求

1. 选取的数目必须是"经典百书"内,且书目数量不限。
2. 作品必须是原创,如有抄袭,则取消参赛资格。
3. 作品可以是手绘版或电子版。

陆 小提示

1. 工具不重要,心思最重要。
2. 感悟不能少,有独特见解。
3. 展板的亮点:一是个人感悟,二是排版效果。
4. 阅读展板的内容范围可以是一本书、一篇章节或者同一系列的书。
4. 小标题要让人眼前一亮,吸引眼球。
5. 展板色调要与主题相配。

图4 嘉宾培训分享的"干货集锦"

图5 广州求上教育陈智秀老师

在 3 天的活动人气投票环节期间，推文有近一万的阅读量，5 700 多人（一人一票）参与了活动投票环节（见图 6），投票环节让更多校园内外有心人了解到本次活动，同时也在投票中阅览到 20 多份为经典重新艺术再创的优秀展板。

图 6　投票通道推文情况

（四）邀请展板设计、文字写作、演说讲解、思辨辩论等专业评审，举办总决赛及颁奖典礼

10 月 23 日 19：00—21：00，"灵动品读　展我风采"阅读"经典百书"之展板设计大赛于文新 423 隆重举行。分别邀请了华南师范大学文学院南风文学社社长韩悦瑶、省立中山图书馆陈志芬、华南师范大学演讲与口才协会副会长陈瑾瑜、"千字文团队"优秀评改员及人文辩论队队长卢炜琳、陈小畅等五位专业评审，主要结合选手的"阅读展板"及"演说分享表现"两大板块进行评分，决出一、二、三等奖、优秀奖及"最佳风采奖"、"最佳口才奖"等奖项。

11 月 6 日，讲师团为全体获奖选手举办颁奖典礼，表彰所有突出表现的参赛同学，为大赛划上一个光荣、自豪、美丽的完美句号。

六、活动效果及育人成效

较好地带动了同学们阅读经典、阅读原著的热情，积极响应学校"经典百书"项目要求。本次活动有近百名同学报名参赛，虽然阅读领域覆盖面仍不够全面，但由于"展板设计"要求参赛者需要以十分精炼、简要、优美、逻辑清晰的语言，在有限的一页版面中展示自己的阅读感悟和收获，因此在活动开展过程中是可以更好地带动同学们对同一部或同一系列、相近主题的经典原著的深入细读，这也是我们开展阅读教育的重要初衷。

参赛选手作品水平普遍较高，手绘与电子创作参半，个性鲜明、主题突出，同时展板的阅读愉悦度也很高。

下面我们展示本次比赛部分获奖佳作及评语（见图 7 至图 16）。

1. 一等奖及最佳展板设计奖《傲慢与偏见》

图 7 人文学院黄晓华同学作品

评语：

带有立体效果的展板设计，颇有"琵琶半遮面"之感，将同样经典的《傲慢与偏见》电影截图与文案结合在一起，随着达西与伊丽莎白相处画面的展开，展板文案也相应呈现出来，男女主人公从分离状态到亲密依偎。内容与形式，动态与静态完美结合，富有创新性。展板以棕黄色和墨绿色为主要颜色，具有复古美感，同时也与电影主色调呼应。作品各个细节都把握得非常好，是为设计佳作。

2. 二等奖《长日尽处，你站在我面前》

图 8　人文学院李婷同学作品

评语：

色彩明丽，画面饱满丰富。运用的颜色虽然多，但并不杂乱且饱和度高，整体配合和谐。标题设计具有艺术感，字迹娟秀，是一幅用心的手绘作品。不足之处是画面过满，若稍微留白会更好。

3. 二等奖《傅雷家书》

图9 人文学院刘慧婷同学作品

评语：

版面简单，底色为淡雅的水墨色调，盛开着的绚烂的梅花与傅雷先生的人格精神相呼应。展示的一系列的家庭合照也丰富了展板的内容。图片排列错落有致，整体设计和谐。

4. 三等奖最佳人气奖《寂静的春天》

图 10　人文学院谭韵华同学作品

评语：

《寂静的春天》以寓言方式的开头，描绘了一个美丽村庄的突变，为了契合这部作品的主题，这幅展板运用了卡通兔子、叶子、玫瑰花等元素，描绘了理想中的春天，基于人类的角度反思人与自然的关系。展板清新自然，色调整体搭配和谐，整体效果良好。

5. 三等奖《徐霞客游记》

图11 人文学院陈炜愉同学作品

评语：

用水墨山水画呈现了一位侠客独坐于舟上，摇荡于绿水之中，遥望远处缥缈的青山的画面，展现了"四海无尽，吾欲往视"的主题。整个排版舒适，适当留白，将山水隐于文字之中，素净雅致。

6. 优秀奖《围城》《边城》

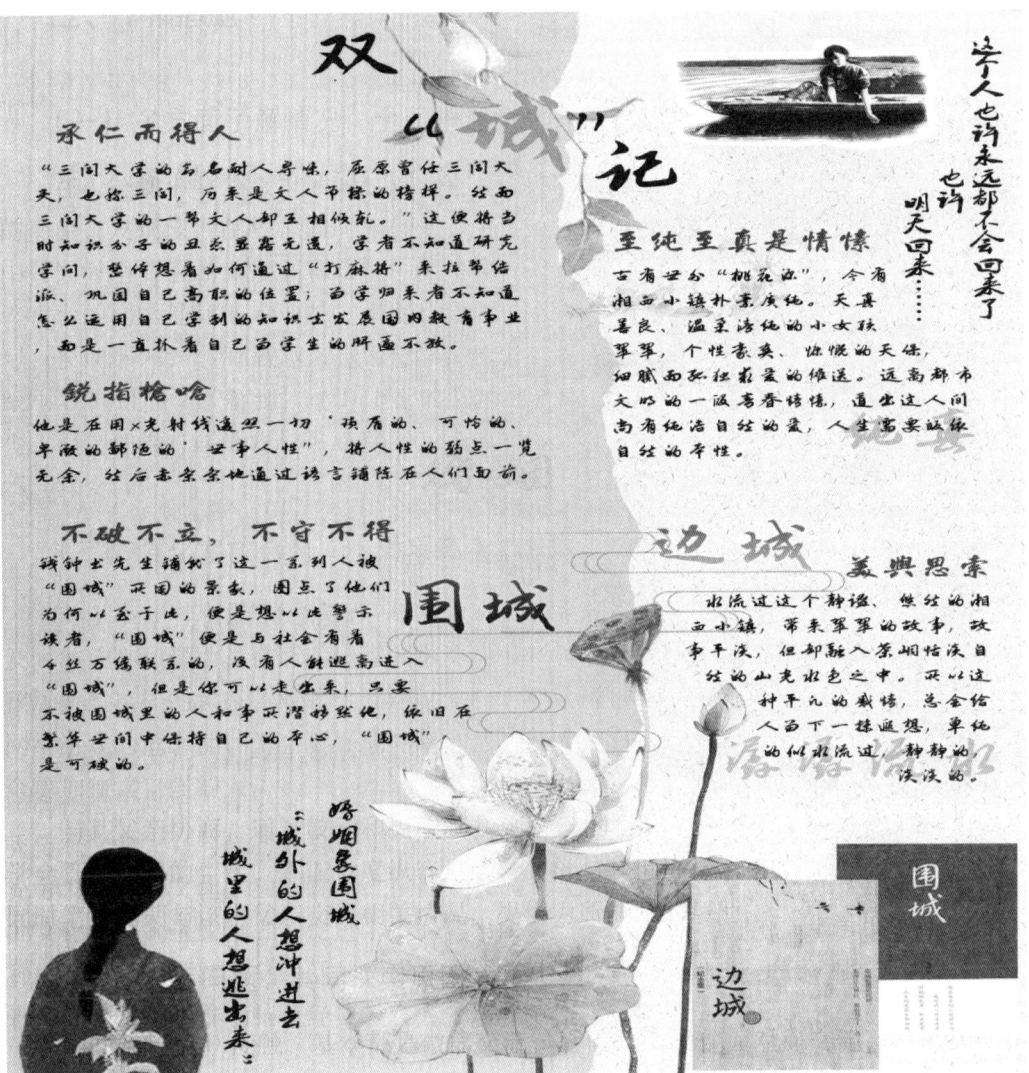

图 12　人文学院陈敏仪同学作品

评语：

这幅展板以《双"城"记》为题目。《边城》歌颂了真善美，《围城》讲述了城里城外的相互对立，"双城"这一线索，联结了《边城》与《围城》这两部作品，构思巧妙。展板布局适宜，且留有一定的空白，文字与图片的编排相得益彰。

7. 优秀奖《牡丹亭》

图 13　人文学院古蔓琳同学作品

评语：

展板色调与图像古香古色，将《牡丹亭》的昆曲表演图像映衬于文字边上，使观者快速进入情境。"牡丹亭"三字以书法艺术的形式在画卷上展开，柳枝自然垂下，线装古籍书，诸多古代文化要素穿插其中，具有古典美。

8. 优秀奖《边城》

图 14　人文学院郭钰盈同学作品

评语：

这是电绘版展板，展板以米黄色为背景颜色，展板标题色彩和谐，文字有横有纵，图形设计关系统一。整个展板分为"山水、人文"两个部分，展示了《边城》的山水景致与人情风物，思想性较强，编排合理有序。

9. 优秀奖《浮生六记》

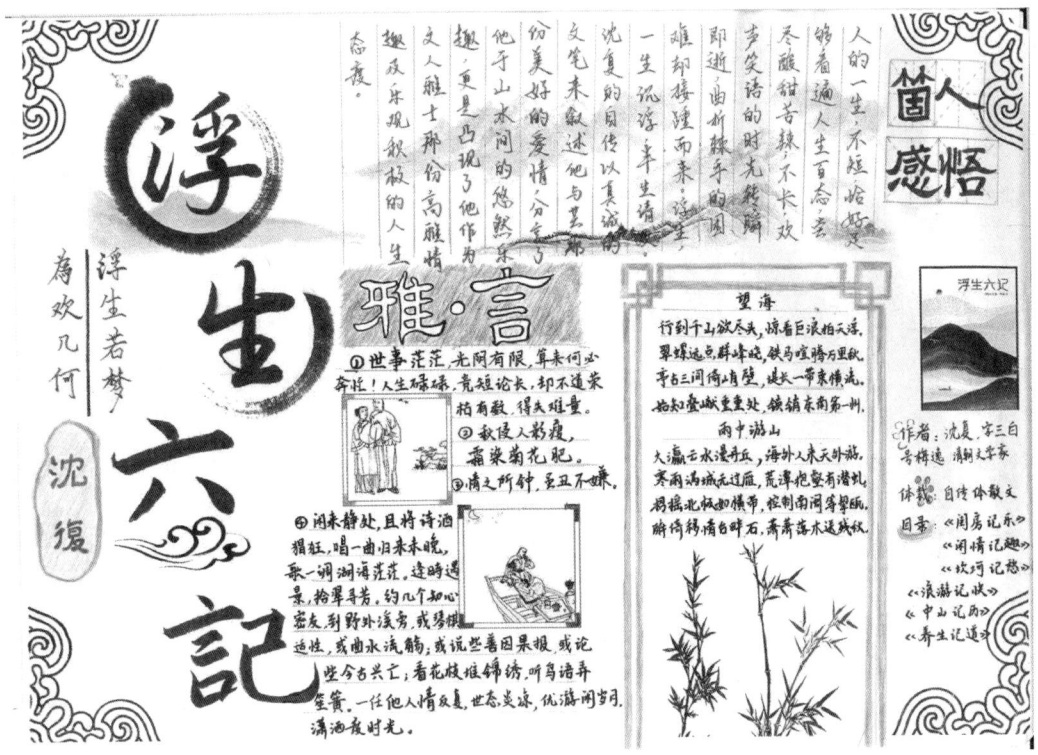

图 15　人文学院李绮彤同学作品

评语：

清代沈复的自传体散文《浮生六记》真纯率真，独抒性灵，而这幅展板涉及亦如同《浮生六记》一般，不拘格套，富有创造性。这幅展板作品以黑白灰为主，基调统一，犹如一幅中国传统水墨画，充满韵味。

10. 优秀奖《青春之歌》

图 16　人文学院林喜萍同学作品

评语：

这是一幅电绘版展板，阅读书目是《青春之歌》。展板介绍了作者杨沫的生平、作品的创作背景，并对作品人物卢嘉川、林道静与余永泽进行深入剖析，作者照片、作品插图穿插其中。但文字与图片的编排及版面布局稍显紧凑。

七、活动经验与改进措施

（一）举办活动耗时较长，选手热情度难以完全保证

活动组织及开展历时近半年，从活动宣传到活动开展之间，间隔了一个漫长的暑假，间隔时间长，导致第二学期时参赛者热情有所下降，造成了部分选手退赛的遗憾。

（二）"经典百书"系列活动较多，活动开展时间过于集中，分散了选手注意力

学校多个部门合力主打的"经典百书"项目，成功立项近 30 项，因此各学院、各学生社团组织都以"经典百书"为大主题开展了许多各式各样的活动，而且在活动总决赛前后多个社团都在大力宣传和开展"经典百书"活动，分散了一些选手的参赛注意力和关注，因此活动开展中后期出现了一些疲态。

（三）活动形式虽新颖，但对选手能力要求高，影响了活动的受众面

由于人文学院学生大都缺乏实践动手能力、缺乏公众演讲的自信心，本次展板设

计大赛形式要求确实有一定的难度，相对其他传统形式，展板作品不仅需要同学别样的阅读体会、具有审美的设计能力，还需要动人的现场演讲，在同学们的实际参与中也造成了一定的难度，因此影响了活动的受众面。

（四）改进措施

1. 做好充足的前期准备

（1）活动的举办要注重时效性，尽量要在同一学期内开展，不要跨越不同学期。

（2）要准备好系列材料再公布活动信息。系列材料包括：公布活动开始的推文及配套的微信通知、宣传海报、活动策划、应急方案、活动 PPT。

（3）讲师团社团内部也要做好与选手的对接沟通，保证选手掌握最新活动比赛资讯，给予及时的比赛支持。

2. 活动形式多样

活动的设计不但要突出推广"经典百书"的活动主旨，还要结合同学们的兴趣，设计吸引同学们的活动。单一的演讲、朗诵已不太能适应同学们的需求，应更多地贴合同学们的专业和兴趣，适当扩展，例如本次融合设计、创作和演讲于一身的展板设计大赛，不过也要考虑到同学们的参赛难度，从而鼓励更多同学的参与。

3. 坚持举办针对性赛前培训的做法

社团活动的最终目的是提高同学们的综合能力。开展相应的赛前培训有利于提高同学们的参赛能力及信心，以及在比赛中发挥得更出色，促使大家在比赛中成长，因此讲师团在今后开展大型赛事前均需要依据参赛选手需求，开展针对性的赛前培训与交流，一方面促进选手能力提升，另一方面可以在培训交流会中吸引更多同学的关注。

第六篇

学生日常事务管理类

切记莫贪小便宜
——学生被诈骗案例

任佳妮

一、事件经过

2021年9月,一个陌生人通过QQ加学生A为好友,发送了一款名叫"逍遥"的APP,并告知学生A这是一款做任务可以返利的APP。抱着好奇的心态,学生A下载了该APP。下载完成、注册成功后,首先要求学生A充值38员开通会员,然后才能做任务。38元也不是很多,于是学生A便冲了38元成为会员。所谓的任务就是在APP内充值,然后可以返现。学生A第一次充值50元,返现77元,可以提现;这么轻松且可以赚钱,于是学生A进行了第二次充值,200元,返现240元,可以提现;第三次充值500元,返现700元,可以提现;第四次充值2 388元,返现2 700元,但对方说因为操作不规范,无法提现,并且需要学生A垫付三倍的价格去继续完成任务,然后才能提现。于是学生A又一次充值5 757元,返现9 000元,但依然无法提现,需要继续充值29 000元,学生A坦言没有那么多钱,于是对方说公司可以帮忙垫付两万,剩下的完成充值后就能归还提现,然后对方又提供银行卡给学生A,学生A转账九千多给对方。这时,对方说可以提现了,但是前提是要求学生A先归还公司垫付的那两万块。当时的学生A一心想着要把钱提出来,于是东拼西凑借了两万继续充值,结果还是无法提现,此时学生A才感觉不对,选择报警。

二、处理过程

9月,笔者接到A学生被诈骗的信息,以为只是普通的诈骗,于是只对学生进行了简单的教育。10月,学院领导告诉笔者,派出所反馈学生A涉嫌赌博,希望学院调查清楚。原来学生A所谓的做任务返利的网站,是一个赌博、涉黄的网站。接着,笔者作为该生的辅导员,第一时间联系A同学,A同学刚开始比较排斥,说事情已经过去一个月了,不想再回忆,当被告知他涉嫌赌博,根据学生手册要给予相应的纪律处分时,A同学才答应来找笔者面谈。

A同学之前是比较调皮的一名学生,但当天整个人状态不是很好,说这件事情对自己的打击很大,并且一再强调,自己一开始真的不知道是赌博网站,只是贪图小便宜,想赚点钱,如果知道涉赌,也不会自己主动去报警。虽然父母现在已经帮他把借的钱还清了,但还是觉得自己很蠢,对不起父母。在谈话过程中,A同学一直低着头,情绪低落,反复询问"为什么我被骗了钱,还要被处分?会不会影响我的学位?"笔者意识到,此次事件可能会引发A同学的心理危机,如果不能很好地给予疏导和干预,有可能发展成恶性事件。针对A同学的情况,笔者对其进行了心理疏导。

(1)非常理解他现在的心情,一定很后悔,也很自责,自己一时的贪心酿成大错,觉得对不起父母。

(2)鼓励A同学,事情已经发生,就要勇敢面对,最重要的是要从此次事件中吸取教训,毕竟现在还是学生,没有经历过社会的磨炼,阅历尚浅,也不用过分自责,一切都会过去的。

(3)至于学校的处分,我们会将实际情况报告给学校,学校会结合派出所的意见,给予相应的处分。犯了错误,就要勇敢面对,勇于接受,人生的路还很长,这只是一次小小的挫折,人生本来就充满坎坷,没有创伤的珍珠贝,怎会有闪烁迷人的晶莹。跌几次跤,摔几次跟头,是经常的事。从挫折中汲取经验教训,才是最重要的。

三、工作反思

(一) 诈骗种类

近年来,大学生已经成为被诈骗的重点人群。大学生拥有可自己支配的生活费,也有了一定的赚钱能力,但是又缺乏社会经验,缺乏一定辨别是非的能力,很容易上当受骗,有时候不仅损失了钱财,甚至自己做了违法的事情都不知道。总结来说有以下几种诈骗类型。

1. 网上购物

很多诈骗分子通过非法渠道获取网购信息,然后冒充淘宝、京东等购物平台的客服拨打电话,以退货、注册VIP客户等理由,引导受害人一步步陷入骗局,向对方汇款。

2. 冒充"熟人"

诈骗分子通过非法渠道获取公民个人信息,主要通过电话、网络和短信方式,编造虚假信息，称自己是对方好友、同学甚至亲戚等熟人设置骗局，谎称有十分要紧的事情需要用钱来应急，诱使被害人汇款、转账。

3. 兼职刷单

刷单是网店卖家付钱请人假扮顾客，用以假乱真的购物行为，提高网店销量、信用度及好评，从而吸引更多顾客的行为。兼职刷单诈骗中，诈骗分子冒充客服人员向被诈骗的对象发送链接，声称点击了其中的链接，购买商品成功后，货款会退还，还有返利提成，甚至会让被诈骗对象填写一份入职资料，让其以为自己是被正当公司聘用赚钱。完成第一单购买任务后，被诈骗对象会收到客服之前约定的刷单返利，并以此为诱饵，吸引被诈骗人购买更大金额的商品。当交易达到一定数量后，"客服人员"就会切断与被诈骗人的联系，就此消失。

4. 校园贷

"校园贷"作为一种新兴的网络金融平台，在给学生提供资金便利的同时，也引发了不少社会问题，滋生诸如"电信诈骗""敲诈勒索""寻衅滋事""暴力催债"等违法犯罪行为。由于在校学生社会经验不足、防范意识较差、心理承受能力弱、法律维权意识不强，"校园贷"违法犯罪给学生的心理、精神造成严重伤害，个别学生甚至因无力偿还债务所受胁迫而自杀，社会影响极其恶劣。

(二) 辅导员如何正确引导学生预防诈骗

1. 作为辅导员应该积极开展宣传教育，提高学生的防范意识，学会自我保护

鼓励学生积极参加学校组织的法制和安全防范教育活动，安装注册"国家反诈中心"APP，多了解、多掌握一些防范知识，这对于自己有百利而无一害。

2. 日常生活中，不贪小便宜，提高警惕性

告诫学生在日常生活中，要做到不贪图便宜、不谋取私利；在提倡助人为乐、奉献爱心的同时，要提高警惕性，不能轻信陌生人甚至是熟人的花言巧语。

3. 要谨慎交友，避免以感情代替理智

交友最基本的原则有两条：一是择其善者而从之，真正的朋友是真诚的感情交流而不是简单的利益关系，要学会了解、理解和谅解；二是严格做到"四戒"，即戒交低级下流之辈，戒交挥金如土之流，戒交吃喝嫖赌之徒，戒交游手好闲之人。

4. 让学生了解常见诈骗手段的应对办法

在网上购物时，千万不能将银行卡号、身份证信息、手机收到的在线支付短信验证码提供给陌生人，更不要随便打开陌生人发来的网址链接，不要轻信陌生的来电或短信，不要轻易转账汇款；在网络购物中如果发生交易失败现象，可以登录官方购物网站拨打客服电话咨询，不要轻信百度等搜索引擎搜索到的客服电话，发现可疑情况可拨打110报警。

无论是QQ、微信、微博等聊天工具还是手机短信收到好友或是亲友等"熟人"发来要求转账等消息时，一定要通过拨打对方电话进行核实。

不要轻信网上刷单广告内容，骗子把刷单当借口，用简单的要求和丰厚的利益来吸引眼球，天下没有不劳而获的钱财；不要轻易点击或扫取陌生人发的网页链接和二维码；保管好网络账号的密码以及身份证、手机号等个人信息，常用杀毒软件对电脑进行杀毒；小心假客服用专业术语和"贴心"服务来获得你的信任；发现被骗后，应及时拨打110报警，同时要注意保留证据，如银行转账记录、通信记录、聊天记录等。

多措并举助学展翅翱翔

胡啟岚

一、求学之路

小V是外省学生，2014年参加高考，考上了重本大学。性格有点内向，言语不多，喜欢看小说，虽是理科学子，但很爱文学知识。到省外求学对于小V来说非常新鲜，同时也充满着迷惘。大学伊始，小V的大学生活就是上课—宿舍两点一线，没有大学生职业规划，没有任何目标，觉得大学是一个"混日子"的地方，因此荒废本专业学习，醉心小说。从一开始一两门不及格，到后来慢慢三四门，到大三成了学业预警学生，学分差得太多，只能留级，到2020年已经留了两级。从高中的优秀生，到现在毕不了业且留级，严重打击了学生的自信心，开始有点不知所措，害怕7年制也不能毕业。

小V的父亲是小学教师，自我要求高，自然对小V的要求也很高，其父亲无法接受孩子学业预警，每次跟学生沟通，都是斥责、责骂，经常挂在嘴边的话是："为什么别人可以，你不可以？！"每次小V只能低下头来不敢吭声，因为他知道，他没有理由可以解释，父亲讲的都是对的，但小V心里有苦说不出。

早在大一的时候，辅导员就开始关注小V。同宿舍的同学多次投诉，小V生活习惯不好，晚上看书早上睡觉，严重影响同宿舍同学的正常作息，舍友多次与小V沟通，收效甚微，因此找到辅导员解决。小V也知道自己的生活习惯不好，也想下定决心改变，但感觉力不从心：不喜欢学习，专业知识跟不上，然后就沉迷小说，生活习惯不好，进入了恶性循环。在第一次学业预警后，辅导员就特别关注小V，经常跟他谈心谈话，也能谈到心坎里去，同时多方措施改变学生，经过长时间对学生的关心与帮扶，加之与家长的密切联系沟通，花了整整 7 年时间，学生终于毕业了。

生活作息颠倒、学业预警、人际交往等困难，使小 V 对自己的大学生活从充满期待到失去信心，从感到新鲜到感到迷惘。针对小 V 的个人和家里的情况，分析小 V 出现学业预警原因如下：

（一）外因：大学的自由度高

大学是开放的大学，学子们满怀憧憬进入校门，希望在校园里留下青春刻苦学习、努力奋斗的足迹，但也有人意志薄弱，在没有强力监督的自由宽松环境下，放弃追求，不思进取，得过且过，最终失去学习的信心、奋斗的目标，颓然离开学校，人生的航向发生偏离。高中是"严管"式学习，学生会在学校的要求下努力学习；到了大学，则变成"自律"式学习，学校并不会要求学生如何去学习，是否学习、如何学习都取决于学生自身。小 V 是自律性较差的学生，上大学后过度放松，沉迷小说，失去了奋斗的方向和目标，以至于慢慢出现厌学情绪，学习提不上兴趣，没有动力。

（二）内因：大学生涯规划缺失，无学习方向和目标

当代大学生大部分不知道自己以后想成为什么样的人，想从事什么样的工作，大部分的大学生对自己的未来是没有规划的。大学生对学校的不了解、对专业的不认识等因素，使他们无法找到准确的方向和明确的目标，往往到毕业的时候，有部分大学生都不知道自己可以从事什么类型的工作，甚至有些学生毕业都成问题。小 V 也是如此，没有方向没有目标，每天沉迷小说，旷课现象频繁出现，最终荒废了学业。

（三）不适应大学人际交往，与同学关系冷淡

人际交往是大学生必不可少的活动内容之一，大学阶段是学生成长和发展的关键阶段，也是学生由青涩走向成熟的重要阶段。人际交往中的自我认知非常重要，自我认知是指学生以自我为中心的心理。小 V 性格比较内向，言语不多，很少与班级同学交流，学习也不积极，生活作息颠倒，不擅于处理人际关系，没有什么朋友，与同学关系冷淡。

二、逆转之路

小 V 在大学生活各方面的困难，以致他沉迷小说、产生厌学等。实际上，如果他能认真学习，顺利完成学业问题不大。现在的问题是如何提高学生的学习兴趣，重建信心。家人对他的期望很大，希望他能出人头地当一名教师。事实上，小 V 对自己的未来没有规划，也不知道自己能做什么工作，他的想法是：走一步算一步，目标就只有毕业了。小 V 明确了自己要毕业的目标，笔者就帮助他制定学习计划，拟定对他的帮扶计划。

(一) 激励学生内驱力：明确目标，提高自信心

小 V 来到大学后，就没有确立过任何目标，学习成绩也不好，不懂得学习方法，更遑论努力学习。帮助小 V 提高自信，定下学习目标，是一个非常艰难的过程。首先，与教务办沟通，把小 V 的成绩进行分析，制定一个学习方案，理顺重修课程，由易到难，难易结合进行报名重修，使小 V 慢慢进入学习状态。其次，帮助小 V 制定每天的学习时间与进度，包括作息、学习、娱乐以及运动，每天严格执行。一开始小 V 的学习效率很低，也不去运动，还是花大量的时间去看小说，没有感到自己学业的严峻，后来经过一段时间的督促以及纠正，小 V 慢慢开始提高了学习效率，对于某些课程也有自己的想法，也慢慢树立了自己对学习的信心。最后，根据小 V 的实际情况，对其进行心理辅导，增强自信，提高学习效率，教师给予多点关注和关怀，学生自然会理解教师的苦心，也会积极追求进步。

(二) 外驱力提高学习效率

1. 利用朋辈辅导团进行一对一帮扶

朋辈辅导团，为小 V 设立一对一的学业帮扶，安排成绩较好的同学对他进行一周一到两次的帮扶，针对每个课程的重点，对他进行辅导。因小 V 性格内向，一开始很难跟辅导的同学沟通，辅导的同学也觉得难以下手指导，但后来经过一段时间的磨合，小 V 坚定了自己的毕业目标，开始主动寻求帮助，事先准备好不懂的题目和知识点去问"小老师"，渐渐地小 V 的学习有了进步，通过"小老师"的辅导以及自己平时的努力，成绩有所提高，缺的课程也慢慢补回来了。

2. 帮助提高人际交往能力努力融入班集体

小 V 是个"宅男"，在宿舍里看小说睡觉，不擅于与人交流，生活作息习惯不好，与舍友关系一般，不爱交流，没有朋友，一来害怕与别人交流，二来他不擅于与人沟通。帮助其提高人际交往能力，有利于小 V 树立自信。一是引导加强思想认知。思想认知引导是帮助学生有效克服心理障碍的一种途径，使学生形成正确的思想认知，正确对待人际交往。二是开展实践活动帮助形成积极健康的人际交往心理。对小 V 的一对一帮扶除了能提高学习效率，同时也有利于提高人际交往能力，从与"小老师"沟通开始，经历"实在"的人与人交流，从一开始害羞不愿意跟"小老师"沟通，到后面为了学习，不得不总结自己遇到的难题去请教"小老师"，这都是一个人际交往的过程，是一个大的改变，是一个质的改变，一个转变人生的改变。

3. 家校联动，推动学生成长成才

客观环境是影响人际交往的因素之一，主要包括家庭环境、学校环境等。特别是家庭环境，对学生的性格方面有着很大的影响。学校的教育也离不开家庭的教育，学生成为什么样的人，往往与父母的期望、父母的教育息息相关。小 V 的爸爸是教师，对孩子的期望很大，对他很严厉，在小 V 学业预警时，已经到过学校与老师见面。从他们交流的情况可看出，小 V 在他父亲面前唯唯诺诺，不敢吭声，小 V 父亲常说"为

什么人家可以做到，你做不到""你自己有没有反思过为什么会这样"等带有讽刺性的言语，这也能侧面体现出，小V的家庭教育是消极型的，小V的家长喜欢用严厉的、讽刺性的言语去贬低他。但这种消极型的教育，往往没什么教育效果，反而会使学生的自信慢慢被磨灭掉，形成小V内向、不善言语、自卑等性格特性。对此，我们跟家长做多次沟通，让家长加大对孩子的关注，利用家庭的温暖感染孩子，提升孩子对自己的认可程度，提高自信心。后来，家长减少了消极的言语，加强了鼓励，一段时间后，小V明显对自己有信心了，也敢于把自己的想法表达出来。从一开始羞涩胆小的交流，到现在敢于大胆自信的沟通，这期间经过了多方长时间的努力，取得了良好的效果。

三、经验与启示

每个年级都会有学业预警学生，他们都有各自的特点和困难，如有厌学情绪、找不到适合自己的学习方式、没有大学目标和学习目标等，但其实总结起来，就是没有做好自己的大学生涯规划，没有自己的学习目标，甚至不知道自己读大学是为了什么。无论是哪种情况，只要能了解学生的想法，对症下药，就能针对性地帮助学生，让学生成长。能考上大学不会是侥幸，都具有优秀的学习能力，只是在大学里，受环境影响，他们可能暂时不适应大学学习与校园生活，如果这时候学校教师给予适当的引导，在困难的时候能够帮扶一把，这就像是黑暗里的阳光、迷惘中的希望，相信大多数同学都能顺便完成学业。此案例并不是个例，可以说是较为普遍存在的。总结经验，有以下几点启示：

（一）重视大学生涯规划，帮助学生树立正确的目标

如果说高考是人生的转折点，那么大学就是人生的新开始。许多大学生进入大学后没有明确的目标，经过高考的高强度学习，一时间不知道自己未来努力的方向。因此，帮助学生树立正确的目标是很重要也是很必要的。目标指的不仅仅是学习目标，还有人生目标、交往目标等。从大一开始，学生就要知道自己未来的道路应该怎样走，是考公务员还是考研，是找工作还是继续深造，这些在入学时就应该有初步的规划。此外，交往目标也是至关重要的，所谓的交往目标，是指大学里要如何进行人际交往，如何从别人身上学习到自己没有的能力，如何与他人沟通交流等，这些都是大学生需要提高的能力。许多事实证明，一个人没有人际交往能力，会影响其他目标的实现，也有可能被社会所淘汰。

（二）利用朋辈力量，对学生进行针对性的帮扶

大学的学习与中学的学习不一样，中学的学习是教师"填鸭式"的灌输，而大学则是学生"自律式"的学习，全凭自觉。在大学里，自律的同学往往非常优秀，不够自律的，成绩一般，甚至学业预警，无法毕业。此外，大学教师的授课可能只是授之以渔，更多地需要学生的自学和深入探讨，这样就会衍生出一批不会自学，或不愿意

自学的学业预警学生。一旦成为学业预警学生,学生的自信心会大受打击,学习热情也会持续下降,最终一发不可收拾。就在此时,朋辈的帮助非常重要,不仅可以帮助学业预警学生解决学习的问题,还可以加强学生的人际交往能力。在大学里,朋辈的教育有时候比教师的教育来得更有成效,特别是对于学业预警学生,他们往往缺少的可能只是学习的方式和热情,而并不是学习的能力。所以,有了朋辈的力量,对学生进行针对性的帮扶,往往会有意想不到的良好效果。

(三) 加强家校联动,助力学生成长

大学生都是成年人,基本都已经脱离了家长的管理,因此有可能会忽略了与家长的联动。但是,大学生都是刚成为成年人,思想和行为都不够成熟,而大学生活很多时候需要自己思考与决定。因此,一些特殊学生的家校联动是必不可少的,也是学生工作的重点。学业预警、心理问题等特殊学生,家庭因素的影响不小,学校要加强与家长的联动,把学生在学校的行为表现反馈给家长,必要时家长到校进行沟通交流。像学业预警学生,家长与学生一同到校,根据学生的所获学分以及学生的学习态度等,帮助学生制定学习计划,与家长一同督促执行。家校联动能够双管齐下,促进学生成长。

最后学生写了一段毕业感想:

在大学本科的学习上,为适应社会发展的需求,我认真学习专业知识,对本专业一丝不苟,懂得了运用学习方法同时注重独立思考。在学习时,以"独立思考"作为自己的座右铭,时刻不忘警戒。做什么都勤于思考,遇有不懂的地方就请教于他人,学校和老师给予了我很大的帮助,在此我要感谢学校,感谢帮助过我的老师。随着学习的进步,我不仅学到了公共基础学科知识和很多专业知识,我的心智也有了一个质的飞跃,能较快速地掌握一种新的技术知识,我认为这对于将来很重要。我这个人有个特点,就是不喜欢虎头蛇尾,做事从来都是有始有终,就算再难的事也全力以赴,正因为此,所以我相信只要有恒心铁棒就能磨成针。一个人的敌人不是别的什么人,而是他本身。这么多年来,我一直都是在跟自己作战,准确地说,是和自己的意志战斗。现在回想起来,我确实比以前坚毅了许多,但我不会松懈下来的。

或许每一个学生遇到的问题都不一样,当然解决的方式也不一样,但是,我们可以在每个学生案例中抓住重点,虽然有个性,但也离不开共性,只要我们有针对性地真心诚意关怀学生、帮助学生,相信学生都会不负所望茁壮成长。

参考文献

[1] 段志峰. 从学业预警谈大学生管理工作 [J]. 文学教育, 2018 (12).
[2] 夏文福. 大学生人际交往心理认知分析与改善路径 [J]. 教育信息化论坛, 2021 (12).

小聪明不是大智慧
——基于高校学生参与网络诈骗的反思和启示

叶 忱 薛 敏 黄顺婷

一、案例简介

2019年11月,上午11时左右,接学校保卫处通知,笔者所负责年级的学生小赵需到保卫处配合警方开展案件调查。经过调查了解,原来是上海警方接到某外卖平台报警,通过街道派出所联系到学校保卫处。小赵同学发现某外卖平台有新用户减15元的红包,于是钻平台的漏洞,通过购买新手机号虚构新用户身份在外卖平台上领红包进行消费,并告诉室友一起使用,涉案金额达到2万余元。最终,看在小赵同学还是在校学生的身份,在校表现一贯良好,因为不懂法不知法而初次违法,并且知错认错态度诚恳,平台没有追究小赵的法律责任,但是小赵同学也因为自己的"小聪明"行为付出了赔偿平台经济损失和通报批评的代价。

二、案例定性分析

此案例属于高校网络诈骗的突发事件,但是不同于常规理解的高校诈骗案件,这个案例所反映的是信息化时代高校学生参与网络诈骗的问题,性质可能比学生被骗更严重,反映出高校急需加强对学生正确价值观的引导和法律意识的教育。

三、解决问题的关键点

（1）如何引导小赵同学认识到自身行为的严重性，并加强正确价值观的引导和法律意识的教育。

（2）如何减小这件事情对小赵同学身心带来的伤害和影响，帮助其重新返回正常的学习生活轨道。

（3）如何加强和引导其他同学遵守校纪校规、法律法规，树立正确的人生观、价值观和网络安全观。

四、解决思路和具体措施

（一）了解情况，主动约谈，逐层上报

收到通知后，笔者第一时间找来小赵同学了解事情的基本情况，并安抚小赵情绪，陪同小赵同学前往学校保卫处配合警方调查，并将情况第一时间向分管领导汇报。同时，通过电话与学生家长联系，告知学生在学校的具体情况，目前学生已被警方带走接受进一步调查，学生情绪稳定，手机已被没收，可能暂时联系不上，后续希望家长配合警方调查。当天下午，笔者又找来小赵同学的室友小杨、小陈、小东、阿杰四位同学，了解小赵同学平时的学习生活表现，以及他们对这件事的了解情况，对于他们没有制止小赵的错误行为，反而一起参与的做法进行了严肃的批评教育。同时，希望他们能引以为戒，近期注意多关注小赵同学的心理状况和行为举动，有特殊情况及时与老师沟通和反映。

（二）家校联动，精神关怀，引导成长

考虑到小赵同学事件的特殊性，不是常规的学生反诈骗教育，而是学生参与诈骗行为的性质。第二天，笔者又约小赵同学进行了一次深入交谈。第一，是关心他的思想和心理动态，毕竟这是一件不光彩的事情，及时帮他舒缓心理包袱；第二，帮助他认识到这种行为不仅仅是耍小聪明贪小便宜的事，引导他分析事情的严重后果，不要因为不知法不懂法而走上错误的道路。同时，再次跟学生强调学生手册上对学生行为准则的规定和处理办法；第三，告诉小赵同学，他已经是成年人，要对自己的言行负责，首先要积极配合警方调查，将自己的事情如实跟家长说明，如果需要赔偿希望家长能够支持，其次，这种行为已经严重违反了公民道德和校纪校规，学院会对他做出通报批评以警示教育其他同学，希望小赵同学引以为戒，敢作敢当，今后能通过更好的表现将功补过。通过交谈，小赵同学表示深刻地认识到了自己行为的错误性和严重性，并会做出深刻的反思。与小赵同学谈完话，笔者又与学生家长电话沟通，希望家

长不要过分指责，年轻人都会犯错，知错就改善莫大焉，也希望家长平时对孩子多一点关注，帮助小赵一起解决这次的问题，通过家校联动，让小赵同学能够认识错误、改正错误、并重新回归正常的学习生活。

（三）教育引导，提高认识，加强防范

结合这个事件，笔者也意识到同学们对于网络诈骗、贪小便宜危害大、遵纪守法等的意识仍不够强，平时我们工作的重点在于怎么教育学生反诈骗，如何去识别骗子的诈骗手段，保护自己不上当受骗，却缺失了对于学生不参与非法行为、不贪小便宜、做遵纪守法的好公民方面的引导教育。这次的案例让笔者深深认识到，诈骗行为的主体与客体，如果我们没有坚定的思想觉悟和正确的价值观念，很容易迷失自我，走错道路。因此，笔者通过召开以"遵纪守法，做合格的社会主义建设者和接班人"为主题的班会，通过展示各类贪小便宜、不知法不懂法而犯法的案例，告知同学们要提高网络安全防范意识，教育引导同学们形成正确的网络观和价值观，强化同学们的网络安全和法律意识，深刻认识到小聪明不是大智慧，要做遵纪守法、知法懂法的合格社会主义建设者和接班人。

五、经验与启示

（一）及时跟进，陪伴疏导

辅导员是高校管理和学生日常管理工作的前线人员，要在事件发生后，第一时间了解事情基本情况，并将了解到的情况及时向分管领导汇报。其次要及时了解学生思想动态，积极疏导学生负面情绪和思想包袱，让学生从突发事件中冷静下来。要联系学生家长、任课教师、班干部、室友，发挥家校联动和朋辈帮助的力量，平日多关注关心学生，做到持续关注学生思想问题和安全问题，帮助学生重新回归正常的学校生活轨道，严防"二次伤害"的发生。

（二）多元联动，合力教育

作为一名辅导员，要围绕学生、关照学生、服务学生，成为学生的知心朋友，引导学生成长成才。要以立德树人为根本遵循，尊重学生、平等对话，发现学生在成长路上发生错误的根源，教育他们正确的认识问题并引导他们成长。同时，辅导员要多与家长沟通联系，让家长了解学生情况，参与到对学生的教育当中来。对于大学学习特点、学生心理健康、防骗反诈、遵纪守法等重要事项，需要向家长普及，促进家校协同教育。在发现学生异常情况时，要立刻提高警惕，及时联系家长，与家长充分沟通后、统一行动。同时，辅导员要与学生干部、班主任多沟通、多交流；向学工领导多反映、多请示；与学校保卫处和公安部门多联系、多学习；积极促进多元联动，形

成学生干部—班主任—辅导员—学工领导—学校保卫处—公安部门合力体系,防止网络诈骗等校园突发事件的发生。

(三) 未雨绸缪,防患未然

学生的事情无小事,辅导员平时要做到多下学生宿舍,多与学生交谈,了解学生们的思想动态,获得学生们的信任喜爱。在学生遇到突发事件时能第一时间想到辅导员,寻求辅导员的帮助。同时,在日常的工作中,辅导员也要善于运用学生干部和党员的力量,培养自己的"千里眼"和"顺风耳",能及时收到学生突发事情的"情报"。其次,辅导员要充分发挥网络安全教育主力军的作用,遵循个体到集体的原则,将学生网络安全教育和遵纪守法教育工作广泛化、常态化、制度化,防患于未然,营造健康和谐、遵纪守法的校园网络环境。

从"投毒"事件中,看大学生人际交往能力提升的重要性

周 云

一、案例概述

某宿舍6名同学,大二。一年多宿舍生活,逐步形成了紧张的三三对峙的"小帮派"宿舍关系。从一开始的晾晒衣服矛盾,到手机录音窃听同学聊天,朋友圈含沙射影的声讨,再到最后在沐浴液、洗面奶中投放消毒粉,宿舍矛盾达到了顶峰。宿舍同学之间互相猜测,十分愤怒,人人自危,纷纷申请要赶对方出宿舍。

辅导员了解到该宿舍的情况后,和副书记一同与整个宿舍集体谈话、分别谈话,深入了解情况后,利用人际交往能力的概念,帮助同学分析从一开始简单的小问题,一步一步发展到"投毒"这么严重的地步的原因,引导宿舍长带领每一位同学摒弃前嫌,从零开始,一同创造干净整洁、和谐融洽的宿舍环境,使宿舍人际关系向着团结合作、主动沟通的良性方向发展,并且持续跟进指导。

二、案例分析

大学生人际交往能力包括人际认知能力、人际沟通能力、人际冲突应对能力三个方面。

(一)大学生人际认知能力

大学生人际认知能力是指大学生对于他人的心理状态、动机或意向的推测与判断

能力。在最开始的晾晒衣服的矛盾中，A 同学洗完衣服晾晒，因为 B 同学的衣服已经晒干，但是没有回收，所以 A 同学把 B 同学的衣服往边上推了推，B 同学不喜欢别人碰自己的衣服，于是在收衣服的时候，故意将衣架砸到 A 同学的头上，双方互相恶语相向。这时 A、C、D 同学都觉得 B 同学晒干的衣服应该及时收起来，给其他舍友使用晾衣竿，不仅不收而且收衣服时还砸到 A 同学，欺人太甚；而 B、E、F 同学觉得 A 同学把 B 同学的衣服都挤到一块去了，也不征求一下她的意见，乱动别人东西。同一件事情，两边同学看问题的角度不一样，对于是非对错有着不同的判断。

（二）大学生人际沟通能力

大学生人际沟通能力是指大学生双方运用语言符号系统或非语言符号系统传递信息、交流情感的行为能力。人际沟通"73855"定律是心理学教授艾伯特·麦拉宾提出的，他认为人们对一个人的印象，只有 7% 是来自于说话的内容，有 38% 来自于说话的语调，而 55% 来自外型与肢体语言。该宿舍同学之间的沟通很多时候是在微信群、朋友圈，只有文字内容，缺少了语气、语调、表情、肢体语言，因此也产生了很多误会，让矛盾积累得越来越深厚。

（三）大学生人际冲突应对能力

大学生人际冲突应对能力是指大学生互相之间由于不同的观念、不同的作息、不同的个性特征等而引起的紧张状态的应对能力。杨苗苗认为大学生宿舍人际冲突有 4 种应对方式，分别是合作、顺从、回避、竞争，而通过增加合作行为，减少回避行为的中介作用可促进大学生宿舍人际关系。刘福荣将大学生人际冲突处理方式划分为 8 种，分别是以理抗争、言语辱骂、大打出手、主动沟通、容忍退让、回避问题、反思和其他。他认为以理抗争和主动沟通的冲突处理方式在一定程度上可以避免矛盾激化，有利于冲突的缓和。在宿舍矛盾发生后，6 位同学回避问题，容忍退让，B 同学因为想知道 A 同学在宿舍说了她什么坏话，所以使用备用手机录音窃听同学聊天，A、B 同学分别在朋友圈含沙射影的互相声讨，再到最后在沐浴液、洗面奶中投放消毒粉，互相伤害，都是选择了使矛盾激化的方式来处理冲突。

三、案例辅导过程和解决方法

根据人际交往能力的三个方面，依据文献研究，结合工作经验，通过集体谈话、个别谈话、合作指导、持续跟进的方式逐步改善宿舍同学之间的关系，形成良性循环。

（一）集体谈话

通过集体谈话，帮助学生认识到所有的矛盾都是因为大家的人际交往能力有所欠缺而造成的，是可以理解的。由于每个人的生活环境、知识结构、家庭教育、人生经历甚至饮食文化等的不同,在遇到同一件事情的时候,每个人的视角和关注点都有所不同,所以产生不同的认知。我们应该尊重不同的认知,互相尊重,没有对错之分,只是站得角度不同。学会换位思考,求同存异,是形成良好关系的前提。很多事情只要我们敞开心扉去积极沟通,当面沟通,就会避免很多误会,就是因为我们太依赖线上沟通,回避当面沟通,明明可以面对面,却非要键对键的交流,才造成文字交流缺少了语音、语调、情感和肢体语言,致使沟通信息不对称,产生了很多误会。面对这些误会和冲突,又不懂得如何解决,从一开始的互相忍让,怨气越积越深,到后来的忍无可忍,又发展到互相伤害。我们要改变片面的人际认知,改善沟通的技巧,积极沟通或者寻找导生、辅导员、班主任等有经验的师长来帮助沟通解决冲突,避免误会越来越深,冲突越来越狠。

(二) 个别谈话

通过个别谈话,了解每个人对于宿舍矛盾的不同看法,帮助每个人分析自己的不足,不断地提高自己与不同人群的人际交往能力,从而为进入职场提升心理成本。鼓励同学放下成见、愤怒和好奇心,珍惜最宝贵的4年青春,珍惜在这最宝贵的时间里,把6位同学聚到一起的这种缘分。说服同学们给互相伤害的宿舍每一位成员一个机会,原谅对方之前的所有错误,由于投消毒粉确实最终也没有造成人身伤害,只是洗面奶、沐浴露的财物损失。虽然报警也可以通过刑侦手段,最终找到"凶手",但是如果触犯法律,追究刑事责任,将直接开除,这位同学的一生就改变了方向。一时冲动和犯浑,不至于造成这样严重的后果,而且警力应该用在更加重要的案件上。

(三) 合作指导

引导宿舍同学,在宿舍长的带领下,制定宿舍公约,把卫生、环境、作息时间等,通过大家讨论来最后决定,一起执行,互相监督,形成合作进步的良性循环。尤其把最初的矛盾——晾衣竿的使用讨论清楚。提供两个方案,一是三条杆,每人半条,不管有没有晾晒衣服都不能越界;二是谁洗了谁晾,衣服干了要主动及时收好,没有收的也要沟通征求意见后,再协商处理。经过商议,大家觉得第一种方案虽然不容易有矛盾,但造成了资源浪费,而且更加剧了大家的不沟通,而第二种方案能够充分利用晾衣竿资源且利于大家相互沟通。

(四) 持续跟进

按照谈话时的约定,一周后,副书记与辅导员深入宿舍了解该宿舍的宿舍公约的制定情况,以及通过合理认知,积极沟通,有效处理冲突的方法后,宿舍同学们的感受和情绪变化。通过各位同学的反馈,各方面情况都得到了改善。辅导员、副书记将继续持续跟进该宿舍各位同学的情况,引导同学们把时间和精力用在更有意义的学习、工作和生活上,和谐友善、互帮互助、成长成才。

四、经验与启示

在"95后""00后"的大学生当中,学生更加关注自我,更加善于使用网络新媒体手段交流,因为人际交往能力的欠缺,不合理的人际认知,信息不对称的人际沟通,不成熟的应对冲突的情况,从而造成宿舍成员关系紧张,调宿舍甚至退宿的案例具有普遍性和代表性。在辅导的过程中有以下思考,与大家分享。

(一)理论支撑

辅导员工作千头万绪,思想政治教育工作的主业也必须要在通过帮助学生解决实际问题的过程中,润物细无声。由于辅导员不直接给学生上课,学生在网络上获得的信息量非常大,辅导员仅仅靠经验和大道理是不能让学生信服的,这影响了辅导员在学生中的威信。因此在帮助学生解决人际交往、亲子关系、情感纠纷、学业指导、就业指导、考研指导、奖学金评定、申请入党等问题上,一定要有理论支撑,虽然学生可能也了解了很多案例,但是学生不可能熟悉背后的理论,如果能够有理论作为支撑,学生对辅导员的认可度就会上升,这将更加有利于师生共同分析问题、解决问题,辅导员在解决问题的过程中,也将更加有底气。

(二)谈心谈话

辅导员在做思想政治教育的过程中,谈心谈话是一项非常重要的技能,这方面的能力直接反映着辅导员思想政治教育水平的高低。谈心谈话的理论指引;环境和形式的影响;在谈话过程中,对于节奏、时间和学生情绪的把握;谈心谈话的案头工作,做好谈话记录;持续跟进的谈心谈话等,都对谈心谈话的成效有重要的影响,需要辅导员不断地去积累经验,学习提升。

(三)团队合作

学工团队每一位辅导员不是一个人在战斗,我们需要互相配合,角色扮演。一方面,学生干部、辅导员、副书记、学生处形成层层递进的学生工作配合,每个层级何时介入,如何介入,充当怎样的角色,都对问题的解决有着不同的影响;一方面,在同时进行的工作中,一个人确实无法顾及全面,需要互相配合,比如整体谈话时需要两人配合,一个负责主要谈话,控制节奏,掌控局面,一个负责实时记录,及时补充反馈等。团队之间在处理问题之前的策略沟通,谈话设计以及目标、逻辑的制定,都能使效果更加显著。

(四)持续跟进

学生工作是非常有挑战性的,因为学生的性别不同、性格不同、思维方式不同、知识结构不同、地域文化不同等，每位学生的情况都不一样，甚至同一位学生的不同时间段，不同情绪、心境下，都会有所不同，做好学生的思想政治教育工作，需要我们持续的跟进，不能苛求一次的活动、谈话、交流、授课等就能解决所有问题，所以我们需要有恒心、有耐心、有爱心、有责任心地持续跟进每一位同学，每一件事情，每一个活动，每一项工作，才能够润物细无声，做学生的知心朋友和人生导师，为培养德智体美劳全面发展的社会主义建设者和接班人贡献一分力量。

参考文献

［1］刘福荣. 大学生同学间人际冲突研究［D］. 天津：天津职业技术师范大学，2019.

［2］杨苗苗. 大学生人际交往目标与宿舍人际关系的关系：冲突应对方式的中介作用［J］. 中国健康心理学，2020（4）.

学生期末考试作弊了，辅导员怎么办

冯荣光

在刚结束的期末考试中，笔者所在学院二年级4名学生在考试过程中携带与考试内容相关的材料参加考试，违反考试纪律，被认定为作弊。事后，辅导员找学生谈话，了解情况并对学生进行了批评教育。根据《学生考试违规处理办法》的有关规定，学校给予4名学生纪律处分。

一、4名学生作弊的原因

4名学生均是在考试过程中被监考教师发现携带与考试内容相关的材料参加考试，但并未实施偷看，根据学校考试违纪处理有关规定，学校给予了4名学生严重警告处分。辅导员通过和学生谈话，了解学生作弊的具体原因。其中，A同学和B同学都是平时学习懒懒散散，考试也不认真复习，考试前夕才发现自己学习上的问题，为了通过考试获得学分，于是携带字条考试，想方设法地在考试中作弊。C同学和D同学学习成绩不差，平时表现也不错，但为了在期末考试中获得高分，想在评奖评优时获得奖学金、优秀学生等荣誉，才铤而走险携带考试相关资料参加考试。

二、辅导员的处理过程

辅导员在接到监考教师通报有学生携带考试相关资料进行考试后，第一时间赶往考场，收缴违规学生试卷和作弊依据（纸条、笔记等），把学生带离了考场。随后，让学生做出书面检查，写明情况并由学生签名，监考教师也对当时的情况做了书面报告后呈报学校教务处。

辅导员在了解学生作弊原因后，对学生进行了批评教育，再次跟学生明确了考试作弊的弊端。一方面，考试作弊在本质上是违反了公平竞争原则，直接损害了其他同学的权益，在学生群体中影响极坏。另一方面，考试作弊对学生本人也是一种不负责的表现，期末考试最重要的目的是检查学生对知识的掌握情况，如果通过作弊获得虚假的分数，并不能真实反映学生对知识和技能的掌握程度，还会使学生的虚荣心膨胀，养成投机取巧的坏习惯。同时，辅导员也告知学生学校对考试作弊是零容忍的态度，学生考试作弊一经发现，将会依据校纪校规严肃处理。经过辅导员的教育，学生认识到了自身的错误，对作弊行为十分自责和后悔，并表示今后会努力学习，诚信考试。

随后，辅导员紧急召开年级会议，对此事件进行了通报，再次和同学们强调考试纪律，督促学生认真复习，诚信考试，杜绝作弊现象再次发生。关于诚信考试问题，辅导员语重心长地和同学们说：考试诚实守信，考了0分也可以光荣地说"我是诚实的"，但是你作弊了，考了满分也不值得夸耀。正所谓，分数诚可贵，诚信价更高。一个人的品格才是今后安身立命之本，一个人无论走到哪里，都应该凭实力说话，而不能走歪门邪道。常在河边走，哪有不湿鞋？不要有侥幸心理。在年级会议上，也有个别同学对辅导员说，那4个同学只是携带了纸条，并没有实施偷看，认定为作弊会不会是一个误会？这时，辅导员和学生们分享了一个故事：在某年的高考，某考点的一个学生在考试时手机响了，然后被取消高考资格。他走出考场后打开手机看到是朋友发来的，写的是"祝你考试成功"。大家觉得他是不是很冤枉？学生说：不冤枉，考场严禁带手机，他本来就不该带进考场。辅导员马上解释说：这其实是规则意识薄弱问题，考试规则就是"不得带电子产品进入考场"，而不管你手机响没响，你看没看手机，只要你带进来就是违反规则了。同样的，我们的规则还有一条——"不得把与考试相关的资料带进考场"，不管你看没看这些资料，考场规则已经明确规定不能携带资料。有些同学为掩人耳目，还故意把资料压在试卷下或是放在笔袋里。为了避免误会，一定要在考前把这些资料主动上交。班会后，同学们纷纷意识到诚信考试的重要性，在接下来的考试，再没有出现作弊现象了。

三、工作反思

学生作弊事件发生后，年级辅导员也十分伤心。一方面，辅导员平时对学生非常用心，从学生入学开始，事无巨细忙前忙后，把学生当成弟弟妹妹看，临近考试也召开班会督促学生好好复习，强调了诚信考试，学生也答应得很好，现在还是出现了学生作弊，辅导员觉得自己那么多的努力，还是无用功。另一方面，作弊的学生受到了纪律处分，处分材料将记入学籍档案，将来肯定会影响学生的就业和发展，为此，辅导员感到十分的惋惜。

了解到情况后，笔者主动和辅导员沟通，学生考试作弊不能把责任全部归结于辅导员。学生作弊与任课教师的教学也有关系。教师教学的严谨、严格，对学生的关心程度，都会对学生的学习起到引导、督促和"威慑"作用，使学生"无机可乘"。作为辅导员，要从中吸取教训，查找自己平时的工作有哪些不到位的地方。笔者认为，辅导员应做好以下几方面工作，防止学生考试作弊再次发生。

（一）加强理想信念教育

当前，大学生受社会上不良风气影响，其价值观、人生观、道德观的判断和取向容易出现偏差甚至错误。对于考试作弊，很多学生不以为耻反以为荣，甚至有些作弊的学生在网上还"传授"经验，交流作弊心得体会。因此，辅导员应加强对大学生价值取向的正确引导。日常通过入学教育、主题班会、小组讨论等形式帮助学生树立正确的价值观，提高明辨是与非、荣与辱等的能力。此外，也要在考前组织学生学习《学生违纪处理条例》《国家教育考试违纪处理办法》等规章制度，让学生充分认识考试作弊的本质及其危害，帮助学生树立作弊可耻的意识，让学生知道考试作弊会受到严重处罚。

（二）加强学风和班风建设

具有优良学风和班风的班级，学生都会很自觉，考试中往往没有或很少有作弊现象。辅导员应该从学风和班风营造这个角度出发，平时应当把工作做细、做早，在全院范围营造人心向学的氛围。有些学生会认为，大学都考上了，大学的课程没有高考难，只要考前复习抓点紧，都不会有问题的，而真正到了考试才发现很多知识并没有掌握。所以，辅导员要了解和掌握的是学生愿不愿意学习，为什么学习，对不愿学习的学生要帮助他们增强学习的动因，对愿意学习的学生，也要帮助他们树立正确的学习目的。学生考试作弊和班风也有关系，良好的班风也会形成一种压力，使的学生"不敢"或"不好意思"作弊。

（三）加强诚信教育

考试作弊会造成学生之间的信用危机，影响班级的诚信机制。一个班级，如果作弊风气盛行，会引发同学们产生不正当竞争，影响同学们的学习积极性。同时也助长部分学生不劳而获、投机取巧的心理，对班风和学风造成干扰。对那些积极上进的学生则是一个打击，会让他们质疑学校教育，严重者还会怀疑人生，造成不可逆的影响。辅导员在日常教育中，应注重建立诚信机制，培养大学生的美好诚信品德，大力加强学生的诚信教育，号召学生在考试中树立诚信、杜绝作弊，培养和树立良好的考风，维护正常的教学秩序。

（四）进行心理健康教育

心理学研究表明，大学生考试作弊现象是有很多不健康的心理成因，具体表现在以下几个方面。

1. 侥幸和投机心理

一部分学生进入大学后，未能及时调整心理状态，在相对自由的大学学习环境下，学习动力不足，不思进取。考试时，就用投机取巧的方式坐享其成。一旦作弊成功，就产生了自我慰藉或侥幸心理。

2. 虚荣和自卑心理

在大学学习中，期末考试成绩在很大程度上会影响一个人的综合评价，包括评奖评优、入团入党、毕业就业等，社会认同也会对学生的价值取向造成一定影响。因此，部分学业优秀的学生，为了保持或获取更高荣誉，会在考试中铤而走险；平时学习不用心，特别是有留级、退学风险的学生，面临着个人目标、家庭期待和社会需求等方面的冲突，产生强烈的自卑心理，从而走上考试作弊的道路。

3. 怕吃亏和失衡心理

有些学生在以往的考试中，都能坚持诚信考试，考出自身的真实水平。但当他看到那些平时不努力学习的学生，在考试中通过作弊获得了高分，进而在评奖评优等也轻而易举地获得了荣誉时，内心就会有强烈的吃亏的心理，如果不加以引导，可能也会加入到作弊的队伍中去。

多方合力破解大学生民事纠纷难题

丁淑萍

一、案例概述

2021年9月，大二学生A同学与B同学在上舞蹈专业课的过程中，由于站位不当，两人距离较近，完成旋转动作时两名同学发生碰撞，双双摔倒在地，导致B同学手上所戴价值3万元的手镯撞碎，同时B同学手腕被手镯碎片割伤，A同学未受伤。事情发生后，任课教师第一时间找到学生干部将B同学送到医院对伤口进行处理，然后继续完成课程教学，课后将事情发生的过程汇报到学院学工办。由于事发当天，学院副书记及负责该年级的辅导员正出差在外，未及时进行当面沟通处理，两名学生私底下对镯子的损坏赔偿进行了协商。协商过程中，B同学认为镯子是A同学撞坏的，要求A同学全额赔偿镯子的价钱，而A同学却认为自己并不是故意撞人导致镯子损毁，并且上舞蹈课本就不应该佩戴饰品，故不需要对镯子进行原价赔偿，由于意见不合，过程中发生口角争执，导致昔日好友关系紧张，同窗情岌岌可危。

在了解情况的基础上，首先安抚学生情绪，同时对案例所涉及的金钱纠纷向派出所民事调解室的工作人员进行请教，查询《民法典》对问题进行界定，同时联系家长做好解释工作，与家长形成合力共同做好学生的情绪引导、问题解决工作，最终两名同学重归于好，事情也得到圆满解决。

二、案例分析

本案例是大学生在参加集体文艺活动过程中，因意外碰撞引发的涉及金钱纠纷的矛盾问题，根据民事纠纷的定义可将此事件归类为大学生民事纠纷，本案例是关于财产方面的民事纠纷。关于民事纠纷的解决机制有自力救济、社会救济、公力救济，因此在事件处理的过程中，结合了自力救济与社会救济，发挥民事调解员、家长、副书记、辅导员多方力量。

三、案例解决过程及运用方法

（一）设置"冷静期"，先解决情绪再解决问题

"冷静期"是在《民法典》第1077条首次提出应用在协议离婚中，在"冷静期"期间发生争执的双方可以在冷静期内有一个情绪缓冲的空间，等情绪趋于平稳再理性面对问题解决问题。大学生处于青年时期，其心理和生理都处在迅速走向成熟但尚未成熟的阶段，存在心理起伏大、易冲动、自控能力差的特点，如果没有进行正确的引导，则容易冲动行事，导致事情恶化。由于"撞镯子"事发当时，副书记与年级辅导员出差在外，未能第一时间赶赴现场与两位学生进行面谈沟通协商，导致两名学生在没有第三方在场的情况下，各执立场，争执不下发生口角，使得双方积攒怨气，鉴于两名学生均带着情绪不利于沟通，教师们对两名学生提出了设置2天"冷静期"的要求，先让两名学生暂停交流，避免由于进一步的意见不合伤了最基本的同学情谊而导致事情恶化，一切问题等教师们出差回来再进行处理。

（二）开展谈心谈话，厘清双方诉求点

谈心谈话是高校辅导员开展学生工作的主要方式之一，做好谈心谈话工作，能更加全面了解学生的思想特点、兴趣点、情绪反应等基本信息，有助于在开展思想政治教育过程中更加高效、全面对学生进行引导。在解决问题之前，副书记与辅导员同两名同学分别进行谈话，了解双方对整个事件的看法及诉求点。B同学表示，事情发生时，虽然专业教师安排了学生干部陪同其一起到医院包扎伤口，但是A同学没有第一时间要求陪同，也没有表达任何歉意及关心，并只字未提赔偿事件，觉得A同学在这件事上完全不予理会，自己不仅手受伤了，而且对她而言极具重要意义的镯子也摔坏了，如果得不到赔偿，无法向家里交代，心里非常委屈。而与A同学进行谈话时，A同学表示自己并不是故意损毁镯子，且镯子已不是全新的，即便是赔偿B同学也不能"狮子大开口"，同时A同学的家庭经济条件一般，无法支付起赔偿金额，担心万一需要赔偿，不知道如何向家长说明，A同学也因此产生焦虑情绪。

通过谈话，基本可以厘清双方诉求点，B同学未意识到上课不应该佩戴贵重饰品问题，觉得过错方在A同学，而A同学认为自己不是故意的，但并不清楚自己是否需要赔偿，同时对自身的赔偿能力产生担忧。

(三) 借助民事调解室资源，《民法典》法律条例精准定性

研究表明，当代大学生的法律意识仍然比较薄弱，依法维护自身正当利益意识不强、能力不足，因此在处理学生突发事件时，应适时借助法律的力量。本案例中所涉及的赔偿数额较大，对学生而言，远超出大学生的经济承担能力，对教师而言，若赔偿方案裁定不准确，极有可能引发学生的不满情绪，导致事件升级，因此，对事件性质的界定也就成了解决问题的关键。在界定过失方及赔偿方案时，副书记联系了学校所在派出所的民事调解室，希望通过法律咨询对事件进行精准定性，《民法典》第一千一百七十六条是一条完全新增的规定："自愿参加具有一定风险的文体活动，因其他参加者的行为受到损害的，受害人不得请求其他参加者承担侵权责任"，由此可以确认在本案例中，A同学无须对B同学的镯子损失进行赔偿。

(四) 家校联合，共同做好学生情绪疏导、解决问题

家校联动是辅导员与家长之间围绕学生展开的双向信息传递和互动过程，更是学校与家庭两大教育主体联动合作，凝聚教育合力的过程，对于引导大学生健康成长具有重要意义。本案例中，涉及金额较大，两名学生均忧虑于如何向家里说明情况，鉴于这个情况，学院副书记直接与两名学生家长沟通，说明事件的来龙去脉，在处理结果征得两名同学父母同意的同时共同做好学生情绪疏导。与B同学的父母一起引导B同学"以和为贵"，"镯子再贵，也买不回昔日的同窗情，留下了友情的裂缝之后就难再补"。最终，两名同学握手言和。

(五) 反窥课堂纪律，持续跟进了解

事件处理后，学院对事件在全院教工大会上做了通报，并在全员开展课堂安全及课堂规则教育，同时制作课堂规则秩序墙，时刻警醒教师与同学们。同时，对案例中两名同学保持持续关注，特别是从党员、班干部方面了解两名同学的日常交往情况。

四、案例解决效果

在学生家长、民事调解员、学院副书记及辅导员的多方努力调解下，A同学意识到发生碰撞之后自己没有及时陪同B同学到医院就诊、未表达关心的行为实有欠缺，这种相对"冷漠"的做法确实会损伤同学情谊，并且主动提出支付B同学医药费300余元。B同学也在家长的劝说下，接受了镯子已碎的事实，承认自己上舞蹈课确实不应该佩戴首饰，不仅可能会损坏饰品更有可能伤到其他同学，也表示今后自己会更加注意，同时也为自己在协商过程的激进态度向A同学道歉，两人也在民事调解员、学院副书记、辅导员的见证下，签订和解协议，重归于好。

至此，"手镯事件"圆满解决。

五、经验与启示

教育是民族振兴、社会进步的重要基石，是功在当代、利在千秋的德政工程，对提高人民综合素质、促进人的全面发展、增强中华民族创新创造活力、保持国家长治久安、实现中华民族伟大复兴具有决定性意义。高校的任务就是培养德智体美劳全面发展的社会主义建设者和接班人，因此，高校文艺体育活动在近年来愈发丰富多彩，大学生在校期间，参加集体文艺体育活动的频率飞速增长，同时，类似本案中的安全隐患也相应增加，由此引发的学生矛盾、学生纠纷也不在少见。因此在处理本案例的过程中，也引发了高校辅导员在开展学生工作中的思考。

（一）源头预防矛盾，应加强法治安全教育

首先对于高校辅导员而言，需具备宽口径的知识储备，这其中也包括了对法律知识的了解与学习、掌握与运用，掌握了基本的法律知识，可以帮助辅导员避免在工作中遇到的法律风险，减少高校与学生管理的纠纷，有助于维护大学生的合法权利，同时可以帮助提高大学生的法律意识。而对于大学生而言，是否具备一定的法律常识常常决定了纠纷的产生和纠纷处理的发展方向，在一定程度上也决定了是否能够做到自我保护。因此从源头预防大学生的矛盾纠纷必须加强思想道德教育和法制纪律教育，不仅辅导员自身要加强法律知识的学习，更要多样化开展大学生普法教育。

（二）大学生成长成才，应多方联合共同培养促进

教育，这一旨在培养人的社会实践活动，是一个关乎学校、家庭和社会发展的系统工程，而具有鲜明意识形态属性的思想政治教育，更需要学校、家庭和社会的联合行动才能够实现其人才培养目标。在联通社会方面，辅导员要及时学懂弄通新思想，用马克思主义哲学武装头脑，指导实践，紧跟时代潮流，培养时代新人，同时掌握大学生社会保障体系渠道如医院、社区民事调解室、警务等资源。在联通家庭方面，高校辅导员应建立健全家校联通机制，在思想上高度重视，行动上积极参与，不断总结经验，加强理论研究，切实提升高校思想政治教育的实效性。

参考文献

[1] 袁成，卢志. 家校联动，协同育人：关于处理学生问题的"三有"策略 [J]. 中国德育，2020（15）：73-75.

[2] 李颖存. 提升高校辅导员谈心谈话工作针对性与实效性的策略 [J]. 决策探索（中），2021（7）：76-77.

[3] 单万礼. 辅导员如何应对不同院系大学生之间的矛盾纠纷 [J]. 散文百家（新语文活页），2019（10）：137.

[4] 俞来德. 论大学生矛盾纠纷及源头预防 [J]. 上饶师范学院学报，2012，32（1）：95-99.

叛逆引发的学业适应问题心理辅导案例

韩同振　陈思荣　薛　敏

学生经过十数年的生活和学习才得以到高校求学,其心理问题的产生往往不是短期刺激的结果,而是初高中情绪长期积累无处释放,进而产生的行为偏差。大学宽松的生活和学习环境使得部分存在潜在心理问题的学生无所适从,初高中行为偏差因进入大学后环境变化逐步显露出学业、人际交往等方面的问题。本案例中小 A 遇到的问题就属于典型的因高中偏差行为,导致大学期间存在明显的学业适应难题。

一、相关事实描述

(一) 个人行为表现

1. 沉默,失语

在一次评议会议上,轮到小 A 发言,但是小 A 走到台上保持沉默不语,引起了教师注意。

2. 缺考、旷课

在期末一门实验课考试的时候,辅导员 B 接到反映,小 A 当天上午缺考、旷课。大一学生学习氛围一般比较浓厚,理应很少出现旷课、缺考的情况,于是辅导员 B 立即约小 A 谈话。

3. 表达靠"写"

约小 A 来到办公室,辅导员 B 问了很多问题,小 A 除了简单地点头摇头,不说一个字。最后,辅导员 B 让小 A 把想说的话写在 A4 纸上,于是小 A 把想表达的写了将近 A4 纸 80% 的区域。

4. 考试期间的"失控"

在期末考试周，接到宿舍同学反映，小 A 把自己的书籍撕毁、电脑砸坏、眼镜砸坏。

（二）他人反映

1. 舍友反映

舍友反映小 A 在宿舍基本不说话，一星期也就能够听到他说几个字，没听他说过完整的句子，基本是一两个字。

2. 小 A 母亲反映

辅导员与小 A 母亲取得联系，其母亲提供以下信息：①小 A 高三前还是一个活泼、外向、爱运动的孩子，在高三上学期时突然变得不爱讲话，不管是在家里还是学校。当时家长和教师均认为是由于学习压力过大而导致的，高考后会恢复原状；②高三时曾与学校心理中心教师约谈过，心理中心教师表示小 A 思维敏捷，没有异常，其母亲曾想带小 A 到医院精神科检查，因小 A 不同意未果；③小 A 初中高中经常受到教师们的表扬；④高考填志愿时，小 A 没有按照家人的意愿选专业，而是按照自己的想法选择了本专业，被录取入学前，小 A 父亲说"学这个专业比较难，在大学想办法转专业"；⑤小 A 曾在初中问过妈妈，人为什么活着；⑥存在溺爱，由于小 A 是独生子，其父母对小 A 有过多的关注，小 A 曾表示反感。

二、心理问题推断

综合分析所获得的资料，对小 A 问题持续的时间、强度和典型心理与行为异常表现的性质和严重程度进行分析判断；根据躯体疾病史、精神病家族史以及典型心理与行为异常的表现，排除了脑器质性精神障碍、早发精神分裂症等。

小 A 的心理与行为异常表现属于心理问题的范畴。

根据心理学的有关知识，可以判断小 A 这种行为属于叛逆引发的学业适应问题。按照埃里克森的人格发展理论，在 11～18 岁阶段的人格发展挑战是"同一性获得对角色混乱"。由于中学阶段单一的应试升学教育，不能把自己的需求、情感、能力、目标、价值观等特质整合为同一的人格框架，存在一定程度的角色混乱，在大学学业压力（考试）的情况下，最后用沉默的叛逆，消极应对，造成缺考、旷课，以及固化了失语、沉默的态度。致使这一问题的原因是多方面的，主要有以下几条：

（1）未能很好地面对高三时的学业压力，造成了对教育体制的叛逆。

（2）在寻求人生意义时，家庭教育引导的缺失。

（3）家庭教育方式的不当。

三、心理健康维护工作方案

(一) 针对性谈话

与小 A 开展针对性的谈话，整合角色混乱。

(二) 做沙盘游戏

预约学校心理咨询中心的沙盘游戏。沙盘游戏，是在治疗师的陪伴下，让来访者从摆放各种微缩模具（玩具）的架子上，自由挑选小模具，摆放在盛有细沙的特制的容器（沙盘）里，创造出一些场景，然后由治疗师运用荣格的"心象"（原型）理论去分析来访者的作品。通过游戏促进自我整合，同时也通过其选择的沙盘模型了解其内心世界。

(三) 开展家校合作

由于父亲的角色在孩子成长中有着关键作用，让小 A 父亲重新定位对小 A 的专业期待及家庭教育态度；由于寒假即将开始，和其家长规划一些可以"整合角色混乱"的家庭活动，形成良好的家庭教育氛围。

四、实施过程记述

(一) 第一次谈话

辅导员 B 约了小 A 来办公室谈话。谈话过程中，辅导员 B 询问小 A 不上课以及不参加考试的原因，但小 A 一直保持沉默，不愿开口。随后，辅导员 B 让小 A 通过在白纸上写字表达自己的想法，小 A 开始断断续续地写字表达想法，主要是"我没有动力去做别人想（让）做的事""我不清楚我该怎么走人生的下一步，我只能看一步走一步，不想融入进去""我没考虑清楚大学该怎么上""我一方面想自己找一个方向，另一方面需要大量有用的资讯""或许我只是不够踏实""但我也找不到满意的条件，我急缺一些机会"。

结合以上写的内容，以及小 A 的点头和摇头式的"回答"，小 A 不上课、不参加考试的原因主要是因为小 A 认为学院设置的课程与自己的设想存在差距，且专业教师讲课效果不佳，不能提起自己的学习兴趣，因此产生了厌学心理。此外，小 A 表示自己想做的事情与他人想让他做的事情一直不一样，小 A 缺乏动力。但问到小 A 想做的事情是什么的时候，小 A 反复强调自己需要经验、信息、方向和机会，但始终无法回答自己想做的事情到底是什么。由此可看出小 A 目前非常迷茫，对现阶段的生活不感兴趣，对世界充满好奇，但缺乏有效地途径去了解，进而用消极的做法去应对现阶段的学习和生活。

（二）第二次谈话

辅导员 C 了解到小 A 的问题，就与辅导员 B 共同协助小 A 解决存在的问题。辅导员 C 在企业微信约了小 A，小 A 主动出来在宿舍门口等待。说明小 A 是想接受新的信息，有想改变的态度。

一开始是辅导员 C 主动的输出。告诉他：一个人的成长，不是一蹴而就、一步登天的，是日积月累，一点一滴，如水滴穿石一样，积少成多，由量变到质变，当回顾经历的时候，会发现自己原来成长了。还告诉他：要处理好他人对自己的期待，以及自己的愿望。自己的愿望是内因，别人的期待是外因，但归根结底是内因，找到自己的目标，然后为之努力，最终实现，感受到奋斗的快乐和幸福。

在这个过程中，辅导员 C 问小 A 喜欢什么运动，小 A 用身体比画着，还是不说话，辅导员 C 说"我看不懂"，小 A 声音小，辅导员 C 就说"老师听不见"，小 A 犹豫了一会，最后他说出"跑步"。问他家是哪里的？问他什么时候回家，怎么回家？他说是"22 号""爸妈来接"。都是"强迫"他说话的结果。最后他总共说了 12 个字。

辅导员 C 告诉小 A，"不说话，会让人错过很多东西，别人怎么了解自己、怎么向别人请教"等。当问到小 A 是不是在高三发生了什么，让自己说话少了。辅导员 C 问是不是有老师批评过自己话多。他略有所动。

（三）外出散心

某日，小 A 舍友向辅导员 B 反馈小 A 当天和昨天均未参加考试，并且上午把自己的书籍撕毁、电脑和眼镜砸坏。辅导员 B 和 C 立即前往小 A 宿舍，在宿舍门口发现小 A 后，与其一起就餐。就餐后提交了当天下午考试的缓考申请。经了解，辅导员发现小 A 喜欢散心，开阔视野，便约其到校外散步。在散步的过程中继续进行引导，了解小 A 想法。辅导员了解到：小 A 对现阶段的学习不感兴趣，缺乏动力，拒绝考试与学习；从高三起小 A 就不与他人交往，平时没有社交活动；放假不想回家，想留在广州开阔视野（此外，可看出小 A 与家人相处存在着明显的问题，导致其放假不愿意回家）；平常喜欢在学校周边骑自行车散心；不爱看文学书籍，不爱看影视作品，不听音乐，不玩游戏，没有任何娱乐活动。

（四）转折——沙盘游戏

经心理咨询中心教师的帮助，辅导员 C 预约了小 A 玩沙盘游戏。本来约在食堂门口见面，但是小 A 没有如约出现，辅导员 C 只好去他宿舍找他。小 A 表示不想离开宿舍。辅导员 C 便引导小 A，只有出去才能长见识，在宿舍不会有什么长进的。小 A 略作思考，然后点头答应，去换鞋子，准备出发了。

来到学校心理咨询中心的沙盘室。辅导员 C 讲解了沙盘的原理和作用，告诉小 A，选一些模型，放在沙盘里面，来表达自己想向老师、家长说的话，大概 40 分钟后结束。小 A 玩得很投入，很积极，35 分钟后，他还没有结束的意思，辅导员 C 就站起来，告诉他还有 5 分钟。40 分钟后，辅导员 C 告诉小 A，差不多先这样。

辅导员 C 问：你选的这个栈桥，让你想到了什么？（辅导员把小 A 当成可以说话的正常人。）

小 A 说：想到了几何。（小 A 犹豫了一下，开始说话了，虽然声音很小。）

辅导员 C 问：之前几何是不是学得很好？小 A 点头。

辅导员 C 问：选这个馒头，是为什么呢？

小 A 说：看见了，想吃。

辅导员 C 问：为什么选蚂蚁？

小 A 说：是基本的生物。

辅导员 C 问：为什么选蝴蝶？

小 A 说：因为蝴蝶会飞。

辅导员 C 问：这两栋建筑物（高楼），让你想到了什么？

小 A 说：是城市。

小 A 说：四个比萨斜塔，他说是国外，很想长见识。

辅导员 C 问：这两个凉亭，想到了什么？

小 A 说：让我想到了公园。

辅导员 C 问：为什么选这个宝塔？

小 A 说：像山，想远远地看山。

辅导员 C 问：为什么选十字架呢？

小 A 说：自己目前在了解西方文化。

辅导员 C 问：为什么选择可以吹响的玩偶？

小 A 说：因为是瓷器。

在心理学上，栈桥的象征意义是"希望沟通"；蚂蚁，有纯粹简单的意象；蝴蝶象征了自由、美丽；面包象征了硕果累累的成就感，对自身努力结果的期待；十字架的象征意义是寻找精神的皈依，这也是小 A 寻找人生意义的一个表现；选择可以吹响的瓷器玩偶，表现自己想发声，但是内心有些脆弱。

小 A 开始高兴地聊天了，虽然声音一直很小。辅导员 C 和小 A 聊了挺多。小 A 说，老师不用担心我，自己不想麻烦其他人，自己只是不想融入现在的教育制度，自己想长见识，体验一下社会。辅导员 C 给他讲道理，大学生要做大学生的事，不好好考试，就会被劝退的，会和同学分开、离开大学的。

（五）与小 A 爸妈交流

沙盘游戏两天后，小 A 爸妈来学校接小 A 回家，在去小 A 宿舍前，他们来学工办办公室交流。首先辅导员向小 A 家长分析了小 A 产生失语沉默的原因：一是对教育体制的不满，这是高三压力的直接结果，这是一种消极的反抗；二是对人生意义的追求和思考，没有人指点（据小 A 妈妈反映，小 A 初中的时候就问"人活着是为什么"）；三是对自己身高的不满，以及自己近视深，不喜欢戴眼镜，进而对导致近视的应试教育不满。

也分析了小 A 之前的撕书，砸坏自己电脑、眼镜的原因。当时是在考试周快结束的时候，宿舍同学都在积极备考，而小 A 自己什么都没有做，也不知道做什么，是对自己的不满，也是对未来的迷茫，便有了发怒的情绪和情绪的发泄。

辅导员建议小 A 家长在假期：①小 A 喜欢出去长见识，就多去看看，爬爬山；②妈妈要原则性强一些，不能没有标准的给孩子钱；③爸爸要坚决一些，把小 A 当成大人，他想做的事，就多鼓励；④让小 A 多和同龄人玩与交流。考虑到小 A 作为家里的第一代大学生，对自己爸妈不太信服，辅导员和家长一块去宿舍，当场给小 A 提了以上的寒假要求。

五、工作效果评价以及经验反思

（一）工作效果评价

1. 小 A 父母的反馈

在寒假结束前的一个星期，小 A 父亲发来小 A 和家人讲话的视频和录音，小 A 侃侃而谈，声音正常，"带小 A 回老家的这段时间，小 A 改变好大，刚回家那两天还不喜欢说话，后来在同龄哥哥姐姐的带动下，慢慢融入了，一起爬山，一起烧烤，一起打球，懂得尊老爱幼，已经能和人正常沟通聊天，还主动搭话，开玩笑，慢慢转变了"。

在开学当天，小 A 母亲发来微信，大致意思是"小 A 今天已经返校了，小 A 状态比之前好多了。也开朗了好多，比之前爱聊天了！昨天我问他回校了有什么打算，他说要把学习搞好，多锻炼身体，有时间多出去走走"。小 A 在家中已经有了明显改变，辅导员对小 A 的教育引导也得到了小 A 的肯定。

2. 舍友的反馈

小 A 两个舍友分别反馈："这学期小 A 状态比上学期好，也稍微说点儿话了，和小 A 说话他也回应了""也看书了""他开始和我们说话了（虽然不多），而且也去上课了"。小 A 在学校的学习、生活有了明显改变。

（二）经验反思

1. 理解小 A（进入小 A 的世界）

小 A 作为刚刚读大学的学生，为了找到新的学习目标，会经历一段时间的迷茫，但是由于应试教育的单一和家庭教育引导的缺失，自己暂时没有新的学习目标或者有效的途径以寻找自己新的学习目标。由于小 A 一直有寻求人生意义的需求，现有的专业教育不能满足自己需求，进而排斥当下的学校教育，造成了冷漠的叛逆和学业的不适应。

辅导员需要做的是帮助小 A 寻找到新的学习目标。按照焦点解决短程治疗的基本理念，"进入个案的世界做积极的行动引导，促进个案进一步改变，协助他们搜寻并创造新的意义，产生新的想法和行为"，帮助小 A 找到适合他自己的途径和方法。

2. 家校沟通合作

青少年心理问题很多和家庭密不可分，取得家长的支持和协助，是促使案主发生转变的关键。密切的家校沟通合作，促使小 A 不到两个月便有了明显的转变。当发现了小 A 的异常行为时，辅导员和家长取得联系，为理解小 A 的问题原因提供了很多资料支撑。在寒假前与家长当面沟通，提出了家庭教育注意的事项，安排了在寒假需要做的家庭活动。寒假期间辅导员也与家长经常沟通，了解小 A 的状态，按照焦点解决短程治疗的原则"有用就多做一些""无效则试试别的"，确定下一步的安排。

3. 沙盘游戏的介入

沙盘游戏的介入可以说是这次心理辅导的转折点。小 A 之前说自己没有娱乐，在这次沙盘游戏中，小 A 沉浸其中，感受到了游戏的乐趣。由于小 A 基本上不说话，通过沙盘，小 A 用沙盘模型表达自己，辅导员 C 了解了小 A 的一些内心想法，并以做出的沙盘作为媒介，和小 A 产生了有效沟通。在心理学上的解释是，通过选择一些单个的沙盘模型，放在沙盘中，就是一种显化、整合潜意识的过程，小 A 在这个过程中实现了"个体不断与他人及集体文化（集体潜意识）建立有意义的关系"，促使自己融入当下的学习生活。

4. 辅导员之间的支持协助

辅导员 B 和 C 紧密配合，也是这个案例取得明显效果的原因。每个辅导员都有自己不同的阅历和专长，当面对学生时互相配合，互相讨论，类似"会诊"，互相激发，促使思考更加周密，思路更加开阔。同时，面对各种情况的学生，也避免了一个人的"孤军奋战"，负担过多的压力，使辅导员避免了一定程度的职业倦怠。

参考文献

[1] 戴艳，高翔，郑日昌. 焦点解决短期治疗（SFBT）的理论述评 [J]. 心理科学，2004，27(6)：1442-1445.

[2] 哈维·拉特纳，埃文·乔治，克里斯·艾夫森. 焦点解决短程治疗 100 个关键点与技巧 [M]. 赵然，于丹妮，译. 北京：化学工业出版社，2017：21.

[3] Barbara A. Turner. 沙盘游戏疗法手册 [M]. 陈莹，姚晓东，译. 北京：中国轻工业出版社，2016：23.

揭露以"学习"为名的培训机构伪面目

李 倩 张方超

一、案例回顾

大一新生A某,联系辅导员反馈自己疑似报名了非正规培训班,现已交付培训费用10 000元,并曾有打算贷款报名第三期课程。据悉,该生家长发现该生疫情期间居家上网课时,经常一个人关在房间练习,几乎不出房门。在家长盘问学生下,该生才描述由于参加培训机构的进阶课程,学习强度大,经常失眠多梦,整个人精神有点恍惚。通过深入沟通,得知该生甚至有贷款意愿继续报名第三期课程,于是让学生向学院辅导员反馈情况。在处理该案件过程中,陆续发现学院其他2位同学和其他学院个别同学也报名了该培训机构。

二、案例分析

经过与报名参加培训机构的学生们进行谈心谈话,发现学生被培训机构诱导报名的原因可以从以下几个方面分析。

(一)个人因素

大一新生社会经验不足,防范意识薄弱,处于价值观塑造期的关键时期,极其渴望成长,在陌生校园环境中,对师兄师姐充满信任和依赖。该生和后续摸查到的2名报名的学员,皆为大一时报名该机构,且都通过"晨读组"报名。据该生回顾,高考失利,进入大学生活后,他急于证明自己,渴望所谓的成功。于是心怀不平的他被一个师姐"相中",以"这是我们学校的一个英语晨读活动"轻易地说服我迈开了第一步。在该生经历了五天集体晨读后,在师姐的游说下来到了广州分公司的所在地,听完"高级教师"的讲座,感觉已抓住了改变自己的希望。会后急不可耐的打电话联系母亲说明报班意愿并请求经济支持。在群体氛围的带动下,接受课程高强度反复训练后,自我感觉得到提升,随后接着向母亲说要报名参加第二期课程。虽然该生当时也考虑到家里可能不太宽裕,向母亲也表示:"如果现在不能马上拿出 5 000 的话,那我们就先缓缓吧,不学也没事,还有很多机会……"。但是家里还是转给了他第二次学习的课程费用。课程第二期是面对面口语训练,更多的是学生间互助,学员间有共同兴趣目标,关系进一步牢固。与此同时,由于该生经常与机构学员一起,逐渐脱离宿舍和班级活动,一年多时间很少参加班集体活动,甚至和班上、宿舍同学也较少说话。在第三期报名的时候,该生由于不想给家里造成更多经济负担,想通过机构介绍的贷款平台解决第三期课程的费用。

(二) 家庭因素

大学期间学生与家长的联系主要通过电话、网络沟通,缺少面对面的交流,无法客观了解学生的在校表现情况。该生的家庭经济情况不是很好,父母都在家务农。在接到该生对于学习英语的迫切渴望,需要 5 000 元经济支持的时候,该生母亲对于现场报名也存在顾虑和疑惑,却被该生用:说了你也不懂,你相信你儿子就行!等理由搪塞,随后母亲向他再次确认"你可想好了?我不是不给你学,你学什么妈妈都支持你,但你真的想好了?"。得到肯定的回复后迅速转账。由此可见,由于代际关系,父母对培训机构不甚了解,但始终对孩子教育的投资持支持态度。尤其是第二期报名时,在家里经济条件窘迫的情况下,该生家长也是表示:"只要你觉得可以,妈妈相信儿子的想法,你肯学就行",仍然支持该生的学习。直到第二期培训受疫情影响改为线上,由于课程设置紧凑,安排和训练甚至到晚上 11 点。通过较长一段时间相处,家长观察发现学生处于一种混乱状态,很晚才睡。便严肃盘问该生,才得知该机构向该生提供贷款报名服务,觉得培训机构有蹊跷,并劝该生退出英语课程,并向辅导员反馈情况以免更多人陷进去。

(三) 机构因素

该机构课程自身具有吸引力,以"强化口语训练,提高口语表达能力"为噱头,机构内聚集了诸多大学城各高校学生,大学城等多所高校的高年级学生在此机构接受培训并提供服务。在报名的前期阶段,培训机构运用心理战术,制造求职就业的紧迫感,让学生产生很强的竞争感,然后只能通过现场报名,且只有一次选择机会,让众多听讲者当场报名成为学员。机构的教师以"第一阶段是入门,那么第二阶段就是升华,如果你们只练了第一阶段不继续练下去,是没有效果的"为由,顺利让该生报名了第二阶段课程。在第二期课程过程中,通过分组进行互助式练习方式和高强度的训练，让学员们形式所谓"战友""伙伴"关系，对机构充满归属感。并在开学旺季的时候，该生参与了机构的宣传工作。据该生回忆，当时的宣讲人说要抓住开学旺季，在同学们最渴望学习最渴望知识的时候，将机构的优秀产品、优秀理念、优秀文化带给他们！于是在学生队长的带领下，开始了宿舍扫楼宣传。为了不拖累队友，甚至旷课也要加入"战斗"。第三期课程报名费用为8 000元。后期由于该生担忧经济条件原因无法继续完成第三阶段学习，此时机构提出，针对出现经济窘迫的学员，让学员在机构内兼职开展宣传或培训工作，或可通过花呗、信用卡、提供第三方借贷服务平台渠道帮助学生顺利完成培训。

三、干预措施

（一）进行谈心谈话，缓解心理压力

正值疫情期间，通过电话连线该生，据了解，临近高考时，该生爷爷去世，学生高考失利，一直陷入自责情绪。进入大学生活后，培训机构的"成功学"给了他很大的动力，假期都给了培训机构，一年半很少陪家人说话，因为疫情原因，改为线上课程后，课程安排比较紧凑，整个一天有最多18小时用于口语练习，但是感觉处于瓶颈期，一直难以得到提升，整个人处于精神恍惚的状态。向该生描述"培训贷"的不良影响和后果，建议该生暂停培训机构的所有课程，及时止损，有困惑的时候随时和辅导员联系。

（二）及时反馈情况，开展主题班会

将该生的情况向副书记汇报，为预防类似性质事件发生，商定撰写情况说明，形成书面材料，及时向保卫处反馈，望引起警惕。在学院召集班委开会强调谨防"培训贷"的相关事宜，介绍此类培训机构的情况和营销模式，在各班开展摸查，也是在摸查中发现学院还有二人参与报名。通过班委收集情况，并反馈给对应学院或年级的辅导员教师，向学生说明情况，及时止损。此外，将这部分内容纳入新生入学培训的重要内容之一，并定期开展主题班会，预防"培训贷"等相关事件发生。

（三）进行家校联动，形成教育合力

为了对学生的成长和家庭环境有更深入的了解，与将该生的情况和家长多次联系沟通，了解到该生的家庭经济情况不佳，父母都在家务农。由于无法客观了解学生的在校表现情况，在得知该生对于学习英语需要5 000元报名费的时候，其母亲对于培训报名也存在顾虑和疑惑。家长也希望他能够调整好学习方向，对于学校能够在第一时间与家长沟通和联系表示感谢，并愿意配合学校的工作。建议家长多给学生鼓励，关注学生的情况，如发现异常情况及时反馈。

(四) 持续跟进情况，助力学生成长

返校后帮助该生融入大学校园，融入班集体。同时，约学生进行面谈，了解该生的学习、生活状况。据了解，该生利用疫情居家这段时间重新修复和家里人的关系，跳脱自己的圈子，通过互联网窗口去看看外面的世界。谈话期间，帮助该生制定自己的学习目标，鼓励其制定大学生职业生涯规划，充分把握大学的课程资源、锻炼平台，把握机会、勇于尝试。与此同时，安排该生所在宿舍的学生干部持续留意该同学的情况，出于同学情谊，有集体活动多邀约该生参加。

四、工作效果及反思

当前，国内培训教育市场异常火热，鱼龙混杂。大学生尤其大一新生缺乏社会经验和判断力，容易陷入"培训贷"的陷阱。本案例具有一定的代表性和警示意义。部分学生听信培训机构的宣传，在没有了解清楚的时候就贸然选择分期贷款，并在合同上签字确认。学生没有还款能力可能会造成恶性循环，后果不堪设想。经过谈心谈话，不仅劝阻学生以贷款的方式为课程续费，也协助学生制定大学生职业生涯规划，帮助学生树立目标、重塑信心。

(一) 全面加强宣传教育

由于防范意识的薄弱、社会经验的欠缺，大学生群体近年来已成受害"重灾区"，需要积极采取措施，及早做出处理，将危机扼制在萌芽状态。虽然高校针对校园贷款有进行宣传教育，但是"培训贷"手段总是在不断翻新，不断地以一种隐秘的形式出现在高校大学生身边。但总体而言，在一定的时期内其诈骗手段变化不大。"校园贷"分为三种：一是大学生分期购物贷；二是大学生培训、助学和创业贷；三是传统电商平台对大学生提供的信贷服务。因此，全国高校应从"防"着手，及时总结各种诈骗伎俩，通过广播、海报、公众号等多种媒体途径强调和提醒，提高学生识别诈骗和反诈骗的能力。尤其是强调引导办信用卡，通过信用卡、花呗等方式付款要警惕，不轻信、不汇款、不转账。学校学院抓住开学初这一关键期，进行专题教育讲座，开展警示教育，提高防骗意识。大学生遇事不要盲目信任所谓的"熟人"，对于打着学校名义开展的活动，需要再三核对、求证，遇事不慌乱，多咨询请教教师和家长。

(二) 关注特殊群体

本案例发现介入的时间较晚。该生在校期间，曾旷课，较晚回宿舍，且处于一种不合群的状态，但并未收到相关情况反馈。为此，要建立多层次的信息预警网络，"宿舍—班级—年级"，依托宿舍长，发挥考勤员和心理委员等班干的作用，便于第一时间掌握学生动态，及时应对和处理问题。加强心理委员的培训，及时发现出现困难和需

要帮助的特殊群体并反馈给辅导员教师。同时，辅导员在应对此类事件，也要坚持解决实际问题与思想问题相结合，有针对性地了解受骗的大学生的心路历程，缓解学生焦虑情绪，同时在能力范围内，帮助学生解决实际的经济困难。此外，高校也要关注受骗学生的心理健康问题，为有需要帮助的同学开设心理咨询辅导室，排解心中的苦闷，让他们感受到自己被理解，知道自己被需要。

（三）建立健全与家长沟通渠道

家庭对学生的成长起着至关重要的作用，父母也是孩子的第一任教师，在处理学生的情况时，辅导员要及时掌握每位学生的家庭情况，在入学初可以收集好相关的家庭信息表，及早发现问题，重点预防，及时跟进。遇到情况，能通过所建立的学生信息台账，在第一时间与家长沟通和联系，取得家长的信任和配合，形成教育合力。

（四）强化部门间合作，形成打击合力

有些培训机构打着"教育""学习"的口号，以"名师指导"等线上公益讲座和宣讲会的名义向高校渗透，背后却提供"培训贷"的服务，怂恿诱导学生进行贷款培训。而学生出于提升技能、实践锻炼、渴望成功等多种原因，参与到"培训"中来，甚至不惜为此提前进行消费，陷入"培训贷"陷阱。受疫情防控的影响，网络培训更是成为主流趋势。各类培训机构涌入网络培训市场，一些不法分子以各种名目进行包装宣传，疯狂敛财。"培训贷"涉及学校、家庭、用人单位和网贷公司多个方面，需要学校、家庭、企业和有关部门等多方的密切配合才能顺利解决。监管部门应及早出台管理办法，对"培训贷"进行规范，加大对不合规、不合法行为的处罚力度。

参考文献

[1] 王璋. 基于典型个案的大学生"培训贷"问题研究 [J]. 青岛远洋船员职业学院学报，2019，40（2）：73-75.

[2] 赵祖斌. 青年"培训贷"的法律风险防控研究 [J]. 当代青年研究，2020（5）：64-70.

[3] 于若男. 我国教育培训贷法律问题探析 [J]. 西部学刊，2021（15）：56-59.

握不住的她，放下也罢
——研究生情感教育案例分析

孙梦恬

情感教育是学校教育的一部分，它关注教育过程中学生的态度、情绪、情感以及信念，包括关注学生的个体发展和社会发展以及他们的自尊。更为重要的一面，则超越学生个体以关注他们与别人之间的关系和效果，因此，人际关系和社交技能被认为是情感教育的核心。面对心理发展滞后或欠缺社会性成熟的研究生，其感情方面的行为可能对社会构成破坏，对人际关系安全构成威胁。因此，情感教育成为研究生教育领域的重要工作。

一、案例简述

新生开学没几日，A学院辅导员收到B学院辅导员的电话称B学院女生小美向辅导员反应A学院男生小亮通过校内通讯软件骚扰她。据了解，小美和小亮住的宿舍楼是男女混住，女生在楼下，男生在楼上。小美的宿舍是学院混合宿舍，另外三个舍友是A学院的小蓉、小鸥和小爱。小美认为她的三个舍友帮着同学院的小亮说话，还鼓励小亮追求她，完全不顾自己的感受，她现在情绪状态很不好，感觉人身安全受到了伤害，面临崩溃的边缘。因为小美已经有男朋友，所以希望小亮别再继续发信息骚扰她，别再到宿舍去找她。

A学院的辅导员深入调查了解后，却发现事情的真实情况和小美说的有些出入。小亮和小蓉是同乡，他开学后偶尔会到楼下女生宿舍找小蓉问开学所需准备的材料等内容，碰巧和小美见过几次面，有想要追小美的意图。小蓉以小美有男朋友为由拒绝告诉小亮小美的真实姓名。不死心的小亮就另外找到了小爱问小美的真实姓名，小爱被纠缠了一段时间后招架不住，又认为只是一个名字不重要，就把小美的真实姓名告诉了小亮。小亮便开始通过校内通讯软件给小美发消息，其间还送了一杯柠檬茶给小美，但小美当时不在宿舍，是由小鸥代收放在小美桌子上的，后来柠檬茶也被扔掉了。这个事件后，小美对三个舍友产生了极其强烈的反感情绪，她认为是小蓉把小亮引过来宿舍，小爱把她的名字告诉了小亮、小鸥替她收了柠檬茶，才导致小亮一直骚扰她。因此，小美没有跟舍友表明自己受到了压迫和恐惧的真实感受，舍友也并不清楚小美因为这个事件情绪即将崩溃，这就造成了后面的误会。但是，实际上三个舍友都在帮小美说话，并且严厉地制止过小亮的骚扰行为。只是小亮认为追女生就要"死皮赖脸"，并未认识到自己的行为让小美感受到了不适和恐惧，继续给小美发消息。因此，就有了小美向辅导员哭诉的场景。

二、案例分析、干预措施及效果

（一）案例分析

1. 恋爱观念引导问题突出

学生向往恋爱，对于两性关系充满好奇，从某高校开设"恋爱课"座无虚席可见端倪，而研究生阶段，由于年岁的增长和阶段性压力，学生更加向往恋爱关系。但学校、家庭对情感和大学生的婚恋观的引导和教育较少，学生在实际生活中的处理方法基本上来源于网络或者同辈的经验。新媒体、自媒体的宣传，也让很多学生吸收了很多不正确的恋爱技巧，比如PUA话术、"天下没有撬不动的墙角"、"男生追女生就应该死皮赖脸"、"做到这几步抓住男人的心"等。另一方面，在面对男生的"攻势"时，女生容易陷入害怕的情绪中，会不知所措，这时也需要女生能够当机立断、态度坚定地拒绝。本案例中的小亮和小美在两性交往过程中都表现得不是很成熟，需要辅导员进行引导，以树立正确的、健康的恋爱观念。

2. 新生宿舍磨合问题突出

学生宿舍是大学生学习和生活的主要场所，新生面对来自不同地区、不同背景、不同家庭环境的新同学，往往需要时间适应。而且研究生更可能会因为与本科阶段宿舍情况的对比落差而产生失落和不满情绪，因此新生的问题往往也集中出现在宿舍这个特定场景。小美住的是学院混合宿舍，另外三名舍友都是同一个学院，由于课程、专业的不同，小美很容易感受到被针对或被排斥。本案例中时间又集中在刚刚开学，舍友之间彼此不熟悉、不了解，不愿意表明自己的真实想法，遇到问题又没有及时沟通，才进一步将此事严重化、扩大化。

3. 研究生阶段学习目标不明确问题突出

研究生阶段和本科阶段在培养方式、培养时间和培养重点上都大有不同。研究生新生在开学阶段还处于适应过程，导师也没有过多的任务安排，导致部分研究生新生未能及时明确学习目标，空余时间无所事事。本案例中的小亮就是处于这种状态，日常除了补交一些材料就是上课、打游戏，把心思都花在了交友上。这种状态下给小美造成了困扰，也不利于小亮本人的个人发展。

（二）干预措施

1. 多方询问，还原事件始末

兼听则明，偏信则暗，辅导员在处理学生纠纷和矛盾时不能只听一面之词便妄下论断。笔者约了小亮面谈，询问他最近的感情情况，是否有喜欢的女生。他一开始并不承认自己在追小美，只说自己是正常聊天，还给笔者看了他们的聊天记录。虽然聊天内容无露骨、威胁、色情的话语，但在表述上依然有刨根问底，不达目的不罢休的感觉，这也是让小美感受到害怕的一个原因。另外，笔者利用中秋节走访宿舍的契机，到小美宿舍了解情况：小美比较内向，话比较少，看到陌生老师会比较拘谨。同时，笔者也向同宿舍的小爱、小鸥和小蓉了解到小亮与小美交流的过程、她们对于此事的态度和处理方式。小美在混合宿舍的环境中难免过度紧张，再加上她的性格比较敏感，导致她在看待问题时容易看到悲观的、偏激的一面，再添上自己的想象内容后，就把小亮的事情说得非常严重。

2. 通力合作，化解误会矛盾

了解事情基本情况后，笔者认为需要几方当事人的配合合作。首先，小亮需要停止给小美发任何信息，包括道歉、解释的信息，否则会更加刺激小美；其次，小美的舍友们本来是好意，但由于沟通不顺畅，小美只看到了她们"背叛"自己的行为，并没有看到舍友背后"维护"自己的行为，这就需要舍友间先安抚小美情绪，获取小美信任后做好解释；最后，笔者也第一时间向 B 学院的辅导员反馈了相关情况，尤其是其他舍友从旁观者描述事件的情况和小美的性格，提醒小美辅导员注意关注她的日常动态和心理变化。

3. 合理引导，寻找奋斗方向

小美情绪稳定后，笔者再次约了小亮面谈，和他严肃认真地讨论了几个关于两性交往的原则。其一，要与已经确定和其他人恋爱关系的女生主动保持距离，这是道德约束力；其二，在对方明显表达出不愿意继续交流的情况下，应该尊重对方的选择，不再打扰；其三，思考问题时不能只站在自己的角度，需要多为对方着想。在与小亮达成共识后，笔者紧接着询问了他对于研究生阶段的安排和打算，帮助他尽早适应研究生阶段的学习和生活，确定努力的方向。被小美拒绝和误解不要紧，最重要的是生活还要继续，向前看更精彩。

（三）干预效果

小亮不再通过校内通讯软件联系小美，同时认识到了自己的错误，在表达感情的方式方法上有所反思，端正了学习的态度。小美和舍友们的关系也恢复如初，化干戈为玉帛。

三、案例启示

虽然本案例并不是普遍现象，而且也没有造成过于恶劣的影响，但学生们存在的问题还是普遍的。对此，笔者有如下几点思考。

（一）情感教育是研究生德育中不可忽视的一环

研究生生理成熟，但是对于性知识、异性情感的认识却有限，他们经历简单，却承担着学业、经济、就业等多方面压力，容易出现因为情感关系问题而实现压力转介或者因为冲动而爆发情感危机。我们需要将情感教育渗透并促进研究生德、知、智、行一体化成长，利用新生开学教育、班会、团体活动等契机开展教育活动。

（二）新生宿舍问题是研究生日常管理中不可忽视的一环

新生宿舍的适应、磨合问题需要特别关注，尤其是涉及多个学院的混合宿舍，由于专业、性格不同，可能导致舍友间作息习惯天差地别，形成矛盾。这要求我们把工作做在前面，对于混合宿舍格外留心，及时掌握学生动态。同时，要与涉及学院形成合力，需要彼此做好沟通，统一战线。

（三）奋斗目标的确定是研究生学业教育中不可忽视的一环

清晰明确的目标能激励人不断前进，研究生是我们党和国家事业发展迫切需要培养造就的德才兼备的高层次人才。此时，我们正面临百年未有之大变局，每个学生更应该要坚定理想信念，在攀登知识高峰中追求卓越，才能更好地为民服务，为中国共产党治国理政服务，为巩固和发展中国特色社会主义制度服务，为改革开放和社会主义现代化建设服务贡献青春力量。

参考文献

[1] 陈晓梅. 学业生涯支持：研究生思想政治教育创新研究 [M]. 成都：西南交通大学出版社，2021：7.

[2] 冬日暖阳. 广州大学学生工作成功教育案例获奖作品集 [M]. 广州：暨南大学出版社，2017：4.

[3] 张钦. 研究生恋爱问题及应对研究 [J]. 科教文汇（上旬刊），2019（8）：145–146.

大学生寝室人际矛盾个案分析及应对策略

何茨居 白鹤云飞 刘裕杰

一、案例概况

小张,男,20岁,大一新生。在大一第二学期的一个夜间,主动找到辅导员反馈宿舍另一名同学小涛的问题。小涛与小张是上下铺,小张晚上睡觉打呼噜,影响到下铺的小涛,使小涛无法入睡;小涛身体疼痛,常使用按摩棒缓解,震动声影响到小张,使小张睡不着;双方的睡眠均受到影响,且经过多次沟通无果,两人睡眠严重不足,已有神经衰弱的征兆。小张与辅导员谈话后,焦虑情绪有所缓解,同时接受辅导员的建议愿意与舍友缓解关系,同时调换了宿舍的铺位。第二天下午,小张与小涛又一次发生冲突事件,给双方及其他舍友的心理造成一定影响。据宿舍长透露,小涛性格较为自我,为人比较粗枝大叶,不理会别人感受。矛盾日积月累,才造成今日的局面。

二、案例定性分析

该案例属于宿舍关系引发心理障碍、学生如何正确处理宿舍关系、如何调整自身的心理压力以及如何适应大学生活的问题,划归为辅导员日常事务管理和心理健康教育工作职责。宿舍矛盾是指来自不同家庭、不同地域、不同生活习惯的同学们住在一间宿舍,产生的这样或者那样的纠纷,当小纠纷升级,就发展成宿舍矛盾。

了解问题的关键点后,处理这种宿舍矛盾最简单的办法是调换宿舍,但是这是一种"治标不治本"的办法。要解决这类问题,最好的途径是让宿舍双方能够认识到自己的错误所在,换位思考,互相理解和包容,营造一个良好的宿舍氛围。

三、宿舍矛盾的类别

宿舍矛盾大致可以归为三类,分别是:生活习惯矛盾、性格志趣矛盾、三观人格矛盾,其中三观人格矛盾是最难调解的矛盾。

(一)生活习惯矛盾

生活习惯矛盾主要包括作息时间不同,比如有人早睡早起,有人晚睡晚起;卫生习惯不同,比如有人爱干净,有人从不搞卫生;过往经历不同,比如有人一直走读,有人一直住校。

(二)性格志趣矛盾

性格志趣矛盾主要包括性格内向和外向、性情温和与强势等方面。性格内向的学生在处理问题上会比较散漫,有些甚至自我内心产生冲突,比较敏感,性情温和;性格外向的学生相对比较冲动,相对强势。

(三)三观人格矛盾

古人称"道不同,不相为谋",用现在的话来说,叫作"三观不合,不相为友"。每个人的世界观、人生观、价值观都有差异,比如有人心胸宽广,有人斤斤计较;比如有人视野广博,有人目光短浅;比如有人心思细腻,有人粗放心宽。

四、宿舍矛盾的解决方式

从以上宿舍矛盾的案例可见,学生的身心健康非常重要,我们作为一名辅导员,是大学生健康成长的指路人。

(一)能沟通尽量沟通,大部分生活习惯和性格志趣问题是可以通过沟通解决的

比如有的室友上完厕所不冲不刷,我默默地刷了。有的室友早出晚归洗漱声音很大影响睡眠,我默默买了耳塞忍了。有的室友总让我帮忙带饭却不记得给我钱,我也默默忍耐没有说出来。但是我也有忍不了的时候,所以我生气了冷战不理人。后来想了一想,我和室友说了吗?我不说他们怎么知道我对这个问题很介意很生气,我决定先和室友聊一下,但是一般我提醒完某个室友,过几天又恢复原样。所以我和室友们一起开了宿舍会议,分析现在宿舍存在的问题,发现原来其他两个人也在容忍一样的问题。我们觉得有必要一起订立舍规,把大家的作息时间调整一下,晚归早出的同学把动作放轻一点,看到别人学习的时候不要打游戏或者看剧公放出来影响别人,宿舍

卫生轮流做，不要让一个人做，上完厕所记得冲水刷干净。

总之，面对矛盾、问题不逃避，积极沟通，共同寻求解决方法。很多同学遇到宿舍矛盾就冷战，如果遇到能够哄着自己的室友还好，如果宿舍每个人都很有个性互不理睬就会加剧矛盾。所以以后遇到宿舍问题，可以选择说出来，说的时候也有技巧，不是生硬地发火，而是理性温柔地沟通。笔者推荐的沟通方式是：自己先与某生活习惯不同的室友聊一聊，跟他/她讲一讲自己最近受到的影响，以及希望他/她做出的改变。如果沟通后没有效果，可以请其他受到影响的室友一对一和该室友沟通。如果多次沟通仍没有效果，就可以考虑开个宿舍会议，大家坐下来一起沟通，从生活中的小事入手，开始分析，此时有个技巧，先自我反省，宿舍长可以引导室友们先反省自己存在的问题，开诚布公地说出来，再分析其他人存在的问题，这样能够提高每个人对自身错误的接受度，沟通期间宿舍长可以调节氛围，畅谈由严肃逐渐到愉快，随后大家一起制定未来的规划和行动，并互相监督。这个技巧可以解决一些宿舍卫生问题和生活习惯问题。

（二）不能理性沟通时，先冷静思考，理性分析，包容与理解差异

有些同学容易情绪激动，笔者曾见过睡觉的同学因为其他同学有点吵，立刻从床上坐起来怒吼的案例，也见过因为不满室友素质低而默默冷战的案例。在遇到一些宿舍矛盾时，有的同学会无意识地爆发出来，有的同学则可能默默忍耐到"爆肝"。遇到令人生气的事件时，咱们不妨静下心来思考一下。首先，冷静思考在这件事情中自己有没有问题，如果自己没有不好的地方，再思考对方有哪些做得不好的地方，最后再思考对方平时有哪些优点和做得好的地方，如果优点大于缺点，是否可以包容忍耐对方的小问题。例如，室友总是早起晚归，洗漱声音很大，这时我们先来思考自己平时有没有吵到过室友们，如果没有，就再想想室友为什么早出晚归，如果室友是因为去自习早出晚归，那是有正当理由的，此时我们可以理解他/她的行为，同时可以通过温和的方式，适度提醒室友动作轻一点，声音小一点。当然，作为教师，我们倡导同学们能够培养早睡早起的好习惯，尽量跟上"学霸"们的学习节奏。

（三）自律自省，有所追求，但不追求极致完美

笔者对自己的要求是自律自省，出了任何事情先自我反省，如果自己也有问题，笔者会及时改正，尽量做到不影响别人，少给别人添麻烦。所以在教育引导学生时，也同样希望学生能够检视自身，随后再要求他人。现在很多同学来找笔者说自己追求完美，完美是什么？笔者认为作为一个大学生，完美是思想上要求进步，团结同学，无私奉献，学习上认真严谨考到100分，学生活动一丝不苟，性格开朗，受到大部分人的欢迎和喜爱。但是宿舍生活是求同存异的过程，是彼此磨合、互相包容的过程。希望同学们能够在相处中发现每个人的优点和缺点，欣赏优点，接受缺点，正确处理宿舍关系。

五、经验与启示

（一）加强集体观念教育

宿舍成员的家庭背景、成长环境不同，难免会对生活有不同的看法。思想政治教育者要不断地深入学生群体，如通过进宿舍、进课堂、进活动现场等方式，与学生谈心谈话，了解不同学生的性格特点与平时各方面的表现，解析学生面对挫折的处理方法，及时给予学生可行性的帮助和建议。

（二）注重班干部的培养工作

让班干部成为辅导员的得力助手，平时多关注同学之间的矛盾问题，主动疏导，发现问题及时向辅导员反映。注重网络思想政治教育阵地的坚守，及时获取学生最新动态。

（三）加强家校联动

定期与家长通电话，通过召开班委座谈会等形式，与家长沟通交流，了解学生的困惑及需要帮助的地方，及时、全方位地引导和保护学生。学生心理困惑方面，辅导员应该耐心倾听，站在学生的角度理解其面前发生的困难，给予学生良好的化解心结的方法和途径。

参考文献

[1] 钱盼红. 高校大学生宿舍矛盾案例分析及方法研究 [J]. 青年与社会，2020（25）：65 – 66.

[2] 郑苍松. 浅谈高校辅导员调解大学生宿舍矛盾的策略途径 [J]. 知识文库，2019（13）：226，228.

[3] 李苗，车晓彦. 基于辅导员视角谈"90后"大学生宿舍矛盾的成因及疏导 [J]. 人才资源开发，2014（18）：106 – 107.

[4] 卓萍萍. 用心架起沟通的桥梁：调解大学生宿舍矛盾的案例分析 [J]. 同行，2016（4）：80 – 81.

[5] 刘飞，张久祥，魏丛. 谈大学生宿舍矛盾成因及解决方案：基于管理工作中的实例分析 [J]. 才智，2014（15）：135.

[6] 胡磊. 构建和谐宿舍人际关系 推进思想政治教育进公寓：以大学生宿舍矛盾化解与人际关系为例 [J]. 才智，2012（8）：216.

[7] 陈勇. 大学生宿舍内部矛盾的心理探析与应对 [J]. 中国校外教育，2014（S2）：9，33.

[8] 余西亚，朱海燕. 高校大学生宿舍矛盾原因及策略探究 [J]. 法制与社会，2014（29）：190 – 191.

走出原生家庭的樊篱
——学生心理健康教育的记录与反思

马 娟

原生家庭对个人的不利影响日益受到关注。大学作为学生成年后进入社会的过渡阶段，区别于个体继续社会化的未在校同龄人，大学期间正视并修正原生家庭对个人的不利影响，有利于大学生顺利健康的继续社会化。本案例分析了个体受到原生家庭影响的根本原因，论述了原生家庭对个人发展、性格形成的重要影响，并结合理论分析为一线教育工作者解决此类群体心理健康问题提供启发。

一、案例概述

从 2019 年 9 月份至今，笔者一直负责学院的心理健康工作，从笔者学院的实际情况着手分析，笔者学院学生总数虽然不多，但是学生的生源种类比较繁杂。同时文科学院女生较多，心思细腻的情况同样存在。

2020 年 1 月 29 日，因疫情严重学校延迟开学，学生小李家长在春节未结束之际把学生顺路送回学校（大年初三）。4—6 月期间，笔者与该生多次联系沟通，该生表示自己喜欢独处，在宿舍一个人待着挺好，个人也挺习惯，整体看不出有什么异样。7 月 10 日，该生本人向笔者提出留宿申请，经了解该生父母及弟弟还有男朋友均在东莞工作，因家庭居住环境紧张，学生不太有意愿回家，表示想在学校准备论文事宜。从尊重本人意愿的角度，学院同意了学生的申请，笔者和其父亲电话沟通，告知情况，希望家人能从关心学生的角度每日和学生视频电话，父亲也表示同意。

最后，笔者将这一情况及时和学院副书记、学院分管研究生副院长及导师分别做了相关沟通和汇报，在假期期间持续和该生交流沟通，发动一切可以发动的力量积极关注学生动态。

8月18日该生咨询辅导员提出需要学校心理咨询中心咨询，并表述本科期间有过强迫症，后来缓和了。但是前段时间复发了，目前出现失眠情况，询问她本人是否愿意回家休息几天，该生极力反对，并表示自己的情况家人并不知道，个人觉得家人无法辨别心理疾病和精神疾病，担心家人过度惊慌。目前自己在找房阶段，想要外出居住，觉得自己的状态没办法和宿舍同学一起居住。8月20日前往大学城中医院失眠科，随后转到心身疾病科，医院给出中药治疗，服药后能睡着。8月24日在学院辅导员的帮助下预约了学校心理咨询中心教师，做了初步的心理咨询。8月28日学生自己提出退宿申请，并经家长同意。11月25日笔者陪同学生去了医院身心健康科就诊，诊断为强迫加抑郁中度，在此种情况下学生仍然不愿意让父母知晓，同时告知笔者她已经和男朋友分手了，结束就诊后笔者向学院领导汇报了情况，最后还是决定和家长沟通，一起来帮助学生度过这个阶段。

由于担心下个学期学生的论文和就业压力一起袭来的时候学生会出现更大的危险境地，经过反复沟通，家长从东莞来到了学校。通过多次的电话沟通和面谈，显然学生的父母觉得校方是小题大做了，当笔者把医院的诊断和小李的服药以及休息情况告知父母后，父母开始意识到了事情的严重性，表示会和孩子进行沟通。

二、案例分析

（一）原生家庭因素至关重要

大学期间有明显精神问题或精神疾病的学生，大部分在入学前就有症状，而这其中大部分是和原生家庭带来的消极影响有关系。在笔者的一再叮嘱下，小李的父母表示会协助学院一起做好小李的心理辅导。但是面谈当天，仅仅在家长出校门十分钟的时间里，笔者便接到家长电话说，小李的工作他们做不了，还是希望学校可以多多帮助她。对于父母这一简单粗放的解决方式，笔者想起小李曾经对笔者的哭诉，由于自己本科没能读一所父亲理想中的学校，让父亲觉得没有面子，父母在她大学读书的四年里，没有去学校看望过她一次。小李原本家庭情况较为复杂，随着父母常年在外打工，作为留守家庭的小孩，童年生活和父母的聚少离多，导致她内心较为封闭。在和小李的父亲多次沟通后，其父亲告知笔者，小李高中阶段有过两次转学史，同时有过短暂的服药史，在父亲的眼中，这个女儿乖巧懂事，从幼儿园阶段就拥有超乎同龄孩子的听话，哪怕是再陌生的环境，都可以一个人安安静静的独处。作为女孩子，父母不知道的是虽然表面上她是大家口中"别人家的小孩"，品学兼优，但内心的压力有增无减，隐患其实早已埋下。

（二）所谓的"好"学生也应引起教师们的关注

我们经常会把精力放在那些"淘气"的学生身上，其实成绩并不能体现一个人的全部，有时候"调皮"的学生反而更懂得自我调节。心里只有学习，一心扑在学习上的学生，拒绝班级活动，拒绝体育运动，这是一个比较危险的信号。运动是一个很好的减压方式，我们要鼓励学生除了认真学习，还要懂得利用运动或其他形式调节自身情绪，让不良情绪有一个出口，这样才不至于日积月累形成大问题。

（三）建立信任，保持沟通，是解决问题的关键

在处理小李事件中，笔者是幸运的，因为前期信任关系的建立，导致小李在遇到困难时愿意找老师求助，并可以倾诉和沟通。同时学院领导和老师齐心协力，一起帮助她走过论文、毕业、就业这些最为困难的阶段，现在的她拥有了稳定的工作和亲密的恋人，偶尔还会给笔者沟通她的近况，她的生活也慢慢地好转起来，那些原生家庭带来的阴影正在被慢慢地治愈。

三、辅导效果

（一）沟通交流，了解实际情况

基于一直以来辅导员和学生之间建立的信任和良好顺畅的交流，小李在遇到困难时主动找到辅导员寻求帮助，这是一个很好的基础。经了解，小李的家庭有重男轻女的情况存在，父母常年在东莞打工时是把弟弟带在身边，而小李是常年和奶奶生活在湖南老家，在读研究生之前小李一年到头是很少能够见到自己的父母的，小李一直想通过自己的努力来取得父母的认同，这是她来读研的重要原因之一。

（二）稳定情绪，给予专业帮助

了解小李的情况后，首先需要做的是稳定她的情绪，和小李父母及同学沟通得知，她几乎很少有要好的朋友，成长的孤单再加上长期睡眠不足、无人倾诉、学业压力增加，小李精神面临崩溃，在倾听并安抚情绪后，陪同小李去学校心理咨询中心和医院寻求专业帮助，最终医生给出的诊断结果为强迫加抑郁中度。

（三）家校沟通，及时反馈

在小李向笔者寻求帮助到医院诊断期间，笔者一直与其父亲联系沟通。小李是父母眼中品学兼优的孩子，从小对自己要求较为严格。本着关爱学生和孩子的角度，笔者和其父亲分析并确定出最有利于小李的解决方案。

（四）成效显著，顺利毕业

经过一年的专业治疗和自我调适，小李顺利毕业，毕业后偶尔会与老师联系，目前的她工作生活都比较随性，不会强求自己。

四、案例反思

大学生存在于独立性与依赖性的矛盾中,作为成年人的他们渴望独立,希望自己的事情都可以靠自己解决,避免依赖他人,尤其是父母;但另一方面,他们的心智不够成熟、经验不够丰富,导致他们难以处理一些比较严重的问题。他们是需要父母的帮助的,尽管他们不想承认。

老师在与学生沟通时,可以告诉学生,父母是非常关爱孩子的,也可以为孩子提供一些帮助和支持。同时,老师也应该意识到,有些情况下,父母与孩子是存在一些问题的,比如父母教育方式不恰当、亲子关系糟糕等,这时,在情况允许的条件下,不能逼学生太紧,给他们一些时间来接受父母的帮助。但如果情况比较紧急,则必须及时告知父母,并请父母到校处理问题。

(一) 注重辅导的长期性

对于学生的辅导并不是一劳永逸的事情,每个人的特点和家庭情况的不同使得每个案例具有特殊性。针对具体问题,需要有不同的辅导方案,并随时跟踪辅导对象的变化,如有需要,应进行多次辅导。

(二) 有效沟通,积极反馈

和内心比较敏感的学生沟通,一定要注意沟通的方式与方法。尽量多使用开放的身体姿势,语气尽量平和,少使用否定的语言,多使用鼓励的语言;准确理解学生表达的内容,以免遗漏重要信息。

(三) 注重辅导的创新性

时代在变,整个学生工作的环境也在变,以前说教式的辅导方法变得不再那么有效,现代社会强调个体,强调个人,每个人都是生活的叙事者,所以在面对复杂多变的学生工作情境时,采取什么样的辅导方法是需要每位辅导员仔细思考的。

我们每个人或多或少的都被原生家庭打上了烙印,这种烙印或深或浅的一直在激励着我们前行,笔者希望每个同学能够走出原生家庭不好的阴霾,坚强前行,都能够具备爱与被爱的能力,认真走好自己的人生路。

自我同一性解决"空心病+学困生"的问题

郭翠敏

一、案例背景

在疫情中,我们看到了医务人员昼夜不停地救治患者,看到了来自四面八方的救援物资不断输向湖北,看到了建筑工人们夜以继日地建造"火神山""雷神山",看到了钟南山院士一路逆行奔往前线,看到了全国掀起了志愿者、党员、团员为民服务的热潮。同学们产生了敬佩与感恩之情,以满满的热情渴望为国家做点奉献!但相反,受到疫情影响,一些学生无法适应现在的学习生活,产生了一些心理问题。出现入睡困难,夜间容易惊醒,喜欢昏睡,对各种信息过于敏感、紧张,容易愤怒,与家人发生冲突,情绪低落,兴趣减退……

"我不知道我是谁,我不知道我到哪儿去了,我的自我在哪里。我过去19年、20多年的日子都好像是为别人在活着,我不知道自己要成为什么样的人。"这是空心病学生的心声。

他们有强烈的孤独感和无意义感,他们从小在各方面都非常优异。他们会因为一些无法接受的事实与挫折从此一蹶不振。而空心病的孩子的造就者,一个是功利的教育,另一个就是焦虑的父母。此类学生由于自我认识不清晰,直接导致了职业生涯模糊,就业时缺乏目标性和针对性,不知道自己喜欢什么、能做什么、擅长什么,而且很依赖手机或游戏,极大地影响了大学生活,最终导致抑郁而休学。

本案例以一名"空心病+学困生",探讨缓解有此类困境学生的干预措施。

二、案例简述

据了解，小玥家里环境较好，虽然某些时候与家里人有冲突，但总体家庭关系是很好的，父母没有离异也没有突然变故，但是有一点比较明显的是父母对她期望很高，在高中阶段学业成绩非常优异，但是到了大学后看到其他比自己优秀的同学，发现比不过别人从而产生自卑心理。小玥时常思考，"我为什么要学？""我是不是比别人差比别人笨""父母总是想我拿毕业证就好了，但是我做不到""每一次我都想把事情做好，但是我真的没动力做"。

第一学年，小玥的成绩开始挂科多门，第二学年经常出现逃课现象甚至长时间旷课。从学生多次旷课起，老师们就开始关注小玥的状况，小玥虽然能够正常表达自己的想法和情绪，每一次都答应老师会上课、会积极地参与校园活动，但是每次都是借口、欺骗、隐瞒，学业情况一直跟不上，最后甚至出现缺考的行为，产生退学的念头。小玥的父母非常的焦虑，曾咨询过专业的心理医生，就小玥的情况开药，父母隐瞒病情让她服用药物，但是药物对"空心病"来说无效，家长为此更加烦恼。

三、心理问题诊断

"空心病"又称"价值观缺陷所致心理障碍"，主要表现有七点：第一，症状上，可能是符合抑郁症诊断的。第二，伴随有强烈的孤独感和无意义感，且非常缺乏支撑自己意义感和存在感的价值观。第三，通常人际关系良好。第四，对生物治疗不敏感，甚至无效。第五，有强烈的自杀意念，但通常会选择比较温和、痛苦比较小的方式来尝试自杀行为。第六，困扰不一定是当前产生的，也许早已存在。第七，传统心理治疗疗效不佳。

大学是进行自我探索和形成自我同一性的关键时期。什么是自我同一性？自我同一性这一概念最早于1946年由埃里克森引入心理学，认为自我同一性的形成是由个体的生理、心理及环境三个因素之间的交互作用的结果。根据埃里克森的观点，自我同一性又称为自我认同感，是人毕生的追求的心理社会发展任务。影响其发展有三个内因和多个外因，如认知发展因素、个人特征、心理健康水平、父母教养方式、父母的期望、教育观念和教育方式、国情和主流文化、社会氛围等。

四、心理健康维护工作方案与实施过程记述

利用自我同一性的四个维度解决"空心病+学困生"的问题。第一维度，从自身出发找到认同。第二维度，从外界关系入手多次关注再度让学生认识本身找到认同。第三维度，从外界"微"环境进行微影响。第四维度。回归最关键最亲密的人际关

系，一般是家人，进行"微"教育，不断强化自身认同的存在感。

（一）以自身的积极乐观感染学生积极面对人生

由于空心病的学生自我效能感低，往往呈现一种习惯性自我否定且易焦虑，所以需要多与学生联系，主动与学生探讨时事政治、身边事物，并借机引导学生积极思考和欣赏美好的事物，运用积极心理学理念指导学生，循序渐进培养学生的积极品质。

埃里克森曾说过："没有认同感也就没有生存感"。空心病的学生比较慢热且不轻易放开胸怀跟老师说真心话，缺少与朋友的联系，也懒于投入身体力行的实践活动，因此，需要借助同伴的力量、周围的影响帮助其建立认同感或提升他的认同感。需要老师极力地引导其身边的朋友、班级同学主动与他联系，带他活动，经过不懈的努力帮助，学生能够从没有朋友到有三两个朋友，再到积极参与班级活动。

（二）以人为本了解学生的个性合理引导

关注学生的个性非常关键，空心病学生就是因为长期陷入自我怀疑的状态。老师需要通过言语、活动激发学生个性化发展，了解学生的性格特点，培养学生对某领域书籍、创新和创业的兴趣，充分挖掘学生的潜能。这个过程可能漫长，可能多变，可能出现学生兴致勃勃答应你但真正实践又完成不了，此时无须懊恼和放弃。只需要为其个性化发展提供一切可能的机会，留给学生思考的空间，依旧多保持联系，适时为学生个性化发展提供可行有效的建议。鼓励学生走出传统课室、走出校园，多接触不同的人群，了解不同人群对自己、对人、对事物的看法，扩大人际交往圈子，去寻找可以实现个性化发展的空间，消除学生的空虚、无意义感。

（三）营造"微"环境微影响

大学生获取信息的渠道非常多，但学生还没有足够的判断力，容易被一些负面信息影响，尤其疫情期间，学生大部分时间都在手机上获得资讯，网络信息繁杂，充斥着消极言论和不实信息等。辅导员需要积极利用与学生沟通的平台，传播正能量，倡导和宣传"榜样的力量"，在学生生活学习环境中形成一个良好的氛围，通过微信群、微信公众号报道好人好事、成功者案例、优秀励志事迹等，营造良好"微环境"，既可以引导全体学生有一个积极正面的心态又可以通过身边同学带动感染空心病的同学，辅导员可以联系名师专家，通过名师专家线上线下的关注与指引，让学生看到这些优秀的影子从而逐渐树立正确的世界观、人生观和价值观。

（四）与家庭沟通搭建"微"教育

患有空心病的学生长期以来面对父母的期盼倍感压力，再加上疫情期间，学生在家学习，与家长朝夕相对，与家长的矛盾更大，家长始终不理解孩子为何突然变化这么大而变得如此叛逆、对学习毫无动力，此时调节好家长与学生的关系尤为重要。若发现学生有异常现象，辅导员应该第一时间通知家长，很多时候只需要家长知道学生的动态，不需要家长进行过多的干预，因为空心病的学生他们只想获得关怀而不是唠叨和责备，因此，辅导员需要向家长传达多关心孩子的心里所想，做孩子的知心者、解心者，而不是劝解与教育。可能家长会出现急躁、焦虑和不解，但是空心病的学生原本是学业优秀的学生，他们在学习上的怠慢不是能力问题，只是心态问题，所以辅导员只需要适时通过家长的力量帮助学生调整心态，多一些人文关怀，从点滴中不断强化他自身认同的存在感。

五、工作效果评价及经验反思

从大二到毕业，我们对小玥的状况一直在跟进之中，从各方面的情况反馈来看，他目前对生活和学习的态度都能够保持乐观和长久的维持状态，对学习有了信心，也明确了每一学期应修读的内容和努力的方向，在未来的发展规划方面，有了积极面对就业工作的想法，不再懒散和轻易放弃。

高校的学生工作者除了要做好学校交给的任务以外，还需要做一个"有心人"，保持与学生的友好沟通和随时联系，及时发现学生的异常现象，把问题消灭在萌芽状态。辅导员是学生大学成长最亲密的朋友、导师，应该保持爱岗敬业精神，尽心尽力激励学生成为"四有青年"。辅导员除了有较强的思想政治理论基础外，还应该掌握一定的法学、心理学方面的专业知识，以应对更多"棘手"的问题，使问题可以迎刃而解、游刃有余。面对当下大学生群体共性问题多总结分析，例如，大学生普遍害怕困难，所以适当地开展各种抗压训练活动、开展丰富多彩的团体辅导活动，有利于提高学生的抗压能力。大学生普遍存在思想单一偏执的问题，开展辩证思维的讨论话题和一对一的对话交流活动，有利于引导学生的辩证思维，教会学生一分为二地看问题。

最后，责任心、耐心、细心应该长期贯穿在辅导员的工作当中，让每一个学生健康、快乐地成长。

参考文献

[1] 崔欣玉. 大学生"空心病"现象的反思与对策：基于价值虚无主义的视角 [J]. 思想政治教育研究，2018（3）：148-152.

[2] 朱思施，鲁林，文敏琳，等. 从心理学视角看大学生"空心病"现象 [J]. 乐山师范学院学报，2017（4）：134-140.

大学生宿舍人际关系工作案例

韩 宁

【摘要】 宿舍是大学生必不可少的场所,大学生活中有一半的时间在此度过。由于受到家庭、个体、环境等不同因素的影响,大学生在集体生活中会出现差异,导致人际关系紧张。本文对此类问题进行个案实际分析,提出具体建议,提炼共性措施,为辅导员日后工作提供参考。

【关键词】 大学生 宿舍 人际关系

四年的大学生活,宿舍成为学生主要活动阵地之一。学生会因宿舍日常生活来权衡对母校的印象。而人际关系是衡量宿舍融洽的一个标准,本文将对宿舍 3 名男同学因宿舍生活各异导致人际关系紧张的案例进行分析,根据矛盾导火索探究产生的原因,提出解决方案,提炼共性问题,提高辅导员日常管理工作的能力。

一、案例介绍

黄同学的宿舍分别是来自不同地区的 6 名同学。黄同学日常表现良好,喜欢打球、网购、睡眠质量不佳。吴同学喜欢社会实践、主动参加学校活动,在宿舍经常早出晚归,遇到问题不寻求解决,生闷气。王同学则属于"夜猫子"类型,经常晚睡,喜欢打游戏,为此特意买了台式电脑放在宿舍,日常交际能力薄弱,集体生活中没有规划,生活中比较懒散,致使宿舍关系紧张。2021 年 4 月的一个深夜,天气炎热,王同学在台式电脑前打游戏打得火热,戴着耳机将声音开到最大,开麦与队友叫嚣,完全沉浸在自己的快乐中,全然不顾及同宿舍其他同学的感受。黄同学因嘈杂,无法正常休息,为此特意带上耳塞也阻挡不了声音环绕,反映诉求后,王同学依然继续玩游戏,只是停止了叫嚣。熄灯后刺眼的电脑光、舍友的呼噜声、伴随着键盘的敲击声，王同学的一夜才刚刚开始。消停的敲击声，突然响起洗衣机轰鸣声、厕所的冲水声、上床的嘎吱声，时间如此漫长，也不知道过了多久，闹钟响起，拖着疲惫的身体起床，中午可以补补觉的想法，给自己些许安慰。而中午吴同学因晚上的不满，便通过外放音乐发泄着情绪，致使王同学满满的苦楚，开始生气、憎恶，觉得大家都不尊重他，觉得自己很渺小，对大学生活产生迷茫，甚至不满学校的要求，在交流中表现出对学校的回忆都是痛苦的，甚至觉得大学生活难以启齿，没有任何美好的回忆。从那一天起，夹杂了琐碎的事情，宿舍关系更加紧张。经过多方面了解，三名同学都表示了自己的无奈，不理解为什么会造成这样的局面，从个自的角度出发认为自己都没有做错事。

二、案例分析及解决方法

（一）案例分析

宿舍环境及紧张的人际关系让学生慢慢从开朗变得低沉、压抑、烦躁、焦虑，长此以往会改变学生的性格，出现多愁善感、不轻易相信别人，学习工作中难以集中注意力，注意力涣散，如果无法及时调节还会出现心理疾病。本文中的事件，对于旁观者来说，仅仅是当下大学生宿舍的现状，不值一提。但对于黄同学本身来讲，是一次严重的伤害，会改变自我对世界的认知、影响学生的成长方式，甚至产生更加严重的后果。根据案例可以归纳出以下几个方面的原因

第一，个人成长环境的差异。案例中的三名同学性格迥异，王同学是独生子，在家有自己单独的房间，父母只要求好好学习，其他日常行为不过多干涉，家境富足，衣来伸手、饭来张口，致使该生生活无拘无束，来到集体生活中，没有过多的注重细节。黄同学作息规律，心思细腻，在意别人的同时也希望得到同等的尊重。吴同学认为行动大于言语，在遇到问题时习惯"以暴制暴"。从三名同学的成长环境和性格出发，造成了宿舍人际关系紧张的局面，影响了他们的大学宿舍关系、人际交往能力及学习状态。

第二，社会环境的影响。学生的兴趣爱好广泛，每个人都有自己的喜好，致使出现对别人兴趣爱好评价不一致。三名同学的喜好不同，王同学沉迷游戏，黄同学追求学习、生活规律，吴同学喜欢音乐，他们都希望在人际交往中处于优势。三名同学都对他人的行为无法理解、接受，致使宿舍人际关系由紧张到恶化。

第三，沟通障碍和奉献精神缺失。当前大学生生活环境优渥、个性张扬、想法多、自尊心极强，彼此的沟通少，不懂得换位思考、包容他人，三名同学只考虑了自己的感受，无法感知自己的行为给他人造成的不良后果，没有考虑他人感受，眼里容不得沙子。再加之在事情发生的时候，没有进行有效的沟通，长时间的积累加重了问题的严重性。

第四，大学生班集体凝聚力薄弱。经调查，班级的交流缺失，很多同学不清楚班级里同学的情况，甚至都不认识。三名同学在班级的表现无过失、平平无奇，而在宿舍中矛盾重重。在班级大环境下大家都想要留好印象，谦虚、包容、客气，而往往把自己最糟糕的一面留在宿舍，造成宿舍人际交往关系紧张，影响心情、学习，甚至自我怀疑，从而影响人际交往能力，得不偿失。

(二) 解决方法

第一，先调查后谈话。事情发生后，辅导员在班级了解三名同学的情况，从班委、宿舍长、要好的同学入手，分别了解情况，挖掘更深层次的问题。首先，找王同学谈话。告诫其沉迷游戏的危害：减少睡眠抑制身心健康成长。大学生还处在成长的阶段，此阶段至关重要。缺乏睡眠会使我们记忆力衰退、注意力不集中，严重时甚至会出现身体问题，导致缺乏探索新事物的能力。大学生涯是长知识、开眼界的时候，沉迷游戏只会是一无所获，学习能力下降，没有社交、没有爱好、没有成长；自我迷茫，没有目标、方向，将会虚度大学生活，耽误学业，甚至出现挂科、难以毕业的问题。游戏是一种娱乐手段，是我们扫除疲惫、解压的方式，不能过多依赖。建议其作息规律，养成良好的生活习惯。经过此次谈话后，宿舍氛围有所缓解，但没有得到改善。后笔者又开展3人宿舍茶话会，让大家说说自己对舍友的看法，包括优点、缺点，经过此次谈话，大家都吐露心声，自我反省、了解彼此，宿舍环境开始改善、宿舍人际关系得到缓解。

第二，关心关爱学生跟进情况，避免宿舍关系再度恶化。笔者经常与宿舍长沟通，了解宿舍情况。关心关爱三名同学，给予生活、学习上的帮助，进行开导。每天的时间有限，如果纠结在宿舍问题，其他事务都会受到影响。多规划自己的大学生活，给大学生活留下美好回忆，毕业时有专业技能，提升自己的综合实力。经过长期跟踪，学生状态明显好转，黄同学的睡眠质量得到改善，王同学作息规律、学习成绩变好，吴同学学会与人良好沟通，在生活学习中更善于解决问题。

第三，建立防范机制，改善宿舍人际关系。从班级、宿舍等多个模块中建立学生日常信息获取渠道，通过班长牵头、班干帮扶、宿舍长摸查，了解班级每一位同学的日常状态，化被动为主动，将问题扼杀在摇篮里。多举办集体活动，加强班风学风建设的同时，提升班级凝聚力，促使各宿舍关系融洽、一起努力学习、探究问题，从而相互促进。

三、案例思考和工作建议

大学生发生宿舍冲突及宿舍人际关系紧张问题绝不是个案，要在学生个人、学生工作者、学校、社会和家庭等各个方面共同努力，提高大学生的人际交往能力，避免宿舍冲突的再次发生。

通过本案例，笔者认真反思并进行深刻总结，归纳出辅导员日常工作的几个注意要点。

第一，加强制度实施，将学生工作落到实处。定期与不定期的走访宿舍，及时发现问题，进行纠正，避免出现不可挽回的局面。

第二，积极开展大学生心理健康教育，正确引导大学生看待心理健康问题及人际交往关系。日常生活中，难免因为一些事情，影响自己的心情，甚至影响自己的言行举止，导致性格变化。学院应多种形式开展活动，排解学生的日常困惑、压力，让学生了解人与人之间的差异，人际交往中让双方舒服就是最好的状态，不用刻意迎合，同时避免过度自我。

第三，防范机制的重要性。事前事中事后，及时跟进情况，不能进行冷处理。让当事双方都有一个冷静思考和认真反思的过程，每人写一个事件发生过程的说明和自己的思想认识。在事件处理过程中，要让班团干部和其他学生对当事学生进行关注，避免引发其他不良事件。

第四，关注问题学生，积极进行引导。大学期间，因学生心理不成熟、抗干扰能力差等特点，面对问题时容易产生挫败感。因此，多关注学生日常行为，时刻警惕，引导学生勇敢面对自己、克服障碍，增加抗压能力，养成良好的心理素质，实现个人价值。

参考文献

陈倩. 解决大学生宿舍冲突的案例分析与思考［J］. 学园，2016（2）：142-143.

期末考后的 "连环 CALL"

韩宝玉

一、当事人基本情况

小 C，女，于 2015 年被录取至 A 大学汉语言文学专业，初入学时成绩尚可，班内排名前 15。她来自广东中山的一个贫困家庭，父母离异，母亲一人拉扯兄妹俩长大。哥哥刚刚就业，初入职场较为忙碌，没有太多时间关注小 C，母亲文化程度低，因生计原因，也不太过问小 C 的学习与生活。

小 C 在大一刚入学的时候性格内向，非常不自信，不善与人交往，但是为人坦诚、乐于助人，与舍友关系相对融洽。因个人睡觉打鼾问题，大二下学期开始与宿舍成员关系急速恶化，进而影响整体人际关系，自卑使其不愿与周边认识的同学交往，因此她加入了英语培训机构，出现早出晚归、成绩下滑及经常性的迟到、早退及旷课情况。经过多次深入的沟通谈话，辅导员挖掘出了 C 同学生活及学习出现偏差的主要原因——打鼾。发现问题的关键点后，在学院及各部门统筹安排下，小 C 经过了外宿治疗以后，打鼾的问题得到了实质性的解决，小 C 同学后期也正常地参与到学校及班级组织的教育教学活动中，最终顺利毕业。

二、事件前因后果

（一）矛盾发生的始末

2016—2017 学年第二学期，大二年级期末考试完成后的第二天上午，连续 5 个令辅导员"应接不暇"的电话打了过来，电话那头的母亲们言辞犀利、气势咄咄逼人，以高度一致的口吻向辅导员表达了他们的"迫切诉求"——要求小 C 同学立即调换宿舍。随即辅导员立即分别约谈小 C 同学及其舍友，了解到了矛盾产生的始末。

（二）矛盾发酵初期

自高中开始"打鼾"的问题已经伴随小 C 同学 5 年之久，因打鼾问题给小 C 带来的麻烦也已经困扰她许久。作为女生，打鼾确实是难言之隐，是她心里的痛。但是因为家庭经济原因，这个问题一拖再拖，直到成为导致各类矛盾爆发的"助推剂"。

小 C 的宿舍是六人间，舍友基本都是来自离校较近的且家庭条件较好的周边城市，言行相对强势一些。小 C 在大一上学期时，与宿舍同学关系尚可，还未因"打鼾"问题与舍友关系恶化，只是与舍友的关系不冷不热，渐渐地舍友开始向她提出就医的建议，但是小 C 却迟迟不见行动，没有积极主动地进行治疗，就这样打鼾的问题也就一直拖着，直到舍友对她的意见越来越大，她也变得越来越自卑，不好意思面对舍友。

（三）矛盾爆发关键期

小 C 同学宿舍关系的急剧恶化是在大二的下学期。源于她的另一个错误决定，也是导致宿舍"5 对 1"敌对现象出现的"导火索"——加入英语培训机构，从此与舍友的关系就变成了"针尖对麦芒"。

小 C 虽然不自信，但是内心却是一个上进心较强的学生。作为对外语有较高要求的学生，她意识到提升自己外语水平及优化自己口语表达能力的重要性。又因宿舍的尴尬氛围，她认为减少自己待在宿舍的时间，境况可能会有所改善，故而在其他学院师兄师姐的鼓动下，她加入到了一个英语培训机构的队伍。因该机构的课程设置存在不合理之处，需要成员们利用课后、晚上及周末的业余时间来进行互动，所以经常会导致成员出现晚归现象。前期小 C 纪律意识尚可，还较为克制，后来因宿舍矛盾的加剧，又因舍友都为同班同学，低头不见抬头见，于是干脆经常性地出现早退晚归的情况，半夜开门及洗漱声音严重影响到舍友的休息。最终出现最为尴尬的"5 对 1"情况，学期末的时候是舍友一致强硬要求小 C 搬离宿舍，又未经与辅导员商议，煽动 5 位家长半天内轮番打电话给辅导员施压，强制要求小 C 搬离宿舍。

（四）问题归因及诊断

1. 自身因素

（1）打鼾。

打鼾，也就是人们常说的打呼噜。医学术语为鼾症、打呼噜、睡眠呼吸暂停综合征，是一种普遍存在的睡眠现象，目前大多数人认为这是司空见惯的，而不以为然，还有人把打呼噜看成睡得香的表现。其实打呼噜是健康的大敌，由于打呼噜使睡眠呼吸反复暂停，易造成大脑、血液严重缺氧，形成低氧血症，从而诱发高血压、脑心病、心律失常、心肌梗死、心绞痛等。夜间呼吸暂停时间超过 120 秒容易在凌晨发生猝死。

诊断结果显示小 C 是因腺体肥大导致的鼾病，她没有正确认识到自己打鼾问题的严重性，也没有想到因为打鼾问题会影响到别人的睡眠，加之她漠视、不处理的态度，导致她与舍友的关系急剧恶化。

（2）内向的性格。

内向人的兴趣与注意指向自身及其主观世界，除了亲密朋友之外，不易与他人随便接触，对一般人显得冷漠；待人含蓄、沉思、严肃、敏感；缺乏自信与行动的勇气；喜好幻想；情绪活动比较稳定；喜欢有秩序的生活。小 C 同学由于自身的内向性格，与同学交流较少，没有较为亲密的朋友去袒露自己的难处与痛楚，发生不愉快的事情只想自己一个人扛着，不能自己解决问题又获取不到他人的帮助，加之舍友不耐烦的态度，导致她越来越不自信，在舍友和同学面前抬不起头来。

2. 家庭因素

家庭经济水平也在一定程度上影响大学生的心理健康。处在特殊的年龄段，大学生之间的攀比心理也是十分严重，若家庭情况较好则可以为孩子提供充足的物质保障，学生的内心需求也能得到一定的满足，而经济条件较差的家庭如果没有给孩子树立正确的价值观、人生观，没有进行正确的引导，则会给孩子带来一定的困扰，他们会觉得自己事事不如别人，心理承受能力差的学生甚至会出现抑郁等不良现象。小 C 同学家庭背景较为贫困，加之单亲的家庭背景致使她出现困难时为了不给家人添麻烦而选择自我承担、自我消解。这反倒成了促进小 C 事件发展的重要"助推剂"。

三、事件干预过程

（一）发现矛盾，急速行动

在接到母亲们的"连环 CALL"之后，辅导员首先冷静地安抚了家长们的情绪，然后翻阅小 C 及其舍友的学生信息收集表，并开展了问题解决的第一次谈话行动，立即联系小 C、班委及其舍友进行了分批谈话，综合考证，了解小 C 事件的真实情况。

（二）理性判断，分析始末

通常情况下矛盾发生的原因是多方面的，且易是环环相扣的，辅导员通过与不同对象的分批谈话，客观全面地了解事件发生的经过并分析论证后，理清了隐藏在小 C 同学事件背后的递进性原因——家庭经济困难＋性格内向＋打鼾＋加入英语培训机构。

（三）安抚情绪，感化引导

因为小 C 是女孩子，打鼾的问题也成了她隐藏在心里的痛，在经过分析研判后辅导员随即开展了解决问题的第二次关键行动：个别谈话（同小 C 的共情性谈话与安抚）＋团体心理辅导（舍友们的换位思考情景模拟体验）。

与小 C 的共情性谈话是在学院的心理咨询室开展的，无其他人打扰，舒适的谈话环境以及辅导员的理解与安慰，让小 C 很快放松下来，并哭述了自己的成长经历及压在心底的苦闷，辅导员运用焦点解决心理咨询技术肯定了小 C 同学在处理自身矛盾时所做的积极付出，并引导她直观的认识自己现在的处境，同时指出了小 C 自这件事情上消极处理的不足，并引导她真诚地做出今后在解决该问题上的递进性计划：①与舍友来一次面对面的平心静气的会谈，并向她们检讨自己在处理这件事情上的缺点和不足，缓解当前与舍友尴尬的局面。②积极主动地去进行身体治疗。③与英语培训机构沟通，并根据自己的课表合理安排在英语培训机构的课程。

舍友们的换位思考情景模拟体验是在与小 C 进行完第二次谈话后的下午进行的，小 C 利用中午时间完成了自己的心理建设，并鼓足了勇气面对舍友，加之辅导员公正公平的引导点评，让双方真切认识到了自己在该事件中的不足，因此在矛盾双方的高度配合下完成了非常成功的模拟体验。且该事件的当事人在此过程中主动商讨出了问题更高效的解决办法即"外宿治疗＋制定对小 C 的舍友轮流学习监督制度"。对于小 C 舍友们抱团煽动家长参与并给辅导员施压这件事，她们也做出了深刻检讨，后期家长们也主动给辅导员打电话表示歉意，并邀请小 C 同学治愈后继续回宿舍住。

（四）真诚沟通，合力助人

事后辅导员与小 C 的母亲及哥哥进行了沟通交流，在他们了解了事件的始末之后，在对小 C 同学就医治疗这件事情上他们表示非常支持，并同意小 C 提出的外宿申请，且其母亲主动表示过来陪护。小 C 随即办理了退宿及外宿手续并去医院进行了诊断及治疗。

在后续的事件跟进过程中，辅导员发现小 C 因较长的治疗过程而产生了较多的医药费（部分药物费不能医保报销），又因母亲全程陪护无收入，加之本来就较为贫困的家庭环境，让小 C 在治疗过程当中产生了想中断治疗的念头。辅导员及时反馈给了学院党委副书记以及学生处资助部门，在经过多部门的共同努力下为该生申请了临时困难补贴，在关键时刻又给小 C 同学送去了春风般的温暖，坚定了小 C 继续治疗的决心。

四、工作效果及经验启示

（一）工作效果

经过半年多的治疗，小 C 的打鼾现象得以解决，在舍友的帮助下小 C 顺利通过了几门功课的补考，下滑科目的成绩也有了显著提升，并在大四的时候搬回了学校居住，虽然没有和之前的舍友住在一起，但是她们却保持了较好的同学关系，并时常会进行聚餐。在辅导员与舍友的共同帮助下，小 C 的整体形象也有了可观的改变，口语表达越来越流畅，并且越来越自信，毕业后小 C 收到了深圳一家培训机构的 OFFER，并与辅导员保持着良好的互动。至此该事件有了较为圆满的结局。

(二) 经验启示

1. 守住底线，冷静应对

在接到母亲们的"连环CALL"之后，辅导员先冷静地稳住了家长们的情绪，并没有因家长的施压而委曲求全。而是立即多方面多角度的去挖掘事件的真相，让本就孤立无援的小C有了倾诉和依靠的港湾。辅导员在工作中遇到"多对一"矛盾事件发生时，首先要坚持客观公正的工作理念，用多方观察的视角来审视事件的深层原因，并引导学生反思自己在矛盾发生过程中的不足，并自我检讨，刚正不阿地守住工作的底线，以正确的方式给予学生适当的精神支持。

2. 找准关键，精准施策

小C事件的深源性原因是家庭贫困，辅导员抓住这一关键点开展工作，及时有效地解决了问题。打蛇打七寸、抓问题抓关键，辅导员在开展工作时要学会观察分析，找出问题的关键，并以此为基点着手处理问题。

3. 以情感人，以理动人

小C的舍友在遇到问题时对小C采取了较为强硬的处理方式，使得小C的内心备受打击。辅导员采取的换位思考情景模拟体验，让她们真切体验到了对方的难处，并让她们审视了自己在这件事情中想要的真实结果。唤起她们心底对彼此的关爱，从而勠力同心、互帮互助，与小C共渡难关。辅导员开展工作时要善于打好感情牌，从而更易于工作的开展。

4. 抓紧干部，培养助手

小C事件发生初期的持续时间已经持续半年以上，而直至"连环CALL"事件爆发之后辅导员才发现这起矛盾事件。班干和舍长在发现问题后没有及时上报，而是选择漠视和隐瞒，显露出我们在干部培养方面的不足。辅导员要做好干部的培育工作，培养他们认识和发掘问题的敏锐性，以干部为主要抓手开展危机摸查工作，以便辅导员能够在第一时间发现问题，在问题萌芽阶段着手解决问题，从而提高工作效率。

参考文献

[1] 朱华, 王晓静, 胡峰, 等. 大学生打鼾的人群分布特征及其影响因素分析 [J]. 中国医学文摘 (耳鼻咽喉科学), 2021, 36 (1): 36-39.

[2] 刘成荫, 哈战荣. 家庭经济困难学生心理健康问题分析及对策研究 [J]. 思想教育研究, 2018 (11): 111-114.

第七篇
职业生涯规划与就业指导

用"三全育人"理念助力学生就业

温慧娴

一、案例简介

(一) 学生个人基本情况

学生小 A，女，22 岁，广东梅州人，是广州一所本科院校的大四学生，她是家中长女，还有一个在读高中的妹妹和一个读初中的弟弟，父母务农，家庭情况较为困难。父母对她的期望比较高，希望她能出人头地，帮扶家里经济。小 A 进入大学以来，就一直申请家庭经济困难补助，课余时间会在校内进行勤工俭学，学习成绩优异曾获得校内奖学金，同时也在班级里担任纪律委员一职，做事认真负责，虽然性格内向，但与同学们相处融洽，参加班级活动也比较积极。

(二) 本案例事件过程

学生小 A 在大三暑假期间，成功求职应聘到广州一家本土企业做实习生，主要工作是文书整理和简单撰写，上司对她的评价很好：为人勤勉、工作认真负责。实习期满后，小 A 对自己的毕业规划有了更加明确的方向，也对此充满信心，准备参加学校组织的秋招。小 A 认为自己学业成绩优异和担任学生干部，具有一定的实习经验，并能够得到同学和上级的好评，在招聘会找到一份工作并不是一件难事。然而结果却是，小 A 找了好几份心仪的工作，不是简历被筛，就是过不了第一轮面试，因此小 A 大受打击，开始变得不自信、焦虑，非常担心毕业找不到工作，对不起父母的期望。

(三) 问题的关键

从小 A 的基本情况可知,她属于在高校毕业生这类群体中面临的就业焦虑和未来职业迷茫,具有非常典型的群体性,基本上都是发生在毕业学生当中。我们可以得知小 A 平时表现良好,在找到的实习工作中又得到较为满意的外部评价,但是在秋招的多次失败中,导致小 A 丧失自信心,加之家庭经济对她造成的心理压力也是她感到就业焦虑的关键因素,所以帮助小 A 走出就业困境,有针对性进行帮扶是解决问题的关键。

作为一名高校辅导员,帮助学生进行职业规划和就业创业指导是我们的基本工作职责,对此应当引导小 A 克服找工作中的不良心态,使其尽快从挫折中走出来,找回自信,积极面对失败,再次做好充足的准备迎接找工作的考验,成为一名新社会人。

二、案例分析与处理情况

(一) 对案例的分析

当前,高校毕业生就业难已经是高校和全社会都非常关注的问题,习近平总书记在十九大报告中曾提出"就业是最大的民生。"对于受过高等教育的学生而言,他们对就业的渴望不仅仅是找到一份工作,更多的是要找到一份令自己和家庭都能够满意的好工作;案例中的小 A 找工作的方向都是自己心仪的岗位,而忽视了自己在目前的工作能力水平之下可选择的用人单位,应先就业再择业。小 A 未找准自己的就业定位,无法适应现实的心理落差感,表现出了不自信和焦虑等情况。

1. 职业规划欠缺

小 A 在大四的秋招之前,整个大学期间只做过一次实习生,社会工作经验比较匮乏,求职能力相对比较薄弱,说明她欠缺一定的专业技术技能,无法得到用人单位的认同。在校期间,小 A 没有参加过较为专业的职业技能培训且自身没有清晰的未来工作规划,虽然具有一定的就业素养,但不清楚目前社会就业的严峻形势,制定的目标不符合现在的实际情况,导致她在秋招时屡次碰壁。

2. 求职准备不足

小 A 顺利完成第一份实习工作后,对自己未来的就业方向有了更高的期待,憧憬着以后能够找到心仪的工作,实现理想的就业目标。可是,秋招的多次失利使其丧失自信心,从而否定了自己。在职场生涯中不仅需要心理上的准备,还需要一系列的物质准备,例如撰写简历、自我介绍、面试作答,甚至是专业上的技能。另外还需要关注外部社会环境,例如想就业的这个行业的基本情况、不同企业之间的对比、不同的求职渠道等。

3. 心理压力过大

从小 A 的家庭环境可以看出，她的成功与否承载着农村家庭在教育上的回报与希望。因此，小 A 非常渴望找到一份工作能够减轻自己家庭经济的负担，从而减轻父母的压力，为此她也存在着渴望就业的心理压力。而多次求职的不顺利使她的心理负担越来越重，害怕辜负了父母的期望。

（二）对案例的处理情况

像小 A 这种情况的毕业生不在少数，在他们人生的关键阶段，更需要教师的关心和引导，而辅导员是学生在大学生涯中接触最多的教师之一，帮助学生就业是我们应尽的职责。因此，我们要引导学生树立正确的就业观与职业观，明白就业面临的压力，更好地学习和生活，成长为更好的自己，毕业后能够用自己的专业技能服务社会，为社会主义事业做出贡献。

1. 了解情况，情绪疏导

笔者先跟小 A 进行沟通，了解她日常的表现以及在求职面试中遇到的问题，摸清楚她究竟是专业能力不足还是面试技巧欠缺等原因而导致的求职失败，通过谈话能够进一步掌握小 A 的情况，在谈话中笔者注意安抚她的个人情绪，通过共情、换位思考等角度引导她从求职失利的悲伤情绪中走出来，例如肯定对她在校期间取得的一些成绩，点赞她努力学习追求上进的良好状态；另外，针对她在秋招求职路上遇到的失败，与她一起分析原因及改进措施。还有，就业焦虑是大部分毕业同学都存在的情况，我们不必过度担忧和恐慌，办法总比困难多，现在只是秋招，后面还有春招和毕业季招聘，俗话说得好"三百六十行，行行出状元"，这些岗位不适合并不代表其他岗位不适合。

2. 分类帮扶，明确目标

在小 A 对自身有了更加清晰了解和客观评价后，笔者继续引导她考虑现实情况，加上专业上的客观因素，初步评估自己可就业的行业范围，制定切实可行的就业提升计划和未来的职业发展规划，例如小 A 虽然人比较内向，但是人际关系挺好的，所以可以往事业单位、银行等相关企业的文员方向发展，而且她曾经在学校勤工俭学岗位工作数年，这也是她的一大优势，对事业单位等机构较为熟悉，工作流程比较了解。

另外，在面试中不仅看中个人的能力，还会看应聘者的外在表现，例如言谈举止、简历等。而小 A 多次求职失败，可能还有一层原因就是应对面试的技巧不足，只有理论知识而缺乏实际操作。所以，笔者让小 A 去修改简历，根据不同的求职岗位，有针对性地设计所需要的简历。还有软实力也是不容忽视的，在面试时的着装礼仪也比较重要。

3. 持续关注，助力就业

经过多次沟通，小 A 的情绪得到平复，且对自己的未来有更加明确的规划，总结好经验和目前不足之处，扬长避短不再迷茫。简历更有规范有条理且行业针对性强，做好"一把钥匙开一把锁";求职面谈有了很大改善,常见问题能够对答如流且符合自身实际发展;个人职业生涯规划有了更详细的小目标,分阶段实施更加有力,最终小 A 在春招的时候找到了一个在互联网企业担任管培生的岗位。

三、案例思考和工作反思

现在反映出来的是小 A 的个例事件,但从这个案例中可以看出来大学生的职业规划是一个长期性的问题,不仅需要高校的努力,还需要家庭及全社会的多方面支持。大学生是宝贵的人才资源,是祖国的未来和希望。大学生能否成功就业,是衡量我国高等教育水平的重要标准之一。所以,如何用好多方面的资源和力量助力大学生就业创业是我们在大学生职业生涯规划上值得去思考的关键问题。

习近平总书记在全国高校思想政治工作会议指出:高校要坚持把立德树人作为中心环节,把思想政治工作贯穿教育教学全过程,实现全程育人、全方位育人,努力开创我国高等教育事业发展新局面。因此,作为一名高校辅导员,我们可以用"三全育人"理念及早帮助学生做好大学生涯职业规划,助力学生就业,贡献青春力量成为社会主义事业的建设者和接班人。

(一)全员育人,树立就业观念

全员育人,可以构建以"学生为主体、高校为主导、家庭为关键、企业为主力、社会为补充"的全员参与分工明确的就业工作格局,树立良好的择业观念。

就业的第一责任人是学生,所以要先做好学生自己的思想工作,让他们有就业的想法和观念,引导学生做好积极就业的心态;高校是学生培养的重要场所,见证大学生四年来的成长成才,可以通过课程设计和活动策划,将职业教育融入日常学习,培养必备的就业知识,"学一门生涯课程,做一次职业测评,有一项就业技能,做一次社会实践,写一份求职简历"的"五个一工程",从顶层设计上对就业有全面性的指导;家校合力,家庭也要做到守土有方,父母是孩子的第一任教师,在日常与孩子的接触中以身作则,教会孩子认识一些社会上常见的就业方式和岗位需求;企业能够为大学生在校实践和毕业就业提供必要的岗位,促进他们把理论知识融入实际生活;社会各界应该关注和支持大学生,提供必要的社会办事平台和服务,更有利他们的职业发展。

(二)全程育人,提高就业认知

全程育人,根据大学生的成长规律,从大学生入学到毕业将职业生涯教育贯穿其中。

高校辅导员是大学生在学校学习和生活中接触最多的教师之一,是学生日常管理工作的组织者、实施者、指导者;辅导员对学生的就业指导和职业生涯规划按照大一到大四的阶段划分:在大一抓好新生教育,在职业生涯课程上讲好专业学习和未来就业前景，积极配合相关部门做好生涯大赛的活动组织，以赛促学，以赛促知；在大二和大三可以持续关注，开办更多的活动让学生对未来就业有更深入的了解，另外协调社会资源、校友资源，对有实习需求的学生提供参与社会实践的机会；大四做好毕业教育的同时，协调好学院资源实行导师制就业指导机制，一名教师同时指导多名学生，精准帮扶毕业学生的就业。

（三）全方位育人，提升就业能力

全方位育人，用好课上课下的平台，打造线上线下的方式，融合校内校外的教育，全面提升大学生的就业能力。

在课上课下，不仅需要关注课堂教学的第一课堂，充分发挥专业教师在课堂教学的作用，将就业的相关内容与专业知识有机结合，还要关注学生社团活动、社会实践等第二课堂，将就业与校园文化紧密相连，潜移默化地对学生产生积极的影响。

在线上线下，不仅需要传统的媒体传播，还要用学生喜闻乐见的新媒体手段，向学生传达就业政策、招聘信息、用人单位等毕业信息，还可以多媒体结合推送简历制作和面试指导等，增强求职技能，提升学生的就业竞争力。

在校内校外，不仅充分利用学校教育资源，还积极协调校外社会资源，让大学生了解国情、了解民情、了解就业情况，提供必要的政策支持，强化就业保障，使大学生就业无忧。

大学生的就业是全社会的大事，高校辅导员要在就业指导工作中发挥积极作用，重任在肩责无旁贷。

聚焦乡村振兴，淬炼新闻人才
——广州大学新闻与传播学院"部校共建"社会实践育人工程

李　雁　方建平　邹演枚

引言：自 2018 年起，在广州大学新闻与传播学院党委"一二三五"党建模式的指导下，按照"部校共建"工作部署，以推进"实践育人工程"为依托，连续 4 年开展以"新闻扶贫"和"乡村振兴"为主题的暑期社会实践活动。4 年来，在广州市委宣传部和市协作办的大力支持下，约 60 名教师带领近 300 名学生前往广东梅州、清远，贵州毕节、黔南，新疆喀什，陕西延安等地开展主题活动，帮助宣传当地扶贫故事，挖掘当地红色资源，充分运用新媒体讲好乡村振兴的一线故事。师生们步履坚定，走进广州市对口帮扶的贫困县、村，用脚步丈量，用心灵摩挲，用镜头记录，用文字镌写，将一段又一段令人动容的扶贫故事，一个又一个崭新的乡村振兴模式以多元的形式展现在公众视野中，意义重大，影响广泛。学生采写的系列作品大量刊发于人民网、央广网、新华社客户端、中国青年报、共产党员网、广州日报等央媒、省市级多家媒体，形成实践报告 200 多篇，成果在广州扶贫成果展展出，受到省市领导高度评价。实践团队连续 3 年获评国家级、省级、市级优秀实践团队称号（"部校共建"指广州市委宣传部为贯彻落实中宣部、教育部联合发出的文件精神，深入实施卓越新闻传播人才教育培养计划，与广州大学每年配套 1 000 万元专项经费，创新新闻传播后备人才培养机制，提高人才培养质量的简称）。

一、背景与起因

（一）项目背景

2015年，中央扶贫开发工作会议在北京召开，习近平总书记强调："消除贫困、改善民生、逐步实现共同富裕，是社会主义的本质要求，是中国共产党的重要使命"。同年，《中共中央国务院关于打赢脱贫攻坚战的决定》发布。2016年，习近平总书记在全国高校思想政治工作会议上指出："要坚持把立德树人作为中心环节，把思想政治工作贯穿教育教学全过程，实现全程育人、全方位育人"。2018年，习近平总书记在全国宣传思想工作会议中强调，完成新形势下宣传思想工作的使命任务，必须以新时代中国特色社会主义思想和党的十九大精神为指导，增强"四个意识"、坚定"四个自信"，自觉承担起举旗帜、聚民心、育新人、兴文化、展形象的使命任务，坚持正确政治方向，在基础性、战略性工作上下功夫……还指出，要"不断增强脚力、眼力、脑力、笔力，努力打造一支政治过硬、本领高强、求实创新、能打胜仗的宣传思想工作队伍"。

（二）项目起因

近年来，广州大学新闻与传播学院党委积极探索以完善上下贯通、执行有力的组织体系，以提高学院党建工作质量为主线的党建工作新理念，创建了"一二三五"党建模式即"一个核心、两个结合、三项工程、五个到位"。"一个核心"指坚持习近平新时代中国特色社会主义思想作为指导党建工作的核心；"两个结合"指基层党建工作的统筹规划和分步实施相结合，面上整体推进和重点品牌塑造相结合；"三项工程"指课程思政示范工程、学科头雁领飞工程、社会实践育人工程；"五个到位"指党委领导机制到位、政治把关到位、思政工作到位、党制度执行到位、党建引领教学改革到位。在"一二三五"党建模式的指导下，按照部校共建的安排，以社会实践育人工程为依托，学院聚焦脱贫攻坚、乡村振兴等国家重大战略，以培养卓越新闻人才为中心目标，以部校共建暑期社会实践为抓手，探索实践育人新模式，逐渐形成特色学生工作项目，真正讲好扶贫故事，切实提升新闻学子"四力"，涵养学生家国情怀。

二、理念与创新

"聚焦乡村振兴，淬炼新闻人才"社会实践育人工程以落实立德树人根本任务为工作理念，以培养有志气、有骨气、有底气的新时代青年为目标，以立体式、沉浸式实践活动为形式，有机将国情教育、思想教育、学科建设、专业教育与社会实践、社会服务融为一体，与时俱进，打造了新闻传播人才育人新模式，创新构建了新时代学生的三重学习维度——"传统媒体—新媒体"的媒介维度、"文字—影像/有声语言"的形式维度、"历史—现实"的时空维度，实现了第一课堂和第二课堂、党史学习教育和专业知识传授相统一，不仅深化了学生对马克思主义新闻观的认识，还提升了新闻"四力"，练就了过硬本领。

三、做法与实施

（一）提高政治站位，明确活动主题

一是坚持用习近平新时代中国特色社会主义思想统一思想、指导工作。学院党委深入学习习近平总书记系列重要讲话精神，特别是总书记在全国高校思想政治工作会议、全国宣传思想工作会议上的重要讲话精神，明确了高校工作要坚持立德树人根本任务，明确了新闻与传播学院要为国家培养具备"四力"的卓越新闻人才的目标要求。同时，组织开展专题研讨，广大师生围绕"立德树人"和"培育卓越新闻人才"等主题汇众智、谋良策，研究提出"要在国家战略性工作上下功夫"和"将第一课堂新闻教学与第二课堂社会实践相结合实现全方位育人"等重要课题，为工作推进奠定思想基础。

二是坚持学用结合，明确活动主题。在市委宣传部的指导下，经过深入学习研讨，统筹考虑学院新闻专业服务脱贫攻坚国家大局的作用与优势，确定了"新闻扶贫"和"乡村振兴"社会实践主题。活动主要通过党建引领，引导师生党员积极参与，宣传广州市对口帮扶地区的扶贫故事，挖掘当地红色资源，充分运用新媒体平台加强新闻报道的传播力，讲好脱贫攻坚的一线故事，传播好党的扶贫声音。

（二）加强工作统筹，确保扎实推进

一是成立专项工作小组。学院党委高度重视，成立由院领导、教师代表和学生代表共同组成的部校共建暑期社会实践活动专项工作小组，专责推进实践活动。在工作小组的指导下，学院新闻学系、传播学系、广播电视艺术系、播音主持艺术系党支部和本科生、研究生党支部师生党员积极发挥先锋模范作用，引领其他师生同心协力、出谋划策，制定《部校共建广州大学新闻与传播学院新闻扶贫暑期社会实践方案》。方案明确了活动各阶段各环节的重点工作，前期重点做好学生选拔、培训，邀请市、校领导参加启动授旗仪式，与对口帮扶地区的相关部门做好对接联系。中期重点发挥专业教师优势，开展活动指导，策划实践与报道过程，引导学生积极参与采制，创作平面媒体、广播电视等新媒体作品。后期重点做好成果汇编，开展经验总结交流。

二是全力做好服务保障。市委宣传部高度重视、支持活动开展，划拨专门工作经费保障推进，协调广州日报、广州广播电视台、梅州日报等媒体随行指导报道。校、院党委积极做好"人、财、物"配套支持，院党委书记李雁、院长田秋生坚持身体力

行、率先垂范（见图1），连续4年带领师生们入乡村、访乡亲、察民情、懂国情。专项工作组明确了专职人员跟进活动的后勤服务保障工作。

图1 2020年田秋生院长带头参与扶贫助农电商直播实践活动

（三）创新方式方法，增强活动实效

一是发挥专业师资优势，开展培训交流。组织专业教师到对口帮扶地区的贵州毕节、黔南，广东梅州、清远等地的报业集团和电视台开展马克思主义新闻观课程培训，深入座谈交流，共同提升业务能力和水平。同时，随行学生通过共同参与，进一步深化对传统媒体和新媒体行业现状的认识。

二是反映脱贫攻坚实效，开展新闻采写和社会调查。由专业教师、辅导员和当地新闻从业者联合带领学生开展新闻采访与社会调查，积极反映扶贫干部带领广大干部群众艰苦奋斗、真抓实干的生动实践，呈现广州对口扶贫工作取得的扎实成效。2021年，教师席红、辅导员王子健带领贵州毕节实践队伍（见图2）前往赫章县白果街道石板河村的过程中，拍摄挂壁公路，采访当地村干部，全程纪实拍摄了《大学生看小康——天渠三代人》短视频，真实反映脱贫攻坚给村里带来的巨大改变，让学生真切地感受乡村振兴的实际成效。

三是用好红色资源，开展爱国主义教育。充分挖掘当地红色资源，组织学生深入革命遗址重温历史，开展新闻采风，让学生在沉浸式教育中感受革命精神。如2019年，教师党员刘涛、徐来带领梅州实践队参观调研当地红色基因馆、诚怡公祠和渡口之战遗址等，采访了著名爱国人士陈启昌先生的妻子，让学生深切感受革命者和革命遗属的家国情怀。

四是助力脱贫攻坚，开展"直播带货"。发挥学院播音主持艺术系专业优势，采用现阶段最火热、最有效的"直播带货"方式，开展"农产品直播带货"实践活动，帮助当地扶贫企业和贫困户提高产业收入。如 2020 年，学院成立"直播带货扶贫小组"前往清远、梅州、花都等地，与联通、禾家助农馆、触电新闻等直播平台合作，开展了 14 场富有特色的直播助农活动和 1 场新闻直播活动，累计观看人数达 317 299 人次，带货农产品销售额近 10 万元。

图 2　2021 年暑期社会实践贵州毕节队

五是组织港澳台生参与，增强民族认同和文化自信。2021 年，由学院党委李雁书记、播音主持艺术系学科带头人刘玉萍老师带领港澳台学生和内地（大陆）学生代表前往陕西延安进行党史学习教育主题实践。虽然实践因河南洪涝中断，但港澳台学生在策划的设计和形成、路途的坎坷和困难中收获良多，感受颇深。

四、成效与反响

（一）通过"部校共建"社会实践育人工程，讲好乡村振兴故事

为更好地宣传党的扶贫政策和扶贫工作所取得的成效，各支实践队创作了内容丰满、形式丰富的新闻作品，营造了良好的舆论氛围。2018—2021 年，学院先后有 60 名专任教师带领近 300 名学生走基层，前往广东梅州、贵州黔南布依族苗族自治州、贵州毕节、新疆喀什、广东清远、陕西延安等地，走过了 30 余个村落，采访了 20 余个扶贫第一书记，走访了超 70 家贫困户。师生在各类宣传平台总计发布稿件 200 余篇，短视频 80 多条。其中 60 余篇优质新闻稿件被新华网客户端、人民日报客户端、

学习强国平台、央广网、广州日报、羊城晚报、信息时报等媒体刊载；近20条高质量短视频在人民日报客户端、学习强国平台、大湾区之声、南方+等平台播出。其中《用行动传播铸牢中华民族共同体意识——广东援疆干部在喀什纪实》《广州教育援疆疏附县进行时：万里路遥情谊深》《广州大学新传人：又见"远"景，助力扶贫》《广州大学：把新闻课堂搬到扶贫一线田间地头》《广州大学特色思政课：走进乡村实践，体验脱贫攻坚》《一颗无花果的故事》等高质量、新视野的稿件和视频被人民日报、新华网、中国报道等客户端刊载，阅读量总计达60万+。教师党员许莹冰带领师生创作的以广州清远扶贫干部林高扬及其事迹为主题的《高山上的银杏》系列广播剧在学习强国平台展示，并在新媒体《喜马拉雅》《触电传媒》等APP上播放，收听量突破6万人。2020年梅州实践队扶贫纪录片《走近》获广州市第十一届党员教育电视片观摩交流活动三等奖。

（二）通过"部校共建"社会实践育人模式，提升学生新闻"四力"

"四力"能力，即练"脚力"，深入群众、深入基层、深入现场进行调查研究和采访；练"眼力"，增强对国情、社情、民情的观察、判断、辨别的能力；练"脑力"，加强学习，提升思考分析能力；练"笔力"，转换文风，提升语言表达能力。4年来，实践活动提供了最鲜活、最富有时代感的实践场景，让媒体团队和学院教师团队共同成为现场教学和指导实践的教师，让扶贫一线的攻坚战场成为学生成长的土壤。在实践过程中，教师们全程讲授、悉心指导，学生们真采、真写、真拍、真发表，做到了"用脚步丈量，用心灵摩挲，用镜头记录，用文字镌写"，充分感知了国情民情，切实锻炼了作为新闻工作者所必需的"四力"即"脚力、脑力、眼力、笔力"，提升了学生们的新闻业务水平。在实践活动基础上，学生们撰写的《"乡村振兴"背景下的三农短视频助力新农村建设新路径研究》《"小体育"促进"大认同"——广州市体育援疆的可持续性与可开发性探究》等2项调研报告，分别被评为广州大学第十七届挑战杯作品竞赛决赛一等奖、二等奖，并进入省赛。

（三）通过"部校共建"社会实践育人活动，涵养新时代青年家国情怀

4年来，师生们在参加社会实践的过程中受到了教育，提高了思想认识，对扶贫工作的政策和成就有了切身的了解，对当地的红色历史文化有了新的认识，更加坚定马克思主义新闻观的信念，家国情怀油然而生。广电193班廖勉钰同学在实践总结中说出了很多成员的共同心声："每天高额的任务量可能是疲惫的，但大家精神丰盈。在路上，有老师随时随地教学指导，让新闻课堂上的专业知识走进工作现场；在路上，有第一书记的扶贫故事，他们用青春和汗水把贫困地区的生活照亮，是一堂思政课，一次很好的党性教育；在路上，大家形成稿件文本，把扶贫路上的所感所想传递给广大受众，也是一次马克思主义新闻观的形塑过程，更是一次近距离感受从精准扶贫走向乡村振兴的心灵旅程"。"直播带货扶贫小组"队长、学生党员冯颖倩表达道："这

次实践互动，让我也有机会为打赢扶贫攻坚战贡献自己的绵薄之力，尽管微不足道，但却坚信点滴光亮终将汇聚星河，愿日后踏入社会也不忘今日初心。"清远实践队预备党员张晓冬同学由衷感慨："当我真正踏上清远乡村的土地，呼吸到乡村的空气，和淳朴的村民进行交谈时，我深深意识到国家扶贫工作带来的显著成效，落实的扶贫政策对贫困人员的实际帮助。2020年是国家扶贫的收官之年，我相信，在国家的帮扶下，中国的乡村振兴一定会实现！"

五、意义与价值

第一，充分发挥党支部的战斗堡垒作用和党员的先锋模范作用，是做好高校实践育人工作关键所在。学院各专业党支部和全体师生党员参与了部校共建暑期社会实践活动的构思、策划、实施、总结全过程，为实践活动出谋划策、身体力行，为实践活动的顺利开展、取得成效奠定了坚实基础。

第二，教育引导学生在服务国家大局的实践中成长淬炼，是做好高校实践育人工作的价值所在。连续开展4年的部校共建暑期社会实践活动探索出了"走基层、懂国情、长本领"的新闻传播实践育人新机制，让学生既在投身服务国家大局中贡献力量、实现价值，也在一线实践锻炼中接受教育、淬炼成长。这既是鲜活生动的新闻实践育人课堂，也是催人奋进的爱国主义教育课堂，更是坚定理想信念和追寻时代价值的人生思考课堂。

追寻心中梦想，成为那抹藏蓝
——高校辅导员工作案例分析

莫 杰 师赛赛 邹静莹

【摘 要】 大学生在成长成才的过程中会遇到很多迷茫和困惑，而其中，就业指导与职业生涯规划属于重点关注问题。他们渴望得到专业的生涯规划指导和就业服务，以帮助他们分析困惑、解决问题，从而找到理想方向和有效方法。本文从高校辅导员实际工作案例入手，通过案例概括、定性分析、解决方法、经验启示等内容进行阐述，为学生提供具体的就业指导与规划方案，以实现职业目标的准确定位和发展路径的清晰梳理。

【关键词】 辅导员工作案例；职业规划；就业指导

一、案例概括

小仪是一名大一新生，虽然刚迈入大学校园不久，但内心已经有了坚定的志向，那就是成为一名基层警察。按常识来说，如果想成为一名警察，高中毕业后就应该报考警校。但命运跟她开了一个玩笑，在达到录取分数线的要求后却因为在体检环节中身高离合格线差了0.5厘米而与报考学校失之交臂。小仪一度沮丧不已，但仍然没有放弃。进入大学后，她决定"曲线从警"，希望以公务员身份成为一名基层警察，成为梦想中的那一抹藏蓝。虽然小仪目标很明确，但是却空有一腔抱负，在具体的发展路径上存在一些迷茫和困惑。

二、案例定性分析

此案例反映出高校新生在就业指导与职业生涯规划中存在的困惑，主要是对规划发展路径摇摆不定，且没有可量化、可监督的目标评估等问题。此案例本质为指导服务类案例，属于职业规划与就业创业指导工作范畴。

三、问题关键点

（1）如何帮助小仪完成职业生涯自我评估，了解其是否适合当警察，帮助其确立准确的职业生涯目标。

（2）如何指导小仪分析就业和职业规划的困惑、消除迷茫，帮助其制定清晰的职业生涯规划，科学谋划大学生活。

四、解决思路和实施方法

（一）主动观察、关注学生，做好前期访谈准备

初识小仪是在学校举办的大学生职业生涯规划比赛的彩排环节。她在台上意气风发、慷慨陈词，给观众陈述了精彩的职业规划书，以及一个希望从事执法管理基层警察的梦想。笔者顿时被她的故事深深吸引住了。我们常说，"有困难，找警察。"传统观念下，警察都是光辉正义的形象，每一个人都崇尚警察这一份职业，特别是疫情期间，人民警察奉公职守、保家卫国的形象早已深入人心。看到学生有这样的职业理想，不禁对她肃然起敬，同时笔者也多了一份好奇，于是开始仔细翻看她的职业生涯规划书。

在小仪的职业生涯规划书里，主要包含了自我评估、环境分析、职业分析、职业目标、备选方案这几个部分。因为从小在佛山长大，抱着建设家乡的情怀，她自己也希望未来可以回到佛山发展。笔者一边翻看，一边在想，"警察的确是一份充满正义感的职业，但不是每个人都适合当的。当警察，一不怕吃苦，二不怕牺牲，不仅得有全心全意为人民服务的精神，还得有舍小家、保大家的觉悟，她真的合适吗？"同时我也看到，规划书上还有一些不足之处。比如对未来目标的规划发展路径摇摆不定，她希望先考上研究生再选择考公务员而不是毕业后直接考公务员；或者是短期内没有可量化、可监督的目标支撑，容易导致本科学习期间出现像无头苍蝇一样没有头绪、不知向哪发力的问题。为了更好地给小仪做职业生涯规划辅导，帮助她实现职业理想，在征得其同意后，笔者和她约定在两天后的一个课后时间段做一次关于职业规划的访谈咨询。

访谈咨询的形式是一对一。在访谈之前，笔者对小仪的职业生涯规划书的自我评估部分进行了分析，开展了研究工作。同时，笔者也准备好了访谈提纲，针对实际情况对一些资料提前进行收集，并精心罗列和编排了问题清单。访谈咨询的时长控制在一小时内，地点定在了小仪常去的校园小餐厅，因为在熟悉的环境氛围里，更容易让受访者自如，从而更快地进入角色状态。

（二）积极倾听、追根溯源，做好职业自我评估

访谈正式开始后，笔者首先对小仪解释了职业生涯自我评估的概念及其重要性，而她也积极回应，根据职业生涯自我评估四要素理论框架反馈自身情况。在反馈的过程中，笔者始终做一名倾听者的角色，不断记录，帮助她完成职业生涯自我评估、确立准确的职业生涯目标。

自我评估是一个持续性地不断发现、理解自我的环节，是个体对自我进行观察和认知的摸索过程，也是职业生涯规划书的基础。只有首先弄明白自己喜欢做什么、适合做什么、擅长做什么、最注重什么，才能做出合理正确的判断，从而做出科学合理的职业生涯规划。兴趣、性格、能力和价值观这四个要素是我们进行职业生涯规划最需要着重考虑的。

1. 关于兴趣

职业兴趣是个人兴趣在职业身份的表现，是指个体对某种职业方式具有相当倾向的心理选择，会使其对某种职业给予特别关注。在规划书中，小仪通过霍兰德职业兴趣理论对自己做了测试，发现她的职业兴趣类型是社会型（Social Type，简称"S"型）。社会型群体喜欢与人合作，热情关心他人的幸福，愿意帮助他人成长或解决困难、为他人提供服务，更加重视服务社会，愿意担负社会责任。典型的职业就包括警察，因此小仪在职业兴趣上适合成为警察。

2. 关于性格

性格是个体在社会环境中慢慢形成、比较长久的一种对现实的态度以及与此态度相匹配的习惯化行为活动中表现出来的人格特征。每一种职业都对性格品质有特定的要求，要适应警察这一职业，就必须具备这一职业所要求的性格特征。通过MBTI职业性格测试工具，小仪发现她是ISFJ（保护者型）的人格类型，该人格尊重传统及法律，拥有强烈的责任感与使命感，对待责任认真严肃，努力创造有序和谐的工作环境，这恰好跟警察这份职业所需要的性格特质不谋而合。

3. 关于能力

能力是指个体完成一项任务或者目标所需要运用的综合素质，是直接影响任务完成效率的个性心理特征。警察所需要的职业能力是非常专业、全面的，不仅需要具备理论思辨能力、组织运筹能力，还需要具备纠纷调解能力、身体素质能力等。小仪认为，从目前来看，离一名合格警察的标准还有很长的路要走，她还需要付出很多努力。

4. 关于价值观

职业价值观是一种相对明确的目标性、自为性和坚定性的职业选择的态度和行为，它对个体职业目标和择业动机是非常关键的。职业锚理论，是一种职业生涯规划咨询、自我了解的工具，共分为八种类型。通过测评分析，她是服务型的职业定位，其价值观是追求所认可的核心价值，而在她的价值观体系中，守护社会公平正义、为群众带来稳定生活环境就是她认可的核心价值。

因此，通过分析职业生涯规划书自我评估的内容、现场沟通和专业测评，可以发现，她的确适合从事警察这一职业。

（三）定位目标，找准差距，成长路径多重发力

"所以说，你很适合当警察的。现在我想问另一个问题，为什么你想成为一名警察呢？"笔者问道。

"首先，想成为警察是我骨子里就热爱的，我对身穿制服、充满正义感的警察身份十分憧憬，立志成为有责任、有担当、有信仰的时代新人。其次，这个目标让我遇到了挫折，但反而激发起我的动力。在高中时，我就知道自己身高不够考警校，于是拼了命地跳高、拉筋、跑步，最后还是因为身高的极小差距没达标而落选，的确会让人心有不甘。后来进入到大学，成了一名行政管理专业学生后，我发现这个专业所学知识与能力也是可以在从警道路上有用武之地的，比如出警时需要处理紧急情况的能力就和本专业的组织协调、控制管理能力非常相关。这也给了我继续从警的希望，希望通过公务员考试成为一名警察。既然一条路没走通，那就试试其他路，没到最后也不要放弃自己的目标。"

笔者深感赞同，安慰她道："身高这个不用担心，毕竟考公务员公安机关执法勤务职位没有身高限制了。"随即笔者话锋一转，问道："在规划书上，你说你想要以研究生身份去考公务员。为什么想考上行政管理专业的研究生后再去考公务员呢？"

小仪回答道："我听说公务员考试会对一些岗位做限制，必须要求研究生学历。我希望拥有研究生学历后能提高自己的竞争优势。"

显然，小仪在这方面并没有做太多深入的研究。笔者跟她解释，公务员考试报考岗位限定的学历并不是一成不变的，有的岗位要求研究生学历，有的却要求只录用本科。因此，要多关注每年的招考公告，跟进岗位的变化趋势，不能"一条路走到黑"。

小仪恍然大悟，表示认同。笔者接着补充道："现在你定位好了目标，但还是需要做好职业生涯规划管理。只有找准差距，多重发力，定期监督与评估，才能完成目标。"

"那具体是需要怎么做呢？"小仪有点迷茫。

"公务员考试，你得了解考什么才能有针对性地好好复习。比如报考公安机关人民警察职位，除了行测和申论两项必考以外，还需要加试专业科目笔试。过了笔试，还要进行体能测评。要提前了解体能测评测的是什么项目，才能针对练习。最后到了面

试环节，还得熟悉面试可能会问到的模拟情景题目。因此，要了解警察这个岗位所需要的专业能力，平常勤于积累、多参与社会实践、多去基层岗位上历练。"

"凡事预则立，不预则废，这个道理我是明白的。上面说的，都是现在的我离一名合格警察的差距，我会继续加油填补的。"小仪迅速回应。

"是的，除了找准差距和努力以外，你还需要运用管理学思维对这个过程有定期的评估和监督。要给自己制定短期目标去评估，制定每天、每周、每个月、每个季度、每一年的计划安排，严格按照计划去做、去落实，不断反思总结。其次要有合理的监督方式，持续给自己动力向前，从而看到成长进步，并不断检查自己离目标还有多远，不断修正，减少无用的努力。"

"经过与老师的对话，我才知道职业规划上还有这么多不足，这也让我看清楚了前进方向，减少了迷茫。非常感谢！"小仪在离别时对笔者表示了谢意，但让笔者更加开心的是，从她的眼神中看到了信心和坚定。

五、经验与启示

（一）主动关注，深入沟通

作为辅导员，应该主动关注和观察学生，与处于迷茫的学生做好沟通交流。高校学生普遍有强烈的主见意识，但是不愿意公开表露想法。我们在工作中，要善于通过细节处认真观察总结学生存在的问题和疑惑，主动关爱和询问学生，在对话过程中多聆听他们的想法再给出指导意见。

（二）充分准备，有效指导

在职业规划与就业创业指导等指导服务类案例中，学生一般都出现了某种选择性迷茫，处于无奈、无助的状态。辅导员要通过充分的准备和有效的指导，帮助学生走出迷茫、找到方向，我们不仅是一名忠实的倾听者，更是知心朋友和人生导师，与学生开展指导工作前要提前谋划解决问题的思路。

（三）方式灵活，因材施教

辅导员作为教育管理者，不能对所有学生都沿用同一套指导方法，要设身处地根据每一位学生的实际情况展开分析、提出对策、给予建议，真正做到因材施教、具体情况具体分析。我们要充分运用更加灵活的方式帮助学生厘清思路，切勿"套模板"，要针对性、重点性地开展指导工作。

参考文献

[1] 孙官耀. 大学生就业创业指导教程[M]. 北京：科学出版社，2012.

[2] 方伟. 大学生职业生涯规划咨询案例教程[M]. 北京：北京大学出版社，2015.

[3] 刘永贵，李亚群. 大学生职业生涯与发展规划[M]. 北京：科学出版社，2019.

[4] 李丽，熊伟，徐方. 大学生职业发展与就业指导[M]. 天津：天津大学出版社，2020.

[5] 王文生，王海波. 浅析高校辅导员"六种"类型工作案例[J]. 济南职业学院学报，2018（3）：75-77.

[6] 沈威，范伟杰. 高校学生工作案例分析的方法与技巧[J]. 高校辅导员，2014（3）：5.

就业育人贯穿毕业生思政教育和心理辅导全过程

兰 洁

一、案例概述

L同学，大四毕业生，女生，属于心理问题重点关注学生，性格内向，不善交际，大学期间学习成绩一般，各方面表现平平，农村家庭，父母均在外务工，平时工作较忙很少顾暇子女的学习生活。大四上学期，宿舍的同学都在忙碌考公、考研和求职，该同学经常待在宿舍无所事事，没有落实就业去向，也没有就业规划，对未来一片迷茫。再加上不擅长与他人交流和沟通，父母一心想让她找份稳定的工作，但是欠缺有效的方式方法，在实际的就业层面无法给予孩子正确的引导，来自父母和周围环境的压力给L同学带来巨大压力，导致该同学身上背负的压力情绪无法得到有效排解和宣泄，产生对就业畏惧的情绪，并引发了更为严重的心理问题。

辅导员了解到L同学的情况后，与该同学约好时间，进行了一次深入的交谈。在交谈过程中，辅导员全面了解了该同学的情况和想法，在建立互信的基础上分析学生现阶段的具体情况，在大四这个阶段，该同学的心理问题是由就业压力所导致的，找到问题的本质——即要首先解决该同学的就业问题。辅导员用共情、倾听、疏导、鼓励的方法帮助学生走出情绪低谷，勇敢面对就业压力，运用职业生涯发展理论和积极心理学相关理论，对该生同时进行就业指导和心理辅导，为她制定了具体的求职方法和措施，并在学生后续的求职中持续对其进行关注和帮助，最终帮助L同学建立自信，在两个月后学校举办的双选会上被用人单位青睐并顺利获得录用资格。

二、案例分析

就业是大学生走向社会的第一步，L 同学大学四年的社会实践经历较少，缺乏社会实践经验，平时跟家长、教师和同学之间的沟通、交流较少，形成了自我信息壁垒，对自己未来的就业目标和就业方向缺少规划和设想，自我认知不充分、不具体，对自身评价较低，对就业感到恐惧，害怕去尝试，并且无从下手，慢慢地对未来感到担忧和失望，并将焦虑情绪泛化到学习生活的各个方面。这种情况在毕业生群体中具有一定代表性，毕业生缺乏生涯规划意识和职业规划能力，很容易产生对未来的迷茫和失望，形成压力和焦虑的情绪，甚至影响其正常的学习和生活。

辅导员判断 L 同学主要在就业求职的初期阶段，对自身求职就业的规划能力不足，意识不强，认识不够，在面对来自社会和家人的压力时无法排解消极情绪，导致情绪低落并泛化到生活的其他方面，并影响到学生的身心健康。辅导员计划用教育学和心理学相关理论，与学生建立良好关系，帮助学生宣泄情绪，走出不良情绪，建立自信，进而辅以职业生涯规划等指导，对其进行精准就业帮扶，帮助学生树立正确的就业观和择业观，最终依靠学生自己的力量走出情绪低谷，实现自我成长。

三、工作过程和解决方法

（一）积极关注，与学生建立良好的关系

在教育过程中要实现师生间的情感共鸣、建立良好的师生关系，作为辅导员，应当自觉树立高度的工作责任心和社会责任感，用真诚的态度对待学生。事实上，热爱学生本身就是辅导员做思政工作的一种教育手段。爱学生，让学生体会到这种温暖之情，内心必然受到鼓舞，从而形成良好的心理效应。积极关注学生的生活状态、学习状态、心理状态，倾听学生的诉求，将教师的思想感情灌注在学生身上，更加激发了学生的情感接受度，从而更好地建立信任关系。

（二）帮助学生宣泄情绪，释放压力

高校大学生在就业和择业的过程中难免受挫，求职阶段也是毕业生各种心理问题较为突出和集中的时期，毕业生要面对学习、生活、就业和社会各个方面的压力，这使得大学生诸多心理问题凸显出来。从毕业生求职阶段的心理活动表现来看，学生缺乏一定的心理承受能力，主要体现为焦虑、自卑、怯懦、自负、依赖、逃避、攀比、嫉妒、冷漠、急躁等心理特征。针对学生容易出现的心理问题，要积极关注并帮助学生宣泄不良情绪，用倾听、共情的方式帮助学生释放内心压力，掌握学生内心的想法，从而有针对性地对学生进行情绪疏导和压力释放。

（三）树立正确的就业观和择业观，聚焦个人发展

学生的求职和择业要经历一个复杂的心理过程，同时受到个体心理、群体心理以及社会心理等因素的影响和制约。近年来竞争激烈的求职环境引发高校毕业生出现心理问题的案例频繁发生，由于社会经验不足，对自己的自我认识、职业兴趣、职业能力、职业价值观等方面认知不够，认识不足，导致求职和择业存在一定的盲目性，对于自己的就业选择和毕业出路不知所措，或"随大流"的情况比比皆是，而盲目选择后导致的心理冲突，是大学生产生就业焦虑的重要因素之一。科学做好职业发展规划，做职业生涯的主动建构者，提升自主行动的积极性和主动性，从而提高职业规划的针对性和有效性，是缓解就业焦虑的重要途径。

（四）激发学生自我力量，实现自我成长

积极心理学认为，心理健康教育的研究重点应从"心理问题"转向"人的积极力量"，积极的力量是指一个人在认知、情感和意志过程中表现出的稳定的心理倾向，提倡用一种积极的心态来解读人的心理状态，帮助人们最大限度地挖掘自己的潜力并获得美好的生活。运用积极心理学的理论视角，在与学生的交流沟通过程中对其表示肯定、认同与支持，引导她正确认识自身的价值，坚定自己是有价值的，有发展潜能的，并及时肯定他们在生活中取得的进步与成就，强化其成功体验，正视自己的优点和缺点，发掘自身的积极因素去实现自我。

（五）跟进学生情况，持续关注学生状态

学生的就业问题和心理问题不可能一蹴而就，需要时间和过程，必须要长期关注学生的成长，把握学生阶段性的状态。就业竞争实质上也是心理素质的竞争，保持良好的就业心态尤为重要。理性地看待自身的得与失，坦然地应对挫折与困难，以积极向上的态度对抗消除障碍。

谈话后期，辅导员建议L同学对自我认知进行一个全方位的了解，运用多种方式进行职业探索，并开始求职行动与调整反馈。同时表示随时做好迎接困难与挫折的准备，动态调整状态，客观理性分析，要随时和教师保持密切沟通交流，分享自己的经验与思考。

四、案例辅导效果

两个月后，L同学在学校举办的一场招聘会上，顺利被一家科技管理公司录用。在辅导员的指导下，她很快与企业签订了三方协议书，并与辅导员讨论了课程和论文安排后，在大四上学期的期末结束后，前往签约公司报到并顺利上岗。工作期间，L同学不论是在生活方面还是工作方面都经常向辅导员反馈自己的近况，双方建立了亲

密信任的良好关系。在这期间，L 同学的精神面貌和生活态度发生了质的转变，最终她找到了符合自己需求，并且能够实现自身发展的工作，通过积极就业，转移了心理焦虑，走出了不良情绪的困境。

五、经验与启示

L 同学由就业困难对象到积极就业并顺利走上就业岗位的案例，在毕业生群体中具有一定的普遍性和代表性，在辅导员的工作过程中，也收获了一些启示与经验。

（一）关注心理关注学生和性格内向学生的就业压力问题

毕业生在走向社会的过程中很容易受到来自自身和社会环境的压力，产生焦虑心理，尤其是心理关注学生和部分性格内向学生，在经历阶段性倍增的压力之下，容易产生过度的焦虑心理，这种焦虑一旦过度发展，心理健康问题就会随之而来，从而影响学生正常的学习和生活状态。还有部分学生受挫能力欠缺，在求职失败或求职碰壁后产生自我怀疑、自我否定的态度，导致自己正常的能力和水平得不到有效发挥。辅导员应该特别关注处于毕业求职阶段的学生，关注他们在求职和择业过程中的心理状态和情绪状况。

（二）将专业理论知识贯穿就业指导和心理辅导全过程

不论是就业指导还是心理辅导，辅导员的工作是面对大学生的思想政治教育工作，对学生的就业指导和心理辅导要找到专业支撑和理论依据，才能在指导过程中有效开展工作。如何与学生更好地沟通，如何进行教育引导，如何取得学生的信任与认可，这都是育人工作要取得效果必须考虑的因素。针对不同特点、不同情况的学生，要引入更多关注职业视角、教育心理、生涯筛查等方面的内容架构和专业理论知识，让辅导员的辅导行为有理可依，有据可循，从而科学有效地开展。

（三）建立前置性就业帮扶指导体系

生涯教育和就业指导要前置，要在学生刚刚进入大学校园就开始生涯教育启蒙，针对学生不同阶段的成长和认知热点进行前置性的教育与指导，通过开设生涯教育专题课程、就业指导培训专题讲座等形式，为学生搭建全面的职业生涯教育体制。一年级开设《大学生职业生涯规划》课程，帮助学生树立正确的职业规划意识，提前做好求职准备；二三年级开设《就业指导》课程，帮助学生树立正确的就业观念，了解最新的就业政策，并且在社会实践中锻炼求职技巧，不断提升学生的就业竞争力，将就业意识贯穿于学生成长成才的全过程。

当代大学生既有时代背景影响成长环境的特殊性，同时又具有认知水平和心理特点的普遍性。自我认知部分的迷茫，学生求职就业动力不足，学业与职业目标之间的割裂状态是毕业生群体表现出的普遍问题。求职意愿强烈和求职行动不积极的矛盾，实际也是大学生对自身生涯发展感到迷茫的一种情绪转嫁，这与应试教育体系有关。从小学—中学—大学，学生的学业目标与职业目标之间一直是一种割裂的状态，甚至可以说缺乏生涯启蒙教育。大学四年，学生无法顺畅地从学业到职业的意识转换，更难以从兴趣、性格、能力、价值观等维度，去积极建构自身的生涯发展路径。

除此之外，学生对于外部职业世界的探索不足，也导致其在就业选择上模糊不定。这里面成因很多，因教学实习实践环节作为学生接触社会与职场的第一个窗口，学校在这方面要引起重视。生涯教育的普及要被放到更加突出的位置，建立合理的就业预期，提升就业内在动力，这些都需要生涯教育的前置与长时间浸润。

参考文献

［1］翟振元. 大学生就业指导［M］. 北京：高等教育出版社，2002.
［2］李博. 大学生就业与心理思想教育［J］. 山西高等学校社会科学学报，2000（9）.
［3］朱殿明. 心理辅导在就业指导工作中的应用［J］. 教育研究，2019（2）.

第八篇
助学助困类

助力高校家庭经济困难学生融入社会
——以广州大学某毕业生为例

王文锐

一、案例情况

对于2021届毕业班辅导员的笔者来说，2021年10月13日的这一天是特别的。笔者习惯性地早早来到办公室打开电脑，登录微信、企业微信、校园OA办公系统，接收与处理学校的各工作通知、任务。W同学在微信上发来信息咨询是否还能申请求职创业补贴，当时笔者就告知学生求职创业补贴申请工作已在公示期而不再接收新的申请。许久之后，学生回复了一下"好的"。1小时之后，学生打来电话，轻声地问道："辅导员您是否有空？我想跟您聊聊"。笔者心想学生是遇到困难想与自己交谈，便同意并约好时间在校园进行见面交谈。

通过近1个小时聊天，笔者了解到以下情况：

（一）感情矛盾，情绪低落

W同学，高中就与同班同学谈恋爱，目前处于异地恋当中，他们感情维持得不太稳定，时常吵架，前段时间男朋友提出分手。W同学十分在意这段感情，想要挽留却被拒绝，处于失恋的痛苦期。

（二）口音重，交流少

W同学来自粤西地区乡下农村，说话带浓厚的家乡口音，曾想毕业后去当老师，但参加了3次的普通话能力测试都没有通过。此外，在日常的学习交流中容易造成交流障碍，使得比较少同学愿意和她交谈，能成为她的好闺蜜的寥寥无几。在课堂上，遇到不懂的问题，因口音问题而也不愿向老师、同学请教，生怕别人嫌弃。

（三）经济困难，生活拮据

W 同学家庭情况十分困难，有政府部门的困难证明。其父母于 2013 年因感情不和而离婚，与父亲、奶奶一同生活。父亲在工地打散工，2018 年因房屋破烂而到处借钱近 20 万元。2019—2020 年奶奶因胃病、糖尿病、风湿骨病、心脏血管病等多病并发，曾到阳春市中医院住院三次，父亲辞职在家照顾老人，但每月仍需要还信用卡债、银行卡分期、花呗最低还款、网贷分期加起来共约 4 500 块钱。因为没有工作收入，其父亲只能向亲戚朋友借钱，刷信用卡维持生活。对于学生医保，W 同学也是直言家里经济情况导致"交不起"。

（四）极度悲伤，曾想轻生

以上几种情况汇聚在一起，使得 W 同学对自己的经历、家境极其失望，曾想过自杀来解脱。她在看到学院关于求职创业补贴公示名单的材料后，想争取获得学校的资助，便鼓起勇气把情况说出来与笔者谈一下。

二、案例分析

从以上案例过程可以看出 W 同学的问题已经很严重了，一个人独自面对，没有同伴倾诉，时常胡思乱想，已经有轻生的念头了，如果不尽快进行干预与辅导，极有可能产生不可挽回的局面，甚至会有学生伤亡。综合分析此情况，其原因主要有以下几个方面。

（1）爱情观没有树立正确，不能及时妥善地处理好失恋给自己带来的负面影响和打击。

（2）生命观没有树立正确，一直以来都没有长辈或老师来给学生提到过生命观的话题，导致学生未理性对待生命的重要性。

（3）学生性格内向，有心事、有问题，都不愿意与同学交流。乡音重，普通话不标准，生活费不充裕，进而导致人际交往机会少，交往能力差显得更加突出。遇到困难时，更加愿意在网络/虚拟世界中寻求答案与帮助。

三、事件处理过程

（一）创设放松的谈话环境，尽量倾听学生诉求

在接待室准备好茶水，等学生来到后就递上，先面带微笑地询问学生愿意坐下来

谈还是喜欢边散步边聊，学生担心办公区域容易被别人听到或看到，选择了在校道散步的形式进行谈话。在整个谈话过程中，笔者选择以引导者、倾听者的身份参与其中并记录好相关问题的关键点。W 同学反映的情况主要表现在以下几方面。

（1）家庭经济困难，奶奶年迈且疾病缠身，给在校学习、找工作的她带来一定的顾虑，希望能获得 3 000 元的求职创业补贴资助。

（2）性格内向，不会主动与他人交流，有时会躲在宿舍或空地的角落暗自哭泣。

（3）恋情分手原因，经多次引导，才愿意说出其中缘由。

（二）联系班委与舍友，了解核实情况

与 W 同学谈话结束后，笔者及时找到其舍友、班委、班主任了解情况，综合判定学生反馈的情况是否属实，分析情况并进行下一步跟进措施。

（三）家校联动，与家长一起干预和关怀

通过电话与家长取得联系，将 W 同学反馈的情况转告给家长，进一步确认学生提到的恋爱情况、家庭经济情况及奶奶的病情均属实。在通话中给家长反馈了学生的目前情况、诉求及轻生念头，希望家长对其多一些关怀、沟通。

（四）针对失恋、人际交往等有针对性地进行引导

通过分析她的情况，结合以往的相关事例的经验，笔者给学生提出参考性做法，目的是使其重塑对爱情、生活、交际的勇气与信心。以李嘉诚、曹德旺、董明珠等企业家的艰辛经历给学生举例，让学生懂得生活中的磨难并不可怕，甚至还能锻炼心智为日后事业发展做支撑。

（五）发动班委、舍友、班主任、党委副书记、学生处等协同提供帮助

在与 W 同学聊天后，笔者就把学生的情况及时向党委副书记做汇报，同时与学工办辅导员探讨、研判要如何处理 W 同学的事情。经召开学工办会议研讨后决定采取实施以下措施：

（1）召集 W 同学的舍友、班级学生干部开会。把 W 同学的特殊情况进行说明，希望同学们能对这名同学给予适当的关怀与帮助。

（2）安排舍友、心理委员，密切关注 W 同学的心理与行为是否有异常，及时向辅导员反馈。

（3）通过班主任、党委副书记，在全院大会中把学生的情况进行通报，希望授课教师、论文指导教师给予多一点的关注与指导。

（4）经济帮扶。针对 W 同学反馈的想要申请求职创业补贴一事，立马与就业指导中心核实，毕业生 W 同学对求职创业补贴的申请工作错过申报时间，故无法再申请。为减轻学生生活压力，学院将 W 同学的情况整理上报给学生处申请临时困难补贴，成

功申请了 3 000 元困难补贴缓解学生生活压力。

（5）就业帮扶。通过与 W 同学谈话，了解到 W 同学的求职意愿，将手头上掌握的与之相匹配的就业岗位信息推荐给她，指导其制作精美简历，聘请普通话发音标准的北方同学给 W 同学任普通话"小老师"来纠正其口音并安排模拟结构化面试活动，邀请几名已经成功落实工作的同学来分享求职经验，进一步促进 W 同学提升她的面试技能，以提高就业成功率。

四、工作效果

通过师生共同努力，经过两个月的努力后，W 同学的情况有所改观：
（1）放弃了负面的想法。
（2）努力学习普通话来纠正口音，与班级同学互动良好。
（3）顺利完成毕业论文，并顺利考入家乡的公务员岗位。
（4）对学校师生的帮助表示感激，向往着踏入社会、锻炼自我、服务社会。

在学院师生的共同努力下，W 同学顺利走出生活困境，勇于面对自身不足并加以改进，完成学业之余一并落实了就业，以新的姿态来面对生活、融入社会。

五、反思

处理完 W 同学的案例，笔者觉得高校辅导员在处理学生工作中可以从以下几方面进行思考。

（一）困难家庭学生需要更多的关怀

困难学生，他们的家庭收入低，通常还伴有家人患病等复杂情况，生活环境差，容易给学生造成自卑心理，进而不愿与别人交流，作为高校辅导员则应该深入了解自己负责的学生，特别是情感细腻又敏感的女生，她们的心理比较脆弱，很容易因为一些我们习以为常的事情而想不开，这就需要我们教师及时提供辅导、关心、支持。

（二）学生恋爱观和生命观需要多方教育引导

现在大学生的恋爱观和生命观教育引导，真的是值得高校辅导员认真思考的问题。近些年，周边高校已有多起学生自杀案例，从某些层面来说是学生对生命的漠视。以自身为例，从小到大，的确没有人来讲过生命观以及遇到困境时如何维持头脑清醒不选择轻生。面对爱情，大学生仍处于青春期，可能对感情的尺度把握不准，没有充分的思想准备来应对感情矛盾、纠纷、失恋的情况。

（三）思想教育要全方位铺开

思想教育如果仅靠辅导员一个人去落实，是很难把工作做全做细做好的，需要充分利用好身边资源，要有大局意识去开展大学生的思想教育。从本次 W 同学的案例中，班委、舍友、班主任、党委副书记都对处于困境中的 W 同学提供了很大的帮助。另外，对于学生的困难辅导员无力解决时，要及时与身边的其他辅导员沟通交流，及时向党委副书记汇报，同时还需要与家长沟通，家校联动来沟通处理。

资助工作案例分析与启示

郑晓诗

随着人们生活水平和经济水平的不断提高,我国在 2020 年已全面建成小康社会,打赢了脱贫攻坚战,但现今在各大高校里普遍还存在着"贫困大学生"这一特殊群体。这些学生的家庭经济条件比较拮据,他们大多来自农村,家里就读子女较多,父母没有固定的收入,靠耕作和打零工维持基本的生活;部分家庭是因病致贫,高额的医疗费用使家庭承受过重的经济压力。"不让一个学生因家庭经济困难而失学"是党中央国务院做出的郑重承诺,目前我国在本专科生教育阶段已逐步形成了较为完善的"奖、助、贷、勤、补、免"多元资助体系。本文通过叙述两个真实的资助工作案例并加以分析,揭示资助工作的重要性和意义,最后做出资助工作的反思和总结。

一、案例概述

案例 1:学生小 A 是法学院一名家庭经济困难的本科生,父母均在家务农,家里目前有 3 人在读,以及还有一位老人需要赡养。2021 年 7 月,小 A 父亲由于反复腰腿痛 3 年,遂至广州一家三甲医院检查,最后医院诊断为腰椎管狭窄症、腰椎间盘突出症和成人性脊柱侧凸。医生告知其家人手术费需要 20 万元左右,这对于本就贫困的家庭来说无疑是一笔巨额医疗费用。

案例 2:学生小 B 是法学院一名硕士研究生,小 B 自入学以来申请校园地助学贷款,这解决了小 B 的学杂费和部分生活费问题。小 B 父亲患有糖尿病十多年,2020 年 11 月,其父亲因病入院治疗;2022 年 1 月,病情进一步发展为慢性肾功能衰竭、I 型呼吸衰竭。面对这一噩耗,小 B 悲痛欲绝、无助至极,想到自己还是一名学生尚未步入社会就业,没有经济来源,不知如何为父亲和家庭分担压力。

二、案例分析

（一）案例 1

小 A 是家庭经济困难学生，家里就学子女较多，父母没有稳定的工作，且身体素质较差，缺乏劳动能力，如今父亲需要如此高昂的手术治疗费，使家庭面临前所未有的经济压力。由于小 A 参加过家庭经济困难认定，因此对学校的各项资助政策是比较了解的。当小 A 告知笔者其父亲的详细情况后，询问笔者下一学年是否可以申请缓交学杂费以及申请学校的临时特殊困难补助。在了解学生的家庭情况后，笔者首先耐心安慰小 A，告诉她父亲的腰椎问题可以通过手术及后期的保养进而恢复到比较好的状态，而对于学费这一块，开学初学校会发布缓交学杂费的通知，届时可申请缓交学杂费。另外还可以跟父母商量是否需要申请生源地助学贷款用于缴纳学杂费和补充部分生活费，且贷款在就读期间是不用支付利息的，待毕业工作后有经济能力之时再按时足额偿还国家助学贷款即可。对于学生在就读期间出现临时性经济困难而影响基本学习生活的，是可以申请学校的临时特殊困难补助的。

事后，笔者详细告知小 A 如果需要申请临时特殊困难补助可以提前准备好申请表、病历、诊断证明和费用清单等材料，同时，笔者也及时将小 A 的情况上报到学院和学校学生处。后来，小 A 通过水滴筹平台进行筹款，在得到小 A 本人的同意后，我们将这条筹款的信息转发到社交平台，最后，筹集到相应的手术费，小 A 父亲的手术进展也很顺利，目前健康状态良好。

在开学初，其提交了缓交学杂费的申请，也申请了生源地助学贷款。2021 年 12 月，学校组织部对困难党员家庭数据进行摸查，小 A 是一名预备党员，成绩优秀，课余时间积极参加学校学院组织的各项实践活动，工作认真负责，鉴于其家庭情况，笔者告知小 A 可申请临时特殊困难补助。此外，笔者还鼓励小 A 参加学校的勤工俭学，通过自己的劳动获得报酬，既可以缓解家庭经济压力，也能在实践中提高自己的综合素质和能力，恰好本学期学校一部门有勤工助学的空缺岗位，小 A 得知后毫不犹豫地报名。后面笔者也持续关注小 A 的情况，得知她按期转为中共正式党员，在勤工助学岗位上收获良多，很好地兼顾了学习和工作，甚是欣慰。

（二）案例 2

小 B 为农村家庭，自上研究生起，一直申请校园地助学贷款，由于研究生每个月可领取国家发放的 800 元补助，勉强解决了小 B 基本的生活费用。小 B 父亲身患糖尿病十多年，其间需要反复住院治疗，属糖尿病晚期，现发展为尿毒症，每周均需要进行血液透析。母亲在家照顾父亲及小孩，没有经济收入，小 B 有一哥哥和弟弟，目前只有哥哥一人在工作，月薪 4 000 元左右。兄妹三人为父亲到处奔波，家里为治疗父亲的病欠债十几万元。

2021年5月，根据学校的文件要求，笔者在学院的学生通知群中发布了2021年"何耀光助学金"的推选通知，小B看到通知后，向学院提交了该助学金的申请材料，与此同时，也有数十位研究生提交了相关材料。笔者告知每一位申请"何耀光助学金"的学生，由于每个学院的名额十分有限，因此只有当下最为需要帮扶的同学才有机会获得该助学金。小B同学得知后十分难过，打电话哭着跟笔者说，她之前曾申请该助学金，最后没有申请成功，她不明白到底是多么困难才能获得助学金，她详细跟笔者讲了家里的情况，说家里这么困难了都不能获得该助学金吗？笔者听闻后，连忙安慰小B，表示由于刚接手学院资助工作不久，之前小B未能获得该社会助学金笔者暂不清楚相关情况，但可以肯定的是学院一贯秉持公平公正公开的原则，严格按照规定进行各项资助的审核及评定，未能获得资助表明当下还有其他同学更需要该助学金的帮助。笔者也明确跟小B说道，此次申请助学金的同学确实好几个都是比较困难的，若确实有需要，是可以申请学校的临时特殊困难补助的，希望小B不要难过，遇到经济上的重大困难，学校和学院一定会根据同学们的实际情况给予及时的帮助的。小B了解情况后，平复了激动的心情，对助学金名额有限也表示理解，只是担心自己最后不能获得，失去了这个获助的机会。最后，笔者详细了解了申请该助学金的所有同学的家庭情况，并汇总上报至学院资助工作小组进行审核评定，最后推荐了小B作为学院"何耀光助学金"的候选人。往后，笔者也时常关注小B的动态，得知她在课程不忙的时候便回家照顾父亲。2022年1月，学生告知笔者其父亲病情进一步加重，患上了尿毒症，询问笔者其能否申请学校的临时特殊困难补助，笔者将小B的情况报告到学院和研究生院，最后，小B获得了学校的临时特殊困难补助。

三、启示与思考

学生资助工作是一项有温度的工作，切实保障了贫困学生享受教育公平，不会因为贫困而失学。为此，资助工作需要加强人文关怀，发挥立德树人、资助育人的作用，对因为家庭经济困难而产生自卑心理的学生，也要注意加强学生的心理疏导，关注其心理动态。通过物质资助和精神帮扶，对学生进行正确的价值引领，帮助其树立正确的消费观、价值观和人生观，同时也要教会学生自立自强，消除"等、靠、要"的惰性思想，培养自我解困意识，加强诚信教育和感恩教育，形成解困—育人—成才—回馈的良好循环。为更好开展学生资助工作，切实保障贫困学生实现教育公平，资助工作需要不断地提升，做到因事而化、因时而进、因势而新，具体措施包括以下几点。

（1）辅导员要深入学生宿舍，多与学生谈心谈话，知悉学生的家庭情况，掌握学生的思想动态，努力成为学生成长路上的知心朋友，取得学生的信赖，当学生遇到困难的时候，能够第一时间向辅导员寻求帮助。

（2）通过多种途径如开展讲座、在学院的官微和官网等平台大力宣传资助政策，让每一位学生都清楚知晓国家和学校的各项资助政策，免除家庭经济困难学生的后顾之忧。

（3）建立和完善家庭经济困难学生档案并进行动态管理，密切留意家庭发生突变的学生，建立相应的应急机制，及时给予学生应有的经济帮助和人文关怀。

（4）加强诚信教育和感恩教育，培养学生自我解困的意识，鼓励学生参加勤工俭学，通过个人劳动获得报酬，摒弃"等、靠、要"的消极思想，同时要对学校和社会心怀感恩。

（5）加强家庭经济困难学生的人文关怀和心理疏导，关注家庭经济困难学生的心理状态。部分贫困生因家庭的贫困容易产生自卑心理，作为教师，我们要始终围绕学生、关照学生、服务学生，组织他们多参加校园和社区的志愿服务活动，使学生体会到助人为乐和被需要的幸福感，借助朋辈、学生骨干、辅导员、班主任以及学校心理咨询中心等资源和平台为学生建立信心，及时疏导不良情绪，保持健康良好的心理和身体素质。

参考文献

［1］林建玲. 学生资助案例分析［J］. 高教学刊，2015（18）：2.

［2］赵裕彬. 扶贫更扶志：基于高校贫困生资助工作案例的思考［J］. 科技信息，2010（2）：1.

花若芬芳，蜂蝶自来
——学生心理成长工作案例

谢灿杰

一、案例概述分析

学生 L，女，家庭经济困难，父母均在家务农，家庭收入难以承担全部学费，在申请生源地助学贷款的情况下勉强支撑在校生活费用。L 同学在高中时期成绩比较优异，来到大学以后，由于对新环境的不适应，失去了以往的学习信心，导致第一学期英语挂科，内心非常的自责和懊恼，没有勇气去面对这个现实，对接下来的学习也产生了一定的焦虑情绪，常因学业而哭泣。加上家庭贫困的原因，存在自卑情绪，容易产生畏缩心理，比如在人际交往、班级活动、校园比赛等方面表现得很消极，并且对于自身的认识不够充分，较低的自我效能感，经常存在不合理的认知，觉得自己不如他人，不愿意去肯定自己，不愿去尝试新鲜事物，无助情绪高涨，想得多做得少，因此常常感到很痛苦，陷入自己的想法中无法自拔。

针对 L 同学出现的一系列问题，笔者首先对它们进行了分类，第一是因学业而产生的焦虑情绪问题，这属于适应类问题。L 同学因为英语挂科而产生焦虑情绪属于正常的情绪反应，究其根源在于她对于自身缺乏一个正确的认识，所以帮助她进行思维上的转换，去理解这个过程，找到具体的解决方法显得尤为重要；第二是自卑问题，家庭贫困是一个无法解决的现实问题，而由于贫困引发的自卑是贫困家庭孩子必须要面对的问题，自卑心理会牵扯出一类列其他问题，比如人际关系的紧张，思想上的消极，认识上的敏感，行动上的无助，等等。

针对第一个问题，在了解具体情况的基础上，提供一些具体的解决方法，对学生进行具体的引导；而针对第二个问题，需要借鉴心理咨询的视角去进行较长时间的辅导，因为第一个问题的产生与第二个问题是息息相关的，对自己抱有不合理的认识，觉得自己低人一等，这种自卑的心理是由过往的生活经历所决定的，长时间塑造的思维和行为，很难在短时间内进行调整与改变，调整与改变需要给予学生一定的时间与空间，让其由内而外，自发进行改变。

二、案例解决方案

（一）学习问题

1. 现身说法，拉近距离，认知辅导

针对挂科，笔者约L同学进行了谈话，了解他的具体情况。谈话过程中，笔者以一种开放的姿态，注重倾听技巧，经了解得知该生家庭情况比较特殊，叔叔身患残疾，需要父亲照顾，家庭经济压力较大，并且该生虽然之前成绩不错，但是英语一直是自己的劣势，英语挂科的事情让她感到很焦虑。开学这段时间，想的很多，担心补考又无法通过，情绪较为低落，曾因此事哭泣，谈话过程中也数次落泪。

对于语言的学习，会受到个人天赋的影响，但是先天的东西无法改变，因此重心应放在后天的努力上，通过充分的共情，笔者以自己读书时期学习物理的经历来告诉L同学，自己也有过这样的体验，也因此苦恼过，但最终接受了物理不好的现实，不再将精力白白耗费在这些无用的担心与思考上，转而把时间利用在如何一步步改善这一劣势上来。在此基础上，笔者进一步表达了人遇到挫折的时候才是成长的时候这一观点。L同学似乎对笔者的这段经历十分感兴趣，全神贯注地听着，还问了笔者许多问题，渐渐地，她抬起了头，眉头也不再那么紧锁，转而开始积极地关注解决该问题的方法。

2. 积极探讨，明确方向，升华谈话

在取得良好信任关系的基础上，笔者和L同学开始探讨如何提高英语成绩，但是笔者却并不急于提供具体的方法。笔者得知L同学第一次英语考试的成绩并不是特别差，接近60分，那就意味着她的英语水平并没有想象中的那么差，可能是自己过多的担心，一些意外因素导致了这次没有及格。其实失败的原因是多方面的，但人总是喜欢放大其中某一方面的影响，并且对于失败的事情采取错误的归因方式，即内归因，将失败归因于自身能力的原因，而将成功归因于一些外部的原因，比如运气……慢慢地，L同学开始思考英语考试失败的真正原因，不再纠结于无用的担心与焦虑，开始对如何去提高英语成绩产生了很大的兴趣。

在进行充分的探讨以后，笔者开始向L同学抛出一个问题："你觉得应该怎样去提高自己的英语成绩？或者说你为此曾经采用过什么样的方法来提高英语成绩？"这样的问题常常有助于启发学生思考，这样的问题也经常出现在后现代心理咨询的过程中，简而言之，就是把资源放在学生自己身上，因为人具有主观能动性，在遇到问题的过程中，会主动采取各种各样的方法去解决问题。有的时候问题的答案不在他人身上，而在学生自己身上，不过他们需要他人的启发和引导。作为辅导员，应该提供具体的方法，毕竟学生工作不同于心理咨询。在之后的谈话中，学生发现了很多具体解决问题的方法，并且自己一直都在使用，比如坚持利用词汇书和电子软件去学习英语词汇，培养自己的语感等。

笔者："你选择的这些方法有效吗？"L同学摇了摇头，好像没用。

笔者："真的没有用吗？"学生似乎显得有些许的迷茫。

笔者："你觉得如果你不采取这些方法去学习，你的英语成绩从初中到高中再到大学，会一直保持在这样一个水平吗？如果说英语的难度没有提高，你的水平一直是这样，那也许真的意味着你采取的方法没有效果。但是英语的难度一直在增加，你却可以保持相同的水平，甚至有些许的提高，那你觉得你的方法有用吗？"

L同学似乎意识到了些什么。

笔者："你觉得自己英语不好，那你英语不好的时候有没有去了解过那些英语好的同学是如何学习的呢？"L同学摇了摇头。

笔者："你是否太纠结，太在意自己的学习，而把经历都耗费在这些无用的行为上，忘了真正应该去做的事情？也许正是你把经历都耗费在了内心的斗争上，而无力去关注外界，关注他人呢？那你觉得真正的问题在哪里呢？"

L同学尴尬地露出了笑容。经进一步询问，L同学仅仅只是这次英语考试考得比较差，平时学习很认真，在口语方面也不错，并没有她自己想象中的那么差。

……

结束谈话的一个星期以后，L同学顺利通过了英语补考。

（二）自卑问题

1. 循序渐进，找准时机

从第一学期开始，笔者开始注意到L同学的具体表现，她似乎显得很拘谨，性格有些许的内向，穿着打扮也很朴素，平时在与人交流的过程中，也展现出一定的不自信，班会的时候也不够活跃，对自己的评价也不高，不愿意去肯定自己。但L同学身上同时充满着一种力量，一种努力改变的能量，可以让人明显他感觉到。贫困所带来的那种自卑恰恰成了人成长的一种动力，有的时候适当的自卑大有裨益。

L同学一直保持与笔者的联系，虽然笔者不经常主动去关注她，但是她偶尔也会向笔者咨询一些生活方面的问题，包括大学应该如何去规划，怎样去改变自己，如何受到更多人喜欢等。在笔者的建议下，她选修了笔者的"积极心理学"，笔者觉得这样可以有更多的机会去与她交流。在完成"积极心理学"其中的一个作业——感恩拜访信的时候，L同学遇到了前所未有的困难，因为这封信需要写完以后亲自当着要感恩的人念出来，并与对方探讨各自的感受。L同学专门因为此事来找笔者聊天，说她做不到。笔者并没有着急去强迫她完成该项作业，而是询问了她具体的情况，她觉得自己最多可以接受把信寄回家，看起来这似乎是"难以说出的爱"。在这种时刻充分地尊重学生的决定，并不过多的强迫与干预，而是留有一定的时间和空间给其思考，显得很有必要。

  2. 认知解离，付诸行动

  L同学因为这件事情主动找笔者，她始终的一个念头就是自己做不到，她过多地在意他人的评价，顾虑太多，因此选择逃避，但却又因为这个原因深深的自责与自卑，矛盾一个接一个，似乎陷入了一个死循环。从心理学的角度来讲，L同学在某种程度上被自己的思维给困住了，不知道应该怎么办？造成这样的原因是多方面的，但是没有必要一个一个地深挖原因，因为问题始终存在，没有得到很好的解决。所以笔者借鉴了后现代心理咨询中的一种疗法——接纳承诺疗法（ACT），去帮助L同学从自己不合理的信念中走出来。

  她之所以有这么根深蒂固的信念，是因为这么多年的思维和行为模式的养成，把自己的想法当成了事实，即认知融合。而解决把想法当事实的思维模式，就需要采用认知解离的方式，即拉开我们与思维之间的距离。前面解决她学业问题的时候，笔者采取了改变其认识内容的方式帮助她看到事情的多个方面，从而帮助她从学业困扰中走出来，这属于认知的ABC辅导策略，但是对于一个人的自卑与无效的自责，如果采取强行纠正其不对的想法，会适得其反地给学生造成更多的痛苦，因为教师说这样做是对的，而学生总是不按对的做，总做不到，那学生会感觉到更低的自我效能感。而当笔者采用隐喻故事将认知融合的事实告诉她的时候，她明白了自己的行为与想法之间的区别，以前觉得难以完成的事情似乎没有那么困难，正如古希腊哲学家埃皮克迪特斯的一句名言：人不是被事情本身所困扰，而是被其对事情的看法所困扰。如果可以真正意识到这一点，很多事情行动起来都开始变得容易。

  在行动方面，笔者始终跟L同学强调，知道做不到等于不知道，很多事情难在0到1的这一步上，但是愿意走出舒适区，迈出这一步，生活就会变得不一样。这样一种鸡汤式的鼓励，看似起不到什么效果，但是重复很多遍，加上教师的权威作用，在某种程度上会起到他人暗示的效果，这样一个他人暗示，或许可以去冲淡她一直以来对自己错误的认识……最后，学生承诺把信亲自交给父母。这样一件小事虽然没有解决她所有的问题，但是透过现象看本质，她或多或少领会到了应该采取一种什么样的态度去面对生活中的诸多问题。

三、辅导效果

  学业的问题不再困扰L同学，在第二个学期末的时候，笔者感觉她开始变得越来越自信，越来越阳光，脸上也经常会有笑容，人际关系也变得更加和谐。因为家庭经济和自身原因造成的自卑也有一定的缓解。笔者和L同学的交流仍在继续，有些问题，不仅需要时间去解决，去成长，也需要有人去支持，去引导。第二学期的期末，笔者意外地收到了L同学的一封信，简述如下：

"当我再返回去看你跟我说的那些聊天记录的时候，发现其实是在脑海里了，当我在给父母写信的时候，我觉得整个人的情绪也很不一样，虽然我发现里面好乱，没有过多的修辞，只是把内心的想法写了出来，我没有想去改它，也许那就是情感最好的体现……我不知道别人怎么看待这个作业，但是我知道我想改变，因为您有针对地引导，所以我变得有点不一样。

在接下来的日子里，我参加了各种的比赛，最后取得了优秀奖。因为迈出了第一步，接着故事就发生了，对于下学期留在哪个部门，我也曾纠结了好久，但最终我都去尝试了，为了不留遗憾……最后附上一句，我作业完成了一半，暑假我会亲手交给父母，现在不再犹豫了，感谢您！"

四、经验与启示

（一）注重辅导的长期性

对于学生的辅导并不是一劳永逸的事情，每个人的特点和家庭情况不同使得每个案例具有特殊性。针对具体问题，需要有不同的辅导方案，并随时跟踪辅导对象的变化，如有需要，应进行多次辅导。

（二）有效沟通，积极反馈

和内心比较敏感的学生沟通，一定要注意沟通的方式与方法。尽量多使用开放的身体姿势，语气尽量平和，少使用否定的语言，多使用鼓励的语言；准确理解学生表达的内容，以免遗漏重要信息。

（三）注重辅导的创新性

时代在变，整个学生工作的环境也在变，以前说教式的辅导方法变得不再那么有效，现代社会强调个体，强调个人，每个人都是生活的叙事者，所以在面对复杂多变的学生工作情境时，采取什么样的辅导方法是需要每位教师仔细思考的。心理学专业出身的笔者在选择辅导的方式上会更多地倾向于从心理咨询和辅导中借鉴一些优秀的方法，以此达到润物细无声的效果。这样的辅导更多的是启发性的、开放性的、持续性的。

推动精准帮扶，强化资助育人
——高校资助育人工作案例探析

饶珈瑞

当前，党和政府已经建立了较为完善的国家学生资助政策体系，在制度上实现了"不让一个学生因家庭经济困难而失学"，为真正实现学有所教提供了强有力的保障，为无数家庭经济困难学生的追梦之旅提供了强大的后盾。脱贫攻坚后的任务转变为保持脱贫成果持续稳定以及乡村振兴，高校资助育人工作重心亦需要随之做出调整，资助育人工作要适应新形势、新变化、新挑战，因时而异，因势而新。

教育部部长陈宝生同志指出："学生资助必须坚持育人导向，将育人作为资助工作的出发点和落脚点，构建物质帮助、道德浸润、能力拓展、精神激励有效融合的长效机制，形成'解困—育人—成才—回馈'的良性循环。"[1] 为高校开展资助育人工作指明了新方向也提出了新要求。

当下学生综合素质能力参差不齐，有一部分受资助的学生对资助政策和具体的资助制度比较模糊，甚至产生了理所当然的想法，存在"等、靠、要"的惰性心理，学生毕业后回馈社会、感恩反哺的情况较少；有一部分受资助的学生则对自己的人生定位、奋斗目标不清晰，没有任何职业生涯规划，只是机械地完成每一学年的课程，甚至在选课上存在哪门课"要求低、给分高"就选哪门课的"佛系"心理，缺少勤学苦练、努力钻研、持续奋斗的精神，也缺乏有效的指引。

一、案例概况

案例一：学生小A，大三学生，父母在家务农，收入较低，有两位八十多岁高龄

---

[1] 陈宝生. 进一步加强学生资助工作 [R]. 北京：全国学生资助管理中心，2018.

老人需要赡养，有多位兄弟姐妹，读书开销大，学生本人学习勤奋刻苦，日常生活简朴，积极申请学校的各类助学金。因为小 A 态度认真，在勤工助学岗位面试中脱颖而出，在学校某办公室担任学生助理。办公室日常事务烦琐，资料、档案众多，经常需要运用各种电脑办公软件收集、输入、整理各类数据。虽然小 A 已经是比较优秀的学生，但是本身对于电脑办公软件，特别是 Excel 表格操作不熟悉，经常会因为细节问题出现遗漏、错误。刚开始小 A 还能耐心地向办公室老师请教操作方法，但是多次受挫后，小 A 逐渐产生了畏难情绪，还时常将未经复查的资料打印交给老师，格式不规范、版式不美观，甚至有时候还出现数据错漏的情况。对此，办公室的老师联系了学院负责勤工助学岗位面试的老师反映了小 A 的情况，并提出希望下学年能否更换更加负责、细心的学生助理。

案例二：学生小 B，大一新生，单亲家庭，家庭经济条件较差，性格内向，平时生活朴素，入学后与老师、师兄师姐、同学之间很少交流，经常独来独往，对学校资助体系和政策不了解，也没有留意学院、年级、班级会议或者各类微信群、学院官网、微信公众号发布的秋季学期家庭经济困难认定申请通知，更不清楚具体的申请流程。在学年度秋季学期家庭经济困难认定工作中，学院已经顺利完成认定细则的通知、填写申请培训会议、组织申请认定的学生填写认定申请表、收集相关证明辅助材料、公示名单和确认贫困等级等工作，并将公示无异议后的材料汇总提交至学校，学校学生资助管理中心也将复核无误、公示无异议的家庭经济困难学生名单上报省教育厅审核，省教育厅也公布了最终的认定结果。然而，在公布最终认定结果一个月后，小 B 才联系到年级辅导员，询问是否可以补交家庭经济困难认定申请材料。

二、案例解决思路和办法

资助是手段，目的在育人。要坚持把促进家庭经济困难学生的成长成才作为高校资助育人工作的出发点、落脚点，作为高校立德树人工作的重要组成部分。以上两个案例看似很小，但却是资助育人工作不可忽视的弱项与漏项。特别在完成脱贫攻坚任务的大背景下，学生资助育人工作面临的新形势、新阶段、新目标、新要求、新挑战、新机遇，需要不断提升资助工作精准化水平，进一步优化资助项目和结构，向内涵式发展转变，把"扶困"与"扶智"，"扶困"与"扶志"，"扶困"与"扶德"结合起来，让家庭经济困难学生真正成为德才兼备、体格强健、精神刚健、有文化修养、有创造活力的新时代人才。

在案例一中小 A 是一名综合能力较优秀、勤奋好学的学生，但是对自己的要求不严格，抗压能力较弱，遇到挫折不是想着如何解决，而是得过且过，工作能力不能很好地适应勤工助学岗位的需要。第一，积极引导帮助。在与办公室负责老师充分沟通了解情况后，第一时间教育和引导小 A，在肯定其自身能力的基础上，鼓励小 A 正视勤工助学岗位的作用，通过勤工助学岗位充分培育良好的劳动习惯、学习基本计算机办公软件、提升人际交往能力、锻炼逻辑思维能力、增强团队协作能力等，引导小 A

在工作中学会把握重点，始终把重点放在提升个人综合素质上，同时结合自身实际情况树立远大理想和目标，以更严格的标准要求自己，见贤思齐，向优秀的榜样看齐。第二，构建以生为本的资助育人质量跟踪体系。根据小 A 自身的实际情况，在勤工助学培训中渗透感恩教育、励志教育、理想信念教育等，开展针对勤工助学岗位学生的专题培训，从公文写作、电脑技能、工作技巧、人际沟通、礼仪规范等各个方面，充分结合专业特色，实现精准"人职匹配"。在入职初和入职中对岗位能力需求、个人综合素质、个人专业技能进行全过程、全方位的考察，了解学生的实际需求，组织更有针对性的培训，提供更加多元的发展锻炼平台，实现"创造条件让学生做事"到"在做事中教学生做人"，充分发挥育人功能。

在案例二中小 B 是刚刚入学的大一新生，家庭经济比较拮据，靠着父亲打零工提供学费和生活费，小 B 平时生活也很节俭，刚入学还没能很好地适应大学集体宿舍生活，存在自卑敏感的心理，跟同学、舍友交流也很少。同时，小 B 对学校的资助政策不了解更不关心，直到省教育厅公示名单后才想着要申请家庭经济困难学生认定。第一，引导正视遗漏后果。就认定流程来说，认定工作有时间规定和具体流程，省教育厅下发的秋季学期家庭经济困难学生认定结果公示完毕，这意味着学院、学校、省教育厅层面的审核和认定工作已完成，作为老师要引导小 B 正视因为自己的遗漏造成的后果，本学期难以补充申请。第二，引导提升自主意识。引导小 B 提升自我责任感和自主意识，多关注关乎自身利益的政策方针，多关注班级、年级、学院各类通知文件，进一步培育积极向上、自尊自强的心态，走出自身封闭，加强与同学、导生和老师之间交流沟通。第三，帮助学生做好下学期认定。家庭经济困难学生认定工作遵循"自愿申请、客观公正、统一规范、公开透明"的原则，由学生本人自愿提出书面申请，实行三级审核原则开展评定，及时向小 B 解读学校的资助政策，帮助小 B 按照要求准备好相关佐证资料，关注下学期家庭经济困难学生认定工作通知，完成认定申请，避免再次遗漏。

三、资助育人工作新启示

（一）立德树人，明晰资助育人新要求

党的十九大报告指出："要全面贯彻党的教育方针，落实立德树人的根本任务"，这对高校提出了更高的要求。立德树人也是高校资助育人工作开展的指导思想与根本标准，立德是树人的前提，树人则是立德的归宿；树人是立德的途径，立德则是树人的追求。第一，健全政策宣传机制。针对案例二小 B 相类似的家庭经济困难学生对政策了解不全面、自主意识较弱、同学间沟通交往较少等情况，要健全广覆盖、无死角的资助政策宣传机制，加强政策传播力度，开通学院学生资助热线电话，做好政策解释。充分运用好传统媒体和新媒体，例如微信公众号、微信通知群、学院易班、学院官网等平台，不断丰富宣传途径和方式，讲好励志榜样的资助故事，探索资助政策进

课堂。第二，让社会主义核心价值观贯穿资助育人工作全过程。在国家奖学金、助学金评选中，要培养奋斗精神、厚植爱国主义情怀，开展感恩教育、励志教育和榜样教育，鼓励学生毕业后反哺社会，参加力所能及的志愿活动；在助学贷款工作中，要加强品德修养，开展诚信教育、防诈防骗教育和法治教育；在勤工助学岗位中，要增长知识见识、增强综合素质，鼓励学生在不懈奋斗中锤炼坚强的意志，培养自强自立精神、吃苦耐劳精神和动手实践能力；在入伍学费补偿贷款代偿工作中，要坚定理想信念，培育学生科学的价值观、成才观、择业观和就业观。第三，及时转变德育理念、创新德育方法。引导学生积极投身社会实践，通过"三下乡"暑期社会实践、"灯塔工程"、"返家乡"社会实践、推普调研和志愿服务活动，深入社会、深入基层，感受时代脉动、思考社会问题，培养责任心、奉献心。

（二）以生为本，落实精准资助新方向

在《习近平扶贫论述摘编》中指出"精准扶贫就是要对扶贫对象实行精准化管理，对扶贫资源实行精准化配置，对扶贫对象实行精准化扶持，确保扶贫资源真正用在扶贫对象身上，真正用在贫困地区"①，党的十九大进一步强调要"坚持精准扶贫、精准脱贫"，可以看出，高校资助育人工作质量提升的关键是精准。搭建学院领导班子、班主任、辅导员全员参与，实现"招生录取—新生入学—教学培养—深造就业"全程贯穿的资助育人新模式、新平台。首先通过定性考察与定量分析相结合、初步评议与动态调整相结合、线上与线下相结合的方法，建立家庭经济困难学生档案，实现一生一档案，定期更新资料；其次打通各部门的信息数据融合渠道，实现信息互通与资源共享；再次加强与班主任、辅导员、班委的交流和反馈；最后每学期实时跟踪调查，借助入库和奖学金等申请系统，做到全过程公开透明。针对不同学生的家庭经济状况、资助需求、心理特征、个性特点和专业发展，实现对象精准、内容精准、资金精准、措施精准、成效精准的"五个精准"，丰富资助育人内涵，如对案例一中的小 A 要做到内容精准、措施精准，对案例二中的小 B 要做到对象精准。

（三）五育并举，拓展学生成长新平台

教育部明确提出"坚持'五育'并举，全面发展素质教育"，"五育并举"是新时期推进素质教育的重要原则，也是落实立德树人根本任务的重要途径。高校资助育人工作要努力提升学生综合能力、坚定学生理想信念、创新资助育人平台。第一，融汇社会实践平台。通过建设覆盖学院学生的"人文寻梦园勤工中心"平台，为家庭经济困难学生提供兼职工作；与广州市七个社工服务站开展定点联系，组织开展公益实践活动、社会实践活动、志愿服务活动，培养学生综合素质能力和志愿奉献精神，在减轻学生经济压力的同时也进行了社会实践历练。第二，融入特色技能课程平台。结合专业特色建设技能课程平台，如开展"师范技能大赛""教师演讲大赛""职业生涯规

---

① 中共中央党史和文献研究院. 习近平扶贫论述摘编 [M]. 北京：中央文献出版社，2018.

划和就业指导""图书漂流""支教实践""经典百书，诵读经典"等活动，加强对家庭经济困难学生的学业指导和专业技能培训，将资助与育人紧密结合，鼓励学生发展兴趣爱好、提高综合素质能力、实现自身全面发展、提高就业竞争力；结合专业特色，定期开展交流访学、西藏支教、暑期义教、推普实践等涵盖社会服务、文化传承、支教实践、公益成长等类别的活动，由专业指导教师带队，鼓励学生在行走中立鸿鹄志、做奋斗者。第三，融合"两个课堂"平台。着力建设第一课堂和第二课堂平台教育，充分发挥第一课堂显性的正面教育以及第二课堂的隐性教育，构建融合专业特色的资助育人课程思政，实现资助育人与思政教育一体化发展，确保育人核心目标落实。

（四）坚定理想，助力学生筑梦新人生

在《习近平扶贫论述摘编》中指出"脱贫攻坚要充分调动贫困群众的积极性、主动性和创造性，坚持扶贫、扶志和扶智相结合，着力激发贫困群众发展生产、脱贫致富的主动性"。高校资助育人工作要充分调动家庭经济困难学生的积极性和主动性，助其筑梦新人生。第一，强化人文关怀。在开展勤工助学、家校联动、家庭走访等工作时，要加强沟通交流，充分调动学生的积极性和主动性；充分运用好新媒体平台，注重品牌建设，设立"人文学院寻梦园勤工中心"，设计学院资助吉祥物"小勤牛"，制作资助文创周边产品。第二，树立校园榜样。通过"十佳学生公开答辩会""十佳榜样分享会""优秀校友寻访活动""国家奖学金获奖学生专访""主题征文演讲比赛""资助育人征文、演讲、才艺展示"等多形式、多渠道的活动，充分挖掘学院资助工作中涌现出的励志成才、学术科研、感恩反哺、志愿奉献、社会实践、就业创业等各类优秀典型案例，用身边事教育身边人，引导学生见贤思齐、不断奋斗、勇攀高峰，营造积极向上的校园氛围，实现资助育人目标。第三，建立动态跟踪体系。完善"一生一档案"，定期开展谈心谈话、宿舍走访、在库生大会，通过设立"公益积分"，鼓励学生积极参加各类志愿者活动，开展"勤勉不凡，助力梦想""我勤我愿，志愿奉献"主题系列活动，将志愿服务作为家庭经济困难学生动态考核的一项重要标准，激励学生利用自身所长义无反顾地投身基层、发光发热，让青春在党和人民最需要的地方绽放绚丽之花，着力培养学生吃苦耐劳、自强自立、积极进取、诚实守信和知恩感恩的优良品质，努力为社会、为国家做出自己的贡献。